在风暴中心

IN THE COMBAT ZONE OF FINANCE
AN INSIDER'S ACCOUNT OF THE FINANCIAL CRISIS

冰岛的崩溃和惊人的复苏

[挪威]斯凡·哈拉尔德·伊加德（Svein Harald Øygard） 著
张文韬 郭茁芊 译

中信出版集团 | 北京

图书在版编目（CIP）数据

在风暴中心：冰岛的崩溃和惊人的复苏/（挪威）斯凡·哈拉尔德·伊加德著；张文韬，郭苗芊译. -- 北京：中信出版社，2023.8
书名原文：In the Combat Zone of Finance: An insider's account of the financial crisis
ISBN 978-7-5217-5528-2

Ⅰ.①在… Ⅱ.①斯… ②张… ③郭… Ⅲ.①金融危机-研究-冰岛 Ⅳ.①F835.355.9

中国国家版本馆CIP数据核字（2023）第053053号

In the Combat Zone of Finance by Svein Harald Øygard.
Copyright © 2020 by Svein Harald Øygard.
Published by arrangement with Stilton Literary Agency, through The Grayhawk Agency Ltd.
Simplified Chinese translation copyright © 2023 by CITIC Press Corporation.
All rights reserved.
本书仅限中国大陆地区发行销售

在风暴中心：冰岛的崩溃和惊人的复苏
著者：　［挪威］斯凡·哈拉尔德·伊加德
译者：　张文韬　郭苗芊
出版发行：中信出版集团股份有限公司
　　　　　（北京市朝阳区东三环北路27号嘉铭中心　邮编　100020）
承印者：　北京诚信伟业印刷有限公司

开本：787mm×1092mm　1/16　　印张：32.25　　字数：391千字
版次：2023年8月第1版　　　　　印次：2023年8月第1次印刷
京权图字：01-2020-5969　　　　　书号：ISBN 978-7-5217-5528-2
　　　　　　　　　　　　　　　　定价：129.00元

版权所有·侵权必究
如有印刷、装订问题，本公司负责调换。
服务热线：400-600-8099
投稿邮箱：author@citicpub.com

译者序

在2008年的全球金融海啸席卷而来时，我已在国外参加工作。尽管算是亲身经历金融海啸的猛击，但当时身为社会新鲜人的我，其实只是忙不迭地寻找遮头一瓦，实在是无力也无暇对金融海啸的全貌和机理有什么深刻解读。后来随着工作日久，且工作内容始终峰回路转地与那场深刻改变世界的事件的余波产生关联，我对金融海啸的研究兴趣日渐浓厚。这种回顾难言容易，市面上大量已盖棺论定的观点和带倾向性的叙事始终给人一种管中窥豹之感，而这正是伊加德先生的著作最让我感到耳目一新之处。

伊加德先生在2009年全球金融危机正酣之时，临危受命地接过了冰岛央行行长的重担，而身为挪威人的他更是冰岛历史上唯一的非本国公民的央行行长。本书的主要内容围绕着伊加德先生在冰岛央行的署理行长任期展开。像特种兵一样空降在金融战火摧残下的冰岛，伊加德先生审时度势，步步为营地领导冰岛央行团队采取了一系列紧急行动，稳住了冰岛的局面，也在较短的时间内实现了经济的复苏。

来自被全球金融危机直接冲击的国家的央行行长的第一人称视角，着实不同凡响。另外，伊加德先生的非冰岛国民身份，使他能从一个更客观、也更具全局观的立场进行观察和理解，见解自然出众。另外，伊加德先生的经历更是"第一性原理"的鲜活教科书。面对如此错综复杂的情境，他坚持从具体问题的本质着眼，不被治理惯例和理论框架所捆绑，为冰岛量身定制解决方案并坚持贯彻，这种勇于创新和决策的能力正是他带领冰岛成功走出困境、实现复苏的关键，对于从事复杂金融工作的人们可谓启示良多。

时至2023年，那场15年前的全球金融危机似乎已逐渐远离人们的生活。但是，金融危机作为现代金融体系的一种"内生性"特征绝无消失的可能。事实上，2008年之后，各类金融风险层出不穷，但其驱动逻辑却似乎万变不离其宗，我们近年所经历的几场还算不上"危机"的金融风波也总能与本书第二章所述的"金融危机的五个阶段"呼应起来。因此，本书对冰岛金融危机的抽丝剥茧依然具有显著的现实意义，也对当前国际金融局势的风云变幻有着深刻的启示。

伊加德先生在著作中采取了独特且热情洋溢的文风。作为译者，我努力确保翻译过程中原作的精神和内涵得到准确传达，以便读者能够真实感受到作者所述故事的独特魅力。我要感谢我的家人对我将业余时间投入本书翻译工作的支持，也感谢本书的翻译伙伴郭茁芊老师。由于工作时间和学识的局限，本书的翻译文本仍存在不尽理想之处，欢迎各位专家老师不吝指正探讨。

尊敬的读者，当您翻阅本书时，我希望您已准备好迎接一段非凡的旅程，而且是身临其境般地听得见耳语、感受得到温度，发人深思且回味无穷。我真诚地感谢您的阅读，衷心希望这本书能够为您带来启迪和快乐。

张文韬

中国香港

2023年5月

中文版序

想象一场医学实验。这里有上百名患者,其中一名患者接受了与其他人完全不一样的治疗方案,反而康复得更快,并且越来越健康,而这名患者发病初期的指标是最糟糕的。在这种情况下,我们当然需要对这个治疗案例刨根问底,仔细检视该患者发病初期的情况、痛苦的程度、治疗方法、治疗结果,以及与之相关的一切。

金融世界亦是如此。对于所有对金融、经济和政治感兴趣的人而言,冰岛的案例显然值得我们更仔细地研究。

投资者、经济学家和对经济政策感兴趣的人不辞辛劳地紧盯市场和经济的动向,日复一日,年复一年。但是,如果忽略了经济崩溃,哪怕只是一次,所有的投资收益都可能一夜归零。要知道,经济崩溃在历史上可是常事。同样,若能够对暂时性的经济下滑和系统性崩盘加以区分,人们则可能获得投资回报。

2023年年初,经济崩溃再次降临。三家美国银行——第一共和银行、硅谷银行和标志银行,分别成为美国历史上第二大、第三大和第四大的银行破产案,仅次于2007—2008年金融海啸期间华盛顿互惠银行。

此情此景震动了全球经济,损失随之出现。各西方国家央行介入了,并采取了危机应对措施。其中有些措施是在2007年8月,也就是全球金融海啸爆发的前一年首次被投入使用。

在所有的金融危机之中，由过度举债而引爆的金融危机最为常见。2008年9月爆发的以美国雷曼兄弟破产为标志的全球金融海啸，有许多特征都符合过度举债的典型范式。本书介绍了其中的一些关键元素。

由雷曼兄弟破产引发的金融海啸造就了冰岛银行系统的崩溃，冰岛三家最大的银行在短短一周内陆续宣告破产。然而，这种脆弱性根本上是由银行自身以及冰岛当局的作为或不作为所造成的。

在所有过度举债的案例中，2008年的冰岛当属最极端的泡沫经济，如果说有一个教科书级的此类案例，无出其右。

然而，许多本应肩负监督职能的角色，包括会计师、分析师、经济学家、审计师和评级机构，并没有拉响警报。

也正因如此，一个与冰岛相隔十万八千里的亚洲小国，却在冰岛危机中遭受了最大的损失（以占该国GDP比例计算）。

在银行系统、货币、经济以及公司和家庭资产全部崩溃之后，我被任命为冰岛中央银行的临时行长。我可能是第一个成为一个独立国家中央银行行长的外国人。

我有着经济和金融的背景，亦曾在挪威担任财政部副部长等职务。我还在麦肯锡公司工作了十多年，带来了一些来自私营部门的想法和做法。在冰岛的工作中，我们不仅用尽了工具箱中所有的工具，后来还自己发明创造了一些新工具。

我们试图用上所有可能的工具，无论是常规的，还是非常规的。

当一些邻邦和西方机构拒绝了我们的求援时，我们转向更广大的世界伸手求援。当时在冰岛最需要的时候，我们很高兴得到了中国央行的支持。有趣的是，冰岛也成为中国进入全球贸易和金融体系的有力推手。

这是我在本书中讲述的众多故事之一。

在这一切中，最重要的教训当属以下几点：如何感知经济危机的逼近，如何在经济危机发生时果敢作为，以及如何携手前行、动员全局以致复苏。

斯凡·哈拉尔德·伊加德

2023 年 7 月

目录

前言　因缘际会　/IX

第一章　空降在金融风暴的中心地带

/001　2009年2月初，我当时还在奥斯陆，正站在挪威国王哈康七世街和奥拉夫五世街的交叉口，突然我的手机响了。短信里说让我给挪威财政部秘书长托雷·埃里克森回个电话。他问了我一个"小问题"："我们可以任命你做冰岛央行的新行长吗？"

第二章　矗立在最小广场上的最高塔

/017　无论是从绝对规模看，还是相对于冰岛的经济体量，冰岛的银行业都可以用"巨大"一词来形容。与此相对，这些银行的弱点、警示以及日趋增长的崩盘风险也在市场面前一览无遗。市场也很快意识到了如果冰岛银行业出现崩溃会造成多大的破坏，又会留下多少残垣断壁。

第三章　浩劫与废墟

/169　德国的银行纷纷取消了给冰岛银行的信贷额度，它们都担心会出现问题。英国甚至将冰岛央行也冻结了一阵子，还将冰岛央行加入了恐怖组织名单。那些从英国支付给冰岛的款项，以及所有从冰岛支付给英国银行及其分支机构的款项都被喊停了。就连强大的美国银行，也出于对英国的顾虑而冻结了冰岛银行。

第四章 重建

/341 自2009年年中,冰岛对克朗的干预措施就越来越少了。市场参与者知道了克朗会继续走强,不再抛售。更重要的是,贸易平衡加强了,逐渐发挥了对经济的魔力。冰岛进口规模持续低位运行,入境旅游开始繁荣。冰岛央行的外汇储备达到了60%的净盈余,克朗汇率持续保持低位,维护了自己的货币竞争力。策略起作用了。

第五章 从危机中获得的教训

/431 危机爆发之前有哪些警告信号?经济复苏过程中,哪些地方与预想的最为不同?对于银行重组,冰岛提供了哪些经验?在更广泛的欧洲危机背景下,有什么教训?谁该对此承担责任?

最后的话 以昨日经验,解今日之惑 /449

附录一 数据来源和方法 /483

附录二 受访者 /487

前言

因缘际会

　　银行、货币、企业、就业、经济、财政、政府、央行，一切都垮了。冰岛，一个富饶美丽的国度，一个有着千年傲人历史的国家，却成了2008年全球金融危机的破落代表，债务世界战争的焦土。

　　令人惊讶的是，金融危机平复后，冰岛的家庭债、企业债和国债水平都要远低于金融危机前。我们研究对比了30个国家，2007年，冰岛债务占国内生产总值（GDP）比率最高；而2007—2019年，冰岛债务率的降幅超过了其他所有国家。受到金融危机冲击的国家大多深陷债务泥淖，冰岛反而幸免于难。

　　全球共有47位银行家因其在金融危机中的所作所为而身陷囹圄，其中有25位是冰岛人。这场危机发源于美国，却只有一个美国人被判入狱，英国人更是一个都没有。大多数受到金融危机冲击的国家都强装镇定、粉饰太平，而冰岛早就豁出去了。冰岛案例也提供了一个契机，让外界得以窥见这光鲜的金融大幕背后的真相，特别是那些跨国机构的所作所为。许多国家至今仍然藏着很多"内部机密"，冰岛则取消了银行保密法。冰岛人采取了切实的行动，揭露了金融危机期间的犯罪行为和错误行径，以及幕布之后藏着的累累罪行。这些行动中有一点格外重要。

那就是,冰岛允许本国的所有系统性银行倒闭!在这场金融危机中,只有冰岛采取了这样的做法。他们摒弃了传统的金融观念,甚至没有尝试搭救银行,仅仅选择让汇率自由浮动,并配合资本管制措施来限制资本流动,同时坚持让债权人承担损失。如此,冰岛政府秉公行事,私营部门则被迫进行自我调整。

2008年的金融危机,从最初的祸起萧墙,到事有必至的崩盘,再到后来的复苏,直到废止最后一项危机管控措施(在金融危机爆发10多年后),很少有哪个国家能比冰岛提供更多的真知灼见。另外,冰岛让外界清楚地看到了国际金融的内部运作机制,这也是其他案例无法比拟的。毕竟,只要这个世界上仍有国家、公司、家庭和银行依赖债务融资,你的国家、你的储蓄、你的工作,甚至是你的生活,就有可能会受到影响。

冰岛全面崩盘后,我被任命为冰岛央行的署理行长,空降到这个风雨飘摇的国度。我大概是有史以来第一个(至少是极少数人之一)领导一家独立中央银行的非本国公民。

就职当日的新闻发布会上,我提出,我们的共同愿景是将冰岛从金融危机的代表变成复苏的代表。后来这个愿景真的实现了。

我的任职给了我独特的视角,让我可以观察冰岛——这个国家、这里的人民和金融机构,以及影响全球银行业和金融市场的力量。正是基于内部视角,在这场史无前例的金融危机中,我对金融机构和领导者们的所作所为一览无遗。我可以复盘危机的前序事件、危机之中发生的事情,并以此为基础来观察危机之后冰岛的惊人改变。

2009年2月我抵达冰岛时,展现在我眼前的,俨然是金融世界里的车祸现场。即便和平如冰岛,当时的冰岛央行门口也设置了防暴警察。我在冰岛央行的任期持续到2009年秋,2012年,我专注于冰岛经济增长的战略性研究。我必须重申，我对冰岛的复苏仅仅做出了微薄的贡献，但我的确曾经一度全情投入其中。

在本书中，我向大家呈现了这段不同凡响的冰岛之旅，并对比了其他国家的金融危机发展路径。本书的前两章着眼于危机的前序发展，在这一部分我们能看到成功预见一场金融危机是多么困难，也能看到应该重点关注的领域。

第三章描绘了经济崩溃之后令人绝望的时刻，从这一部分能够看出采取果断行动有多么重要，有哪些措施和工具可供选择，又为什么需要全局动员，以及可能被释放的改革空间有多少。最后两章介绍了经济的复苏进程，从中能看到创造力和毅力的重要性，这一部分还介绍了人们该如何从积累了近半个世纪的债务负担中解脱出来。另外，不管从哪个角度看，立法工作都是这场悲剧中最引人入胜的部分。

在本书的调研准备工作中，我采访了90多人，有政府部长（有冰岛人和非冰岛人）、中央银行的行长和工作人员、国际货币基金组织（International Monetary Fund，简写为IMF）高层、银行家和交易员、激进分子、被起诉或判刑的人、调查员、民间社会活动人士、对冲基金经理、债券交易商，还有谈判专家。他们中有不少是各自领域的全球领军人物，有些人始终保持缄默，而有些人则对我滔滔不绝。

我重点关注了系统性问题，较少关注个人及个体行为。本书的叙述借用了曾深陷危机的人的故事，这些人在其中扮演着各类角色。很多人没有具名，但读者如果感兴趣，可以在附录中找到受访者名单。

在短短5年之内，冰岛三大银行发展规模惊人；但短短三天，三家银行全部违约了。一个仅有15万人口的小城里，却发生了人类历史上第三大破产案。这三家银行的飞速增长从何而来，这本身就是一个谜团，而且无疑是个教训深刻的故事。

经济崩溃之后，冰岛拆分了几家最大的银行。冰岛采用的是美国银行的重组模式，即优先照顾储户的利益，然后再让债权人和投资者争夺剩余的部分。虽然这种模式遭到了许多人的激烈反对，却启发了西方世界现行的银行业监管规则。

应对金融危机，各国乃至各家机构都有不同的策略。在欧盟的支持下，英国和荷兰表现得就像一群饿狼。在冰岛生死存亡之际，英国居然还将冰岛的金融机构列入了官方认定的恐怖组织名单。

英国和荷兰将冰岛告上了法庭，试图利用法律强加给冰岛严苛的条件，但冰岛最终赢得了此战。亚当·图兹（Adam Tooze）教授在其著作《崩盘》（*Crashed*）一书中描述，由于系统性利益受到了威胁，美国和欧洲各国政府发布了大量行政命令，其干预行为的速度和准度几乎达到了军事级别。然而，美国却将冰岛和另外 12 个货币地区全部划到其货币防御圈之外。

俄罗斯的普京总统被视为救世主，而中国则为自己赢得了进入西方金融体系的敲门砖。瑞典、丹麦、挪威、芬兰和波兰慷慨地为冰岛提供了支持，这些国家最终还获得了收益。IMF 则迫切地希望推出一个本身具有矛盾性的成功案例——延迟推行财政紧缩政策，不对银行进行救助，也不推行结构性改革，仅使用资本管制这一 IMF 如今的常备工具。而正是这些灾后的"残垣断壁"，却在冰岛重建中派上了用场。

同样令人惊讶的是，冰岛的这些试验性操作，最终被 IMF 纳为对受困国家进行救助的常备工具选项，例如，2019 年对阿根廷的救援。从这个意义上说，小小的冰岛给 IMF 这一庞然大物所带来的变化，甚至要大于 IMF 对冰岛的影响。

在这几家银行生命的最终阶段，它们资金的主要来源是欧洲央行和冰岛央行。欧洲央行最终回收了资金，而冰岛央行则遭受了损失，这也是冰岛在金融危机中遭受的最大直接损失。

冰岛的三家银行奋力追逐外汇，抛售着冰岛的官方货币克朗。因此，危机过后，全球金融体系中到处都是冰岛克朗。然而 7 年之后再看，强大的对家手里的冰岛克朗已经回到了冰岛当局手里。

正因为冰岛银行和经济已然崩溃，美国 20 家顶级对冲基金公司都来到冰岛逐利。有些人赚得盆满钵满，有些则遭受了损失。令人吃惊的是，这些对冲基金做出了让步，冰岛得以抹平损失，甚至产生了收益。这说明即便是金融超级强权也不得不屈服。在这个过程中，它们的行为、贡献和优缺点都一览无遗。

这场悲剧将带你进入金融的前沿阵地。在这里，有些金融工具一开始受到人们的顶礼膜拜，后来却变成了大规模经济杀伤性武器，再后来则再次派上了用场。这场危机非同凡响，而经济复苏之中所使用的金融工具同样非同凡响。

冰岛是一个小型、开放且市场化的经济体，有自己的货币和经济政策机构。如今，大多数当时活跃在冰岛的人士的身份已浮出水面。在这样的国家，家庭和企业部门的财富、总体经济系统和席卷冰岛的国际力量之间的互动关系是显而易见的。冰岛能提供有关债务、收入和生活水平的精确经济数据和模型，在这一方面，世界上没有比冰岛更理想的国家。经济学家可以在冰岛进行在其他地方所无法进行的研究。这里的公开辩论活跃，政治程序透明。

玛丽·昆兹（Mary Kuntz）和安娜·赫尔佐格（Anna Herzog）这两位编辑为本书提供了宝贵的支持。我还邀请了多名人士阅读手稿，并对本书提供意见、验证思路。谨此，我对大家致以衷心的感谢。

我也要感谢冰岛央行的工作人员对我敞开心扉，尽管一开始他们曾有过些许保留，但最终还是接受了我。他们在冰岛经济复苏的漫漫长路上付出了巨大的努力，夜以继日地工作着，尽管这些工作在危机发生的当下的确很难看到实际进展。这些机构的工作人员，以及为他们提供支持的同事，确实值得褒奖，正是在他们的努力下，冰岛才能成为复苏的代表。是的，他们拯救了冰岛。

不过话说回来，古德蒙杜尔·托尔（Gudmundur þór）所做的牺牲、付出的努力，才是最重要的。

第一章
空降在金融风暴的中心地带

IN THE COMBAT ZONE
OF
FINANCE

辛格维利尔是我最喜欢的地方之一。

它位于雷克雅未克以东，被层层叠叠的黑色火山岩包围着。辛格维利尔有些地方躲过了火山爆发的破坏，碧草如茵，在贫瘠的岩石衬托下显得越发青翠。

欧洲在亚欧板块上，北美洲在美洲板块上，不过两个大陆板块都在雷克雅内斯海岭上方。每时每刻，它们都在以平均每年背向漂移25毫米的速度，不断背离对方。辛格维利尔就位于板块分离之处，而冰岛就在辛格维利尔所处的板块裂缝之处，在火山的洗礼下繁衍生息。

这里有一个颇有象征意义的景象：辛格维利尔中间有一个小峡谷，正是亚欧板块和美洲板块持续分离产生的裂缝。站在这里，你可以感受到两个大陆板块的共同历史。

公元930年起，每年冰岛酋长都会从部落出发，策马赶往辛格维利尔。他们在这里会友、打架、炫耀女儿。他们还在这里设立了法庭，解决争端，共同决策。正是以这种方式，冰岛酋长在辛格维利尔建成了历史上首个议会机制。

这可是个划时代的壮举。那个时候，大多数部落都用简单粗暴的方式解决争端。冰岛酋长却协议立法，并建立了与之相应且行之有效的法律体系。尽管执法相对滞后，但瑕不掩瑜，因为人们需要的是强大的部族和强大的联盟，好保障他们的权利。

1220年，开启了"史特隆格时代"（Age of the Sturlungs），这是冰岛历史上最血腥、最暴力的朝代之一。部落酋长各自秣马厉兵，兴师动众，努力保护本部族人。每个酋长都奋勇抵抗外族部落的威胁，打击作恶。酋长彼此之间都是宿敌，也正因如此，国家很难治理。

1262年，酋长们通过谈判达成了一项契约，开启了长达600年的冰岛新时代。这个契约北欧语是"Gamli sáttmáli"，意为"旧约"。这是冰岛与挪威国王哈康四世（Haakon IV）以及后来继承王位的马格努斯六世（Magnus VI）签订的契约；后世遵称马格努斯六世为"立法者"。旧约赋予了挪威国王向冰岛人征税的权利。作为交换，冰岛人获得了法典，还保留了独立立法的权利。19世纪，冰岛争取独立，这段历史不仅是冰岛人的利器，也是其他国家在争取自由的斗争中所不具备的。冰岛人宣称，他们的自主立法权从1262年开始就一直保持着完整无损。

1262年的契约还是一份和平之书，确保了冰岛维京人的船只可以在挪威和冰岛之间自由安全航行。哈康四世还承诺为冰岛安排船运，运去大麦等重要供给，好让冰岛人酿啤酒。然而，这些货物却时常没有抵埠。有人戏称，这笔挪威人欠的债是冰岛境内第一笔没有得到偿还的债务，若以复利计，时至今日这笔债可是一个天文数字了。

1262年的契约还规定了挪威人和冰岛人享有互惠平等权。然而，契约中有一段文字："…að íslenskir séu lögmenn og sýslumenn á landi voru"。

简要翻译一下，这段文字规定了冰岛所有的重要行政岗位都必

这是阿尔尼·马格努松（Árni Magnússon）收藏的挪威语手稿。下图是已知最古老的"旧约"文字记录之一。第二行的末尾写着："Item islendskir … Item islendskir sie logmenn ok syslumenn a landi voru af þeirra ættum er ad fornu hafa godordin haft."意思是："此外，我们国家的普通人和公职人员必须是冰岛人，且必须是来自传承自古的在冰岛议会上拥有永久席位的部族领袖家庭。"

须由冰岛人担任，而且人选必须从冰岛重要部族中选出，不过当时40多个部落仅有几个留存了下来。冰岛人跟挪威人这样谈判，是为了保留冰岛部落的权力。

而且,这个契约是冰岛人跟挪威国王谈判出来的,契约条款里的原文含义肯定是"不可以是挪威人"。

转眼747年过去了。

2009年2月26日晚间,冰岛议会通过了一项有关冰岛央行的新法案。在立法程序的二读和三读之间,法律文本中增加了一个段落,明确了1262年的限制不适用于对中央银行行长的署理任命。几个小时后,冰岛总统奥拉维尔·拉格纳·格里姆松(Ólafur Ragnar Grímsson)批准了这项法律。[1] 2月27日,即次日清晨,新任的署理行长被正式任命了。

这位冰岛央行行长是一名挪威人,也就是鄙人。

空降在金融风暴的中心地带

若将冰岛三大银行在三天之内的连环违约算作一次,这就是人类历史上规模第三大的债务违约事件。这一切都发生在一个小国的小城里。

即使分开独立看待,这三个违约事件也都是大规模违约。2008年10月某个星期的星期二和星期四,冰岛最大的两家银行——格里特利尔银行(Glitnir)和克伊普辛银行(Kaupthing)分别发生了债务违约,立即跻身史上十大违约事件。这两起违约的规模都超过了臭名昭著的安然事件,其中克伊普辛银行的违约规模甚至超过了华盛顿互惠银行。

---

[1] 冰岛央行在1996年出版了《冰岛共和国》(Iceland, the Republic),其中刊登了一份具有历史意义的摘要。2009年2月26日通过的立法修正了冰岛央行第36/2001号法案。第70/1996号法案中的条款允许临时任命政府官员。

除此之外，还有第三家银行——冰岛国民银行（Landsbanki），其违约规模居于前两家银行之间。2008年是金融危机的高峰年，冰岛占了全球七大金融机构债务违约事件中的三个。①

2009年2月初的一天，我当时还在奥斯陆，正站在挪威国王哈康七世街和奥拉夫五世街的交叉口，突然我的手机响了。短信里说让我给挪威财政部秘书长托雷·埃里克森（Tore Eriksen）回个电话。

他问了我一个"小问题"："我们可以任命你做冰岛央行的新行长吗？"

跟大多数挪威人一样，我对冰岛和冰岛人民有着深深的敬佩之情。他们勤恳努力，挪威人也十分亲近冰岛人，觉得都是一家人。1 000年前，冰岛的维京人出海远航，历经千辛，寻找新机遇。冰岛人是坚韧的，在这一点上挪威人不如他们。

托雷记得，我最开始陷入了沉默。

但后来他得到了我的答案："人生苦短，此等要求不容我拒绝。"

当时我在麦肯锡公司担任高级合伙人。答应了托雷后，我去向两位同事寻求建议。一位同事听到后，马上就赞同了我的决定；另一位则表示反对，他看到的都是风险。

我那本2009年的笔记本已经落灰了，纸张也泛黄了，但仍然可以从中找到当时对话的笔记。有一页纸上标有日期：2009年2月10日。次页的页首标注了三个关键词："舞台上的小丑""替补角色"，以及最严重的一个词——"不可能完成的任务"。再往后翻，是我给住在丹麦的冰岛同事的通话笔记。这里标注的关键词则是："或有影响力""或有帮助""天赐良机"。

但是，这一页也有警告的词语："可能会惹来非议"。还有一些

---

① 2009年2月穆迪的报告《1920—2008年的企业违约和回收率》对冰岛做出了违约评级。这篇报告根据"违约价值"，即违约债务的价值，对违约进行排名。

第一章　空降在金融风暴的中心地带　　007

忠告:"离这个过渡期远点。"

说这些话的人正是冰岛人,他知道等待我的是什么。

我头脑中闪过了1 000种想法,有关于风险的、关于可能发生的事、关于我的角色、关于我即将离开的生活以及关于我可能产生的影响力。思绪万千,我抓住了一个要点:为改变深陷危机的邻国而掌舵的兴奋感!

我决意坚守决定。

我打电话给当时麦肯锡的全球董事总经理伊恩·戴维斯(Ian Davis),一个很有原则的人。

他给我的答案很明确:"如此重任,肯定是要答应的。作为麦肯锡的合伙人,我们应义不容辞地接受任务。"

他又热情地说:"我支持你,110%。"

然后他停顿了一下,沉默了片刻。

接着说:"会有一些突然。"

他再次沉默了。

"你需要现在就离开麦肯锡。

"你得卖掉股份,切断所有和麦肯锡的关联。无论是真实存在的利益冲突,还是外界观感上的,一律都必须避免。

"而且我们会立即给你安排一个风险小组。他们的任务是管理过渡期以及与你的任命有关的风险。"

我想,这么做没错。

未来几个月里,27家曾向冰岛银行提供贷款的国际银行都会向法庭起诉,它们会要求索赔,而一部分的责难也会指向我。这27家银行大多来自奥地利和德国,还有一些来自埃及、日本、卢森堡、挪威、瑞士、中国和英国。[①]

[①] 27家银行的诉讼指的是与冰银和雷克雅未克储蓄银行有关的一个地区法院案件。

是的，我工作事项的优先次序必须非常清晰。我的任务是帮助解决冰岛面临的挑战，不惜一切代价。

自2007年5月开始执政的一届冰岛政府于2009年2月1日解散了，2008年10月的经济崩溃之后，冰岛每天都有无休止的抗议活动，延续数月。示威者狠狠地敲着银行的铁闸，但也没有敲走从2005年起就任职的央行行长。现今和平的冰岛已看不到保镖这个职业，但当时，安保公司可是生意兴隆。

那位央行行长上任的第一天，新一届冰岛政府就要求他自行辞职。他拒绝了两次，并重申了央行行长职位的独立性。

然而，新政府有一个撒手锏：提议修改监管央行的法律，而政府也确实这样做了。此前法律规定，冰岛央行应该有三名行长，其中一名是董事长。修改过后的法律则规定，冰岛央行将只有一名行长，且人选必须是一个经济学家。而时任冰岛央行行长是一名律师，他在新法通过的当日就离开了央行大楼。

冰岛有很多非常优秀的经济学家。然而，对署理行长的任命必须在一夜之间完成，这可不是大变活人啊。所以，他们需要一个外国人先顶上此职。只有这样，现任央行行长无法寻求连任，冰岛政府才可以稳健地通过既定程序选出一名常任央行行长。

在寻找候选人的过程中，冰岛财政部长给他的挪威同行打了电话。

"你能不能为我们提议一名央行署理行长人选？"冰岛财政部长问道。

"我们以为他只是随口一说，"托雷·埃里克森回忆道，"但后来他再次提出了这个要求。"

我正好符合经济学家的要求。此外，作为挪威财政部前副大臣，我曾在20世纪90年代初致力于挪威的宏观经济、货币和银行

第一章 空降在金融风暴的中心地带

危机，是少数高层团队成员之一。

显然，财政部某人抽屉里的人员名单上有我的名字。另外，也许他们认为我没有复杂的背景，因为我在政府内部没有公职或连带关系。这也就意味着，即便任务最终全面失败，我也不会给挪威带来任何责任。

从另一个角度看，外界不会把我出任冰岛央行行长解读成挪威和冰岛已牢牢绑定，在这个硝烟弥漫的战场上，两国携手对抗欧盟。自1993年冰岛、挪威和列支敦士登与欧盟签订合作协议以来，这次金融鏖战是最险恶的一役。

除了大学时期的一份暑期实习，我从未在央行工作过。而现在，我将成为自大萧条以来受金融危机冲击最严重的国家的央行行长。

时任挪威央行行长斯韦恩·耶德雷姆（Svein Gjedrem）为我安排了一个央行管理的速成课程。他和国际部的奥登·格伦（Audun Grønn）负责安排我的培训。

第一课是执行货币政策的实操细节，换句话说，如何运行设定利率的程序。我受宠若惊，但也有点儿窒息感。毕竟，我们在冰岛要处理的工作实在太多，不太可能像在挪威一样，每个利率决策都召开26次会议。第二课是流动性管理，这主要是弄清楚需要向经济注入多少货币，以及如何才能做到这一点。除了这些，我们还进行了关于宏观经济、政府债务、货币和银行的讨论。

我要求建立一个可供调配的、由经济学家组成的"特警队"。供我遇到困难时，可以调动这个团队，获得支持。于是"特警队"成立了，奥登担任"特警队"的队长。对他这位经济学家来说，这是一个不寻常的角色。

幸运的是，最终没有出现需要我拨打"报警电话"的情况。事实上，我加入冰岛央行之时，已经具备了一系列令人印象深刻的业务能力。

我只给耶德雷姆打过一次电话,为了问他:我是不是已经疯了?

在央行的课程结束后,我回家翻出了关于货币理论的旧课本,这门课是我 25 年前在大学里最喜欢的课程,我当时也拿到了最好的成绩。

这里我想给在学经济学的同学一个提醒:你应该好好上课。因为有一天,你有可能接到一个来自遥远国家的电话。

冰岛议会通过法律修订后,我的任命才能生效。这可能需要一些时间,但也可能随时发生。因此,我也必须随时保持待命状态,于是我跳上了前往雷克雅未克的飞机。

后来有人说我当时是躲在一家酒店里等待任命的,但其实不是。我为什么要"躲"呢?这里没有人认识我,我也不认识任何人。

我就这么大大咧咧地走在街上。

即使是在冬日严寒里,每周六示威者也都会在雷克雅未克市中心的冰岛议会大门前集会。人群中,有一个冰岛人叫古德蒙杜尔·托尔,他是个农民,也是个旅馆老板。他说他受够了那些贪婪的银行家,受够了语焉不详的金融产品风险披露,受够了半遮半掩的编故事和粉饰,也受够了没有人承担任何责任。

他破产了,对即将到来的暴风雨感到恐惧。

他带上了锅碗瓢盆,到雷克雅未克去抗议。这是他人生中第一次走上街头。

像全体冰岛人民一样,托尔被卷进了一场不是他自己造成的危机中。危机的后果是令人痛苦的,也是长期的。托尔强壮、高大、执着,但面对暴风骤雨,即使他有着经历北大西洋千年磨砺的冰岛人的坚定意志,也只能发出叹息。

雷克雅未克的冰岛议会前的示威活动。
图片来源：哈尔多尔·科尔贝斯（Halldór Kolbeins），法新社，挪威通讯社。

我观摩了一些针对银行家、政客和央行行长的抗议活动，还在现场问了几个问题。尽管局势紧张，我遇到的示威者还是很友好。这也难怪，因为没有人知道，这个好奇发问的挪威人其实是未来的冰岛央行行长。

我还去了雷克雅未克大学的图书馆，拿起了所有我能找到的关于宏观经济和货币政策的书，静静地坐在一个角落里重读它们。我想或许图书管理员会觉得奇怪，怎么会有人对货币政策突发兴趣呢——虽然他并没有做出任何反应？

遗憾的是，我即将面临的大多数挑战，在任何一本书中都没有涉及，解决方案就更别提了。

金融界的雇佣兵

这一天挪威财经新闻网站 E24 的标题是:"伊加德是一坨屎"。[1]

我在冰岛央行工作大约两个月后,一个星期天的下午,雷克雅未克下着雨,我独自坐在公寓里自怨自艾。我用笔记本电脑打开了 E24 的网站,赫然发现,该网站 2009 年阅读量排名第 8 的文章里,我竟是主角。

我的前任发表了一次公开讲话,他声称:"伊加德真是一个默默无闻之辈,连谷歌都不认识他。"

我想,这种指责我是可以接受的。和今天一样,当年像"动荡""崩溃""冲突"这样的关键词,或者是批评者的咆哮,在谷歌上的点击率总比"稳定""增长""合作"和赞美之词要高。

我的前任的一名同党评论我说:"这个人就是个山野村夫,他对情况一无所知。"[2]

这对我而言也有着文化启蒙的意义。因为在挪威,上山修行是为了养精蓄锐,从而对世界有一个全面的了解,并进行反思。这是一件值得尊敬并令人感到喜悦的事情。

但在冰岛,山区往往代表着荒凉和不宜居,若人们身处于此,就意味着与外界断了联系。古时候,冰岛的主要历史事件起源于农田,近代则是发生在海上,或是雷克雅未克的咖啡馆里。

是的,我曾经有些天真。

危机前,一个党派领导竟然会在党代会演讲中讨论我(哪怕他

---

[1] E24 的文章刊登于 2009 年 3 月 29 日星期日,其中提到了同一天在独立党大会上的讲话。这篇报道是根据冰岛国家广播公司 RÚV 的新闻报道。
[2] "山野村夫"这样的话源自汉内斯·霍尔姆斯坦·吉苏尔松(Hannes Hólmsteinn Gissuararson)的博客。

第一章 空降在金融风暴的中心地带

只是提及），而并非着眼于前方的道路，对此我很惊讶。毕竟，这个国家正处于历史性的危机之中。但我其实没有其他念想，我仅仅是应需驰援罢了。

这个政党的领导层原计划用这次大会来明确一个新方向，并郑重向冰岛人民致歉，他们并不想要贬低我和新政府，但现在，这些计划被最近被罢免的央行行长给打乱了。

我知道我将被空降到一个处于金融危机深渊的国家，但我不知道别人为我选择的降落点是一个政治雷区。我的前任是一名现代版的酋长，他已经被"干掉"了，这还被新政府列为主要成就之一。

我的前任还曾担任过冰岛总理一职长达 13 年，直至 2004 年，之后他便担任了央行行长。在他任领导人期间，冰岛的人均 GDP 从全球前十上升到了全球前五。他以冰岛总理的身份所会见的美国总统据说比任何冰岛首脑都多，总共有 5 位。这真可谓是：流水的美国总统，铁打的冰岛总理。

不过，示威者的主要诉求之一就是要罢免他。有人指责，正是他的政策导致了这场危机。但他也有很多追随者，他受到很多人的尊敬和崇拜。他是一个战士，是一个部落首领。现在，他已经被少数派政府通过法律手段赶下了台。

我也曾是其中的一枚棋子。有人会说，我是金融业的雇佣兵。这一点是不能忘记的。

难怪他们需要一个外国人，我可真是什么也不知道啊。但其实，我当时有被提醒过。

在离开挪威时，博览群书的财政部秘书长托雷·埃里克森曾问我："你准备好了吗？"

我回答说："嗯，我已经读了所有的分析和报告，也准备了一份行动计划。"

他又重复了一遍："但是，你准备好了吗？"

我说:"对,我已尽可能地准备好了。"

他再次重复了一遍:"但是,你真的准备好了吗?"

我疑惑地看着他。

他继续说:"你读过北欧神话吗?你知道部落里的人是怎么被砍掉脑袋、被敌人的斧头从头顶劈到臼齿的吗?"

他知道这段历史,也知道等待我的是什么。但我曾以为他的问题只是个玩笑。

现在,在新职位上工作了两个月后,我深以为然。

不过,当托雷·埃里克森知道我曾经在挪威田径运动会上拿过冠军后,他放心了一些。

我拿冠军的项目是链球。

第二章
矗立在最小广场上的最高塔

IN THE COMBAT ZONE OF FINANCE

金融危机的五个阶段

"每一场银行危机,都是以狂欢聚会开局的,人们推杯换盏。"

一位来自伦敦的银行家向我述说危机的演变过程,他用了潘趣酒的比喻,这个比喻最早是1952年时任美联储主席小威廉·麦克切斯尼·马丁(William McChesney Martin Jr)提出的。

"当银行获得新资金时,情况就犹如满杯状态。"我在伦敦面访格伦·金(Glenn Kim)时,他这么说道。他在雷曼兄弟工作到2008年9月15日,后来还为解决冰岛和希腊的危机出了份力。

"开始时什么都很好,每个人的心情都很好。慢慢地,潘趣酒杯里的酒变得越来越烈了,因为酒精浓度变高了。参加酒会的人开始感到微醺,但事实上,这意味着杯里的酒已经越来越少了。

"到了某个时点,潘趣酒喝光了。于是参与聚会的人开始你追我赶,到处讨酒喝,酒会也变得更加疯狂。

"而且没有人想到要打电话给警察,由警察来结束这场酒会。但是,说真的,所有人早就应该回家了。"

金融危机的发展通常有五个阶段。

在第一个阶段，某个行业会通过举债的方式达到发展的高点，毕竟，发展和崩溃是一体两面。举债的群体很多，可能有银行，也可能有企业、家庭或政府。

他们举债的原因会有很多，可能是政府政策导向，或者更可能是在银行、政府、央行、家庭和企业等多方面因素共同作用下发生的。当然，对于一个监管松散的金融体系而言，膨胀、扩张是它的自然趋势。起初，这种债务扩张可能会促进消费和投资，推动经济增长和资产增值，政府、企业，甚至老百姓也大多会鼓掌欢呼。

十有八九，政府还会将经济增长归功于自己。但此时很少有人会说，在这摇摇欲坠的经济大厦下面，其实是一堆债务。很少有人会留意到过度举债的迹象，也很少有人会关注到经济过热的红色警示灯已在闪烁，而真正着手去做点儿什么的人则更是凤毛麟角。

但是真实的情况是，由于债务过量及偿债成本过高，金融危机的祸根已经埋下。

第二个阶段开始时，市场发生了变化，欣喜的情绪开始转为信心不足。流动性危机出现了，而新印的钞票已不能继续支撑这个游戏。当借款人准备为到期贷款再融资时，却发现自己已身处绝境。形势大好时，资金供应充沛有余；然而在他最困难的时候，资金却都杳无踪迹。资本市场的窗户猛然关闭了。

音乐停止了，企业、银行、家庭，甚至政府都发现自己无所依靠。

现金流是金融系统中流淌着的血液。一旦血液停止循环，身体就开始痛苦挣扎，多个肢体部位开始出现坏死。而且，若有一个身体部位感染或受伤，其他部位也会受到影响。

进入第三个阶段后，市场上的卖盘络绎不绝，有股票、债券和房产，但是买盘却寥寥无几。市场开始陷入困顿，资产价值出现暴跌。

在第四个阶段，资产价格暴跌和市场上的整体恐慌情绪产生了连带效应，违约、经营困境和企业倒闭纷至沓来，消费和投资出现全面下滑，危机已然蔓延开来。原本纯金融层面的危机现在进入了实体经济层面，影响着实体门店和企业。企业开始缩小经营规模，或者干脆倒闭，就业岗位也就消失了。

然后，家庭和企业的支出和消费更加节制。失业率上升，GDP也出现了萎缩。

在第五个阶段，危机已蔓延到国家财政。政府开始掏钱来拯救银行，税收基础出现收缩，而平抑危机的相关支出却在增加。

这样的周期在一个又一个国家里、一场又一场危机中重演。

人类似乎永远也不会吸取教训，但现在至少你会知道该从哪些地方着眼了。

有时经济体需要几年的时间才能走完所有这五个阶段，有时只需要几个月。

2008年的全球金融危机始于美国住房部门的过度借贷。渐渐地，那些质量存疑的、还款前景不明朗的贷款在市场上逐渐泛滥。银行开始将这些贷款打包，转卖给其他金融机构，有时是其他国家的金融机构。之后当违约率开始上升时，你很难知道谁暴露在风险之下，谁又值得信任。与此同时，获取新资金的渠道枯竭了，流动性消失了，资产价值下跌了，企业和银行开始出现违约，其中最引人注目的是美国第四大投资银行雷曼兄弟。在不确定性升高和资金减少的共同作用下，投资水平也被拉低了。

这就像延时炸弹一样，欧洲较低的投资水平造成了经济活动的疲软和税收的下降，政府也被迫增加支出以应对经济衰退。财政开始受到影响。这些问题在2011年层层升级，历经了三年的痛苦辗转之后，最终酿就了欧债危机。

相比之下，同样的危机周期在冰岛只花了几个星期就结束了，还有人说仅仅是几天。

然而，差不多有四五年的时间，危机警报常鸣耳畔。

但是，当时市场上也掺杂着零星正面消息，这会让人们获得短暂的满足感，所以危机警报是很容易被忽略的。从这个案例中我们可以了解到，在混乱的情况下，若要洞察到迫在眉睫的经济危机，并保持对基本面的关注，是多么困难。

此刻，政府可以选择乘风破浪，抑或裹足不前。他们最终选择了乘风破浪，而这是有史以来最大的风浪。

一些好年景

古德蒙杜尔·托尔的祖先于公元880年在冰岛定居。他之所以知道此事，是因为他的家族史被记录在《定居者之书》中。这本书记录了他们抵达冰岛的时间和定居地点。

他的祖先在冰岛南侧的一个平原上拥有土地，这里甚至比阿拉斯加的安克雷奇还要靠北。晴天时，他们可以看到白雪皑皑的海克拉火山顶。史料记载海克拉火山曾有过20次喷发，维京人不需要发挥额外的想象力，就可以将其命名为"地狱之门"。

附近的村庄塞尔福斯（Selfoss）、斯托克塞里（Stokkseyri）和埃拉巴基（Eyrarbakki），都是建立在名为焚烧灰的熔岩高原上。这块熔岩高原由26立方千米的熔岩所形成，覆盖面积达1 000平方千米。

托尔的家族在这里辛勤劳动了几个世纪，让这块土地变得肥美富饶。一些免遭岩浆侵蚀的地块现在已经变成了草原。凭借自有农场、80匹马、一个用地热蒸汽加热的暖房、一份兼职以及一个小旅馆，托尔的日子过得悠长而充实。

托尔甚至拥有一条鲑鱼溪。虽然溪很小，但这里的鲑鱼是最大的品种。

结束每日劳作之后，托尔喜欢和他的朋友们泡在一处隐藏在黑色火山岩堆之间的温泉里。有些国家的人喜欢在广场上和酒馆里讨论生活和政治。在冰岛，这些讨论更加激烈、有力，仿佛要把狂风怒吼都压下来。

岁月静好，日子悠然度过，托尔并不担心未来。

1993年，我第一次来到托尔居住地的附近，当时我是挪威财政部副大臣，来这里参加北欧国家财政部长会议。冰岛的自然风光令人印象深刻，在绿色的田野上骑马，旁边就是利落的火山岩。幸运的是，我小时候去探望我的祖母时，她时常带我去骑马学校。当冰岛官员策马奔驰时，北欧其他任何国家的财政部长都跟不上他们。

当一个冰岛村庄开始发展时，人们会先建一座教堂，然后建一个温泉池，再然后是一家银行，或是几家银行，或者三家国有银行都有——格里特利尔银行、克伊普辛银行和冰岛国民银行，之后可能会有一两家地方性的储蓄银行。托尔在村里的银行开了一个账户，小心翼翼地把他的工资存了进去。

除了个人储蓄，托尔和他的老板每年都为养老基金供款，毕竟冰岛是世界上为数不多的有全额养老金制度的国家之一。

托尔和他的家人通过住房融资基金（HFF）申请了住房贷款。这是一个小型的、循环性的金融系统。住房融资基金由养老基金提供资金，养老基金会固定购买住房融资基金发行的债券，这些债券都有冰岛的国家信用做担保。

但是，正如在金融领域经常发生的那样，良善的初衷却可能导致不可预料的后果。有国家的担保，住房融资基金也必然能在资本市场竞争中战胜银行。为了生存和发展，冰岛的银行便开始从事风险更大的业务。

过去每隔 7 年，冰岛的经济就会得到一次增长，经济周期几乎如时钟一般有规律。支柱性的渔业会如期达到顶峰，渔获量又创新高，渔业盈利和出口收入激增，人们拿回家的薪水越来越多。内陆工业也跟着提高价格和工资。但是，渔获的价值下降最终不可避免，而工资和资产价格却居高不下。此时，冰岛渔业的竞争力得到了货币贬值的加持，而冰岛货币币值则一路下跌。

指数化工具的概念在 20 世纪 70 年代被引进冰岛，抵押贷款、工资和价格的增长会和通货膨胀挂钩。但即便有了这种挂钩式的自动操作，市面上也没有什么可用来抵御通货膨胀的工具。

在这样的背景下，人们的自然反应就是尽快花掉所有赚来的钱。如果你想盖房子，你就会把工资支票兑现，马上开始购买水泥并把地基先打上，哪怕建房所需的资金还没有完全落实。因为，房地产和资产才是最重要的。

甚至沃尔沃也将其汽车宣传成"车轮上的房子"。

1981 年，冰岛政府对克朗进行了重新估价：100 个旧克朗（ISJ）可兑换 1 个新克朗（ISK）。1939—2009 年，冰岛克朗比丹麦克朗的汇率暴跌了 99.95%。

渐渐地，冰岛政府开始认真面对通货膨胀问题，冰岛央行也开始具有独立性。它也被赋予了一个明确的目标：抑制通货膨胀。出于这个目标，冰岛央行长期保持着高利率。

多年来，冰岛的渔业公司不断增加其捕捞鱼种的范围，也在开拓新的市场。冰岛人是优秀的销售员，也愿意承担风险。另外，冰岛的旅游业扩张了，制造业也在增长。冰岛的经济基础出乎意料地多元化，许多公司从国外引进先进技术，对其进行改良调整以便在冰岛使用。

虽然国家规模很小，但就充分利用现有资源而言，冰岛人真是高手。国际公司也不再在冰岛寻求专利了，因为这个国家太小了，而且专利申请流程太复杂，还全都是用冰岛语，国际公司根本懒得为此劳心劳神。因此，冰岛人可以生产任何他们想要的东西供自己使用，还可以在专利到期前直接将货物出口获利，而他们的国际竞争对手却只能干等。

1996年，我再次来到冰岛。当时我为一家在全球有十几家分厂的公司工作，冰岛就有其中一家分厂。这家公司经营良好，公司的许多专家都拥有世界顶级大学的学位，包括博士学位。他们会开发新产品，设计新生产流程，也不吝于对旧例提出反思。

对我们来说，去冰岛就是去接受挑战的，也是去学习的。

一切似乎都很顺利。此刻很少有人知道，其实在那个时候，经济危机的种子已经种下了。

飞蛾扑火[①]

> 在2001年至2007年期间，谁都能当一个成功的银行家。
> ——冰岛危机之前有银行高管接受采访时表示

为了降低波动，冰岛国有银行和多家银行建立了资本缓冲或是储备基金，这让它们可以度过短缺期。冰岛的国家预算账面显示有盈余，借贷也不多。

国际信用评级机构，即穆迪、标准普尔和惠誉，会根据每个国家或主权地区的信用质量，以它们的评级符号为各国打分。借此，它们引导着世界各地贷款人的行为。21世纪初，这"三巨头"便将拥有强大国家财政的冰岛共和国列为信用质量最高的国家之一。

[①] 本节主要以冰岛议会任命的特别调查委员会（SIC）报告中的信息为基础，特别是报告的英文译本中的摘要章节。

银行也是有评级排名的。将总部设在一个拥有高评级的主权国家是获得顶级评级排名的首要条件。通常情况下，银行的评级不能比其所在国的主权评级高。这是因为一个陷入困境的国家可能会对国内银行进行征税，甚至是直接将其充公。

反之，如果一家银行陷入困境，一个强大的政府则可以提供信用支持。国家可以注入新的资本，甚至选择直接介入，把问题资产给买过来。而且，事实也的确如此，无论是共和制国家、君主制国家还是苏丹国，财力强大的政府通常都会对银行进行信用支持，从而保护银行的储户和贷款人免受损失。

从2000年开始，冰岛三大银行都被视为低风险，并获得了最高的信用评级等级。评级机构表示它们完全相信这些冰岛银行会偿还债务。此外，冰岛的银行已经习惯了在高利率环境之下经营，这些银行也只是向借钱给它们的国际银行和投资者多付了一点儿利息而已——每年多付0.25%~1%的利息。但是，事实证明，这其实是一组强心剂。

低风险和高利率吸引了资本，就像飞蛾扑火一样。

"市场上有堆砌如山的资金，"一位银行家回忆起危机之前几年的情况，"随着全球利率水平的低迷，许多投资者都在寻求更高的回报。"

当其他国家可能为了缓和资本流入而降低利率时，冰岛银行却继续向其贷款人提供略高的利率，这导致了资金的大量涌入。

接下来，投资者和国际银行大量购买冰岛克朗，并将资金投入冰岛，这推高了冰岛克朗的汇率。如此，单位冰岛克朗可以买到更多的外国货币，也就是外汇。强势的汇率压低了通货膨胀率，冰岛央行也很高兴。

由于冰岛的利率水平仍然高企，而人们对风险的观感仍然很低，较强势的冰岛货币也使得投资冰岛变得更加有吸引力了。

越来越多的国际资本流入了冰岛，冰岛的许多资产都升值了。然后慢慢地，全球富豪也都想要在这里买房产、买公司，资产价值也就这么一点一点地被抬高了。同时，银行家带着饱满的热情和充裕的资金，开始允许他们的借款人借更多的债。一部分募集资金被用于购买股票，甚至是并购整个公司。OMX 冰岛全股指数是冰岛的股市指数，它在 2003 年约是 1 000 点，而在 2008 年已升至近 8 000 点。①

到此刻为止，银行的损失是非常小的。即便有客户陷入财务困境，似乎也可以靠出售资产来偿还贷款。银行也可以不断地高估自身的资产价值，从表面上看，银行的赢利能力很强，财务状况也很扎实。

2007 年 3 月，银行股占了冰岛交易所总市值的 55%，还有些投资控股公司占了另外的 15%，而它们主要的投资标的构成也还是银行股。按照当时的市值计算，在雷克雅未克交易所上市的 7 家公司里，有 4 家银行和 2 家持有银行股的投资控股公司，而冰岛的工业龙头公司仅仅排在第 7 位。

就这样，银行股价继续攀高，价值也就越来越高。和房产一样，银行股甚至被认为是全天下最好的贷款抵押品！正是高企的股价撑起了银行的估值。

资本流入进一步带动了金融交易和贷款业务，银行的费用收入也水涨船高。大多数金融交易多少都能为银行带来一些收入，有时甚至会有一些零星的大额收入。

于是，银行的利润数字进一步上升。更有甚者，有些银行还在它们所提供融资的一些交易中直接持有股份。2003—2006 年，交易收入这一由银行自担风险的利润组成，占了克伊普辛银行收

---

① 关于 OMX 冰岛全股指数的成分是根据从 2007 年 3 月往后的 OMX 月度统计数据计算得出的。

入的30%。①

这是一个非常高的比例,几乎是其他北欧国家的头部银行的三倍,比如北欧银行(Nordea)、丹麦银行(DnB)、丹斯克银行(Danske Bank)、北欧斯安银行(SEB)和汉德银行(Handelsbanken)。

冰岛三大银行所公布的关键财务比率居然比那些闻名遐迩的国际大银行更好。② 它们的股本水平更高,若以一级资本比率这一技术指标来看,冰岛的银行还要好于北欧五大银行集团。它们报表上的赢利能力简直可以用"非凡"来形容,其平均股本回报率超过了北欧五大银行集团,而且领先幅度非常大。而冰岛银行的庞大股本基数和高企的融资成本似乎并没有什么影响。

优秀的回报率让冰岛更令人趋之若鹜。国际资金流向了冰岛的银行,银行进一步扩张。

在2003年、2004年、2005年,以及2006年和2007年的某些时刻,投资冰岛的债券都是一个明智之举。

但在2008年不是。

2010年4月,由冰岛议会任命的特别调查委员会(SIC)提交了关于冰岛经济崩溃原因的报告。该报告包括9卷,共约2 400页。

在雷克雅未克的城市剧院,他们向一众惊讶和愤怒的市民宣读了报告全文。在长达146个小时的不间断宣读中,委员会的每个人轮番上阵,就这么逐字逐句地读着。

回过头来看,当时的这些金融操作是有些过火的。SIC写道:2005年,格里特利尔银行、克伊普辛银行和冰岛国民银行在欧洲发行了大约140亿欧元的债券。这个数字比冰岛当年的GDP还要

---

① 花旗集团2007年1月3日的报告提供了冰岛克伊普辛银行交易收入的信息,当时花旗集团对克伊普辛银行的评级为"买入–高风险"。

② 关于银行关键财务比率的信息来自马克·弗兰纳里(Mark J. Flannery)为SIC准备的报告《冰岛破产的银行:事后总结》。

高,是前一年发行的债券本金金额的两倍。[1]

"冰岛的三家银行在那些国际银行的司库部门的人脉之广令人惊叹,"格里特利尔银行的一位前雇员在回顾那段疯狂岁月时说道,"这三家银行清楚地知道该找谁要钱。"

SIC 称,刚开始时银行能够以非常优惠的条件发行债券,债券票面利息只比基准利率高 20 个基点(0.20 个百分点)。后来,在欧洲债券市场的融资变得比较艰难了,但就在这个时候,美国的债券市场开放了。

SIC 的报告显示,美国市场的开放主要是由于担保债务凭证(CDO)的增长。在这种模式下,大多数的常规限制已烟消云散。

银行赶着牛群放牧,翻山越岭,穿越沙漠

一位纽约的前银行家说:"在欧洲,银行通常只是做传统的按揭贷款业务,这些贷款会留在银行的表内,银行也满足于收费和利息业务。但在美国,银行会将这些按揭贷款打包成债券,然后在资本市场上转手出售。"

这位银行家说:"债券市场可是个深水池。"

起初,银行家专注于较小额的、预先安排好的贷款,这些被称为优质按揭贷款。早期,这些贷款是会直接获批的。过了一段时间,这些银行家将多笔贷款打包成债券,这被称为担保债务凭证,也就是 CDO。CDO 资产包里会有车贷、信用卡债、按揭贷款和企业贷款等多个底层资产品种。随后,特殊目的公司(SPV)这个独立的载体会持有 CDO 资产包,然后将贷款资产包进行组合,再然后分层、出售。有些付款保障度高的分层,利率会比较低,而有些

---

[1] 外汇债务数据基于冰岛央行家庭部门数据库。

付款保障度低的分层，利率则比较高。

"CDO 是很复杂的。"一位银行家说。对此，他肯定了然于胸。从 2003 年起，他便在一家大型北欧银行的"复杂风险和期权交易部"工作了好几年。

这就像是一部老式的西部牛仔电影。一名牧场主养了一大群长角牛，总共有 100 头。市集所在地位于最近的火车站，为了把牛群赶到那里，牛仔们必须赶着 100 头牛穿过沙漠，翻过陡峭的山脉，穿过敌人的领地，这一路上的每一程都有土狼和贼寇。

牧场里的每头牛值 100 美元，所以这 100 头牛的总价是 10 000 美元。若把牛赶到了市场上，每头牛的价格则会涨到 120 美元，也就是牛群又会增值 2 000 美元。在市集上，一号商人跟牧场主优先购买 80 头牛，二号商人买下 8 头，三号商人买下 9 头，四号商人包了最后的 3 头。但四号商人实际上承担了最大的风险，因为只有当所有的 100 头牛（包括他的那 3 头牛）都成功地翻山越岭抵达市集之后，他买的 3 头牛才会属于他。

于是一位经纪人建议根据风险对牛的价格进行一些调整。承担风险的四号商人会从每头长角牛身上获得 50 美元的补助，其他人从每头牛身上得到的额外收入则较少，因为比起其他人，承担风险的人更有可能亏掉他们的初始投资。

买下 80 头牛的一号商人的每单位获利会被摊薄，但他很可能会得到所有的这 80 头牛，然后把它们全部在市集上出售。

CDO 就是这么操作的。

这场大萧条以来最大的金融危机的基础逻辑，就是用按揭贷款替换上述故事中的牛，这场危机后来造就了欧债危机，还导致了整个欧洲的多年萧条。

在 CDO 中，底层债券并没有预先分层，但分层的效果是清楚的。表现最差的 3% 那一层会被归入最劣等，这一层被称为股权层。

接下来3%~12%的部分则被分入次劣层，紧接着是12%~20%次次劣层，最后的优先层是剩余的80%的贷款。而且，债券的利息收益也是提前定好分配规则的。相对而言，获得分配收益最多的是股权层的持有人，也就是那些或以折扣价购买最后3头长角牛的四号商人。如果一切顺利，四号商人可以赚到10~20倍于他们的投资额的回报。但如果真出了问题，他们也可能亏光所有的投资。

因此，CDO是不断变化的投资包。"就像托管基金一样，CDO会根据风险和收益分层。"美国银行结构性债务部的一位前策略师解释说。

大型国际银行往往是一鱼多吃，它们会从发行人端收费，也会从投资者端收费，而且管理CDO本身也会产生管理费。但如果它们能将贷款转移到低风险层，则会赚到更多的钱。也就是说，若能将一批中等风险的贷款转移到低风险分层中，它们就能获利。

这样一来，"被视为"能够穿越沙漠的牛数量就变多了。

冰岛的银行债券扮演了这个角色，因为它们普遍被认为风险很低。

为了打包CDO，这些具有高回报且理论上风险很低的冰岛银行债券遭到疯抢。大致是这么操作的：一开始由冰岛的银行发行债券，然后美国的CDO发行人购入这些债券，将这些债券装入一个SPV，并将它们打包成CDO，然后再把CDO进行分层并出售给其他投资者。通过这种迂回的方式，CDO投资者间接地为冰岛的银行提供了融资。也正因此，冰岛的银行对国内外的贷款量节节攀升。

拥有高评级的冰岛银行被归类成"健康的牛群"，评级机构也预期牛群能顺利到达火车站。另外，冰岛银行的利息成本还很高，高利息也为CDO池的收益贡献良多。

在2006年和2007年，冰岛的债券变得更炙手可热了。CDO市场也已经发展至数千亿美元的规模，市场热得发烫。

一位银行家回忆说："当时为了应付客流，标准普尔于2006年在其官网上推出了 CDO 评估器。"CDO 评估器的本质是一个自动化的评级模型，有了它，CDO 发行人只需输入他们的数据，就能看到如何才能获得最高的信用评级。建模者可以直观地看到，若将冰岛银行的那些高利率、高信用评级的债券加入 CDO 资产包，将会对 CDO 的信用评级产生积极的影响，哪怕这些债券可能是有问题的。至此，人类的判断已与决策脱钩，手握方向盘的是人工智能。

此外，为了满足市场需求，已发行的 CDO 还被进一步打包成超级 CDO，这被称为"CDO 平方"。就这样，CDO 成了其他 CDO 的组成部分。

随着市场需求的进一步提升，用来填充 CDO 的贷款质量越来越差。这些贷款中就有次级按揭贷款，即还款确定性较低的贷款。

也正因如此，用几只冰岛债券为 CDO 产品做门面，也就变得越来越重要。

当现实背离理论[①]

外汇投资者会寻找汇率走势看强的货币，而这些货币一般来自利率水平相对较高的国家。他们心急火燎地捕捉这种投资机会，而这种行为本身就会使汇率进一步走强。

但若从理论层面出发，这种货币不应该存在。市场本应有自我平衡机制。换句话说，在所有自由市场国家中，利率和汇率的预期变化之和应该是相等的。高利率应该会带来货币贬值的预期，低利率则应该会带来货币走强的预期。

这正是"利率平价理论"所主张的。

---

① 本节中有关汽车贷款数据以及外汇/指数贷款数据（包括本节及往后章节中的引用）来自冰岛央行家庭部门数据库。

投资者和贷款人在全球各地寻找现实与理论相悖的场所，或是这样的场景。从某种意义上说，利率平价理论一直以来都存在适用性问题。

冰岛的情况就是如此。

在这里，投资者可以获得高利率货币，而此货币的汇率还会走强，至少会走强一阵子。

借款人其实也在寻求违背理论的投资机会。他们想找的，是一个相对较低的利率水平且汇率疲软的币种。

这也就是冰岛人借入欧元、瑞士法郎和日元的驱动力。至少在一段时间内是如此。

在 2008 年之前几年的冰岛，金融的基本逻辑似乎并不适用。这里的资金成本很低，至少对借外债的人来说会是如此。盈利水平在攀升，经济活动也越发活跃。

有人可能会说这是一个悖论，因为高利率会抑制经济活动，降低通货膨胀。然而在此时的冰岛，从某种意义上来说，这个传导机制已然脱轨。

较高的利率本应让克朗汇率走强，进而对通货膨胀产生抑制作用。但是，较高的利率对经济本身的影响却不大，因为冰岛的企业和家庭将它们的贷款转成了外币计价，而这些贷款主要也是由冰岛三大银行提供的。

就这样，消费和进口进一步增长，进口大大超过出口。冰岛的建筑行业蓬勃发展着，人们在冰岛东部建造了房屋、写字楼、一个大型铝厂和一个附属电力项目。

虽然冰岛的经常账户赤字已冠绝全球，高达冰岛 GDP 的 25%，其中 1/4 的赤字还与铝项目有关，但是通过冰岛银行流入的国际资本似乎能够抹平这一切。

有了资金，冰岛的银行也开始了国际收购狂潮，将许多银行收入了囊中。

FIH 是一家丹麦银行，它们从 2004 年开始寻求收购买家，卖方顾问摩根士丹利并没有将任何一家冰岛银行加进潜在买家名单。摩根士丹利认为，FIH 银行对名不见经传的冰岛银行来说，就是癞蛤蟆眼中的天鹅肉。

负责这笔交易的克伊普辛银行高管阿曼·索瓦尔松（Armann Thorvaldsson）在他的《被冻结的资产》（*Frozen Assets*）一书中写道："对我们来说，越是看似不可能的事情，越让我们觉得非做不可，我们就是这种风格。"

"一开始，我们努力争取让他们（摩根士丹利）认真地对待我们，他们也很快意识到我们是认真的。"

索瓦尔松写了一本关于他在克伊普辛银行的任职经历，书中描述了此事件的起承转合。

克伊普辛银行出价 7.3 亿英镑，对于当时估值仅略高于 10 亿英镑的银行来说，这是一笔不小的数目。在与摩根士丹利讨论后，克伊普辛银行将出价提高到了 7.5 亿英镑。克伊普辛银行当时认为，这家银行已是囊中之物。

但就在那个周末，摩根士丹利来电，他们意外地收到了一份更高的报价，报价金额已飞升至 9 亿英镑。

克伊普辛银行的一名代表于周日上午搭乘前往斯德哥尔摩的班机，他希望能更接近卖方。在从雷克雅未克起飞的飞机上，他看到了几名同行，他们全神贯注地盯着一沓文件，文件封面上写着 FIH 银行这笔交易的代号"达沃斯"。

落地斯德哥尔摩后，飞机上的人旋即跳上了一辆出租车。

"跟着那辆车！"克伊普辛银行的代表喊道，他跳上自己的出租车，心潮澎湃。

出租车在斯德哥尔摩的街道上蜿蜒前行，最后在诺尔马姆地区的一栋大楼前停了下来，这里是卖方律师事务所的办公室。现在克伊普辛银行知道了，这笔交易的竞争对手就是冰岛国民银行，是他们的冰岛同行。

克伊普辛银行进一步提高了出价，击退了自己的同胞。他们成功收购了 FIH 银行，但之后的危机中，这个资产格外显眼。

冰岛的银行还收购了挪威的 BN 银行和英国的高新富金融公司（Singer & Friedlander）。带着满匣的现金弹药，冰岛的公司一步步收购了时尚品牌、航空公司，甚至包括汉姆利玩具店（Hamleys）、萨克斯第五大道精品百货店（Saks Fifth Avenue）和美国航空公司（American Airlines）的部分股权。举几个典型例子，冰岛一家银行的老板买下了西汉姆联足球俱乐部，另一家则对纽卡斯尔联足球俱乐部虎视眈眈。

乍看之下，此时冰岛的经济可谓是一片欣欣向荣。

税收的飙升也让国家财政受益。国家有了盈余，政府也向人民宣布了减税。

这一切都让托尔很高兴，尽管这段时间他的外国游客已越来越少，因为过热的克朗汇率把外国游客都吓跑了。此外，由于银行和建筑公司吸纳了所有的工人，托尔越来越难雇到本地人。托尔听说，在冰岛，金融工程专业的毕业生要比真正工程专业的毕业生多。

好的一面是，他的波兰助手卡斯帕同意用日益疲软的欧元领工资。托尔的成本也下降了，因为他把一些贷款转为了以外币计价。起初他对于这个想法很抵触，但他的银行一再打电话给他，最终说服他将贷款转为以日元计价。

"对于外汇风险，你怎么看啊？"托尔小心翼翼地询问他的银行客户经理。

"这是个好问题，"友善的客户经理回答道，"坦率地说，我不确定瑞士法郎和日元哪个更好。从风险管理的角度看，也许这两个币种你应该都做。"

托尔的新车和扩建酒店的贷款都是以日元计价的。若以冰岛克朗计算，即便他没有还款，他的贷款余额也会一年比一年少。2003年1月到2007年1月之间冰岛汇率持续飙升，所以若以克朗计算，托尔的日元贷款余额已下降了17%。难怪在2008年年底时，冰岛的汽车贷款总额中有近84%是以外币计价的。

每隔一段时间，银行家们就会从雷克雅未克来到托尔的鲑鱼溪流钓鱼。他们通常都是乘坐直升机来的，有时还有他们的贷款人陪同。

托尔发现这一切都有点儿奇怪，但如果这就是新经济，也不全是坏事。银行方面没有人警示过他，如果冰岛克朗的汇率停止升值或下跌，那会怎么样。同时，大多数政治家都对金融操作感到雀跃。银行家大力打击任何持反对意见的人，甚至收购了头部的媒体公司，以确保传播的信息都是"正向的"。

然而，西汉姆联队终究不属于托尔。他实在无法理解，银行家怎么能这么烧钱，也不去反省一下他们所买的东西的价格和质量。

一叶知秋，他感受到了即将到来的浩劫。

人熟好办事

总的来说，冰岛金融业的国际化是一个了不起的成功故事，市场应该更好地承认这一点。

——2007年11月，弗里德里克·马尔·巴尔德松（Fridrik Mar Baldursson）教授和理查德·伯茨（Richard Portes）教授在为冰岛商会准备的报告中写道

在银行陷入困境时提供支持，冰岛的确有这个传统。可能正是考虑到了这种支持历来有之，评级机构在金融危机之前的几年里给

冰岛的银行授予了高评级。评级机构也可能认为，冰岛的银行家、监管机构和政治家已经了解到了一些银行业的风险，特别是集中度风险、关联方贷款和可疑的会计操作的风险。但是，其实并没有。

冰岛银行（Islandsbanki）成立于1904年，是一家私有性质的、着重于渔业融资的银行。1904—1921年，它是冰岛的发钞行。后来，另一家名叫冰岛国民银行的银行扮演了国家的央行角色，直到1961年冰岛央行正式成立。

1930年，由于面向渔业等产业的贷款业务出现亏损，冰岛银行倒闭了。在一次深夜会议上，冰岛议会否决了国家担保的提议，之后冰岛银行由于流动资金枯竭而正式关门大吉。两个月后，国家在其废墟上成立了一家新的银行，名叫冰岛渔业及产业银行（Útvegsbanki Íslands），成了冰岛专门性的渔业银行。[①]

50年后，冰岛最大的三家银行是冰岛国民银行、冰岛渔业及产业银行和冰岛农业银行（Búnaðarbanki Íslands）。这些银行都是国有的，董事会成员由冰岛议会负责委任。每家银行有三名首席执行官，通常由三个最大政党中的一个批准任命。

1985年，冰岛渔业及产业银行倒闭了。它向航运公司哈夫斯基（Hafskip）提供了贷款，这笔贷款相当于该银行股本的100%。于是当哈夫斯基公司倒闭时，冰岛渔业及产业银行也跟着倒闭了。但这一次，冰岛央行在咨询了财政部长和商业部长的意见后，发出了一封支持信，拯救了冰岛渔业及产业银行。

哈夫斯基公司的董事长也曾是冰岛渔业及产业银行的董事长。哈夫斯基公司的首席执行官和其他与该航运公司有关的人则一

[①] 《1904—1980年冰岛银行和冰岛渔业及产业银行的历史》于1981年由冰岛渔业及产业银行发行，提供了1904—1980年第一个冰岛银行和冰岛渔业及产业银行的历史背景。

起被起诉,罪由是违犯多项法律。经过旷日持久的审判,他被判处了12个月的缓刑。①

2003年2月,这名遭起诉的哈夫斯基前首席执行官成了冰岛国民银行的董事长。很明显,有人觉得他是最合适的人选。更无须多言的原因是,他和他的儿子是银行的最大股东。

他一直担任这个职务,直到2008年10月7日,冰岛国民银行也倒闭了。

2009年7月7日,法国国家检察官要求对这位担任冰岛国民银行董事长的人士再次判刑,他的刑期最终被定为5年。

1991年苏联解体后,贷款集中度问题也给冰岛国民银行带来了不少麻烦。经过政治动荡,解体后的"苏联"已不再有能力支付进口款项。冰岛的一家羊毛制品商家阿拉佛斯(Álafoss)失去了一半的业务。阿拉佛斯公司成立于1896年,当时公司旁边有一个瀑布,可为纺织机提供动力。到20世纪中叶,它已经把冰岛的羊毛织物变成了高档时装。后来,它在1991年破产了。冰岛国民银行是它的银行,这家银行当时受到了严重打击。

冰岛国民银行对桑巴迪集团(Sambandid)也有大额的风险敞口。在20世纪80年代末,桑巴迪集团是冰岛最大的综合性企业集团,由冰岛合作社所有。当时由于渔业和毛皮产业等业务的亏损,桑巴迪集团陷入了财务困境。

直至1992年年底,冰岛国民银行的资本充足率已低于法定的最低要求。1993年3月,冰岛政府为冰岛国民银行注入了一半的新增资本金,并提供了等值于冰岛GDP 1%的次级贷款。这项提案在两天内就获得了通过。另一家冰岛合作社所拥有的银行——协同组

---

① 哈夫斯基案引用了《1900—2000年的冰岛》一文中的"哈夫斯基事件"一节中的内容。

合银行（Samvinnubanki Íslands）也陷入了困境。它被并入了冰岛国民银行。

冰岛渔业及产业银行是冰岛的第三家国有银行，它在 1990 年与三家小型私有银行合并为冰岛银行，并实现了私有化。2006 年，冰岛银行改头换面，变成了格里特利尔银行。①

1997 年，冰岛国民银行和冰岛农业银行的私有化进程开启了。

当时冰岛对银行的所有权归属有一定限制，也不允许买家从私有银行获得收购所需的贷款融资。有些人称这些规定为"反戈登·盖柯规定"（anti-Gordon Gekko rules），戈登·盖柯是金融题材电影《华尔街》的主角。但对于某些年轻的冰岛人来说，盖柯是一个英雄，不是恶棍。

是的，这些规定事实上并未能阻止银行之间相互提供资金融通。克伊普辛银行的贷款资助了冰岛国民银行收购价格的 70%，而冰岛国民银行的贷款资助了冰岛农业银行收购价格的 35%，冰岛农业银行在不久之后就被并入了克伊普辛银行。

这个相互关联、相互依赖并拥有同质化风险的银行网络就此粉墨登场。

"2003 年，有人对这两家银行的收购案的融资方式存在疑虑，"一位当时供职于冰岛金融监管局的人士说道，"后来，我们发现对一家银行的收购资金来自另一家银行的贷款，反之亦然。"

"在我的印象中，冰岛的金融市场监管机构——冰岛金融监管局曾经想叫停这笔交易，"当时挪威金融监管局的负责人比约恩·斯科格斯塔德·阿莫（Bjørn Skogstad Aamo）说，"但据我所知，冰岛金融监管局的这个想法在政治层面上被否决了，而他们也没有能

---

① 曾供职冰岛金融监管局的拉格纳·哈夫利达松（Ragnar Hafliðason）提供了关于冰岛银行历史的宝贵背景。

力说'不'。"

当时还有一种纯粹的欺骗行为，使冰岛金融监管局的工作更加困难。2003 年，德国颢科银行（Hauck & Aufhäuser）获得了冰岛农业银行 15% 的股份。①

"当时冰岛农业银行……派了一名高管前往德国与颢科银行会面，讨论两家银行合作的可能性。"SIC 发布报告说。

"令他惊讶的是，颢科银行里没人知道关于这笔交易的任何事情。此外，他们甚至从来没有听说过冰岛农业银行。"

这也难怪。

"有些合同我们没有看到。"这位冰岛金融监管局的前雇员说道。

2017 年 SIC 的调查显示，在冰岛农业银行和克伊普辛银行合并后，颢科银行从未成为真正的股东。

SIC 的结论是，冰岛政府当时被一名后来成为克伊普辛银行主要股东的人士有预谋地欺骗了，我们称这位人士为 OO 先生。一家在英属维尔京群岛的托尔托拉岛注册的离岸公司——威灵及合伙人公司，是这场交易的真正对手方。颢科银行只是提供服务，然后收取费用。

颢科银行所提供的服务，仅仅是提供银行的身份，让这笔交易看起来比较"正当"。

OO 先生是幕后的实际控制人，后来成为庞大的克伊普辛银行

---

① 关于德国颢科银行的描述部分基于 2017 年 3 月 29 日 mbl.is 网站上的一篇文章《冰岛的崛起、衰落和复活》，由西格里杜尔·贝内迪克特斯多蒂尔（Sígrídur Bendiktsdóttir）、高迪·艾格特森（Gauti Berþórusin Eggertson）和艾格特·波拉林森（Eggert Þórarinson）撰写。文章对与危机有关的事实和数字做了全面概述，提供了以债券融资收购银行股权的数据，同时这篇文章也是本书"绝世好货"、"可喜可贺"（其中关于瑞士的声明部分）、"错综复杂的关系"和"虚假的股权"等小节的关键资料来源。

的前两大贷款户之一。

一位 SIC 成员说:"我们都震惊了,这是个多么处心积虑的计划。"

几十年来,银行的董事会成员由冰岛议会选出,而董事会的组成反映了各政党的实力。

政商关系在冰岛是如此错综复杂,已经到了让我觉得不可思议的地步。

1982 年,我在挪威央行工作,担任学生助理。1994 年,我离开了我的最后一个政治职位,即由挪威工党选定的挪威财政部副大臣。从那时起,我作为战略家和"振兴专家"在商界工作了近 15 年。冰岛总理办公室在 2009 年 2 月发布了我的任命,但是这篇新闻稿中没有首先列出我的最后的职业,而是列出了我的第一份职业。

这在技术上是正确的,但当新闻媒体以其一贯的急于简化的作风,将新闻稿第一段以外的内容都删掉时,我仿佛就变成了一个有工党背景的中央银行家。当然,这也可能正是新闻稿作者本身的意图。

这并没有使我的工作变得容易,我也不认为我的角色是政治性的。对我来说,专业、独立和合作这些特点是中央银行家的美德。

特别是在危机时期。

孩子们,你们看不见这场派对吗

没有人愿意接受"花落终有时"的想法,更不用说好日子可能会以突然的、痛苦的方式戛然而止。……在冰岛,当经济出现繁荣的假象时,政府根本不愿意听取警告,这使问题进一步恶化了。相反，冰岛政府还非常积极地为列车提速。

——摘自古德伦·约翰森（Gudrun Johnsen）的
《击垮银行系统》（*Bringing Down the Banking System*）一书①

  当一个政府吹嘘经济表现时，你可要多加小心，它可能只是在债务的浪潮中玩冲浪而已。

  消费、建筑、投资、GDP、就业、税收和资产价值都在增长，无怪乎政府为经济的强劲表现而拍手叫好。事实上，大多数政府都会居功，将经济增长归功于自己的政策和战略。很少有人会采取措施为经济发展进行"降速"，也很少有人会认真审视那些高歌猛进的数字背后的东西。

  《击垮银行系统》一书中的研究表明，17%是一个值得警惕的数字——这是那些出现不可持续的增长而旋即崩溃的经济体，平均每年信贷规模的实际增长率。

  同样，如果银行对私营部门的信贷在三年内增幅超过50%，这一片信贷繁荣的景象就可能有持续性问题。

  冰岛三年的信贷累计增长率在2006年达到了97%的峰值。

  "一场危机是无可避免的，无论如何，修正都会出现。因为作为一个国家，我们的高赤字水平前所未见。"冰岛央行的一位经济学家说道。

  "这个故事有两个部分：第一部分是典型的经济泡沫故事，这一部分没有什么新鲜的，只是比其他案例更加极端；第二部分是欧盟单一市场建立以来的首场欧洲银行业危机的故事。"2009年8月至2019年8月担任冰岛央行行长的马尔·古德蒙森（Már Gud-

---

① 古德伦·约翰森的《击垮银行系统》一书详细地描述了金融危机期间发生的一系列事件。这也是本节中所引用的信贷数据的来源。

mundsson）说道。

当时并非所有人都在沾沾自喜，有些警告甚至是大声的、清晰的。

2005年6月14日的一份分析报告的首页上，一名女性在向一个气泡吹气。这是一份由帕尔·林霍姆（Pål Ringholm）编写的关于冰岛三家银行的研究报告，他是北欧地区最负盛名的信贷分析师之一。

然而，当时的大多数人都很开心，即使事情已经开始失控。

甚至是当时被视为"清醒理性之声"的冰岛财政部长，也在2007年3月17日冰岛议会的一次交流活动上抨击了怀疑论者。

他当时说："这些人没有看到最近几年在这里发生的事情。他们就是视而不见，可能是因为他们不愿意看到他们所看到的东西。"

他还补充说："孩子们，你们看不见这场派对吗？"

他急切地敦促持怀疑态度的人敞开胸怀，共襄盛举。

冰岛央行在2015年做了一项研究，他们将2008年发生的金融危机与冰岛历史上的其他危机进行了比较，一路追溯到1875年。[①]

"在2008—2010年危机之前，金融失衡的程度是前所未有的，早在危机发生之前，所有的红色警示灯已经在各处闪烁，"报告中提道，"所有我们研究的金融指标……已超过其长期趋势水平多个标准差，好几个指标在危机前四五年就已经是这样了。"

到2007年时，这些指标已经令人瞠目结舌。"以历史趋势作参照，当时冰岛的住房价格和非核心银行资本都已经超过了40年的高点。信贷与GDP的比率已超过了千年高点，而如果从智人时期开始做数据统计的话，冰岛当时的银行资产与GDP的比率更是已超过了万年高点。"

---

① 对于1875年之后的所有金融危机的比较来自冰岛央行的工作文件《冰岛金融繁荣与危机周期的漫长历史》的第68页。

研究显示，宏观经济的失衡也很明显，生产和需求远高于历史表现。不仅如此，贸易赤字也非常大，货币也被严重高估了。

2000年起我曾多次来到冰岛，因为我的一些合作伙伴是同时活跃在欧洲和美国的，而冰岛就成为我们开会的一个方便的中间地点。为了保持资讯的畅通，我们经常邀请冰岛的行业协会来为我们介绍情况，2005年8月和2006年10月各办过一场。

当时这些协会的情绪十分乐观，回答我们的探究性问题时也是不假思索的。

绝世好货

这并不意外，人们都在掩耳盗铃，而且大气候也是偏向银行的。

——一名冰岛央行职员在采访中说道

2007年的夏天，有一场面向银行家的"发现冰岛"活动。来自欧洲金融之都的高收入人群，也就是那些年收入在两千万英镑以上的精英都来参加了活动。

"起初我觉得很奇怪，这些人怎么都来了冰岛，"一位冰岛高级银行家说，"但后来他们中有人告诉我，冰岛的银行在欧洲市场上的债券发行量能排到前十位。"

从2005年开始，四处筹资的冰岛银行开始开拓欧洲市场，它们总能在欧洲找到愿意借钱的投资者。这些贷款是以中期票据的形式提供的。

这种票据有固定的期限，投资者不能提前偿还；它们也没有任何外部担保或抵押品。然而，中期票据的发行人通常需要有投资级的信用评级。中期票据是一种无担保的高等级债券，可以预先设定好的利率直接出售给投资者。一般来说，这种票据不会在交易所挂牌。

冰岛政府也不时地发行这种债券，尽管强健的国家财政让冰岛的借款需求并不是很高。冰岛故意表现得很谨慎，发行规模通常为2亿~2.5亿美元。

当时冰岛在资本市场上的活跃度是偏低的，尽管这也没有维持多久。

相比之下，冰岛的银行则没有这么谨慎，它们抓牢了每一分可用的资本，每一次的融资额都高达10亿美元。2005年，冰岛的三大银行在资本市场上融得了50亿欧元的资金，而此时投资者开始感到有些害怕了。

冰岛央行的乔恩·西古格尔森（Jón Sigurgeirsson）说："是的，2005年年底他们就出问题了。"

2005年11月14日，摩根大通的一位银行家发出了一封电邮，而她也只是向市场提示冰岛风险的其中一人。

她在电邮中提到了冰岛隔夜利率，当时这一利率高达11.75%，正是这么高的利率水平才使资金继续留在冰岛，她还对冰岛货币贬值情况下的脆弱性提出了警告。这里的风险是，如果冰岛货币出现贬值，那些拿着外币计价贷款的冰岛银行客户将无力还贷。

冰岛央行的有些高级职员确实对此开始担心，他们也对外说出了这些顾虑。

然而，在雷克雅未克的街道上，就在冰岛央行外面，这时的外币贷款业务才刚刚要开始真正起飞。

"我的所有固话通话都被录音了，"当时在冰岛央行市场部工作的斯图拉·帕尔森（Sturla Pálsson）说道，"2005年12月，我禁止IT部门覆盖或删除任何录音，因为我想把这一切都记录下来。"

"我有一种感觉，我们正在见证历史。"

"我们在2005年年底看到了第一个警讯。"一位高级银行家证实。他在事后以被判刑的冰岛银行家的形象出现在《金融时报》上。

"其实当时我们应该着手规划软着陆的路线图了,"这位银行家说,"但没有人愿意这么做,因为我们都持有大量的股票期权,而如果不出意外,这些资产还有大幅升值的可能。"

后来欧洲投资者不再愿意投资这些中期票据,不愿为过热的冰岛经济推波助澜,于是冰岛的三大银行转向了美国和亚洲市场。

他们在美国找到了愿意购买他们债券的买家。根据 SIC 的报告,冰岛的银行债券在 CDO 组合中受到追捧,因为这些银行的信用评级很高,同时还愿意支付相对较高的票面利率。

这使冰岛的银行债券成为"绝世好货",因为它有着很高的票面利率和较低的风险观感。即便有人察觉到个中风险,这些风险也会被多元化的投资组合摊薄。

此时,对冰岛而言,来自美国和欧洲的资金已呈并行不悖之势。

可喜可贺

政府希望银行持续扩张。在冰岛,对金融监管的普遍态度是:监管银行的最佳人选就是银行家自己。

——《冰岛的崛起、衰落和复活》

循规蹈矩的瑞士人花了 300 年时间,才建立起一个相当于 GDP 8 倍的银行业。而冰岛只花了 5 年时间,就使其银行业规模达到 GDP 的 9 倍。

除了国内服务业和工业,历史上有三个行业一直在支撑着冰岛的经济。

在历史上大部分时间里,渔业是冰岛最重要的出口板块,但在最近几十年里，能捕获的野生渔获量有限，这也限制了冰岛的经济增长。除此之外，旅游业也很重要，但旅游业是季节性的。另外，可再生能源的发展让铝冶炼和铁合金产业进一步增长，这已经成为冰岛经济的第三条腿。但是，卡拉努卡尔水电站（Kárahnjúkar）——一个大规模的新发电厂，以及它所供电的铝厂，却是存在争议的。这个项目以及其他即将落地的此类项目，挑动着所有环保人士的神经。这个国家很少有如此分裂的时候。

在那之后，银行业横空出世了，大多数人还为此欢呼雀跃。这个行业是现代化的、国际化的，它还不造成污染，更是一个高薪的、专业性强的行业。

冰岛也正需要一个新的经济增长驱动点。2006 年，即便是排除了新发电厂和铝厂所需的进口项目，冰岛的贸易赤字也是近 20 年来西欧的经合组织国家之最。冰岛银行外债带来了大量的资金流入，让冰岛可以承受贸易赤字，也进一步造成了贸易赤字。冰岛的企业和家庭部门的借贷提高了，流入的国际资本有一部分正是流向了它们。

但许多人认为，这是值得庆祝的事情。

"你得修好你的房子！" "我为什么要修？你自己的房子不是更烂吗？"

我们研究了金融危机的预警指标，得出的结论是：冰岛几乎所有的预警指标都比 1997 年东南亚金融危机前泰国的情况更差，而且只比 2001 年危机前土耳其的情况略好一点。

——2006 年 3 月一份丹斯克银行分析师的报告

在 2006 年之前，做一个冰岛银行业的怀疑者是没有市场的，

2006年年初之后就更是如此。那时候，冰岛遭遇了一系列困难事件，这被称为"间歇泉危机"。当时冰岛的银行成功地避过了这场危机，但在那之后，他们的自信心开始"爆棚"，感觉自己天下无敌。

"现在他们真的相信他们能飞，能在水上漂。"报道这场危机的记者西格伦·达纳茨多蒂尔（Sígrún Davíðsdóttir）说。

2006年3月，丹麦的丹斯克银行发布了一份关于冰岛经济的震撼报告，称冰岛为经合组织里最过热的经济体，而这仅仅是个开始。

丹斯克银行报告称，"在经济繁荣的表象背后，冰岛的债务、杠杆和风险承担出现了惊人的扩张，这在世界上几乎没有先例"，"冰岛的外债现在几乎已达到GDP的300%，其中短期外债也已达到接近GDP的55%的水平，相当于冰岛年出口收入的133%"。

克伊普辛银行、冰岛国民银行和格里特利尔银行的首席经济学家纷纷对这份报告的结论口诛笔伐。

"丹斯克银行的报告看起来就是要让冰岛经济万劫不复，"格里特利尔银行的研究人员写道，他显然很生气，"它与以前的报告不同的是，不仅仅是表达了担忧，而且实际预测了有一场金融危机即将到来，然后还会出现多年的严重衰退。"

讽刺的是，他们只是为了攻击这份报告才这么写的。

冰岛当局也加入了这场批斗浪潮中。最终，丹斯克银行的观点被彻底踩踏了，它还被认为是历史上丹麦殖民者的声音。而为冰岛银行进行辩护，竟然还上纲成了一件关乎民族尊严的事情。

"许多外国银行的批评声音只是竞争策略，他们想在竞争中碾碎冰岛。"冰岛总理在2006年3月说。

"其实丹斯克银行的分析师当时或多或少地说出了实情。"一位当年参与银行监管工作的人士说道。

"2005年年底，我们已可以看到所有的失衡情况，"惠誉评级公司的一名首席分析师说，"我们当时启用了一个标记系统，而所有冰岛的指标都是深色的（见图2-1）。"

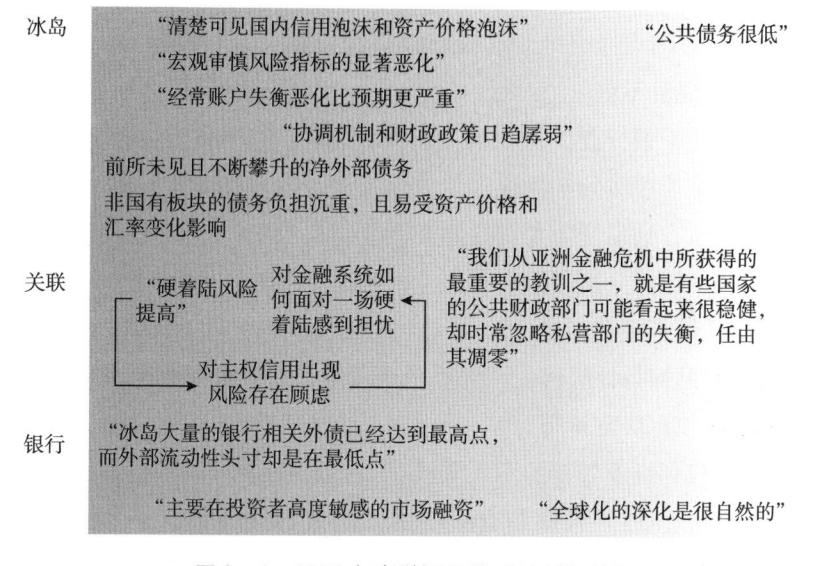

冰岛
"清楚可见国内信用泡沫和资产价格泡沫"
"宏观审慎风险指标的显著恶化"
"经常账户失衡恶化比预期更严重"
"协调机制和财政政策日趋孱弱"
"公共债务很低"
前所未见且不断攀升的净外部债务
非国有板块的债务负担沉重，且易受资产价格和汇率变化影响

关联
"硬着陆风险提高"
对金融系统如何面对一场硬着陆感到担忧
对主权信用出现风险存在顾虑
"我们从亚洲金融危机中所获得的最重要的教训之一，就是有些国家的公共财政部门可能看起来很稳健，却时常忽略私营部门的失衡，任由其凋零"

银行
"冰岛大量的银行相关外债已经达到最高点，而外部流动性头寸却是在最低点"
"主要在投资者高度敏感的市场融资"
"全球化的深化是很自然的"

图2-1 2006年惠誉评级的"诊断"摘要

2006年2月，在金融危机的31个月前，惠誉评级公司在对冰岛共和国的"AA-"信用评级中调了一个"负面展望"。其2月22日的报告标题是："宏观经济的失衡导致了负面展望"。

"当时国际局面可谓是一片欣欣向荣，"惠誉评级公司的这位分析师回忆道，"很多人觉得获得'AA-'评级的国家都完美无瑕。我们的评级行动在市场看来是某种意义上的'降级'行为，且被认为是不寻常的。"

"'你们确定知道自己在做什么吗？'这是我们反复被问到的一个问题。"

有趣的是，根据惠誉的报告摘要，冰岛宏观经济的失衡是惠誉眼中的主要风险。不过，报告仍然总结道，这些风险可能会产生连锁反应对金融部门造成伤害，进而影响到冰岛的国家主权信用。

惠誉说，没有其他经合组织国家达到过冰岛的外部失衡水平，甚至接近冰岛的都没有。

难怪冰岛当局很难要求银行做"大扫除"，因为他们自己的屋子也同样混乱不堪。

"专注于银行业的分析师在很大程度上会着眼于银行个体情况，"一位前评级分析师说道，"那是评级业务的起源，是关键核心。"当然，这也是赚大钱的地方。

"这些银行分析师往往很少考虑系统性问题。"他们对未来的展望仅仅是两年左右。

所有的银行评级都由评级委员会确定，而评级委员会中一般会有一名主权评级分析师。

"主权评级业务真的不太赚钱。"这位前评级分析师说道。

然而，主权评级却是有必要的，因为它们通常是一个级别上限，一家国内银行的评级不能高于该国的主权评级。唯一的一个例外情况是：受到外国银行母公司支持的境内子公司。

"在发布负面展望后，我一直在外面做演讲，午餐和晚餐也都在外面吃，"这位分析师说道，"每个人都想听听这个故事。而且，我们确实收到了一些来自冰岛的邮件，其中强势地表达了反对的观点。但我不认为有必要重审我的研究。"

冰岛银行的市场估值水平出现了显著下跌，冰岛克朗也随之贬值。

冰岛的银行迅速做出了反应。它们把战场扩得更大了，克伊普辛银行在日本、加拿大、墨西哥、澳大利亚和美国等地都发行了债券。为了筹集直接资金，冰岛的银行也开始大力拉存款。这么做的目的是巩固银行的资本，降低出现财务困境的风险。但是，正如我们所看到的，这些行为也在很大程度上加剧了财务困境的潜在影响。

"当时我们之所以能摆脱困境，是因为这个世界的流动性仍然是泛滥的，"克伊普辛银行前高管阿曼·索瓦尔松写道，"尽管欧洲债市对冰岛银行的风险敞口已经饱和，但市场上的资金还是有价无市的。"

他写道："冰岛银行支付的费用比其他银行高，几乎比伦敦同业拆借利率（LIBOR）高出1%，这个溢价确实发挥了作用。"

这位克伊普辛银行的前高管写道："尽管当时有多方面的因素促成了危机的解决，但核心还是在于流动性的获得。"①

危机结束了，尽管看起来似乎是这样。

市场对冰岛银行的担忧逐渐消散，针对冰岛三大银行贷款的保险价格一路下降至2007年年中。此时，只要花5 000美元，就能为本金100万美元的冰岛银行债券投保两年。

2007年年初，评级机构穆迪为冰岛的银行授予了最高的评级。这是一份不容置疑的"健康证明"。

毕竟，冰岛的银行账本看起来很不错，而这对于内外交困的政府代表来说更是好消息。

金榜题名的冰岛三大银行

在21世纪初，冰岛的三大银行被外界认为是"安全"的借款人。例如，2000年，穆迪首次授予克伊普辛银行的信用评级是A3。此信用评级在2003年被提高到A2，2004年进一步提高到A1。2007年，穆迪将其评级再次上调至Aa3。

---

① 这段话来自阿曼·索瓦尔松的著作《被冻结的资产》。冰岛格里特利尔银行的声明是由格里特利尔银行研究所发布的。

2007年2月24日，此时距离金融危机只有19个月了，而穆迪却将冰岛三家银行的评级都提升到了最高级别，即AAA。世界上再没有比冰岛的银行风险更低的银行了，这就是穆迪的观点。

该评级机构表示，这批评级上调是出于评级方法的调整。穆迪通过其所谓的联合违约分析，对更广泛的经济系统和所在国的实力给予了更高的权重。

颇具讽刺意味的是，穆迪公司调升评级的理由，是因为它现在更看重信用链条上最薄弱的一环，也就是冰岛政府支持银行的能力。

"对冰岛诸银行的评级更新，充分反映出冰岛经济和冰岛银行业的强健，"格里特利尔银行的首席财务官很快做了点评，"评级机构此举势必进一步强化冰岛银行的融资行为，因为这会将我们带入更多投资者的视野。所以，这会普遍改善冰岛银行的经营环境。"

其他人则变得更紧张了。

"当穆迪的评级方法出现变化时，我们感到非常惊讶，"冰岛央行金融稳定部的前负责人说道，"这完全是魔幻现实主义。"

虽然乔恩·西古格尔森当时在IMF工作，但他其实长期负责处理冰岛央行与评级机构的主权评级关系。他打给穆迪的主权分析师，厉声问道："你们的脑子进水了吗？"

穆迪公司负责主权评级的分析师在答复中明确表示，其实穆迪的主权团队痛恨这个决定，当时还就此进行过一场激辩，但这显然是一个有商业利益考量的决定。"我们花了很多时间来准备与评级机构的讨论，"一位前银行雇员说，"我们整日整日地开会，也会定期与分析师打电话。一切都挺好的，但有一个来自美林证券的人，我们总觉得他很难缠。"

惠誉仅在短短三周后，即2007年3月15日，就将冰岛的评级下调了。

"冰岛 2006 年的数据比预期的要差很多，"惠誉的首席分析师保罗·罗金斯（Paul Rawkins）说道，"市场预期冰岛的经常账户赤字是 GDP 的负 21%，而最后出炉的数字是负 27%。冰岛的外债预计约为 GDP 的 160%，结果却为 200%。冰岛的外债预计是外部收入的 3.2 倍，结果却是 4.3 倍。"

惠誉写道："距离冰岛的宏观经济失衡问题解除的那天，似乎是越来越遥远了。"

"当时我们试图出声，警告大家风险正在激增，"冰岛央行的一名员工说，"但我们必须很小心。我们害怕自己一不小心就引发了一场金融危机。而谁又愿意为这场已不可避免的灾难背黑锅呢？"

其实政府也面临类似的两难困局。应该在这个时候踩刹车吗？如果真这么做的话，是不是反而就会引爆经济危机？我们所做的一切可都是为了避免一场经济危机呀！是不是应该大幅收紧政策？但政府预算现在可是有盈余啊，银行也从头到尾都在说"万事 OK"啊！而且，即使我们认定应当这么做，又如何才能真正获得民众的支持来付诸行动，喊停这场狂欢呢？

一个用粪便建立主权基金的国家[①]

旧时代的海盗靠的是他的作战能力。没有任何废话，他们就是赤裸裸的抢劫者。现代的海盗则完全不同，他们在公共生活中戴着礼帽、穿着礼服，却往往不看他们正在干着抢劫的勾当。

——《新时代》(The New Age)，1913 年 6 月 5 日，
一篇关于基里巴斯的文章

[①] 除非另有说明，本节及以后各节中关于债权的所有信息都来自 2012 年 5 月的三家银行的债权清单。

基里巴斯是南太平洋上的一个小国，世界地图就是在这里被一分为二。事实上，其实是一分为四。除了划分南北两个半球，这里还有180度的子午线。世界上的国家中只有基里巴斯有这样的特点，这使得它在许多地图上都几乎无迹可寻。

基里巴斯有11万人口，分布在33个珊瑚礁和环礁上。这里总是世界上第一个庆祝新年的地方。

多年来，基里巴斯一直在全球最不发达国家名单上"名列前茅"。人均GDP约为1 500美元，大约是冰岛的1/40。大约20%的基里巴斯人，至今仍然没有基本的生活保障。①

由于火山活动，每年冰岛的国土面积都在增加。而在基里巴斯，情况却恰恰相反。基里巴斯的大多数岛屿都位于海平面以上不足2米高的位置。因为全球气候变暖，上升的海平面随时可能吞噬这个骄傲的国家。

但在被海水淹没之前，这个国家却可能会先灭亡于干涸之害。海平面上涨造成了盐水浸润，污染了基里巴斯赖以生存的淡水储备，也影响了地下水资源。

基里巴斯可能是世界上唯一一个要向别国购买土地的国家，其在斐济购买了24平方千米土地，先是用作种植粮食作物，而后考虑到本国岛屿可能会消失，也在所购土地上安置了一些居民。因为土地盐碱化，基里巴斯的国产粮食严重不足。慷慨的斐济政府还提出，如果需要，斐济可以为整个基里巴斯民族提供赖以生存的土地。

早期，基里巴斯确实在巴纳巴岛上占据了一个山顶。这个山顶是由鸟粪形成的化石堆积而成的。几十万年来，海鸟在飞越太平洋时，会将它们的排泄物留在巴纳巴岛上。从化学角度看，鸟粪是高

---

① 关于基里巴斯财政的数据来自IMF的国家报告和基里巴斯的经济计划。

级磷酸盐，是植物肥料的三种关键营养元素之一。

基里巴斯的名誉领事正在书写基里巴斯的历史。他表示，在英国殖民统治时期，基里巴斯政府的主要考虑是，如何以最低价格把磷酸盐运到新西兰和澳大利亚。

领事给我讲述了基里巴斯的历史，1900—1979 年，因为磷酸盐的开采，巴纳巴岛 90% 的地表被翻了个遍。英国人以每吨 6 英镑的价格出售基里巴斯的磷酸盐，但是基里巴斯人只能拿到 6 便士，这还不到英国人售价的 3%。但即使是这么微薄的收入，也必须消费在殖民者昂贵的贸易品商店。

渐渐地，磷酸盐涨价了，特别是在 20 世纪 70 年代。基里巴斯的经济依旧依赖着磷酸盐。1973 年，基里巴斯的经济计划毫不隐讳——磷酸盐占出口商品总额的 89.8%，其余的商品还有坚果、椰子。

基里巴斯也十分有远见，早在 1956 年，就在吉尔伯特和埃利斯群岛殖民地设立了收入平衡储备基金，这可能是全球第一个主权财富基金。1956 年，基里巴斯被英国政府列为永远无法实现独立的殖民地，这一政策直到 1975 年才改变。

主权财富基金设立的初衷，是要留存磷酸盐开采所积累的财富，其实也是为殖民者进行掩饰。

1956 年，外界预计基里巴斯的磷酸盐储备仍可供开采 30 年。但只维持了 23 年，最终在 1979 年宣告枯竭。恰好在同一年，基里巴斯脱离英国独立。

"这很难说是巧合。"名誉领事说道。

鉴于基里巴斯已经失去了一半的 GDP 以及一半的政府收入，他们计划要动用这笔主权财富基金，但该国的第一任总统决定不这样做。总统认为这一代人得过更紧的日子，而基金得留存下来，为了未来。

其他太平洋上的"鸟粪国家"也设立了类似的基金。而来自全球的骗子都找过这些基金经理，后来瑙鲁购置了飞机，图瓦卢进军了得克萨斯州的房地产市场。

基里巴斯则有赖于诚实且谨慎的政治家，他们制定了聘用两家基金管理公司的政策，即后来被汇丰银行收购的詹金宝证券有限公司（James Capel），以及日兴资产管理公司（Nikko Asset Management）。这两家都属于亚洲最大的公司。

基里巴斯的主权财富基金，相当一部分投资了顶级银行发行的债券——就是冰岛的克伊普辛银行和格里特利尔银行，这两家银行成立于世界上最富裕、最发达和最规范的国家。

克伊普辛银行破产之后，2012 年公开了债权人的索赔信息。其中显示，基里巴斯主权财富基金的索赔额为 1 470 744 442 冰岛克朗。

基里巴斯在格里特利尔银行的债券头寸名义价值为 2 856 652 910 冰岛克朗。

加起来，基里巴斯把约 20% 的 GDP 投在了冰岛的银行上。就其 GDP 规模而言，基里巴斯已成为投资冰岛银行的最大的非冰岛投资者。[①]

黑名单

"2006 年，我会见了一个来自巴克莱银行的工作组，"冰岛央行的一位前首席经济学家说，"他们对冰岛极为关注。"

与冰岛金融监管局仅开了一次会，他们无法释怀。

巴克莱银行的银行家说："我们看到，冰岛的金融监管局其实

---

① 冰岛的风险与 GDP 的比率显示了 2012 年年中的头寸，其计算方式是用 2012 年 5 月的汇率除以基里巴斯 2007 年的美元 GDP。

并不了解风险。"

于是巴克莱银行叫停了所有的新增贷款。

2007年年底，英国的渣打银行将冰岛国民银行列入了黑名单。

"于是我们冰岛国民银行被挤出了贷款联合体，"冰岛国民银行的一名前雇员说，"除非冰岛国民银行退出，否则渣打银行就不会放贷。"

追逐借款人的银行

如果有人提出想借给你钱，而你甚至没有提出过申请，那么你必然已身处于信贷泡沫中。

——一位在2008年之前担任冰岛某银行高管的人士

"2/3的冰岛公司在崩盘之后深陷绝境，"冰岛一家银行的前贷款组合经理说，"然而，其中大约40%的公司早在一年前就已经现金不足了。"

他继续说："2009年，每个人都把经济崩盘归咎于笼罩冰岛的严重经济衰退，但在经济危机前至少两年，这些数字就已经是那样了。

"对许多公司来说，与单纯地经营自己的业务相比，买卖其他公司更吸引人。"

SIC准备的一份特别报告研究了有至少一次逾期还款记录的贷款客户比例。对于较大规模的贷款，逾期比例已从2007年年底的10%激增到了2008年春季的20%。[①]

一位曾在银行担任投资组合经理的人士说："简而言之，银行

---

① 贷款损失的数字来自《冰岛破产的银行：事后总结》，其中回顾了与贷款损失会计相关的问题和所应用的会计原则。

已经不再关注传统型业务了。"

"银行什么贷款都提供,"一家渔业公司的前主管说,"银行客户经理对我们说,'你们可以借更多的钱来买股票。用捕鱼配额估值作为抵押品办理贷款。'这些人在 2005 年、2006 年和 2007 年都在追着我们跑。

"他们在圣诞节送给我的苏格兰威士忌的年份越来越老,而上门拜访的银行客户经理却越来越年轻。

"很快,威士忌就比这些客户经理还要年长了。"

银行邀请这位主管加入这场金融盛宴,但他拒绝了。"我们的债务余额已经达到了我们公司股本的 60%~65% 了,而且这些还都是外币计价的债务。"

他看着冰岛克朗的汇率节节攀高。"这有些不对劲,"他想,"我们的公司已算是最好的公司之一了,却仍然在为生存而挣扎着。"

时间到了 2008 年 4 月,银行的业务模式已经悄然改变。

"当时我们计划进行车间扩建,图纸已经画好了,我们准备开工了。"这位主管说道。

但是突然间,冰岛三家银行变得扭扭捏捏了。他们一再重申一切进展顺利,但他们最终也没有签发贷款。当时丹麦一家银行也拒绝了该渔业公司的贷款要求。"他们以为我们是一家冰岛银行,"这位主管说道,"后来他们意识到我们是一家渔业公司,就答应了我们的贷款要求。"

"不过不管怎样,我最终还是取消了这个项目,因为我感觉到有些不对劲了。"

成功的 13 个原因

商业交易是我的毕生追求。在我生命中的大部分时间里,我一直沉迷于此，随着我越来越上瘾，借得巨资去做生意成了不可抗拒的念想。

——托尔·比约哥弗森（Thor Björgólfsson），冰岛国民银行最大的股东，也是该行的第二大借款人，仅次于他的父亲

2007年，一家名叫"北欧合伙人"的冰岛公司，在国王新广场买下了一个地标性的高端酒店，这是哥本哈根最好的地段。可想而知，此次收购是由冰岛国民银行提供的融资。

这家被收购的酒店叫作安格雷特里酒店（d'Angleterre），它的历史可以追溯到1755年。自1795年以来，这家酒店就一直在现址经营。

1602年，当时统治冰岛的丹麦政府实行严格的贸易垄断，取消了冰岛的直接市场准入。1787年，这项准入禁令被废除了，但仍然只有丹麦人可以在冰岛进行贸易。贸易是以拍卖的形式进行的，而且货物买卖价格只能由丹麦国王决定。

于是，自由贸易、自由主义、冰岛人的自豪感、法规的缺失以及外国势力介入，此类事务如今都已成为冰岛独立意识形态的一部分。

安格雷特里酒店开始成为丹麦人最喜欢的聚会场所。从1872年起，这家酒店实际上为一位丹麦工业家所有，这位工业家还拥有一家丹麦的私有银行，这家银行可是丹麦商界运转的轴心。2007年，当安格雷特里酒店终于落到冰岛人手中时，许多冰岛人弹冠相庆：这一天终于来了。

"Útrásarvíkingar"是冰岛经济崩溃前几年的一个流行词，其字面意思是：开疆拓土的维京人。这个词专门用于指代那些收购美国和欧洲公司（比如说安格雷特里酒店）的冰岛金融家。这些人被视为民族英雄，是"维京精神"的活丰碑。正是这些全球最有钱有势

的个人和公司，让冰岛得以立于世界豪强之林。

"这些做金融的维京人怎么会比其他人聪明那么多？还是他们只是付出更多？——我曾在丹麦被人这么问到过。"一位记者说。

"我们有一种不一样的心态，"一位曾在冰岛等北欧国家担任公司高管的人士说道，"þetta reddast，这就是冰岛人的心态，它的意思是'事情会解决的，我们肯定会找到出路'。除此之外，冰岛人还有勇往直前的意愿、坚毅和积极的态度。但是，冰岛人在做事的计划性，以及对风险的分析方面有所欠缺。"

奥拉维尔·拉格纳·格里姆松，这位冰岛前总统于2005年5月3日在伦敦市的沃尔布鲁克俱乐部（Walbrook Club）发表演讲，他夸耀着冰岛的与众不同之处。[①] 他一上来就说，有人最近问他，为什么大胆的冰岛企业家能够在他人屡遭滑铁卢的领域取得成功。

他表示，能让英国商界感到困惑也是挺有趣的一件事。"这个谜团，将给我的冰岛朋友带来一个明显的优势，一个迷人的竞争优势。"

然后他开始回答这个问题。格里姆松指出，全球化和信息技术是成功的重要因素。"那些阻碍小国发展的桎梏如今已不复存在，取而代之的是广阔的全球市场，在这里，人才、想象力和创造力决定了谁能胜出。"

接下来，他列举了6家成功的冰岛公司。投资控股公司包格（Baugur）、航空公司亚温（Avion）、制药公司沃森（Actavis）、义肢公司奥索（Össur）、克伊普辛银行以及新鲜食品生产商百卡弗（Bakkavör）。

[①] 所引用的演讲的题目是"如何在现代商业社会取得成功：冰岛历程的经验"，演讲发表于沃尔布鲁克俱乐部，全文刊登在冰岛出版的英文杂志《雷克雅未克葡萄树》（*Reykjavik Grapevine*）上。

这6家公司中，后来有两家破产了，两家被重组了，还有一家已不知所终。只有奥索这家工业公司，至今依然高效且富有创新力。

格里姆松列举了冰岛成功的13个原因：强烈的职业道德感，对结果而非对过程的关注，承担风险的意愿，没有官僚主义，强烈的个人信任感，团结的商界小团体（他们紧密且战略性地相互合作），企业家精神，鼓励国际竞争的传统，对个人声誉的看重，具有竞争性的国内市场，小而精且政治用心专一的国家实体，合作的能力，以及最后一项——创造力。

有趣的是，在这一大串优点中，有许多正是后来被视为导致冰岛经济崩溃的要素。但对2005年的格里姆松来说，这些可都是冰岛竞争力的来源，这几乎可以说是一种新的意识形态。

大气候如此，难怪在冰岛银行和冰岛金融监管局很难培养出传统、稳健的风险管理人员。

是的，若你去参观冰岛的旅游景点，去热气腾腾的间歇泉、深邃的峡谷或狂野的瀑布，你也很少会看到警示标识。即使有警示标识，也很少会有绳索、栏杆一类的保护措施。

当被大自然最狂野的一面所笼罩时，用法律、标识和安全绳来保护游客的做法看起来难免有一丝苍白。

"这些商界巨擘让我们觉得自己已经是在最高殿堂上角逐桂冠，这种潜移默化的影响不容低估。"一位银行家说。

"然后，随着经济层面的幸福感越来越强，你自然而然地就会与基本价值观脱钩。"

在演讲即将结束时，总统说了这么一句话："正餐可还没有开始呢。"

他一语成谶。

不幸的是，让冰岛看起来与众不同的真实原因其实要简单得多：债务，更多的债务，越来越多的债务。

下面的例子解释了为什么债务力量如此强大。想象一下，你以 100 美元的价格买入了一家公司。其中 30 美元是股本，70 美元是债务。过了一段时间，市况看起来不错，而你也经营有道，你就可以 130 美元的价格卖出这家公司，这样的话，公司估值增幅是 30%。由于采用了债务杠杆，你的权益部分会增长得更快，在这个例子中，投资回报是翻番的。倘若你这家公司的买家也能举债，而恰好他又不怎么懂行，那么你的售价可能会变得更高，你的股权价值也会增长得更快。

在这样的增值逻辑之下，你的债务可能会越积越多。特别是如果你还有不错的银行关系，你就非常有可能会继续举债。

又或者，你可能干脆把银行给买下来，哪怕使用的是借来的资金。就这样，一路举债，举更多的债。

大规模金融杀伤性武器

如果你买了某家公司的债券，而你想就债券违约风险上一份保险，你可以购买所谓的"CDS"。

CDS 是"信用违约互换"（Credit Default Swap）的英文首字母缩写。通俗地来说，这是一种可让你对某国或某银行的债务违约事件进行保险的金融工具，本质和火灾保险差不多。这样一来，即便出现最坏的情况，你也仍然可以获得回报。

乍看之下，这个产品似乎人畜无害，而且很有用。但就是这个产品，被著名的投资者沃伦·巴菲特称为"大规模金融杀伤性武器"。

例如，如果你作为一个投资者认为一家银行会增值，你可以买入其股票；但如果你认为银行会走衰，你则可以做空它的股票。在做空的情况下，你会先借来一定的股票并卖出，并希望股票到低位后再买回来。然后你再把新购入的便宜股票还给借股票给你的人，如此，你就可以把差价收入囊中。另外一个方案是你可以买 CDS，也就是说，如果你认为银行的情况可能会走衰，那么 CDS 的价值就会提高。是的，这就是一份保险合同。

很妙的是，即使你没有借钱给有关国家或银行，也还是可以通过购买 CDS 而获利。这就好比你以你邻居的房子为标的买了一份保险，因为你知道这房子是用木头造的，而且电路还有点儿问题。在这个策略下，如果你邻居的房子出了问题，例如房子被闪电击中，或者这个地方遭遇了火灾或暴风，你就可以从中获利。

同样，如果你管理的是一个大型股债投资组合，你可能会想办法对冲你的风险。其中一种选择是：购买在大盘走弱时最先出现暴跌的银行或公司的 CDS。

一个经济体的整体风险越大，对 CDS 的需求就会越大，价格也就越高，这是符合逻辑的。也正是基于这种传导关系，分析师会将 CDS 价格作为度量风险的一个参考点。

当然，你也可以反向推演这个计算方法：一旦有了公开市场利率和债务人的 CDS 价格，你应该可以算出债务人的合理利息水平，而这个利率已涵盖了所有的风险。

正因如此，CDS 变得无比重要。突然间，这个又小又不透明且不受监管的 CDS 市场，居然可以驱动体量大得多的债券市场，可谓是"四两拨千斤"。对于依赖市场贷款的银行而言，正如这三家冰岛银行一样，没有什么比 CDS 的价格更重要的了。[①]

在 2005 年秋季，第一批以克伊普辛银行债券为标的的 CDS 面世了。

[①] 2008 年 11 月 3 日，路透社引用了美国存托清算公司（Depository Trust & Clearing Corp，简写为 DTCC）关于未结清 CDS 的数据。信用衍生品市场的交易大部分都在 DTCC 清算。

克伊普辛银行欢呼雀跃。"我们感到荣幸之至，这让我们觉得我们现在已经是资本市场的一个重要参与者了。"克伊普辛银行的一位高管写道。

但这种欢呼声很快就戛然而止了。

他写道："能在这么多领域给我们造成巨亏，除了 CDS 市场，别无他物。在冰岛银行系统的崩溃过程中，CDS 也最终成了罪魁祸首。"①

2006 年 3 月 24 日，摩根大通发表了一份关于冰岛银行的报告。报告中写道："这些银行的规模已经发展到了一个临界点，它们庞大的资金需求让它们在国际市场上有很高的存在感，也吸引了更多的关注。

"更重要的是，一个活跃的 CDS 市场已经形成。这使得有强烈空头观点的人能够进行金融操作。"

另外，当你将目光转向 CDS 发行人时，情况就更复杂了。这个问题的答案，从某个角度来看是很简单的。在美国，美国国际集团（AIG）这家保险公司经常发行 CDS，而它只是默认自己发行的 CDS 的标的物无论如何都不太会违约，所以美国国际集团也不太会被要求进行代偿。为了简化概念，CDS 通常被比作火灾保险单。从美国国际集团的行为看，他们似乎把这种简单粗暴的假设当真了。美国国际集团认为索赔要求会或多或少地跨时间、跨地点地多元化分布。但所有这些假设都有问题。

而且，是的，在 2008 年 11 月的第一周，冰岛银行违约的赔款就是由美国国际集团支付的。

而且，是的，美国国际集团本身就是由美国用纳税人的钱救下来的。

---

① 冰岛克伊普辛银行高管的言论源自阿曼·索瓦尔松所著的《被冻结的资产》一书。

然而，使情况变得更加复杂的是，一些华尔街公司发行和销售CDS 的方式也在不断"创新"。这将给发行人带来置的保费收入，但也导致他们有责任在标的发生违约时进行代偿。

而后，大量保费和潜在偿付责任被归集到了更大的证券池中，通常包括多达 100 家银行、公司和国家的 CDS。投资者会根据他们需要的风险和回报水平，购买不同的分层。

这些被称为合成型 CDO。

我们再次回到了西部牧场的案例中。

假设交易商其实并没有牛群的实际所有权，牛群的所有权还保留在牧场主手里。这也就是说，交易商只是向牧场主承诺购买没有到达火车站的长角牛，并从牛群的利润总池中分一杯羹。

简单地说，他们不会预先把所有的牛都买下，而是只为那些死于疾病、干渴或土狼的牛买单。他们不会为所有的牛付费，只为死去的牛付费。他们不预先付款，而是事后付款。

其实，这些真的没有那么神秘。

CDS 仍然可以被看作一种投资产品，而不是一种保单。CDS 的利润池也同样具有吸引力。投资者不需要购买所有的牛，只需要购买少数的牛。然而，无论你是直接买下整个牛群，还是只为成为秃鹫腹中之物的牛买单，没有到达火车站的牛的损失都是相同的。对此，经济学家会用"周期性差异"来形容。更妙的是，投资者不需要为买下整个牛群而提前锁定任何资金，牛群的价值在整个旅程中也是稳定的。用经济学家的话说，这种结构更具资本效率。反正获利的机会只存在于牛群移动过程中，这有风险，也有好处。

若把这个牛群与另外 100 个畜群组合起来，而且这些牛群的规模也差不多大，这就构成了一个合成型 CDO。

谜底揭晓。我们现在知道是谁愿意发行 CDS，并在冰岛的银行倒闭时对其他投资者进行补偿。这不是某个具体的人，而是所有人都捆绑在这个大投资组合中。

然而，有些合成型 CDO 的买家是已知的。挪威的 8 个市政当局最终成为 CDS 的大买家，他们买了由花旗集团和一家挪威经纪公司泰拉证券（Terra Securities）所搭建的产品。当时这些市政当局刚刚完成水电站的出售，正在积极考虑下一步投资。有人建议他们去买一种创新产品，这个产品是合成型 CDO。他们买了，这意味着他们谨此做出了承诺：我们会买下那些死去的牛。但是，在当下他们只需要先支付一小部分或有的、小额的款项作为定金。然而，随着牛不断死亡，发行人支付费用变得更频繁了，而且金额越来越大。很快，几代人通过建设发电厂和运营当地水资源所创造的价值，就这样烟消云散了。

总而言之，来自世界银行之都的金融工程师创造了越来越复杂的金融衍生品，从 CDO，到 CDO 平方，再到合成型 CDO 和抵押合成型 CDO。CDO 就像巫师的魔杖，先让冰岛经济热得发烫，然后又使其瞬间冰冻。

世界上共有 3 771 个所谓的合成型 CDO 由标准普尔授予了评级。在这 3 771 个合成型 CDO 中，涉及冰岛银行的共有 32%，其中涉及一家冰岛银行的有 9%，涉及两家的另有 9%，而有 14% 则涵盖了三家。

一段时间以来，市场发行以冰岛三大银行为标的的 CDS 的胃口很大。这背后的逻辑是一样的：这种 CDS 的费用很高，而且其评级显示风险很低。如果合成型 CDS 是由机器人制作的，机器人一定会自动建议增加冰岛的 CDS 发行。其实，人类银行家也是这么做的。

2008 年 11 月，此时人们刚从一个月前的经济危机尘埃中探出头来，就发现全球共有约 710 亿美元的 CDS 风险敞口。然而，许多市场参与者都是脚跨两边的。他们既是 CDS 的买方，又是卖方。

总共的净头寸为 76 亿美元。

起初，冰岛银行 CDS 的价格约 0.2%~0.3%，这意味着每 100 万美元的债券本金，每年就会产生 2000~3000 美元的 CDS 费用。相反，如果债券发生违约的话，这 2000~3000 美元的"保费"所对应的则是高达百万美元的偿付责任。

从 2005 年年底开始，特别是 2006 年年初，随着外界判断违约风险逐步提升，克伊普辛银行的 CDS 价格屡创新高。违约风险的提高也反映在债券的利率上。市场观察家、分析师和学者也点评了这种变化。

2006 年年初，挪威石油基金看空了冰岛，他们买入了 CDS 头寸，这代表他们认为违约保障是在冰岛最有利可图的投资。该基金的现任负责人说，这是他们基金固定收益交易台的判断。对此，冰岛很不高兴。

冰岛总理给挪威首相打了电话，而挪威首相又给负责管理石油基金的挪威央行行长打了电话。"你们这是在干什么？"挪威首相这么问道。

"我过去从来没有接到过上级的电话，说我应该买这个或卖那个，"挪威石油基金的前首席执行官说，"我们的决策中没有任何政治考虑，但政府不能一边说要开放市场，另一边却阻止市场参与者根据自己的判断行事。"

当时的冰岛总理哈尔多尔·奥斯格里姆松（Halldór Ásgrímsson）认为，挪威石油基金此举违反了旨在维护金融稳定的北欧互防条约。此外，这似乎根本不是近邻应该干的事。

"我们的分析员审阅了所有数据，他们所做的工作是非常详尽的。我们以为我们会被邀请去与冰岛当局会面来探讨我们的研究观点，"一位当时在挪威石油基金工作的主管说，"相反，他们却采用公开演讲和发声明的方式攻击我们。"

2019 年年初，我接到了一个经纪人的电话。他想向我推销一种新的金融工具。"哇，这可是 CDS 的结构，"我回应道，"你真的在卖 CDS 吗？"

他无法回答我的问题，这些人在 2019 年套了一个新的名词。他不知道 CDS 的历史。

前人犯了错，后人竟然还在前赴后继。

警钟长鸣[①]

2007 年 4 月，投资银行家发现，给美国的无担保抵押贷款找投资者越来越难了，当时在摩根大通工作的迈克尔·雷德利（Michael Ridley）说。

他在摩根大通的部门重审了以前的买家名单，看看如果市场出现崩溃，哪些人会倒下。他们还研究了各个市场中哪些发行人最依赖这些工具来获得资金。

"我们发现的情况有点儿让人吃惊。"雷德利回忆说。第二天，他便出现在了飞往雷克雅未克的飞机上。

翻山越岭赶牛群的业务发展迅速。这个业务规模已经变得非常庞大，但现在投资者开始紧张了。

一些长角牛因口渴而变得虚弱，步履蹒跚，还有一些则身患疾病，还可能会传染给其他的牛。同时，一场沙尘暴在地平线上正在酝酿，很可能会将牛群团灭。即使是那些拥有最安全的 80 头牛权利的投资者，此时也都没有十足把握。即便是这些保守投资者，也和其他许多人一样，是靠借钱来进行交易的。所有人都在不确定性中彷徨不安。

---

① 对事件的顺序和所提供的资金的描述是基于对美联储职员的采访。

美联储的一位历史学家说,第一声警钟是在2007年8月9日星期四响起的。当时恐慌的投资者纷纷退出法国巴黎银行(BNP Paribas)运营的一只基金。该基金曾投资于美国次级贷款,法国巴黎银行迅速关上了铁闸,禁止该基金的进一步交易。对此法国巴黎银行表示,它已无法评估该基金所持股票的价值。

然而,欧洲央行却打开了金库,无条件地将隔夜资金借给银行。

"对欧洲央行来说,这是一个重大决定。"一位欧洲央行的前官员说。

次日早晨,美联储的市场交易台入场了。上午9点10分,他们释放了190亿美元的流动性。10点30分,他们又增加了160亿美元。下午,他们再次增加了30亿美元。

然后,事态平静了下来,至少平静了一小段时间。

2007年9月,一家英国银行——北岩银行(Northern Rock)——倒闭了。存款人再次排起长队,挤兑出现了。对此,英国央行选择介入,提供了流动性支持。2008年2月,北岩银行被国有化了。

"这件事实在是糟透了。"一位银行家想起当年的事情,如此评论道。那天有7位头部投资银行的交易员在伦敦的一家酒吧聚会。他们讨论着最新的事态。

"不过,所有人都认为他们自己是安全的。他们都已经采取了自我保护措施。但当他们绕桌一圈后,明白过来他们与桌子上的其他人都做过交易,也包括他们的7位华尔街的朋友。"

"我们真正开始担心是在2007年年中,"曾任纽约联邦储备银行行长,后来担任美国财政部长的蒂莫西·盖特纳(Timothy Geithner)说,"我们开始采取行动了。"

"在美国,银行只占金融系统的1/3左右。"

投资银行和金融公司，如通用电气资本（GE Capital）和美国国际集团，占剩下的2/3。

盖特纳说："在某种意义上，银行在整个金融系统中的占比太小了。我们的救助工具大多是适合银行的。美联储可以为银行提供支持，我们也可以为抵押品提供流动性。我们希望银行提高自己的流动性缓冲。我们降低了利率，也增加了流动性额度。"

对于从美联储提取流动性，美国的银行显得不紧不慢。然而，欧洲的银行却一窝蜂地出现了，哪怕他们还有货币错配的问题。欧洲的银行过去一直通过美国货币市场基金获得资金，但现在市场已经枯竭了。到了年底，市场已经出现了担心的情绪：银行可能会停业。

欧洲央行越来越关注事态的发展。一位欧洲央行前官员说："我们看到美元的压力很大，我们意识到有情况。银行开始担心其他同业的健康状况。他们放慢了贷款速度，筑起了资本缓冲，而他们都要求获得美元。"

"世界上存在着两个美元体系，"盖特纳解释说，"一个是国内，一个是国外。"这两个美元体系，美国都得支持。随着危机的出现，国外的美元想回到美国国内。但美国的货币当局又把它们送回到国际上。

IMF也开始担心了。2007年秋，他们召集了一个危机特别工作组，由第一副总裁约翰·利普斯基（John Lipsky）主持。IMF的工作重点是在美国，冰岛则甚至没有被提及。

2007年12月12日，美联储打开了另一个闸门。他们主动提出让银行卖出证券，[①] 允许银行获得"钱"作为回报，并约定此交易在未来某个时点反转。

---

① 对手方为美联储。——译者注

美联储提供了为期 28 天，规模为 200 亿美元的流动性工具，以及另一个为期 45 天的流动性工具，规模也是 200 亿美元。该机制被称为定期拍卖工具（Term Auction Facility，简写为 TAF）。通过这个机制，银行可以通过拍卖来获得预先设定好的资金额度规模，而不用在美联储的"贴现窗口"申请资金。

这背后的其中一个原因是，银行可能会抗拒使用贴现窗口，因为这可能会让银行蒙羞。使用贴现窗口相当于向美联储直接求救，可能会被视为一种露怯的表现。另外，若银行能在拍卖中获利，则还能体现出某种经营能力。

但是，钱就是钱。

接下来，美联储、欧洲央行和瑞士央行建立了货币互换协议。欧洲央行和瑞士央行只要在美联储的账户上存入等额的本币，便可以从美联储提取美元。

然后，事态再次降温了，至少在一段时间内降温了。

IMF 特别小组已经制订了购债计划作为备用纾困措施，规模为 7 000 亿美元。IMF 的一些政策制定者甚至想公开表达他们的担忧：美国就是他们最大的担忧。

但事已至此，谁还愿意大叫"狼来了，狼来了"呢？大家都保持了沉默。

2008 年 2 月底，一家叫作派乐腾（Peloton）的基金公司被破产清算。3 月，贝尔斯登出现了危机。自大萧条以来，美联储第一次向非银机构提供了流动性，这次是一家投资银行。

接下来，欧洲央行向美联储提出了 600 亿美元的流动性请求。

"我们知道出问题了，"一名冰岛央行的员工说，"2008 年 1 月，我们开始在每周五下班后去喝一杯，只为了庆祝我们又多活了一周。"

在 2008 年年初，冰岛央行开始与他国政府和央行进行协商，但这么做不是为了救助银行，而是为了建立市场信心，让大众相信他们有能力避免灾难,或至少可以从灾难中生还。

"我们说:'我们的确很小,但值得被救。'这都是为了避免冰岛成为这场危机的导火索。"

与此同时,雷曼兄弟的一名前雇员表示冰岛央行高层开始对历史上的银行业危机感兴趣了。

"我向他们解释了韩国、泰国、印度尼西亚和瑞典的银行危机的演变过程。"

"我强烈建议他们把冰岛三家银行的问题推给别人。"

错综复杂的关系[1]

> 控股公司……的主要功能就是将债务杠杆转为股权。
> ——《冰岛的金融危机》(*The Icelandic Financial Crisis*)[2]

冰岛三大银行的大股东都从本行或者其他两大银行贷了款,并用这些贷款买入了银行的股权。这三家银行都给同一群目标公司贷了款,所有这些金融交易背后,有着种种错综复杂的关系。若其中一家银行受损,另外两家银行都会受到连带伤害。

在其中一家银行当初进行私有化之时,有两名股东投资了3 500万欧元。而当这家银行最终破产时,这两名股东在这家银行的贷款额却已达15亿欧元。对某些人来说,他们初期投资给银行的钱就像是一张入场券,而入场之后,银行的"所有者"就插入一根吸管,吸出滚滚现金。规则、条例、监管行动、国际审计机构、

---

[1] 关联方借贷的数据来源于SIC报告,其中大部分数据援引于《冰岛的崛起、衰落和复活》。
[2] 《冰岛的金融危机》这本书全面地描述了金融危机事件和危机后的重组过程。

评级机构、资本市场和银行的内控，都没有遏制住人性中的贪婪和毫不掩饰的掠夺欲望。

包格公司是格里特利尔银行的大股东，而向包格公司及其旗下公司提供的贷款规模在格里特利尔银行的账本上名列前茅。在包格公司成为格里特利尔银行的股东之后，此类贷款更是迅速增加，从2007年9月初占格里特利尔银行资本金的40%疯长到了2008年年初的接近90%。

包格公司还有许多股权投资，投资标的大多是在英国，如：大脚集团（Big Foot Group）、伦敦大学金史密斯学院（Goldsmiths）、汉姆利玩具店、福来莎百货（House of Fraser）、朱利安格雷夫斯保健品（Julian Graves）、凯伦米莲女装（Karen Millen）、绿洲女装（Oasis）和萨莫菲尔德零售（Somerfield）。

"如何对包格公司做行业分类，是个很头疼的问题。哪些被投资的公司应该被算作包格公司的一部分，哪些又是独立的公司？"冰岛金融监管局的一名前员工对此一筹莫展。更重要的是，从风险和道德的角度看，哪些公司的债务又应该和这家投资控股公司有关呢？"根据有关规则，只有当控股超过50%时，这些公司才会被算作包格公司的一部分。

"我们必须遵守规则。"

那些包格公司控股的，或持有部分股份的公司，也向另外两家银行拿了贷款。这意味着冰岛三大银行都对包格公司存在风险敞口，这远远超过了25%的监管上限。在2007年12月的高峰期，冰岛三大银行对包格公司的贷款总额几乎相当于三家银行监管资本总额的一半。这就意味着，若包格公司发生任何问题，都可能使冰岛这三家巨型银行的资本出现腰斩。由于包格公司也是格里特利尔银行的大股东，格里特利尔银行若出现问题，其他两家大银行也无法全身而退。

面对事态发展，冰岛的监管机构似乎并不以为意。冰岛金融监管局甚至允许冰岛国民银行将其头两大股东归类为"非关联"，哪怕他们在收购银行的行动上步调一致，哪怕他们是父子关系。

克伊普辛银行也在冒险。英国有一对兄弟——罗伯特·程吉斯（Robert Tchenguiz）和文森特·程吉斯（Vincent Tchenguiz），他们在克伊普辛银行的贷款额已相当于该银行资本金的55%。他们在英国的房地产帝国是由克伊普辛银行提供融资的。这对兄弟中有一人是克伊普辛银行的大股东公司的董事会成员，因此他也有能力影响克伊普辛银行的贷款政策。

一家名为斯托迪尔（Stodir）的控股公司拥有格里特利尔银行32%的股份。斯托迪尔公司的主要放贷对象，就是克伊普辛银行和冰岛国民银行。就像包格公司一样，如果格里特利尔银行的估值下降，这三家银行都将面临风险。

这个错综复杂的交叉持股网，其实并不是什么秘密。此前已经有人把这些关联网络绘制成图。

但是，在2010年SIC的报告出炉之前，很少有人知道实际情况到底有多糟。冰岛央行一直在冰岛金融监管局有一名代表人。根据有关法律条文和行事传统，该名代表在与冰岛央行的领导层扩大会议上，一向都不会分享他在冰岛金融监管局的所见所闻。

然而，由于我是在危机中到任的，我与这名代表达成了共识，即他应该让我了解情况。我开始从冰岛金融监管局获得有关这些关联网络以及关联方信贷等事项的信息。当我看到关于冰岛国民银行的报告时，我不得不离开房间，因为这份报告简直令人作呕。

还记得那位冰岛前总统口中的"战略上紧密合作的强大商业团体"和"免受官僚主义阻挠的强大互动"吗？

从2007年开始，这些"团体"真正开始行动起来。其中一个原因是，国际银行对所有冰岛公司的融资都冻结了。

1720年左右，一位名叫阿尔尼·马格努松（Árni Magnússon）的冰岛人收集了一批令人惊叹的冰岛手稿，记录了冰岛和北欧的历史。他死后，这些手稿流到了丹麦。多年来，冰岛一直在努力争取拿回它们。

"我们过去常说：'让我们把手稿带回家吧。'"一位前银行高管说。

"现在我们说的是：'让我们把银行贷款带回家吧。'"国际银行即将缩减他们对冰岛的控股公司的贷款额，而这些公司多由冰岛诸银行的大股东所拥有。

于是，冰岛三大银行介入了，为这些公司提供了新的贷款，而这实际上是将风险转移回了冰岛。

"我们想避免冰岛出现崩溃，所以我们把贷款带回了国内。

"但是，我们错了。"

从2007年年中到2008年年中，冰岛银行对外国实体的贷款额增加了一倍。而这些所谓的外国实体，有很多是由冰岛银行的股东所拥有的。

SIC锁定了从冰岛三大银行借款最多的10个人，他们或以自己的名义借款，或通过自己的公司借款。冰岛国民银行上榜的借款人中，就有该行的董事长本人，以及他的儿子。格里特利尔银行的名单上则有该行董事长及其父母和配偶。克伊普辛银行的两位股东也进入了前10名，其中一位就是OO先生。最大的借款人是伊朗裔的英国房地产开发商罗伯特·程吉斯，他本人是艾西塔公司（Exista）的董事会成员，也就是克伊普辛银行最大的股东。因此，冰岛三大银行的前10名借款人中，有8名与银行本身有直接联系。

让我们再一次回想一下之前提到的冰岛成功的"13个原因"吧，包括孕育商机的"强大互动"。至少对于某些人来说，这倒也不假。

就在我上任之前，我收到了麦肯锡风险团队的紧急命令。他们坚持要我准备一份关于我所有投资和任职的完整清单，并且要我把它放在监督我工作的冰岛总理办公室工作人员的眼皮底下，我照办了。

在我看来，我不存在任何潜在的利益冲突。

但是，我确实注意到，这个名单其实没人看。至少我在冰岛的时候无人过目，也没有人问过我任何问题。显然，他们心里有很多其他的担忧。

看来利益冲突在他们眼里没什么大不了的。

冰岛漫画家哈尔多尔·巴尔德松（Halldór Baldursson）创作的讽刺漫画。画中门内的银行家吼叫着："银行贷款!!""银行贷款!!"强盗背上的袋子上写着"十亿"的字眼。

印钞机与永恒的情书

"现金泛滥时,应该趁早拿走——花开堪折直须折",这是当时的普遍情绪。这就是圈地运动的变种。

——托尔·比约哥弗森是冰岛国民银行的最大股东和第二大借款人,在他的回忆录中,他将危机前的冰岛与他在俄罗斯的时期做了比较

中央银行最重要的任务之一是管理银行系统的资金流动,并始终确保流通资金的规模合适。在很大程度上,这一任务是通过回购机制来实现的。

在回购机制下,银行会提供有价证券作为抵押品,从中央银行借入短期的现金。针对不同期限的每笔贷款,银行会提供与贷款相匹配的一篮子抵押品。然后银行某一天会连本带利地还款给中央银行,并赎回抵押品。

通常情况下,任何高评级的债券都可以作为抵押品。因此,一家银行可以提交另一家银行的债券作为担保,并从中央银行获得现金。通过这种方法,现金是可以变出来的。

个人不能从中央银行获得贷款,而只能通过给银行一些抵押品以获得贷款,比如我们的房屋产权。

冰岛的银行则找到了绕过这种限制的方法。在这里,A银行向B银行发行债券,而B银行又向C银行发行债券,C银行又向A银行发行债券。

现在,让我们看看会发生什么。银行可以将这些"情书"交给欧洲央行和冰岛央行作为抵押品,从而把新的资金套出来。

通过这种安排,银行可以在不提供有意义的抵押品的情况下获得借款。此外,在计算每家银行需要维持的相关股本水平时,只需

计入银行债券价值的 1/5。因为监管机构认为，银行的同业拆借是没有风险的。

因此，如果 A 银行向 B 银行发行债券，B 银行又向 C 银行发行债券，C 银行又向 A 银行发行债券，而后每家银行都将这些债券交给中央银行当作抵押品，则所有的银行都能获得资金。每家银行的股本需求仅为 1.6%，是 8% 的标准股本门槛的 1/5。提供股本的银行股东，可以用最薄的股权资本融得新的资金。瞧瞧，一台现金机器就这样诞生了。

难怪拥有一家银行会有吸引力。可是谁又不想拥有一张印钞许可证呢？

在危机爆发之前，冰岛的银行在冰岛央行和欧洲央行的借款额达到了约 90 亿欧元。

2008 年 3 月至 5 月，"情书"借款的增长速度特别快。2008 年 4 月，当时的欧洲央行行长让－克洛德·特里谢（Jean Claude Trichet）联系了冰岛央行，因为他担心冰岛银行提交的抵押品是"非正常的人造债券"①。欧洲央行踩下了刹车，叫停了基于"情书"的贷款。冰岛央行的行动就没那么快了。短短一年后，政策后果已然显现。对此，欧洲央行完全避免了损失，而冰岛央行则不得不进行资本重组。

2007 年，冰岛三大银行的主要资金来源是吸收储蓄存款，而它们向央行的借款始于 2006 年，长于 2007 年，到 2008 年时这个渠道已成为它们最重要的资本来源。②

总结来说，那些由中央银行提供部分担保的储蓄存款，以及通过中央银行的融资行为，是冰岛三大银行从第一次小型危机爆发以

---

① 特里谢的话引用自《冰岛的金融危机：指责、抗议和重建的政治》（Iceland's Financial Crisis: The Politics of Blame, Protest and Reconstruction）一书。
② 《冰岛的崛起、衰落和复活》一文对冰岛银行的资金来源做了很好的概述。

来增长最快的资金来源板块。

也正是基于这些资金来源,银行才可以继续向它们的股东放贷。

虚假的股权[①]

对于冰岛三大银行来说,保持高股价至关重要。为了这个目标,克伊普辛银行积极购买自己的股票。它的自持股权比例一而再、再而三地接近5%的监管上限,若超过这个上限,冰岛法律则会要求就有关情况进行公告。这种"宣传"可不太好。

因此,克伊普辛银行找到了可以向其出售股票的买家。一次又一次。一部分股份还是通过秘密操作实现转手的。SIC报告说,这些交易中有许多是通过由克伊普辛银行提供贷款的公司进行的。

特别检察官说,克伊普辛银行在斯德哥尔摩和雷克雅未克都进行过交易。这位特别检察官于2009年受命对金融危机有关的经济犯罪进行调查。在这一年的部分时间里,斯德哥尔摩的股市比雷克雅未克要早两个小时开市。一名克伊普辛银行驻雷克雅未克的交易员负责盯斯德哥尔摩的市场。

但有一天,这位交易员睡过头了。就这样,在无人盯盘的情况下,克伊普辛银行的股价当天下跌了4%。

当他终于上岗以后,迎来了压力"爆棚"的一天。他必须想办法让股价回升。

克伊普辛银行的管理层也拥有该银行的大量股份。部分原因是他们通过股权激励计划获得了这些股份,这在许多公司都很常见。

[①] 股权交易的情况援引于《击垮银行系统》一书。

但不常见的是，这些股份是他们靠克伊普辛银行的贷款买的。而且大多数情况下，这些借款只有个人担保。然而，2008年9月25日，克伊普辛银行董事会召开了会议，会议决定免除员工的个人担保责任。这个决定之后被推翻了。

在2008年10月倒闭的几周前，克伊普辛银行还曾宣布一位来自中东的酋长买入了该银行5.01%的股份。

克伊普辛银行一直小心翼翼地避免透露此前的股份收购情况。但现在，他们却想昭告天下。因此，这次是5.01%的股份，而不是之前估计的4.99%。

股权收购的消息短暂地提振了市场对克伊普辛银行的信心。

在另外一家银行的交易台，当他们听说克伊普辛银行的股权被出售给中东投资者时，所有人都赞叹不已。

"克伊普辛银行的这些人太厉害了。"有人评论说。

"他们总是能掌控局势。"

而市场参与者所不知道的是，克伊普辛银行为这笔交易提供了非法融资，这一点后来由冰岛最高法院判定。这笔交易对所谓的买家来说是无风险的。[①] 而且，据说有5 000万美元被存入了这名酋长的银行账户。

计划败露后，包括首席执行官和董事长在内的4名克伊普辛银行高层，都因欺诈以及滥用和误导市场而被判处三至五年半的监禁。

但在危机爆发之前，冰岛交易所和冰岛金融监管局显然都没有调查银行通过交易支撑自身股价的问题。

"这些银行家当时进退维谷，"一位法律方面的专家说道，而这却是他能为银行做的最好辩护了，"银行持有自己的股票，而银行

---

① 即这笔交易的资金其实是由克伊普辛银行自己提供的。——译者注

股价若出现下跌,则会为银行招致损失。但基于了解自身存在问题的立场,他们在市场上出售股票,则显然也会触犯法律。"

还有一个办法,就是他们设立可以购买股票的公司,但这些公司还是需要从银行取得融资。由这样的 SPV 公司持股,似乎已是最不坏的坏办法。尽管银行还是留存了风险,但这始终会是另一个艰难的两难。

"考虑到银行一直在积极地尝试交易自己的股票,我们容忍了这些不良做法。"2008 年之前的一位银行家说。

这并不违法。

"但这些控股公司疯狂举债,且没有办法取得银行贷款,他们作为银行股东其实并不合适。"这位银行家说。

银行为购买自己的股票提供贷款,会被视为常规贷款。

"事实上,这种做法与现实完全脱节,因为这些股份根本没有被支付。"会计专家乔·西尔玛森(Jon Th. Hilmarsson)和史蒂芬·斯瓦森(Stefán Svavarsson)在 2018 年的一篇文章中写道。[1] 所谓的贷款,实际上是出售自有股份时未收回的款项。

两位专家写道,因此,账面上的所有者权益被夸大了 50%。同样,贷款的利息收入被列为正常收入而入账,尽管从未收取。

至此,没有人被追究责任,无论是首席执行官还是董事会,都没有被追究责任。

两位会计专家还指出,在没有对其审计工作和无保留意见进行解释的情况下,涉案的审计机构毕马威和普华永道也就这么脱身了。

然而,有一个国际巨头被起诉了。他们被要求进行赔款,金额

---

[1] 《虚无的股权》(Equity out of nothing)一文于 2018 年 2 月 2 日发表在冰岛商业媒体报纸《金融新闻报》(*Viðskiptablaðið*)的线上版本。

是 100 000 000 000 冰岛克朗。①

98 页报告的第 46 页

冰岛央行每年都会发布《金融稳定报告》。
2007 年 7 月版的摘要标题为："倍加坚韧的商业银行"。
在 98 页报告的第 46 页，冰岛央行给出了一个意味深长的信息。
这是一个被隐藏在页面底部的"澄清声明"：

> 很明显，冰岛央行作为金融部门流动性提供者的作用仅限于本国货币，即冰岛克朗，而且中央银行也只有在抵押品足额的情况下才能向金融机构贷款。
>
> 而评级机构和其他机构却假定，政府在那些具有系统重要性的机构出现困难时必然会提供支持。它们的理论依据是，若政府这么做，将使经济损失小于一场真正的金融危机。

报告继续写道：

> 然而，无论是财政部还是中央银行，都没有向金融部门做过这种正式的担保，它们也从未向负责冰岛主权和银行部门评级的机构做出过此等表述。

---

① 冰岛银行法院案件情况可见冰岛媒体《晨报》（*Morgunbladid*）于 2017 年 3 月 12 日刊载的文章。和解宣布则发布于 2017 年 3 月 10 日的媒体公告，案件编号为 E-3162/2012，此案在转交雷克雅未克地区法院前一直在诉讼程序中。

这是对穆迪于 2007 年一系列级别上调行动的正面回应。

"在报告中突出此点，是冰岛央行一位领导的想法，"编辑报告的人说，"不过，这个立场并不新鲜。这也不是什么新闻。"

"那既然如此，为什么还要专门突出这一点呢？"他反问道，"尤其是，这么做可能会造成市场的紧张情绪。"

因此，把这段话塞在第 46 页的底部，似乎是正确的选择。

"按道理来说，应该是那些口口声声说冰岛央行会做出担保的人，才需要证明自己的立场吧？你不能只是单方面说有担保，然后就期望它会自我实现吧。"

亲爱的读者，这确实是一个值得注意的想法。

也许冰岛央行对于这一点还是太含蓄了。时间推进到 2008 年 5 月，评级机构惠誉在一份报告中写道："冰岛当局已表明他们会在需要的情况下对银行提供支持。"

"除非有人这么告诉我们，否则我们不会这么写，"惠誉的一位分析员回忆道，"当局阅读了我们所有的报告。我们假设他们还可以融得 50 亿~100 亿美元的资金。"

没人知道穆迪是否读过第 46 页的内容。而穆迪当时负责冰岛的评级分析师，也拒绝了本书的采访请求。

我们可以肯定的是，基里巴斯方面肯定没人读过这段话。

三家银行，三艘救生艇

冰岛的银行并没有买什么有毒的证券，但它们却合力调配出了独门的系统性毒药。

——《冰岛复苏的赌注：银行的兴衰》

"对于冰岛克朗出现贬值的情况，冰岛三大银行都非常担心。"

一位前银行雇员说。

银行的账户是以冰岛克朗计算的。股权价值也是以冰岛克朗计价的。但银行的大部分贷款和负债，以克伊普辛银行为例，70%都是外币敞口。

"如果冰岛克朗汇率走弱，以冰岛克朗计价的债务额就会增加。但在权益部分保持不变的情况下，银行的股本可能会因为货币贬值而出现锐减。银行认为有必要加强自保，对它们的股本权益进行对冲。

"克伊普辛银行的董事会当时已得出结论，认为该行其中一项风险是本国货币币值可能会不可避免出现走弱。"克伊普辛银行的一位前高管在对事件的回忆中写道。①

请注意，这里他使用了"不可避免"一词。

为了充分理解这个词，我们应算几笔账。在70%的外汇负债水平上，再加上银行还有大约3%的股本缓冲层，这所谓"不可避免"的货币贬值幅度需要超过30%~40%，才能使克伊普辛银行的资本跌穿监管要求。

"2008年年初，所有的冰岛银行都已经做好了对冲，"克伊普辛银行的前首席经济学家奥斯吉尔·荣松（Ásgeir Jónsson）说，他在2019年8月被任命为冰岛央行行长，"从2005年开始，我们就相信它们绝对会垮。

"克伊普辛银行从2005年开始做对冲，冰岛国民银行在2007年秋天开始，格里特利尔银行则在2007年年底开始。到2008年时，所有银行都做好了对冲。"

它们都买了外汇远期，这意味着它们可以在未来某个约定的时点，以约定的价格购入外汇。

---

① 引自《被冻结的资产》一书。

现在如果冰岛克朗汇率走弱，这些银行就会通过对冲赚钱了。

"克朗的走弱导致了非常高的通货膨胀，而通货膨胀进一步推高了银行的利润水平。"这位克伊普辛银行前高管在2008年上半年冰岛克朗汇率首次走弱时这么写道，当时克伊普辛银行也正在汇报2008年上半年的业绩。

因此，冰岛的银行其实已经就冰岛的国家风险做好了对冲。然而，它们的核心银行业务的风险却增加了。

《金融时报》于2007年10月10日的新闻标题是："冰岛银行不畏信贷紧缩"。

"冰岛银行如今应在信贷市场上低调行事，毕竟它们在去年风向逆转时受到了冲击。"文章中提及2006年的流动性紧缩。

文章进一步指出："然而，克伊普辛银行、格里特利尔银行、冰岛国民银行和斯超莫伯达拉斯银行（Straumur-Burdaras）仍在并购之路上狂奔。"冰岛第四大银行也加入其中。

该报随后刊载了2007年2月至9月这些银行已完成或是正在进行中的项目，总金额至少47亿美元。

《金融时报》引述了冰岛商会首席经济学家的论述："冰岛银行此刻的融资情况比任何国际银行都要好。"

"我们的理念是，我们不会做我们不了解的事情，"该报援引格里特利尔银行首席执行官的话，"不忘初心，一直是冰岛银行的优势之一。"

2007年11月，此时北岩银行已倒闭了两个月，有50名格里特利尔银行的高管聚集在苏格兰的特恩贝里高尔夫球场开会，这个球场现在由唐纳德·特朗普所有。在这里，他们宣布了一项将格里特利尔银行的资产负债表翻倍的计划。据称，此后不久，该团队的一些成员离开了格里特利尔银行，因为这实在是太过分了。

凯夫拉维克储蓄银行（Keflavik）是一家地方性银行，客户约为 16 000 名冰岛居民。这家银行的中期战略规划中就有在纽约设立分支机构这一项。

他们已经做好了外汇对冲，这意味着他们已经准备好了救生艇，一旦冰岛克朗出现崩盘，他们马上可以逃生。但是，与他们的认知相悖的是，这家银行本身有比"母船"更大的风险。

克伊普辛银行的内景

"每个人都想在克伊普辛银行工作，"一位危机爆发前在该行工作的员工说，"那里的每个人都有一流的业绩。"

"我当时真的想在那里工作。"一位克伊普辛银行的前经济学家说道。

"在做金融交易上，我可谓是全神贯注，我尽我所能地做出业绩。"一位克伊普辛银行的前交易员说。

"工作很艰苦，日子也很漫长。我希望能通过股权计划获得报酬，银行为我们提供贷款来买入股票。我的生活中没有毒品，也没有脱衣舞俱乐部，只有艰苦的工作，但突然我的股票就被清零了。"这位经济学家说道。

"他们 4 个人一合计就做了决定。当我们看到他们推出的方案时，我们相当生气。我们可以理解银行可能会在绝望的时期采取某些极端的行动，但我们不能理解他们怎么能向银行大股东的董事会成员提供贷款。"

大股东是一家名为艾西塔的公司。罗伯特·程吉斯是这家公司的董事会成员。SIC 报告透露，他在最高峰时从该银行和其卢森堡分支机构获得的贷款高达 20 亿美元。这个金额相当于克伊普辛银行资本金的 45%。这些贷款中很大一部分是没有抵押物的透支性融资，但他的贷款只有 2.75 的利差，而克伊普辛银行的资金成本的利差超过4。换句话说,克伊普辛银行向这位股东所借出的每一分钱都是亏本生意。

忧心忡忡的邻居[1]

早在2004年,挪威金融监管局就提出过,他们想获得一份关于冰岛银行状况的报告。金融学教授托尔·约翰逊(Thore Johnsen)接下了这项任务。

他在2005年1月定稿的报告摘要中写道:"股权危机可能会影响到冰岛三大银行,我们有充分的理由担心,这些因素综合在一起,叠加冰岛银行体系内部的传导性,会引发多米诺骨牌效应。"[2]

此后,这三家银行便开始受到密切监控。挪威金融监管局向挪威的所有银行发出通知:就冰岛银行的子公司申请加入挪威银行的联合存款保险基金一事,挪威金融监管局存在顾虑。

"这样的通知是不寻常的。但我们需要这样做,因为冰岛这三家银行当时都在努力争取,试图将自己纳入挪威的存款担保计划。"挪威金融监管局前局长比约恩·斯科格斯塔德·阿莫说道。

"我们还主动登门拜访了存款保险基金,向他们表达我们的关切,"阿莫说,"这就更少见了。"

他继续说:"我们的存款担保计划纳入了北欧其他所有的银行,但只有冰岛三大银行让我们如临大敌。我们要求格里特利尔银行按月报告流动性情况,而它是唯一一家被我们这样要求的。"

"北欧银行危机给我们上了一课:我们只能从事我们所了解的

---

[1] 有关挪威金融监管局报告和监督的信息来自当时的金融监管局局长比约恩·斯科格斯塔德·阿莫的书《从危机中吸取教训》(Læring fra kriser)。
[2] 引用自托尔·约翰逊教授发表于2005年1月的报告《岛屿——银行家和银行》。

业务,"北欧五大银行之一丹麦银行的信贷风险经理崔格·杨(Trygve Young)说,"所有超出我们信贷策略的业务,都需要得到信贷委员会的批准。这就包括与任何一家冰岛银行的任何交易。所有给它们的贷款,我们都设定了'零敞口'的限制。除非得到特别批准,否则所有的业务都不能做。这条限制甚至适用于我们旗下的投资银行——丹麦银行。"

相比之下,芬兰人选择了一种更巧妙的策略。他们单纯地搁置冰岛银行提交给芬兰的所有申请。"待定"之后还是"待定"。即便冰岛银行投诉他们,得到的答复也仍然是"待定"。"要知道,这可是真金白银呀。"芬兰央行行长埃尔基·利卡宁(Erkki Liikanen)在面对冰岛银行的投诉时曾这样回答。

"2006年我在欧洲央行的货币政策部门工作,"另一位消息人士说,"2006年2月,我们第一次提出了冰岛的风险。"

"在2006年和2007年,我们开始担心,"瑞典央行行长史蒂芬·英韦斯(Stefan Ingves)说道,"他们这样下去是不会有什么好下场的。我派出了越来越多的专家学者前往冰岛,他们审查了冰岛银行的资本金和所有权结构,却仍然无法解释冰岛银行究竟是从哪里筹资以保持增长的。"

"我们已经做好了准备,"瑞典财政大臣安德斯·博格(Anders Borg)说,"2006年年底到2007年年初这段时间,我们列出了主要风险的清单。其中,冰岛、拉脱维亚和爱尔兰名列前茅。于是,我们检查了瑞典的银行所面对的风险,我们担心他们对冰岛的风险敞口。但是,令我们惊讶的是,没有一家大型瑞典银行存在实质性的敞口。"

2006年,瑞典央行行长应冰岛央行行长的邀请,拜访了冰岛。这是一次愉快的访问。大家还一起去钓了鲑鱼。英韦斯回忆,当他即将返程时,他把冰岛央行行长拉到一边说:"你们的银行会给你造成麻烦的。我们在处理这类问题上有一些经验,因为我们过去经历过银行危机。如果你想进一步讨论这件事,请随时给我打电话。"

"但是,他没有选择打电话给我寻求帮助。"英韦斯说。

我曾任奥斯陆一家公司的高管,2005年年初,公司准备将奥拉夫的一间办公室转租给克伊普辛银行,租金很有吸引力。克伊普辛银行想要获得这间办公室,租金随便我们开。租期是从2005年7月1日至2008年11月7日。

就这个项目,我召集了公司管理层进行讨论。西蒙·维尔·西蒙森(Simen Vier Simensen)是我们的金融行业专家,他提出我们应该要求银行预付整个租期的费用。

他很确定,克伊普辛银行活不过这个租期。

一个在轨道上飞驰的国家

"这个国家真的在轨道上急速前进。"惠誉的一位宏观分析师回忆道。

政府在不断火上浇油,但经济早就过热了。

在政府的同意下,冰岛住房融资基金可以为更多的抵押贷款提供资金,最高比例可达90%,这对选民来说可是一个普天同庆的甜头。私营银行积极参与了这项业务,特别是克伊普辛银行。当局降低了银行的资本缓冲和准备金要求,冰岛的房价一飞冲天。与大多数国家不同,住房成本在冰岛是被纳入核心通货膨胀指标中的。因此,账面上的通货膨胀率提升了。由于冰岛央行设定过通货膨胀率目标,它现在不得不加息了。"我们把冰岛和新西兰做了个比较,"一名前评级分析师说道,"两国对于经济的上下起伏是很习惯的,然而,新西兰政府很克制,它们的财政预算盈余也更充沛。而在冰岛,政府还削减了税收。"

给经济系统降温的任务被交给了冰岛央行,让其提高利率,但这只会让事情变得更糟。

新增外汇计价的汽车贷款的余额在 2007 年秋天达到了顶峰，此时离崩盘只剩一年时间。大约 70% 的外汇计价的未偿抵押贷款是在 2007 年和 2008 年年初签发的，而当时已经有明显的迹象显示冰岛克朗被高估了。在外汇计价的汽车贷款中，80% 选择对标的是一些特别强势的货币，如日元和瑞士法郎。①

冰岛三大银行认为克朗的贬值是不可避免的，于是它们开始对冲自己的货币风险。它们担心本国货币会贬值超过 30%，但它们仍然在雷克雅未克的狭窄街道上全速签发外汇计价的贷款，政府也并没有积极干预此事。在冰岛一长串的政策错误中，这个错误对冰岛人造成的伤害最大，正如我们之后所见到的那样。

对于这一点，没有任何借口可以找。

四重经济冲击带来的 0.6% 的影响

事后看来，我们当时就应该站上屋顶大声疾呼：银行对经济系统太重要了，不能崩溃啊！银行增长太快了，借贷也太多了，而所谓的"轻触式"监管也只是个摆设。②

——英国央行前行长默文·金谈及金融危机前全球银行业状况

"冰岛的银行通过了冰岛金融监管局的压力测试。"③ 2008 年 2 月 6 日，金融危机前 7 个月，冰岛金融监管局郑重宣布。

---

① 外汇贷款的数据来自冰岛央行家庭部门数据库。
② 这段话和下文对默文·金的引用源自他本人于 2012 年 5 月 2 日在《今日 BBC》节目中的演讲。
③ 关于压力测试的信息基于 2008 年 2 月 6 日冰岛金融监管局的新闻稿。关于金融监管局的摘要是基于 SIC 在 2009 年 11 月 18 日向挪威金融监管局所作的报告。

针对突发性危机对冰岛三大银行资本比率的潜在影响，冰岛金融监管局进行了一场评估。测试结果显示，这些银行在经历了"某些挫折"之后，仍能保持8%以上的资本比率。此次测试涵盖了股票、债券、不良贷款和冰岛克朗的汇率变化。

压力测试显示，克伊普辛银行的资本比率可能会从11.8%降至11.2%，格里特利尔银行从11.2%降至10.4%，冰岛国民银行则从11.7%降至10.5%。

总之，他们认为影响可控。

我找到了冰岛金融监管局这份报告的其中一位作者，问他这项测试是怎么做的。他说："这主要是看如何设置压力场景，我们的方法是基于欧洲标准。"1990—2007年，住房贷款融资额的年度变化幅度总是处于总盘子的0.1%~0.2%。这个数字看起来不会有什么变化。

"金融危机时这个数字飙到了5%，这个水平是历史数据无法预测的。"

这是一个重要的金融智慧，永远不要相信压力测试这个概念。因为它的效能是以所采取的假设条件为上限的。如果你使用的是局面稳定时的数据，那么压力测试也只会反映出在局面稳定时市场受冲击的影响程度。

即使是格里特利尔银行自己，也显然不相信压力测试。2008年4月，格里特利尔银行的挪威代表给挪威央行打了一个电话。他问了一个非常露骨的问题：获得"S贷款"的申请程序是什么？

字母"S"的意思是"On Special Terms"，即"特殊条件下的"，这个词专指挪威央行作为最后贷款人的角色。换言之，"S贷款"就是一种紧急贷款，只有在金融系统的稳定性出现问题的情况下才可以提供。现在，就在他们打过这通似乎是关于程序的电话之后，有些人反而真的开始紧张了。

"如果你还可以等一等，就能以较低的成本融到资金，那你何必要以高成本融资呢？"这是挪威央行行长当时的反馈，我是从一份由外部人士所做的机密会议纪要中看到的。

这个会议是在 2008 年 4 月召开的。挪威央行行长被问及，挪威当局为何不提高挪威央行的储备资本。

"在有必要的情况下，我们会救储户的。但这种搭救并不适用于银行的股东，而且很可能也不适用于银行的债权人。"他说道。

当时就已经说到这个份上了，尽管这只是一场闭门会议。

SIC 报告指出，冰岛金融市场的所作所为仿佛有一种他们不会受罚的感觉，似乎他们有免罪金牌。冰岛金融监管局并没有行使职权，没有对违法行为做出正式回应。在某些情况下，即使冰岛存在严重的违法行为，也没有人举报。

从 SIC 的报告中还可以看到，在 2005 年冰岛金融监管局对冰岛国民银行的现场检查中，监管局发现该行的一项贷款风险敞口已远超该行资本金的 25% 的上限。事实上，风险暴露达到了 50%。这笔贷款是批给该行的一名大股东的。然而，这一发现直到 2007 年 2 月才被提交给冰岛国民银行。

此时，他们要求冰岛国民银行纠正这个问题。

到了 2007 年 9 月，冰岛国民银行的这一大额风险敞口仍然没有改变。这项违规操作，对银行和银行的股东也都没有造成影响。

嗯，一直到金融危机爆发，还就是这样。

冰岛金融监管局没有制定明确的监管要求。后来当其试图进行干预时，遭遇了银行的强烈抵制。总而言之，冰岛对于大额风险的监管执行力度非常孱弱。

SIC 报告说："法律框架层面的问题，不是冰岛金融监管局不作为的理由，而是它存在严重的资金和人员短缺问题。"

2003—2007 年，银行业在冰岛 GDP 中的占比暴增了 900%。但冰岛金融监管局的工作人员数量只增长了大约 1/20。特别是 2002—2006 年，工作人员数量居然没有任何增长。冰岛金融监管局的人员预算，是通过向银行收费来筹措的。预算由一个特别监督委员会进行审查，而该委员会由冰岛三大银行、储蓄和贷款机构、保险公司、养老基金和投资基金的代表组成。大多数成员都反对任何程度的预算增加。

若我们比较其他国际监管机构，瑞典金融监管局可以直接派专家入驻银行，对业务操作和账目进行检查。他们甚至可以进行突击检查，也可以扣押档案。这些现场检查对那些心虚的银行会产生威慑力，而对于良性经营的银行而言，现场检查反而会进一步提高其经营水平。在冰岛，总理居然专门设立了一个委员会来"监督"这些监管行动，而这个委员会又来自各个银行的代表。因此，这种政治层面的安排，为冰岛金融监管局的监管职能套上了系统性的枷锁。

一位冰岛金融监管局的前成员说："即使是采取逐步提高预算的方式，或者去申请进行现场监管工作，都很难获得批准。"显然，人们在很大程度上期望银行和市场能够进行"自我监管"。

"冰岛金融监管局的人只能坐在办公室里。他们没有参与进来，他们连银行的门都没进去过。"

"'我们又有什么资格去质疑银行的运作呢？'"这是当年冰岛金融监管局的普遍认知。一位冰岛央行的工作人员受访时说："银行家被人们敬若神明。"

冰岛金融监管局的工作人员中只有 16% 有过银行从业经验，这里的人员流失率比其他北欧监管机构高出 50%。3/4 的离职人员在金融机构找到了工作。

在那里，他们的收入更高，也更有声望，还拥有更强大的政治支持。

这是一场阴谋

> 冰岛的银行会第一个倒下,这并不奇怪。它们的风险敞口是最多的。
>
> ——一名评级分析师

2007年的最后几个月,冰岛三大银行的CDS价格开始攀升,特别是克伊普辛银行。在2006年年底时CDS价格已达到了3%,而在2007年年底时涨到了4%。若要投资以克伊普辛银行面值100万美元的债券为标的的CDS,费用已高达40 000美元。有一段时间,费用甚至飙到了60 000美元。

"在金融危机初期,我们犯了一个致命的错误,正是这个错误推高了人们对冰岛银行的关注度。"一位克伊普辛银行的前高管写道。[①]

2007年,这些翻手为云覆手为雨的人发起了对荷兰NIBC银行的收购,这家银行与克伊普辛银行和FIH银行(克伊普辛银行2004年收购的一家丹麦银行)有着一样的问题:对资本市场资金的依赖。

荷兰NIBC银行的CDS价格为10%。克伊普辛银行希望能够通过向市场表达并购意向,降低荷兰NIBC银行的融资成本。然而,克伊普辛银行的CDS价格却在节节攀升。克伊普辛银行显然对自身处境存在误读,它选择了一个错误的收购对象,也没有看到自己的问题。

另外两家冰岛银行也步了后尘,它们的资金成本已远超其他同级别银行。而且,它们1年期的CDS价格比5年期的CDS价格涨

[①] 引文来自《被冻结的资产》。

得更多。换言之，市场认为一年之内发生"火灾"的概率比之后几年的概率更大。

"我们近年来发行了很多债券，市面上有大量的供给，但现在外界对它们的需求已寥寥无几，"克伊普辛银行的高管写道，"那些持有现金但不想要我们的债券的投资者，仍然能以折扣价买入债券，然后再买个 CDS 当作保险。"

"这种操作推高了我们的利差，并进而令其他债券持有者感到担忧。"与其他银行相比，克伊普辛银行现在已不得不为其资金付出更多成本。

这也引起了媒体的注意。

情况迅速恶化，到 2008 年 3 月底时，克伊普辛银行的 CDS 价格已达到 10% 的高位。没有任何一家银行能以这么高的资金成本水平经营。实际上，2008 年年初，也就是雷曼兄弟倒闭前的 6~8 个月，该行的业务已陷入绝境。

于是，一场公关活动拉开了序幕。克伊普辛银行的董事长公开宣称，有 4 家伦敦对冲基金公司正在对冰岛金融市场和冰岛银行体系展开全面攻击。他说，这些对冲基金公司是有预谋地联系英国媒体和英国银行的分析师，目的是推高 CDS 利差，并且打压银行的股价。

"说实话，他其实无法证实这些事，但他这么说是为了虚张声势。"这名克伊普辛银行的高管写道。

冰岛央行将近期冰岛货币的快速贬值归咎于"无良经销商"的投机性"攻击"。而实际上，冰岛克朗的贬值至少有部分原因是冰岛三大银行在主动地将冰岛克朗换成外汇。

冰岛总理表示："很明显，有一些人在以牺牲我们为代价来牟利，我们要让他们滚得远远的。毫无疑问的是，如果冰岛的银行系统出现严重问题，冰岛的财政部和中央银行完全可以提供支持。"

这种说辞和其他人用的话术都大同小异，正是因为他们的弱点被说中了。他们把这一切都归咎于乔治·索罗斯（George Soros）和对冲基金。

公关活动之后，CDS 的价格下降至 4%。这个数字比之前的低，虽然这对任何一家银行而言都还是很高。尽管如此，有些人还是舒了一口气，许多人认为市场之前是反应过度了。

"我们已经看到局势出现了一定程度的扭转。"经济学教授理查德·伯茨在 2008 年 5 月 17 日的《纽约时报》上如此写道。他在文章中被尊称为"冰岛问题专家"，而此时距离金融危机爆发只有 4 个月了。

"人们开始意识到，这些银行其实都经营得很好。"

当 CDS 利率再次上升时，克伊普辛银行已经准备好了另一项金融创新。

间谍与间谍的较量

在一些以冷战时期为背景的谍战小说中，间谍最后其实是为他们所窥视的一方工作。而且一转头，他们的对手方居然也可能是双面间谍。在最复杂的小说结构中，最后一章往往会揭露这些人还有一个更高层次的骗局。真相是，他们其实都在进行反间谍活动，反的对象正是最初雇用他们进行反间谍活动的人。

金融也有点儿这个意思。

2017 年 2 月 2 日，德意志银行（Deutsche Bank）的首席执行官约翰·克莱恩（John Cryan）向该行的员工发了一条短信，向他们介绍了该行在过去一年的工作情况。

他指出："最后我想说的是，我们在解决有关诉讼方面取得了很多进展。

"去年，特别是最近几周，我们成功解决了许多重点法律事项，包括与美国住房抵押贷款证券和贵金属有关的民事诉讼，与冰岛克伊普辛银行的长期法律纠纷，以及一部分与俄罗斯有关的反洗钱工作的诉讼。"

清单倒是挺长，但这个清单上没有提到德意志银行与某个债务缠身的纽约地产大亨的交易。

也正是这份清单，预示了克伊普辛银行和德意志银行的败局。

随着克伊普辛银行 CDS 价格的上涨，他们又有了新的计划。当务之急，就是把克伊普辛银行的融资成本降下来。首先，德意志银行向克伊普辛银行回购一些债券，然后，他们设计了一个让 CDS 价格下跌的方案。尽管德意志银行极力否认，但 SIC 和克伊普辛银行的高管都认为德意志银行就是幕后黑手。

他们用了两家位于英属维尔京群岛的 SPV，这两家公司的名字是切斯特菲尔德（Chesterfield）和帕特里奇（Partridge）。一家由克伊普辛银行的 4 个老朋友持股，另一家则由克伊普辛银行的一名主要股东持有，他正是当年打着德国颢科银行的幌子欺骗冰岛当局的 OO 先生，也是克伊普辛银行的第二大借款人。

这两家 SPV 有一个任务。他们将从克伊普辛银行借款，并用这些钱从德意志银行购买信用挂钩票据（Credit Linked Note，简写为 CLN）。

德意志银行在这笔交易中收到了欧元，而这些钱最初是来自克伊普辛银行的。如果 SPV 将债券返还给德意志银行，德意志银行就必须偿还这笔钱。不过，交易合同中有个条款，如果克伊普辛银行出现债务违约，德意志银行则无须偿付。在这种情况下，德意志银行可以留下这笔钱。因此，在克伊普辛银行违约的情况下，它已经有了一个缓冲。

德意志银行利用这样的操作创造出了一种新产品，这个产品有点儿类似 CDS，如果克伊普辛银行真的出现违约，这个产品就可以进行赔付。

德意志银行开始售卖这些新型的类 CDS 金融产品，市场供应量上升了。而相应地，CDS 这一风险保险产品的价格就下降了。

正如克伊普辛银行首席执行官后来所写的那样，克伊普辛银行不可能以自己为标的来发行保险产品。"我们的出路是让那些我们非常信任的，基于忠诚度与我们建立了长期关系的客户，来代表银行做这些事情。"这位首席执行官写道。

的确，像 OO 先生这样的人就是这种客户。

随着更多 CDS 成功发行，银行风险会被视为比实际的要低，所以银行的借贷成本可能会出现下降。

当然，事实并非如此。特别是由于这些 SPV 的股本其实非常有限，它们主要是由克伊普辛银行提供的贷款和融资担保支撑起来的。

随着克伊普辛银行的倒闭，它对德意志银行的付款也到期了。由于克伊普辛银行为 SPV 提供了担保，现在它也要承担责任。有趣的是，即使它面对天崩地裂之势，也还是要优先兑付给德意志银行。10 月 7 日，克伊普辛银行向德意志银行支付了 5 000 万欧元，这距离它倒闭只剩下两天。特别检察官后来指控说，正是冰岛央行提供的贷款促成了这笔付款。这笔贷款是由当时的冰岛总理和冰岛央行行长签批的。

这还不算完，有人声称德意志银行也买了这些"新型 CDS"。这样一来，新的供应就与新的需求匹配起来了。也许德意志银行看到了激增的风险，投机了一把；也许这些类 CDS 产品只是被用来对更广泛的投资组合进行对冲；也许这只是银行内部的某个买家的独立操作；也许，这就是一个间谍对间谍的故事。

事实是，克伊普辛银行在崩盘后成立了破产财团，他们最终在冰岛和英国起诉了德意志银行。他们声称，克伊普辛银行向德意志银行的付款是不正当的，其目的是让克伊普辛银行可以在资本市场上影响其 CDS 的信用利差，以及存量债券价格。他们还声称，德意志银行是知情的，或是理应知情的。克伊普辛银行要求德意志银行偿还 5.09 亿欧元，外加相关的费用和利息。

2016 年，德意志银行和克伊普辛银行达成了和解，由德意志银行支付 4.25 亿欧元。这家德国银行几乎完全投降了。[1]

到 2017 年第一季度实际付款时，克伊普辛银行的破产财团已经解散。此时破产财团已与债权人达成了所谓的"组合协议"，我们将在后面看到这份协议的更多细节。这样一来，德意志银行的所有款项都流向了债权人。当组合协议达成时，对德意志银行的索赔额被记为"0"。现在，这些权益的价值突然飙涨到了 4.25 亿欧元。

更重要的是，据说克伊普辛银行在 2008 年 10 月向德意志银行的付款，其实是来自从冰岛央行获得的贷款。冰岛央行最终失去了部分资金。这样一来，冰岛纳税人的钱从冰岛央行流转到克伊普辛银行，再流转到 SPV，再到德意志银行，然后通过组合协议，最终流转到克伊普辛银行的债权人手上，当时这些债权人主要是美国的对冲基金公司。

"这 1 000 亿克朗，医院和桑达布劳特（Sundabraut）。"当谈及冰岛央行给克伊普辛银行提供的克朗贷款时，冰岛总理忧心忡忡地

---

[1] 关于德意志银行和解的信息可以在"2017 年 11 月 6 日对 2017 年 6 月 22 日招股说明书进行补充说明的第三份补充文件"中找到。文件提到冰岛克伊普辛银行称为 SPV 提供资金的是自己，冰岛克伊普辛银行同时称德意志银行知道或应该知道冰岛克伊普辛银行在交易中存在经济敞口。克伊普辛银行称，取消交易可以有很多理由，包括以交易不正当为理由——因为据称这些交易的目的之一是允许克伊普辛银行影响自己 CDS 的市场利差，从而影响所交易债券的利差。关于此案的更多信息可以在雷克雅未克和伦敦的法庭听证会的记录中找到。如需概况总结，可以查看冰岛记者西格伦·达纳茨多蒂尔（Sígrún Davíðsdóttir）在 2017 年 11 月 3 日发布在自己的博客"冰博"（Icelog）上的文章。

对冰岛央行行长达维兹·奥德松（Davið Oddsson）说道。他所指的，是正在规划中的新的医院和新的交通系统。

德意志银行这项业务的负责人后来成为该行亚洲交易业务的领导。后来当德意志银行在法律泥沼里苦苦挣扎时，他被解雇了，但他随后也起诉了德意志银行。他拒绝了我的采访请求，尽管我提出我可以在加尔各答与他见面。

英国金融服务监管局曾考虑对克伊普辛银行和德意志银行提起诉讼，但最终还是决定不这么做，因为 CDS 这个市场属于场外性质，也部分不受监管，这项操纵市场的指控是很难成立的。

特别检察官说："涉及 CDS 交易的案件仍然是我们的关注重点之一。"

是谁说国际金融很无聊的？它们可能很复杂，但绝不无聊。

三家只会装模作样的银行

但是，银行家和他们的监管机构应该明白央行的救助能力有限，并应将这种限制纳入他们自己的业务计划中。

——《冰岛破产的银行：事后总结》
马克·弗兰纳里（Mark J. Flannery）为 SIC 准备的报告

冰岛三大银行都声称曾考虑过将总部迁出冰岛。如果这样的话，它们就会将自己置于其他央行的保护伞下，那些央行可能会提供更强力的支持，流动性也可能更好。克伊普辛银行曾考虑收购荷兰的 NIBC 银行，然后把自己变成荷兰 NIBC 银行的子公司，而这家新银行也将得到欧洲央行的支持。同样地，投身于丹麦的 FIH 银行旗下也是一个选项。冰岛国民银行也曾考虑与冰岛的斯超莫伯达拉斯银行合并，并将它们的国际业务板块迁出冰岛。格里特利尔银行也曾考虑投身于挪威 BN 银行。①

有些人认为永远不会成功,因为没人会欢迎这些冰岛银行。但是,显而易见的是,银行没有真正付出努力去解决自身的问题,哪怕冰岛监管当局明确要求它们这么做。

"当时曾经有过在挪威进行第二上市的讨论,"格里特利尔银行挪威分行的一位前主管说,"不过,迁址到挪威从来就不是一个正式的议题,这没有真正立过项,也没有正式的时间表。"

根据本书的采访,从未有人找过挪威金融监管局,要求它们就将银行迁出冰岛的相关申请做出反馈。

换句话说,这些想法都只是掩人耳目罢了。

"仅向股东公司提供大量贷款一事,就会把事情搞得无比复杂,挪威监管当局已经对此心存疑虑了。"一位冰岛央行的顾问说。

"如果冰岛银行卖出它们对股东的贷款,警示灯一定会闪爆。"

"那将是一场浩劫。冰岛出现了巨大的赤字,我们也需要持续的资本流入。但突然间资本市场就对我们关上了大门。"一位冰岛央行的前经济学家这么说道。

"事后看来,问题就出在融资上,"冰岛三大银行之一的信贷部前负责人说,"巧妇难为无米之炊。我们在资金方面没有竞争优势,我们经营的是一家没有原料优势的银行,而我们的竞争思维也没有发挥作用。"

"冰岛国民银行和格里特利尔银行的资金经理总是对我们嚷嚷,要我们提供资金。"冰岛央行的员工斯图拉·帕尔森回忆说。②

"冰岛央行行长奥德松致电了冰岛总理,而冰岛总理又打了电

---

① 对于冰岛克伊普辛银行的搬迁计划和关于发行债券的建议引自《被冻结的资产》一书。
② 冰岛国民银行股东的话出自托尔·比约哥弗森所著的《亿万富翁的破产与再成功》(*Billions to Bust and Back*)一书。

话给各家银行的首席执行官,向他们表示一切都没问题,但实际上他只是担心如果不这么说的话,这些首席执行官都会辞职不干了。"

"早在2008年春天,我们就已经判断出2008年10月会很艰难。有一笔大额贷款要在10月到期,而在那之后的大型到期潮也就是在2009年。"冰岛央行金融稳定部的前负责人特里格维·帕尔森(Tryggvi Pálsson)说。

建立备用授信的初次尝试发生在2008年3月底的IMF的春季会议上,第二次是在与英国央行行长默文·金的平行会议上,第三次是在4月初与蒂莫西·盖特纳的会议上。

5月,十国集团(G10)的央行行长于国际清算银行(Bank of International Settlement,简写BIS)举行了一次会议。国际清算银行被外界称为"央行的央行"。

时任冰岛央行市场部主任斯图拉·帕尔森说:"我们不知道当时他们讨论了什么,哪怕是现在我也不太知情。但从那时起,G10的代表就不再接我们的电话了。"

"冰岛并不在议程上,"瑞典央行行长说,"虽然冰岛的脆弱性已是尽人皆知的事了。"

"2008年4月15日,奥德松先生向英国央行递交了一份货币互换协议的正式申请。"SIC报告写道。

"英国央行行长默文·金于4月23日回复了奥德松先生的来函,拒绝了冰岛央行的申请。

"然而他宣称,外国的中央银行可以帮助冰岛找到一个缩减其银行系统规模的有效方法。在他看来,这是解决问题的唯一实际办法。"

在回函的末尾,默文·金表示他已提供了所有可能的帮助来解决冰岛的问题。但是,冰岛央行并没有接受这一提议,相反,冰岛央行回复了英国央行的函件,友善地要求英国央行改变其在货币互换协议问题上的立场。SIC 报告显示，这封信之后就再没有得到任何答复。

"我们当时已经与 IMF 展开了合作。2008 年 5 月，IMF 来了一个秘密代表团。6 月，IMF 来了一个工作小组，也来了一些瑞典的专家。"一名当时在冰岛央行工作的人士说道。

"如果英国人答应了我们的要求，我们的控制权可能已经被夺走了。我们的选项可能会变得更加有限。"

4 月下旬，克伊普辛银行的董事长给冰岛总理写了一封信，并抄送给了冰岛央行行长。这封信强调需要将货币储备提高至 100 亿欧元的水平。

2008 年 4 月，一名大型国际投资银行的代表与冰岛央行开了一场会。

"我的发言只有三张幻灯片。第一张说，'你们的银行将会倒闭'，第二张说，'原因在这儿'，第三张说，'你们无法阻止它发生'。

"当时冰岛央行似乎并不惊讶。"这名代表说道。

到 2008 年 5 月，冰岛克朗已经贬值了 26%。冰岛央行在 4 月时将基准利率提高到了创纪录的 15.5%，但冰岛克朗对欧元的汇率还在继续下滑。通货膨胀率已上升到 11.8%，是 18 年来的最高值。

冰岛在 5 月和 6 月初曾经尝试以国家信用发行约 10 亿欧元的债券。

"我们本可以给他们发放 10 亿欧元的国家贷款，"摩根大通的负责人迈克尔·雷德利说道，"但这其实也不会有任何帮助。这笔贷款的成本会很高，而且尝试申请贷款和被拒的名誉风险很大。"

冰岛央行负责监督国家借款的人士说道："凭借很高的利息，我们本可以获得 3 亿欧元的贷款，但这将会是无比绝望的一步。

"直至 6 月初，我们仍未放弃获得长期融资的希望，但随后欧洲央行的特里谢宣布了加息。7 月初，欧洲央行将欧元的基准利率提高了 0.25%，达到了 3.25% 的水平。"

自 2007 年 8 月以来，欧洲央行一直密切关注着金融危机的苗头，但也看到 6 月的通货膨胀率为 4%，远高于其 2% 的通货膨胀率目标。

在 7 月 3 日宣布加息的新闻发布会上，特里谢表示："通货膨胀现在是我们 3.2 亿同胞的头号关切。在这个艰巨的时期，人民指望我们放下锚，将物价稳定住。对此，人民可以信赖我们。"

他说了不少豪言壮语，但这是个致命的决策。

2011 年 10 月 19 日，我参加了特里谢在法兰克福歌剧院举行的退休仪式。这场活动的亮点是欧盟的两位元老级人物，当时 90 多岁的赫尔穆特·施密特（Helmut Schmidt）和 80 多岁的吉斯卡尔·德斯坦（Giscard d'Estaing）也出席了，施密特还坐在轮椅上。他们将欧元危机与战后欧洲面临的挑战进行了比较。他们告诫年青一代的欧盟国家元首：大家要行动起来，着手解决问题，哪怕是积跬步以致千里。

很少有人给我留下如此深刻的印象。

特里谢在后来的讲话中，为自己在 2007 年提高利率的决策进行了辩护。他用了一个"分离原则"，他说当时提高利率是为了稳定物价，而"非标准"措施则是为了解决其他问题。①

特里谢决定加息的一年之后，基准利率已降至 0.25%，通货膨胀率更是跌至 -0.7%。至此，世界已然深陷危机。或者说，正如特里谢在回忆他的 8 年任期时所述："4 年后，金融和经济危机来了。"

---

① 特里谢的讲话发表于 2011 年 10 月 19 日，题为"在告别仪式上的讲话"。

这仿佛是命中注定的。

资本市场的运作中,显然没有分离原则这样的事。央行若将价格稳定当作其唯一的工作目标,巨大的风险必然接踵而至。

"由于欧洲央行的加息,冰岛发行债券的可能性已烟消云散。"这是冰岛央行的普遍看法。

"当我们进行路演时,团队所有成员的手机都安静了下来,"冰岛央行的市场部主任回忆道,"'欧洲那边的灯火已经灭了',我们当时这么说。金融危机真的要来了吗?对这个问题,我们几乎已十分确定。"

"2008年8月,在托斯卡纳度假时,我从一家德国银行为冰岛筹集了3亿欧元,"他继续说,"2010年,这3亿欧元的贷款以2.4亿欧元的还款而了结。"

"我还因为托斯卡纳的电话费被骂了一顿。"

雷曼兄弟事件第四天后

本就冷得刺骨的金融水域,现在已被冻得结结实实。银行发现几乎不可能为自己融到资,没有人知道哪些银行是安全的,哪些又是不安全的。

——英国央行前行长默文·金对后雷曼兄弟时期金融市场的看法

发达国家的央行行长每个季度都会在巴塞尔召开一次会议,会议地点就在被誉为"央行的央行"的国际清算银行。

此外,央行行长们还会在区域性会议上碰一次头,5位北欧的央行行长每季度也还会再举行一次会议。这些会议每年召开一次,由北欧各国轮流主办,东道主会选一个山清水秀之地开会。这些会议都是友好的、协作性的。

至少通常情况下是如此。

2008年5月14日,他们在奥斯陆的旧城区拉胡思斯加塔举行了会面。这里有一座16世纪的建筑,如今已是挪威央行和挪威石油基金的新总部。挪威石油基金是当前全球规模最大的主权财富基金。这个建筑充满了中世纪风情,可谓别有一番风味。

但是这一天,这番良辰美景并未让任何人感到舒适。

"那是一场火星四溅的会议,冰岛要求在北欧国家之间建立货币互换,而我们则更需要先看到冰岛银行的情况得到有效的处理。"一位北欧国家的央行行长说道。

"这也是一个瞎忙活的夜晚。"另一位央行行长说。

"我们要求与冰岛总理盖尔·哈尔德(Geir Haarde)通电话,"时任挪威央行行长斯韦恩·耶德雷姆说,"对此,冰岛央行行长很不高兴。我们打通了哈尔德总理的手机。在电话上,他给出了我们想要的承诺。"

"我们要求立即缩减冰岛银行体系的规模,最终目标是要减少一半。"

第二天,瑞典、丹麦和挪威的央行向冰岛提供了一些资金。冰岛央行则把等额的冰岛克朗转给这些国家的央行,外加10%作为资本缓冲,这样它就可以获得这些外汇了。

每家央行都提供了5亿欧元,冰岛的外汇储备在此刻从20亿欧元提升至35亿欧元。

"在充满着不确定性的动荡时期,进行国际合作以实现总体目标是中央银行的责任。"在签署5月协议时,瑞典央行行长在一份新闻稿中义正词严地写道。

"互换协议的目的,是支持冰岛央行实现宏观经济和金融系统的稳定。"

他和其他北欧国家的央行行长已做好了驰援冰岛的准备,但他们对冰岛的改革进程也是一筹莫展。有些人认为，冰岛当局的行动有气无力，甚至没有就解决问题进行过有意义的讨论。

瑞典央行行长给 SIC 写了一封信，信中写道："冰岛银行的所有权混乱，资产负债表也在暴增，这种情况其实已经很危险了，但冰岛政府似乎还是懵懵懂懂的，而且也不知道应该如何处理。"

为冰岛提供贷款的北欧国家在货币互换协议中加入了三个条件：冰岛应缩小其银行规模，实行审慎的财政政策，对住房融资基金进行改革。

而 SIC 报告指出，这些北欧国家的央行认为，冰岛当局在这些问题上其实还是出工不出力。

"如果当时冰岛提出没有充足的时间来推进改革，那其实也还算是个合理的说法，"其中一位央行行长如今说道，"或者他们还可以问，现在是不是做什么都已太迟了？但就我们所见，冰岛其实并没有采取实际行动来为银行体系瘦身。如果冰岛当局当初真心诚意地与我们合作，这场金融危机是不是可以避免？我们或许永远也不会知晓这个问题的答案。但不管如何，只要他们肯合作，问题肯定会减少的。

"在另外一些央行其实没有什么影响力的场合，他们还会来宽慰我们，告诉我们事情并没有那么糟。"

SIC 报告指出了一种引发严重后果的行为模式。

"冰岛政府在 2008 年夏天做了许多承诺，但都没有兑现，"SIC 指出，"这让冰岛政府在外国央行心目中的形象可谓是一败涂地。"

"此时的冰岛政府在国际社会中已变得越发孤立。因此，在 2008 年 10 月冰岛的银行出现倒闭潮时，无人向它们伸出援手。"SIC 写道。

北欧国家央行行长的下一次会议于 6 月 11 日至 13 日在冰岛东

海岸的埃伊尔斯塔济举行。同样，又是个山清水秀之地。所有与会的央行行长前往参观了刚落成的发电厂，这个发电厂正在向一家巨大的炼铝厂输电。这给大家留下了深刻的印象。

"这么看来，冰岛其实并不缺抵押品啊。"一位央行行长说。

这到底是不是一句调侃，冰岛人其实不太确定。但也有人将其解读为衷心的赞美之词，折射出了某种希望的火苗。

"冰岛正处于金融战时状态，"一位与会者说，"但是他们没有针对银行做任何事。"

"这些批评其实让人于心不忍。这些人都没有话语权。"其中一位央行行长说道。

"如果你没有钱，你也真是没有什么办法，"一位央行行长说道，"情况只会变得越来越糟。"

"当时我们坐在一起的时间似乎有几个小时，就我们5个央行行长，"耶德雷姆回忆道，"当时的谈话气氛很不好，而且后来还越发糟糕。

"这个会议的地点倒是美不胜收，冰岛人也一如既往地友好和好客。这给我们留下的印象更加深刻了。

"但是，也许已经太晚了。没有人采取任何措施，也没有人在做任何规划。做事的法律基础是缺失的，情况已完全不受控制。

"我记得时任冰岛央行行长的一句话：'但不管怎样，冰岛国民银行的经营还算不错，其他银行就没有这么好了。'

"再之后的北欧国家央行行长例会已是在雷曼兄弟倒闭之后举行的，那时一切都已见了分晓。"

"5月谈定的前提条件，冰岛都没有满足。所以也没有人要再搭救他们了。"英韦斯说。

时间推进到9月19日，冰岛央行准备了一份机密备忘录，其作者没有署名。这份备忘录总结了北欧协议的现状和后续工作，还提到了资本充足率的事，这是国际上用来衡量银行健康状况的指标。①

"在2008年第二季度乃至整个上半年，冰岛三大银行都取得了骄人的业绩，"备忘录里这么写道，"6月底，它们的资本充足率是令人满意的，都轻松地通过了冰岛金融监管局对银行资产负债表进行的年中例行压力测试。"

该备忘录进一步指出："央行行长会定期与冰岛三大银行的首席执行官会面，冰岛央行和冰岛金融监管局也都在密切监测银行的情况。目前，各银行的流动资金状况已经趋稳，这足以让它们平稳地度过年关。"

这份备忘录很值得注意，因为它写于雷曼兄弟事件后的第四天，而在这一周后才是后来所知的"格里特利尔周末"，那场终极灾难更是在三周之后才真正到来。

北欧国家的央行行长对此很不高兴。长久以来，他们总是被一样的陈词滥调敷衍着。甚至是发生了雷曼兄弟事件之后，敷衍依旧。

"到了这个时候，大多数人都已经把灵魂卖给了魔鬼，"当我问起这份备忘录时，英韦斯行长愤恨地说道，"完全地卖给了魔鬼。这上面的一字一句都没有人信。"

强制执行的机制是很有必要的。

"没有IMF，也没有钱。"英韦斯说。

"是的，各国央行之间是有合作的，"耶德雷姆说，"但这种合

---

① 北欧协议中当时严格保密的条款来自《建立银行系统》(*Bringing the Banking System*) 一书的第186页。这本书还总结了与中央银行的接触情况。"9月19日的备忘录"的标题是"关于严格保密协议的后续信息，给瑞士银行、丹麦国家银行和挪威银行行长的机密备忘录"，记录日期为2008年4月16日。

第二章　矗立在最小广场上的最高塔　　109

作不是基于慷慨，而是基于自身利益，也不存在严格意义上的协调机制。尤其是对小国来说，信任是央行之间合作的基础。只有付出真实的努力，才能实现彼此之间的联通。挪威是第一个与美国就美元货币互换展开对话的国家。瑞典，而不是挪威，在 2008 年 10 月 8 日参与了七国协调降息行动。"

没有什么事情会自动发生。

危机爆发一周后，也就是 10 月 14 日，丹麦和挪威对冰岛央行的资金请求做出了积极回应，两国分别为冰岛提供了 2 亿欧元。而瑞典则没有这么做。

冰岛的资金请求是依据既定协议所做的，而这样的请求却被瑞典拒绝了，这是非常不寻常的。

"瑞典央行是决定瑞典是否发放贷款的机构，"英韦斯行长坚定地说，"法律就是这样规定的。这笔贷款可是会列在我们的账簿上的，是我们要承担的风险。

"我们的出发点并不邪恶，但进行货币互换的前提条件并没有得到满足。"

这些条件永远也不会被满足。

"所以我们需要一个第三方。"我们需要 IMF。

令人羡慕的前景

"就在 2008 年夏天，IMF 刚刚对冰岛给予了正面评价。"

在我为本书进行采访时，许多人都这么和我说，包括冰岛现任的政府高层。他们显然想表达的是，除了他们自己，还有其他人也没有预见到这场危机。

"IMF 说冰岛的前景令人羡慕。"提到 IMF 的报告时，许多人都在说这一点。

让我们来看看事实是怎样的吧。

2007年6月,IMF关于冰岛的一份报告得出结论:"冰岛经济的中期前景仍然令人羡慕。"

2008年7月4日的IMF报告则写道:"冰岛经济的长期前景仍然令人羡慕。"

这是一种多么委婉的话术啊,IMF其实正是在表达对冰岛出现长期、深度的经济衰退的担忧。不管怎样,IMF还是命中了很多要点。

而且,它说的还都挺对。

"冰岛的经济是繁荣的,也是具有灵活性的,"2008年的IMF报告指出,"冰岛的人均收入是全球最高的,贫富差距也是世界上最小的。劳动力和产品市场兼具开放性和灵活性。"

报告继续说:"冰岛对国家自然资源的管理十分出色,这使冰岛能够实现经济多样化,并确保其经济的可持续性。"

但紧接着,报告内容渐趋严肃:"我们预计,冰岛的经济活动将从不可持续的高水平大幅放缓。

"冰岛前景的不确定性非常大,外部因素造成了巨大的经济下行风险。尽管为了缓解市场的顾虑,冰岛已付出了不少努力,但冰岛的银行业仍然面临着重大风险。

"冰岛应继续大力推行可能降低风险的政策。"

最后,报告表示:"在已经取得进展的基础上,冰岛当局应进一步加强危机防控和完善问题解决框架。"

但后来IMF就陷入了两难境地。当IMF于2001年首次发布关于冰岛金融部门的报告时,曾就是否应该公开这份报告进行过讨论。最后,它还是选择了公开发布。因此,IMF也知道6月中旬的报告将被曝光。

当然,IMF也显然不希望成为任何一场金融危机的导火索。

爵士乐、房地美、房利美、雷曼兄弟和华盛顿互惠银行

> 事实上,新自由主义的自我克制和纪律机制是有限度的。发生威胁到"系统性"利益的重大金融危机时,我们才会发现,我们生活的时代其实是基于不受限的大政府主义,充斥着大规模的行政干预,而且这种干预主义还更类似于某种军事行动或紧急的医疗救援,而非是某种受法律约束的行为……只要能保持金融系统不垮,他们什么事都做得出来。另外,由于现代银行系统是全球性的,并且以美元货币为基础,这意味着美国必然会动用国家力量进行史无前例的跨国干预。
>
> ——亚当·图兹的《崩盘》

"2008年7月底,我在度假,正在参加一场爵士音乐节。当时的美国财政部副部长大卫·麦考米克(David McCormick)打来电话。"时任挪威财政部高级官员托雷·埃里克森说。

"我们已经控制了局面,"麦考米克说,"你们的政府无须担心了。"

"听到他这么说,我们反而才真正开始担心了起来。"埃里克森说道。

麦考米克在第二天再次打来电话,这次他要求与挪威财政大臣通话。当时挪威的财政大臣是位女士,而她那天也在休假。

"一切都尽在掌握中,"麦考米克再次表示,"挪威石油基金无须卖掉对房地美和房利美的持仓。"他指的是美国两家政府性的住房融资机构。

"他进一步暗示,美国绝不会让这两家公司垮掉,"时任挪威财政大臣在回忆录中写道,"但我们并没有给石油基金打电话,我们

也从来不会打这种电话。"

9月初,美国政府接管了房地美和房利美。

"美国人所做的,也正是麦考米克当初所承诺的。"财政大臣写道。

9月15日,美国第四大投资银行雷曼兄弟倒闭了。

"这一次,我们没有收到来自这位美国财政部副部长的任何电话。"财政大臣写道。①

"每个星期五,我们都会把雷曼兄弟在英国涉及银行业务的所有资金打到美国总部,总部在次周星期一我们开门营业之前就会把资金再打回来,"当时雷曼兄弟的员工格伦·金说,"而那个星期一,资金没有回来。"

2008年9月10日,雷曼兄弟的首席财务官伊恩·洛维特(Ian Lowitt)向股东和公众表示,雷曼兄弟还有420亿美元的可使用现金,也就是流动性。洛维特保证说,该银行的状况"仍然非常健康"。但是,雷曼兄弟的这番说法与监管机构和评级机构的想法相悖,而且它的流动性池子实际上并不那么具有流动性。②

随着雷曼兄弟倒闭,没有人知道谁会是下一个,当时可谓是"行行自危"。银行减少了同业贷款,金融交易也都被喊停了。银行大幅削减了授信,希望建立一定的资本缓冲,资金流动也就停了下来。格伦·金之后还全职工作了一整年,只是为了清理雷曼兄弟和挪威石油基金之间的瓜葛。

当时他们委托了一家律师事务所来处理雷曼兄弟遗留下的

---

① 引文来自时任挪威财政大臣克里斯汀·哈尔沃森(Kristin Halvorsen)的回忆录《影响》(*Gjennomslag*)以及对常务秘书的采访。
② 与雷曼兄弟有关的引文来自美国第75任财政部长蒂莫西·盖特纳所著的《压力测试》(*Stress Test*)一书和第74任财政部长亨利·保尔森的《峭壁边缘》(*On the Brink*)一书。

第二章 矗立在最小广场上的最高塔 113

资产。

9月16日，欧洲的各家金融监管机构召开了电话会议，希望就彼此的政策步调做一些协同。

比利时监管机构的领导彼得·普拉埃（Peter Praet）在谈到美国时说："那里没有人在掌舵，管理雷曼兄弟的是一家律师事务所。"

接下来崩盘的，是美国第六大银行——华盛顿互惠银行（Washington Mutual），其资产超过3 270亿美元。

9月中旬，美国出现了连续9天的银行挤兑，有167亿美元（存款的9%）流出了银行体系。

9月25日，美国储蓄机构管理局（Office of Thrift Supervision，简写为OTS）从华盛顿互惠银行的母公司华盛顿互惠集团手中查封了它。

美国联邦存款保险公司随后将这家银行出售给了摩根大通，摩根大通接下了这家银行3 070亿美元的资产和1 880亿美元的存款，代价是19亿美元的现金和承担起华盛顿互惠银行所欠的债务。在2019年年底之前，所有华盛顿互惠银行的分行网络都已经改弦更张，变成了摩根大通银行。

美国联邦存款保险公司此刻已经功成身退，现在由摩根大通来为华盛顿互惠银行的储户和债权人履行责任。

华盛顿互惠银行于9月25日已处于被接管状态。第二天，其控股公司华盛顿互惠集团也申请了破产保护。若按总管理资产计算，华盛顿互惠银行是美国金融史上最大的银行倒闭事件。

美国的操作为银行破产重组开了一个先河，即华盛顿互惠银行模式。美国法律赋予了美国联邦存款保险公司优先申索权，并使其充分合法化。对此，当局为了确保存款人的利益，是有权直接进行干预的，这是为了避免出现由纳税人买单的情况。

其他贷款人则受到了冲击。几周后，冰岛也采用了华盛顿互惠银行模式。而且，经过一番搜索，我还真找到了一名在华盛顿互惠银行和某家冰岛银行都买过债的债权人。如此，我也能比较一下这两场违约事件的惨烈程度了。

"我们为法律架构打了补丁，"当时的纽约联邦储备银行行长、后来的美国财政部长蒂莫西·盖特纳在接受本书采访时说。

"如果你有充分的法律权限，你的意愿也会比较明晰。当银行危机发生时，你会优先保护银行系统的核心部分。"

当发生大型事故时，医院的急诊室会设置一个分流程序。他们会根据病人病情的严重程度和存活概率，进行优先排序。然后，急诊室的医生会将时间和精力分配到能够发挥最大效用的地方。

盖特纳说："在处理银行危机时，我们也需要有一个分流程序。

"第一步，这些机构是否作为银行受到监管？是，还是不是？第二步，就偿付能力而言，这些银行情况怎么样？第三步，这些银行有没有系统重要性？

"对于那些明显无法生存的金融机构，我们得用最低的成本结束它们的痛苦。你可以强制进行拍卖，把它们卖掉，或者国有化。然而，我们当时并没有权力这么做，毕竟我们已经有70多年没有发生过实质性的金融危机了。

"关于贝尔斯登公司，我们进行了拍卖。而房利美和房地美则必须优先照顾，这是我们的职责所在。但是，我们对救助行动的厌恶情绪在不断增加，并在雷曼兄弟倒闭之前达到了顶峰。

"而因为雷曼兄弟已经气若游丝了，我们无法为其物色到买家。"

英国的巴克莱银行曾是雷曼兄弟的最后一根救命稻草，但英国监管机构和英国财政部并不支持这个想法。

"他说他可不想'进口我们的癌症'。"说话的是美国财政部长亨利·保尔森（Henry Paulson），他引述的是时任英国财政大臣阿利斯泰尔·达林（Alistair Darling）的话。

第二章　矗立在最小广场上的最高塔

"是英国人坑了我们。"保尔森继续说。

达林的第一反应是问:"如果这是一笔好买卖,为什么没有任何一家美国银行去接盘呢?"

"雷曼兄弟改变了所有的游戏规则。"一位美联储职员说。

"雷曼兄弟在9月15日周一倒闭了。周二,资金开始外流。到了星期三,银行挤兑已全面爆发。"

2008年9月17日,劳埃德TSB银行(Lloyds TSB)接管了英国最大的贷款机构——HBOS公司。

"对于发生在眼前的一幕幕,我可是瞠目结舌,这是一场绵延万里的金融危机。"一位美联储官员回忆道。

"市场对美元有着巨大的需求。"另一位美联储官员说道。

"尽管存在着争议和质疑,但这场金融危机使得全球金融和经济的重心重新转移到了美国,因为美国是唯一有能力应对这场危机的国家,"亚当·图兹在他的著作《崩盘》一书中写道,"美国的这种特殊能力是结构性的,因为美国是唯一能够创造美元的国家。"

"在2008年秋,北大西洋经济稳定出现了很大的问题,而其背后一项鲜为人知的原因是欧洲那些巨型银行都出现了巨额的美元缺口,"图兹继续说,"这种规模的银行所说的资金缺口,通常不是几百亿美元的短缺,可能是数千亿,甚至是数万亿美元的缺口。"

大西洋和太平洋两岸的国家都在通宵达旦地做着分析,权衡利弊。9月18日星期四,美国与欧洲央行和瑞士央行之间的货币互换协议规模已进一步扩充至1 370亿美元。这个数字的含义是,只要欧洲央行和瑞士央行可以在美联储账户上存入等额的本国货币,它们就可以获得这么多美元。

日本央行、英国央行和加拿大央行都提高了美元货币互换额度,总额达到1 000亿美元。

6天后,丹麦、瑞典和挪威紧随其后,又获得了300亿美元的互换额度。总共 2 670 亿美元。

又过了两天，欧洲央行和瑞士央行的美元互换额度从 1 370 亿美元提高到了 2 900 亿美元。

到了周末，人们也没有休息，连轴转地开着痛苦的金融危机会议。全球各国对美元的货币互换额度增加了一倍多，达到了 6 200 亿美元。澳大利亚还被批准新增为货币受援国。

没有最多，只有更多。

10 月 13 日，美国对欧盟、瑞士和英国都已经不再为货币互换额度设限了。第二天，日本也有了无限的额度。至此，美元货币堡垒的内圈已划定了范围。

"美联储向这 4 个央行提供美元，额度不受预设规定的限制。"当出现这种字眼时，说明美联储已决定让他国无限制地访问其金库了。

不久之后，新西兰、巴西、墨西哥、韩国和新加坡等国也都上了受援国名单。现在，美元货币堡垒的外围范围也划定了。

7 个经合组织国家被晾在围墙外面，其中包括冰岛和土耳其。这就是 2018 年土耳其危机的一场预演。

巴西、加拿大、韩国和新加坡没有使用美国提供的美元互换额度。欧盟、瑞士、英国、日本、澳大利亚、丹麦、瑞典、挪威和墨西哥选择提取了美元。在危机中的最高峰时，它们总共提取了 5 400 亿美元。显然，这个货币互换机制还是起了作用的。

这些国家的央行都获得了美元，美联储则通过各国央行的美联储账户获得了这些国家的货币，这是美国对这 9 个货币当局使用美元互换的前提条件。

然后，大批美元被输送到这些货币当局本地的银行。各国央行都从其国内银行那里获得了担保和抵押品，同时它们也承担了用美元为其国内银行提供资金的相关风险。

"外国央行则向其辖区内的金融机构提供美元贷款,并承担相应的抵押品和对手方风险。"美联储一本正经地写道。

换句话说,美联储为各国央行提供了支持,并因此承担了各国的国别风险,然后,各国央行可以酌情对其当地的银行提供支持,并为这些支持承担相应的风险。

理想的情况是,如果冰岛央行也获得了货币互换额度,那么冰岛的一切也都会逐渐安定下来。如果是这样的话,冰岛甚至有可能无须真正动用美元互换,加入那骄傲四国的行列。

但更可能出现的情况是,冰岛三大银行的资金会被借款人抽走,最终也仍然会陷入资金枯竭的境地。在这种情况下,冰岛央行还是会动用美元互换额度,就像另外那9个货币当局一样。

瑞典和丹麦分别用了250亿美元和150亿美元的额度。[1]

若能获得美元,冰岛央行就是进可攻退可守了,既可以将美元锁在自己的金库中,也可以用这些钱来拯救冰岛三大银行。而如果这样,美国则会突然产生大约1 000亿冰岛克朗的冰岛央行债权,冰岛央行也会进而拥有对冰岛国内三大银行的债权。

如果当时的局面能被控制住,冰岛银行业的风波本来是有可能得到有序解决的。但也只是"有可能",或者说,冰岛的银行仍然可能会倒闭。

这实在是个可怕的想法。

"问题的关键点是要拯救国家,拯救一个主权国家。而对此当时也有不同的观点。"一位冰岛央行的前雇员说道。

"但我们没有被置于那种要被迫花钱,去拯救那些根本就救不

---

[1] 关于互换额度的数据和评论来自供职纽约联邦储备银行的琳达·戈德堡(Linda S. Goldberg)、克雷格·肯尼迪(Craig Kennedy)和杰森·缪(Jason Miu)所撰写的文章《中央银行美元互换额度和海外美元融资成本》。

起来的银行的境地,对此我也感到庆幸。"然而,只有冰岛被排除在美元互换体系之外,对此资本市场的反应非常消极。

你打错电话了,你应该致电 IMF

"9月15日,雷曼兄弟倒闭了。隔日我致电美联储的比尔·杜德利(Bill Dudley)。"挪威央行的奥登·格伦说。①

"我向他提出货币交换额度的申请。星期五,他们决定要和我们展开讨论。隔周的星期一,我们与瑞典人和丹麦人一起进行了一次通话。

"我们获得了美元额度,我们只要在美联储账户中存入等额的挪威克朗,就可以使用这些美元额度。

"但是没有人提到冰岛。"

这一通来自挪威这个拥有大量盈余和石油基金的国家的电话,并没有舒缓美联储紧绷的神经。在一次内部会议上,杜德利提到挪威申请了50亿美元的流动性支持。他说:"挪威的这个动作表明,情况已经明显恶化了。"

9月24日,澳大利亚获得了100亿美元,瑞典、挪威和丹麦各获得了50亿美元。5天后,这些国家的美元额度已再度分别增加了30亿美元、30亿美元、15亿美元和15亿美元。

"如果说冰岛是唯一被美联储拒绝的国家,这其实是不正确的。有些主要经济体也没有得到任何额度,例如土耳其。"冰岛央行的一名员工说。

从2008年8月开始,土耳其里拉在之后的6个月里对美元贬

---

① 关于美联储立场的进一步信息,可在联邦公开市场委员会2008年10月28日和29日的会议记录中找到。

值了约 40%。

通过维基解密泄露的外交电报显示，印度尼西亚和土耳其确实都曾经向美国申请过美元货币互换额度，但都被拒绝了。《纽约时报》于 2014 年 2 月 23 日报道：根据美联储领导人的判断，这些国家对美国的经济利益不够重要，不值得批货币互换额度给它们。

埃斯瓦·普拉萨德（Eswar Prasad）是康奈尔大学的一名经济学家，他对美国的货币互换政策和美联储会议纪要进行了研究。

"对世界其他国家来说，我不认为这些会议纪要会让它们感到安心，"《纽约时报》援引普拉萨德的话说，"这些文件所折射出的，是美国当局非常狭隘地关注着美国的利益，与其说其行为是由某种拯救世界经济的道德义务所驱动的，不如说仅仅是由维护美国经济利益那种非常明显的自利性所决定的。"

许多冰岛人不理解为什么他们的国家会被排除在外。为此我专程去了纽约，向蒂莫西·盖特纳面询这件事。我在中央公园南边的一栋写字楼里见到了他。

盖特纳说："在 2008 年金融危机之前，当讨论金融泡沫案例时，每个人都会提到冰岛。但除了冰岛，当时还有很多别的国家有麻烦，而我们也没有专门研究冰岛问题的团队。"

"冰岛来找过我们，他们想申请 10 亿~20 亿美元的互换额度。"美联储的一位经济学家内森·希茨（Nathan Sheets）在 2008 年 10 月 28 日的联邦公开市场委员会会议上说。

"但冰岛银行系统的负债规模约为 1 700 亿美元，冰岛问题的本质实际上是人们对银行体系丧失了信心。"

美国认为，冰岛的银行体系相对于冰岛的 GDP 来说过于庞大。美国考虑批准互换额度时，会考虑"是否会产生实际效果"，而在冰岛的申请上，他们的判断是"不会"。

"我们得出的结论是，获得区区 10 亿~20 亿美元的互换额度，对于提振这个规模达1 700亿美元,却又信心崩盘的冰岛金融系统而言,实在是杯水车薪,"希茨说道,"出于这个原因,我们的工作人员建议不要为冰岛批准美元互换额度。"

"美国是美元世界的中心,我们有责任向美元体系提供美元。"盖特纳说。

"欧洲银行最终成为我们在2007—2008年的最大借款人,但冰岛的三家银行从未真正露过面。

"冰岛的银行在美国并不活跃,它们不是我们的借款人。我们也从不担心它们有传导效应,它们不会对整体的美元系统产生负面影响。

"所以,冰岛的银行其实并不是我们优先要解决的问题。"

然而,美联储仍然认真地审核了冰岛的申请。工作人员的访谈记录证实,他们收到了冰岛的请求,并进一步考虑、分析过这个项目,随后他们还根据美联储的标准进行了测试。

"冰岛的排名并不理想,"一位高级工作人员说,"冰岛真正需要的是信贷额度,而不是货币互换。"

即使此时距离金融危机已经过去了10多年,说起当时美联储所做的这些分析,他仍然记忆犹新。"当时我们用一张图画出了冰岛银行之间的股权关系,"特伦斯·查基(Terrence Checki)是当时美联储新兴市场和国际事务组的组长,他负责此项分析的前期准备工作,"这是我见过的最错综复杂的一张图。"

"美联储要对国会负责,所以美联储的决定都必须经得起推敲。美联储针对美国市场采取行动,是可以理解的。美联储采取行动去支持其他主要国际金融市场,也是可以理解的。但是,从美国的角度来看,瑞典、丹麦和挪威都不具有中心地位。"他继续说。

"急诊室的分流操作也适用于国家。"盖特纳说。

"我们的想法是要先有一个简短的国家名单,这会涉及很多方面的考虑。我们会考虑该国的基本实力，会考虑若该国出现问题，会不会给更广泛的金融系统，乃至给美国带来风险，我们还会判断所提供的支持是否会奏效，抑或只是徒劳。"

首先进入名单的是 G10 国家，以及主要的新兴市场国家，如巴西、墨西哥、韩国和新加坡等国。

"然后，我们会对其他国家进行个案分析，"盖特纳说，"丹麦、瑞典和挪威不会首批入选，但它们之后也会很容易获批。

"有些国家自己会把自己的问题解决掉。在某些情况下，我们还会在融资上助它们一臂之力。有些则需要 IMF 层面的支持。

"我不记得我们在谈到冰岛时，有进行过外交层面的辩论。而且，如果某国提出的请求有外交层面的考量，我们就会通过 IMF 来行事。外交考量对于那些由我们通过 IMF 提供的支持而言确实很重要，而对于货币互换额度来说则不然。

"一般来说，若某国给我们打电话，而这个国家的银行系统规模是该国 GDP 的 9 倍，却还在要求我们提供美元互换额度，那么我们可能就会回答，对不起，你打错电话了，你应该致电 IMF。"

远离感染

瑞典、芬兰和挪威在 20 世纪 90 年代初都经历过各自的银行危机。

在瑞典，房地产泡沫是在 1991—1992 年破灭的。

"我们当时的银行危机就是我们自己一手炮制的，不是出于外部因素。"瑞典央行行长英韦斯说。他当时所领导的部门就是专门为银行提供支持的。这个部门有个非正式的名称，叫"银行抢救区"（bankakuten）。

"相比之下，2008 年的金融危机是全球性的，我们的首要任务就是把它挡在瑞典国门之外。"

"2008年2月，瑞典政府在哈普松德进行了一次关于如何处理金融危机的紧急演习。"当时的瑞典财政大臣安德斯·博格说。

"在这种情况下，我们需要采取什么行动？谁又该负什么责任？

"这场危机并不意外。克伊普辛银行瑞典分行已经担忧了一段时间了。它们向市场提供的利率比其他所有银行都高。它们吸引来了存款，但存款利息也很高。我们认为，这大概不会有好结果。

"英韦斯提前召集了30名律师。所以当10月6日冰岛银行开始出现崩盘时，这些人早已做好了准备。那天上午，我们甚至请了一位部里的同事在银行门外蹲点，目的是看看有没有出现银行挤兑。

"但是，当时居然没有一名焦急的储户露面。"

"我们很警觉，"英韦斯向我承认，"我们要求向克伊普辛银行瑞典分行支付的任何款项，都必须与母公司的资金相匹配。除此以外，我们还要求提供担保，每一分钱都要有担保。我们也不知道我们到底要这样盯着克伊普辛银行多久。

"然后芬兰商业银行（Ålandsbanken）出现了，它说它会处理好这一切。它收购了克伊普辛银行的瑞典分行。"

北欧许多大型银行都选择把总部设在瑞典，包括北欧银行、汉德银行、北欧斯安银行和瑞典银行。所有这些银行都有大量的外汇头寸，也都需要外汇融资。瑞典有自己的本地货币，其名为瑞典克朗。现在，瑞典央行已不得不借入外汇来建立资本缓冲。

此外，瑞典的银行在波罗的海地区发展迅猛。瑞典人、芬兰人以及某些丹麦人，都希望把波罗的海地区变成他们国内市场的延伸。他们的竞争策略就是往外撒贷款，他们想抓住眼前这个10年一遇的商机。

但其实这是个赔钱的买卖。

波罗的海地区发生了银行危机，而瑞典的银行是始作俑者。瑞典央行不得不向许多银行提供流动资金，甚至还得向立陶宛、爱沙尼亚和拉脱维亚等国提供贷款。

"我们的资产负债表从 2 000 亿瑞典克朗增长到了 8 000 亿瑞典克朗。我们发放了以欧元和瑞典克朗计价的贷款，其中有些外汇还是我们借来的，"英韦斯说，"美国的货币互换额度还是起到了积极的作用。

"我们并不反对支持冰岛。然而，我们的首要目标是不让金融危机蔓延到瑞典。"

10 月 12 日星期日，挪威通过了一项法律，正式赋予了挪威的银行监管机构对银行资产进行扣押和重组的权利。

这项法律是为克伊普辛银行的情况量身定制的。

法律的适用范围很明确，只适用于那些总部在外国并在挪威设有分支机构的银行，且其在母国持续履约却不在挪威履约的情况。

或者是，在母国实施的措施无法解决它们在挪威的问题的情况。

瑞典金融监管局没收了克伊普辛银行挪威分行的所有资产，并成立了一个专门的部门负责清盘。

格里特利尔银行在冰岛的母行倒闭时，其在挪威的分支机构已如孤儿。挪威存款保险基金提供了 5.9 亿欧元的流动资金贷款，期限只有 7 天，且挪威存款保险基金还拒绝了贷款展期的请求。格里特利尔银行急需现金。于是，出售子公司格里特利尔银行 ASA［其中还包括挪威 BN 银行和瑞典信贷银行（Kreditbanken）］是格里特利尔银行的唯一选择。资产剥离必须立即落实，为此格里特利尔银行还聘请了北极证券（Arctic Securities）担任顾问。

格里特利尔银行找到了一个潜在买家，这是一个由多家挪威储蓄银行组成的财团，他们原计划出价标的账面价值的一半。但后来买家的顾问准备的案例参考显示，雷曼兄弟和贝尔斯登案例中的一些买家只付了账面价值的 10%。

"那为什么我们不按 10% 出价呢？"买方团队中一位经验丰富的成员问道。于是他们真的就出了 10% 的价。

"我们挺担心会有其他竞标者，但并没有，"一位知情人士说道，"毕竟在 2008 年 10 月，每个人都犹如惊弓之鸟。"

这个财团最终以 3 亿挪威克朗收购了挪威 BN 银行。4 个月后，这笔交易让他们录得了 13 亿挪威克朗的账面收益。①

把养老基金的钱扔进火炉里

冰岛最大的金融资产是养老金计划。这个世界上大多数国家的养老金普遍都有资金不足的问题，但冰岛可不是。冰岛的目标是，让这些覆盖国民养老需求的基金，在任何时候都有充足的资金。因此，在北欧前 100 名的养老基金中，有 11 只是冰岛的。

冰岛的养老金体系有三大支柱：最重要的是强制性的职业养老基金，由纳税人支付的养老金，以及个人的税收优惠自愿计划。

大部分资金都投资于冰岛国内市场，有一部分投资在国外市场。

这些基金投资于银行和企业的股票和债券，而这些被投的企业也可能反过来投资在银行身上。

从纸面上看，当冰岛的股票和资产价值出现增长时，这些基金都获得了收益。而这些基金允许持有股票资产的比例上限，从最初的 35% 一步步地提高到了 60%，最近一次放宽是在 2006 年。此举

---

① 关于冰岛格里特利尔银行交易的信息可以从奥斯陆证券交易所和金融新闻网站（如 E24）的新闻稿中获得。卖方有一个顾问——北极证券。买方有两个顾问——第一证券（First Securities）和 Sparebank1 SMN Markets。

造成了养老基金大量持有银行股票,还有人说养老基金是被要求增持的。

后来有人基于 SIC 调查的结果写了一份基金投资报告,① 里面说:"2007 年年中之后,冰岛很多国内市场投资的基础数据都经不起推敲,如果真的有人去查的话。

"在冰岛银行倒闭前的那段时间,有传言说银行还会出于购买自己股票的目的,自己放贷给自己。

"我们还必须考虑到此时冰岛金融界普遍存在的情绪,这些情绪被一系列影响因素充斥着,包括投资银行和商业银行所施加的影响、主要政治家的观点、监管机构的孱弱无力,以及冰岛央行竭尽全力长期维持着冰岛克朗的高汇率水平,却并未确保国家的经济力量与之相称。

"我们得到的结论是,这种市场情绪鼓舞了冰岛银行的海外扩张浪潮,像脱缰的野马。"

这些养老基金在冰岛损失惨重,而且它们还有可能损失更多。在金融危机的高潮期,冰岛养老基金坐拥价值 35 亿欧元的外国资产。

临近金融危机的那段时间,许多人挂念着外币头寸。

其中一家养老基金的董事会成员说:"人们热烈地讨论基金应该发挥什么作用。一些银行和基金经理正在努力地使养老基金介入,一些基金经理也聚集在了雷克雅未克。"

这些资金能否帮助解决这一切?养老基金是否曾有机会?有 5 家基金公司曾考虑过收购克伊普辛银行,但最终都放弃了这一想法。

---

① 所提到的报告来自冰岛养老基金协会任命的一个委员会;参见报告《评估 2008 年银行业倒闭前养老基金的投资政策、决策和法律环境》,参考第 2.1 章 "审查的主要结论摘要"。

一将难求

　　无论从哪个层面看，我们金融体系的脆弱性及其潜在的后果，都超过了各方的想象。鉴于我们的金融体系已经如此现代化，没有人会真正去考虑世界上最大的银行也会倒下的可能性。但它们就是轰然倒塌了。

　　　　　　　　　　——时任英国央行行长默文·金谈及对全球金融危机的看法

　　"在我的学生年代，我在凯夫拉维克机场的消防队工作。"特里格维·帕尔森说。而在金融危机之后的几年，他领导着冰岛央行的金融稳定部门。

　　"消防队队长有个外号叫作'巴顿'，就是那位人们熟知的美国将军。1973年，受到熔岩流的威胁，韦斯特曼纳群岛的港口几乎要关闭了。为此，'巴顿'队长从美国带来了一套水泵，这个水泵大得惊人。他用这个水泵与熔岩展开了搏斗。这是个纯粹的英勇之举，而且他成功了。"

　　2007年11月14日，冰岛央行的危机小组成立了。2008年1月28日，他们还进一步与各部的代表成立了联合小组。工作组的首要工作就是对"最糟状况"进行界定和描述。

　　但问题是，这个工作组的所有工作人员都是执行者，没有领军人物。他们肯定没有巴顿将军。

　　"我们需要出台一个紧急法案。虽然有点儿零敲碎打，但我们总算开始了工作。有些人担心，任何法律的草案都有可能会被泄露。"联合小组的一位主要成员说道。

　　"我们在撰写法律时权衡了各种选择。"小组的另一位主要成员说道。

"冰岛的一些部级官员还不愿意相信这一场金融狂欢已经落幕。有些人认为对口银行的部长是无法保密的，因为他太想讨好一些银行家了。"

最后不管是出于什么考量，这位部长是最后一个被告知的人。

冰岛央行没有能力，也无法保密，这令他们自己也感到沮丧。"他们之间没有最基本的信任。"一名政府顾问说道。

"就连做会议纪要这样的事，他们的态度也很随意。这也正是为什么内部的沟通协调终告破裂。"

"我在银行内部工作时，认识到沟通协调有多么重要，而这种协调在联合小组内却是缺失的，"冰岛三大银行之一的前雇员说道，"即使在没有出问题的时候，沟通协调也是必需的。而这里已经出现了大把的问题，却完全没有协调。"

他继续说："也许银行的私有化影响了当局的态度。他们此前已经放弃了银行，所以认为现在出的任何问题，都应该由银行自行解决。而且在银行这一端，它们不信任冰岛的政治制度，更不信任某些政客。"

倒塌的高塔[①]

事到如今，大多数市场人士已经知道，无论是绝对规模，还是相对于冰岛的经济体量，冰岛的银行业都可以用"巨大"一词来形容。与此相对，这些银行的弱点、警讯以及日趋增长的崩盘风险也

[①] 其中的例子和措辞来自弗里德里克·马尔·巴尔德松和理查德·伯茨的研究和文章。对于最后几天发生的事情的顺序的描述来自古德伦·约翰森所著的《击垮银行系统》一书，其中还收集了银行的关联方的风险数据。关于有条件信贷额度的例子来自《冰岛破产的银行：事后总结》。2001年2月的旧中央银行法案随附的说明和谅解备忘录确定了冰岛金融监管局和冰岛央行之间的角色划分。

在市场面前一览无遗。

市场也很快意识到了如果冰岛银行业出现崩溃会造成多大的破坏，又会留下多少残垣断壁。幸运的是，后来这些残垣断壁被栅栏围了起来，人们在旧址上开始了重建。

但是对于大多数人来说，若仅讨论规模达数十亿的冰岛克朗、欧元和美元，可能很抽象，难以理解。因此，这里让我们把它们具象化吧。

如果你去意大利比萨参观过斜塔，你就大概明白我在说什么了（当然，如果你还没有去过比萨，我建议你去走走）。

我去比萨已是 30 年前，但我仍记忆犹新。对我来说，那座斜塔居然能屹立不倒，可真是个奇迹。

那么，请你走到丘比特喷泉前的草坪上，点上一杯卡瑞托咖啡，静静地观察这座斜塔，并想象在它旁边还有一座"银行塔"。然后，打开本书，重读以下内容：

比萨斜塔的高度为 55.7 米。

想象一下，若我们从银行资产负债表的角度看，冰岛银行每拥有 10 亿美元，我们就给这座银行塔计 1 米的高度。

那么，这座银行塔的高度会是 182.1 米，即比萨斜塔的三倍以上。

其中，冰岛国民银行的资产已达 501 亿美元，换算过来就是 50.1 米，高度几乎与比萨斜塔全塔相当。格里特利尔银行会再给银行塔增加 48.7 米，克伊普辛银行则会再增加 83.3 米。

发展到这个高度，这些银行的规模增速可谓"惊人"。在 2004—2008 年崩盘前的这段时间里，银行母公司的贷款平均每年增长近 50%。

你可能会认为，这些银行每家都是独立的个体，所以它们应该是一家一塔，但实际情况并非如此。此前我们介绍了冰岛银行系统之间错综复杂的关系，银行、银行股东以及他们之间的交叉贷款，织出了一张紧密交织的网。

即使这些塔在一定程度上彼此相对独立，但由于它们都立于同一个小广场上，一座塔的倒塌也会拖垮其他塔。这个过程有点儿像多米诺骨牌，一片碰倒另一片。

除非这些砖块在堆砌的时候就是相对独立的，甚至彼此之间有相互稳定的作用。但这些冰岛银行，显然不是如此。这三家冰岛银行从未着手建立彼此之间的隔离墙。相反，每家银行都学了其他银行的把戏。基本上，它们的资金来源高度趋同，放款的对象也高度趋同。

一个国家的经济规模，通常是衡量其居民全年所做的所有工作，以及企业所赚取的所有利润，我们称之为国内生产总值（GDP）。2007年，冰岛的GDP为213亿美元。

让我们再想象一下，每10亿美元的GDP能换算成一平方米的空间。比萨斜塔的底座约为188平方米。即使是比萨斜塔，其高度和底座之间也有一个合理的比例，而这座银行塔却没有这种"合理比例"。

比萨斜塔之所以会倾斜，是因为它的地基只有三米深，土壤脆弱且不稳定。这个地基从一开始就有缺陷。

银行的社会角色是吸收大众储户的闲置资金，有可能是长期的，也有可能是短期的。然后银行会将这些资金贷出供个人或者企业使用，而这些贷款通常是长期的。

为了对厂房和设备进行投资，企业需要有稳定的长期性融资。这种需求可以由银行来满足，而银行使用的资金来源是存款，且这些存款随时可能会被储户调取使用。于是，银行无时无刻不在处理资金规模和期限的错配，这也就是为什么银行必须有资本缓冲。

这是银行安身立命的基础。

银行的资本缓冲通常有两种。

第一种资本缓冲是银行自身的净值，也就是银行的权益。简单地说，银行的资产规模应该大于其负债，超出的部分就是银行的权益，它是银行股东所贡献的资本，以及几十年来银行经营所得到的留存收益。

第二种资本缓冲，体现为银行获得流动性的能力。在必要时，银行要有能力获得额外"资本"。

从这些意义上说，冰岛三大银行的资本缓冲可以说是很强的。它们的财报显示银行是盈利的，而且在需要时也可以获得额外的资本。

只不过，正如我们后来所看到的，它们所谓的权益其实是它们自己放出去的贷款。①

然而，最终使冰岛银行大厦倒下的，正是金融危机五阶段中所介绍的"导火索"——流动性的匮乏。

2008年8月底，冰岛三大银行发布报告，预估在2008年9月至10月期间会有280亿欧元的资金流出，这是一个巨大的数字。但报告也同时说，这些银行有将近420亿欧元的流动资产，即它们可以从各种渠道获得的额外"资本"，这个数字更庞大。奇怪的是，雷曼兄弟也声称有这么多可用的流动资金。而事实证明，这些所谓的"可用流动资金"，其实并不是那么"可用"。

这三家冰岛银行都声称，无论是冰岛克朗，还是外币，自己的储备都稳如泰山。2008年8月，它们都说仍有足够的流动资金，可以支付未来12个月的贷款。

然而，在它们的计算中，有一部分是它们想通过抵押品从央行拆借到的资金。还有一部分是所谓的信贷额度，即从其他银行获得

---

① 银行以各种形式放贷给其股东，其股东用这些钱买入银行的股份。——译者注

的贷款承诺。这些银行声称这些流动资金稳如泰山，但实际上这些资金是有条件的，正如后来 SIC 的调查结果所示。而且，这些所谓的可用流动资金中，还有一些是成本非常昂贵的资金。

这与冰岛三大银行对外声称的情况非常不同。

不仅"新钱"是不确定的，存量的资金基础也是不稳定的，客户可以随时提走他们的存款。如果银行的信用评级出现下降，现有的融资渠道很有可能会关上。接踵而至的，是冰岛经济、冰岛克朗、冰岛证券交易所或其他银行的疲软。这三家银行已经从欧洲央行和冰岛央行借了巨额的资金。它们早已吃光了应急口粮。

格里特利尔银行是第一个出问题的。这并不意外。

2008 年 7 月 4 日，冰岛央行的金融稳定部门向行长理事会提交了一份备忘录。这份备忘录的标题似乎预示着什么："为什么我们需要担心格里特利尔银行的流动性？"

而这个问题的答案，很快就会摆在大家眼前。格里特利尔银行有一笔大额贷款将于 10 月中旬到期，规模为 5.5 亿欧元。

如果北欧银行决定收购格里特利尔银行在挪威 BN 银行的股份，这个资金缺口就能填上。但就在 9 月 23 日星期二，北欧银行最终否决了这一并购案。

此外，格里特利尔银行的其他贷款也已到期。自 2008 年年初以来，巴伐利亚银行（Bayerische Landesbank）一直提供给格里特利尔银行每周 3 亿欧元的滚动贷款。但就在夏天，它停止了对格里特利尔银行的贷款，而将相同规模的贷款提供给了冰岛共和国。

还记得我那通在托斯卡纳的电话吗？

巴伐利亚银行不再愿意为贷款展期，它已经在着手降低风险。现在这笔贷款是给冰岛这个国家的，而不是给格里特利尔银行的。受益于这项调整，巴伐利亚银行这笔规模为 3 亿欧元的贷款，经过了金融危机最终回收了 2.4 亿欧元。如果当初这笔贷款是发放给格里特利尔银行的，它最终只能收回 1 500 万欧元。①

"格里特利尔银行之前说它有信贷额度，是德意志银行提供的，"冰岛央行的市场部主任说，"现在它却来找我们，要我们提供流动资金支持。"

他继续说："格里特利尔银行之前说有抵押品，包括给挪威石油服务公司的贷款组合。现在它却表示为了拿贷款，这些抵押品已经被用掉了。它告诉我们，它还有一些其他的信贷抵押品。"

但那些抵押品已经被我们否决了。

而且，后来 SIC 核实，格里特利尔银行对外声称"无条件"的信贷额度之中，有两笔实际上是站不住脚的。一笔来自花旗银行，另一笔来自德意志银行。格里特利尔银行给了冰岛央行一个错误的信息。2008 年年初，冰岛央行要求查看有关条款，但格里特利尔银行拒绝了。对此，冰岛央行当时认为自己没有足够的法律依据强制要求格里特利尔银行进行披露。

更糟糕的是，欧洲央行打来电话，称其将发出不可撤销的保证金追加通知。欧洲央行想要建立更大的资本缓冲，且没有商量的余地。

乔恩·西古格尔森说："这时我们才明白过来，希望的火苗已完全熄灭。"

在 9 月的最后一个周末，即所谓的"格里特利尔周末"，人们仔细分析了所有的选项。在 9 月 27 日星期六之前，西古格尔森和冰岛央行的市场部主任斯图拉·帕尔森一直在研究一份备忘录。

这份备忘录并非提出建议，而是对行为选项的描述。

这份备忘录实际上是一张选项列表。"你是想被钉死在十字架

---

① 银行调整后和调整前的财务比率数据来自马尔·古德蒙森于 2011 年 5 月发表的演讲《冰岛金融危机：反思原因和后果，得到的经验教训》。

上？被吊死？还是被枪毙？"SIC 的报告显示斯图拉当时曾这么问道。

"这份备忘录上还有一个'核选项',"西古格尔森回忆说,"就是让银行倒闭。"

一个稳健的、有偿付能力的银行,是可以从央行获得流动性支持的。相对地,提供这种流动性支持是央行的职责所在,甚至可以说是央行存在的主要原因之一。但格里特利尔银行已不再被认为是"足够稳健"的,因此它无法再从央行获得贷款。相反,冰岛央行建议由国家向格里特利尔银行注资 6 亿欧元。作为回报,冰岛国家将获得格里特利尔银行 75% 的股权,而其他人在格里特利尔银行的股权价值,将几乎瞬间清零。

这些新股份则会由冰岛的国家财政出资支付。此时,格里特利尔银行的命运之钥已掌握在冰岛政府手里,而非冰岛央行。

这份备忘录还警告说,如果储户在格里特利尔银行倒闭后出现恐慌,那么冰岛国民银行和克伊普辛银行也可能会遭到挤兑。SIC 报告显示,这份备忘录还提出建议,要冰岛向英国央行和英国金融服务监管局寻求援助。但冰岛央行行长决定不申请这种援助。

当格里特利尔银行在死亡线上挣扎,并即将被注资和减记的消息流向外界之后,市场上出现了连锁反应。格里特利尔银行和冰岛共和国的信用评级都被下调了。有一些对它们的贷款是以信用评级作为条件的,因此评级的下调也会导致贷款人要求它们提前兑付。格里特利尔银行的公司股东,如包格公司和斯托迪尔,也出现了估值暴跌。而克伊普辛银行和冰岛国民银行这两家贷款给它们的银行,也出现了损失。

在所有金融危机相关的问题之中,有一个问题是引起广泛争议的:是不是对格里特利尔银行进行国有化的决策引爆了这场危机?对此,有些人会说是。这些人还会将格里特利尔银行及其控股公司斯托迪尔的覆亡，都归咎于最初提出进行国有化的冰岛央行。

还有人说，这个窟窿已经大到无法填补。流动性和信任的缺失，也是格里特利尔银行咎由自取。当一家银行意外地要求紧急援助时，其信用评级当然会受到影响。格里特利尔银行此前曾谎报其流动性状况，也误导过冰岛央行和评级机构。如今的它，正在自食其果。

值得注意的是，一般来说，当国家决定入股时，银行危机大概率是可以避免的。不过，冰岛尚在酝酿中的股权注入计划反而暴露出了系统性的问题：冰岛政府支持银行的能力令人怀疑，同时三家冰岛银行之间的互持和互贷盘根错节，其明细、规模甚至在冰岛央行都鲜为人知，而政府能否支撑银行的风险敞口和脆弱性更是存疑。

冰岛央行里有一台复印机，而这里成了冰岛央行的理事们了解到格里特利尔银行核心贷款风险的地方。就在"格里特利尔周末"过去后不久，一位理事拿到了格里特利尔银行排名前 20 的贷款名单。但这份名单的字体非常小，所以他们尝试用复印机把名单扩印出来，否则根本看不清。

很快，复印机旁的人（其中就有冰岛央行行长和几名理事）看到，排名前列的贷款者大多数都是银行大股东的家庭成员和朋友。

一位在场人士说："行长当时怒发冲冠。"

另一边，储户则继续从银行提出他们的钱。冰岛国民银行旗下有一家基于互联网的储蓄账户机构，叫作冰岛储蓄（Icesave）。它于 2006 年 10 月在英国上线，而直到 2008 年 5 月才在荷兰上线。

克伊普辛银行也曾推出过类似的业务，名为克伊普辛前沿（Kaupthing Edge）。

作为互联网银行，冰岛储蓄源源不断地将资金输送给了冰岛国民银行，总额约达 60 亿欧元。线上储蓄账户同时也允许储户在任何时候提款，包括在夜晚和周末时段。

后来，冰岛克朗开始走弱，股市指数也出现了下跌。欧洲央行也否定了批出新贷款的可能性。

时至10月3日的星期五，冰岛三家银行需要的紧急资金总数已高达50亿欧元，而冰岛央行的货币储备总额仅约为26亿欧元。另外，这些银行所收的国际存款加起来有150亿欧元，加上它们还有价值50亿欧元的贷款将在2009年到期。[1]

砖块翻滚着从高塔上落下，大规模的崩溃开始了。一场接一场的会议，一个接一个的电话，人们开始想方设法地拯救银行。

冰岛国民银行和克伊普辛银行危机的引爆点与格里特利尔银行有很多相似之处。但有一个重要的区别：对于克伊普辛银行来说，其英国子公司——克伊普辛高新富金融公司，爆出的流动性危机，可谓是致命一击。英国监管机构进场干预了，关闭了这家公司，但这引发了母公司克伊普辛银行的违约。

尽管这些拯救行动及其背后的故事都扣人心弦，但最终，克伊普辛银行存在的系统性缺陷，以及其未能获得外部支持，决定了这家银行的命运。

由于德国银行是冰岛银行迄今为止最大的债权人，一些人曾希望德国人和欧洲央行会在最后一刻介入，但这两方都刻意地缺席了。

基于抵押品，英国央行此前也曾提供过流动性和现金。现在欧洲央行和英国央行都收紧了它们的标准，英国金融服务监管局也不例外。

北欧互换协议仍然存在，但它能提供的资金并不充足。

---

[1] 2008年10月3日星期五当天的银行数据，银行的流动性和其他情况来自雷克雅未克大学的弗里德里克·马尔·巴尔德松教授和伦敦商学院的理查德·伯茨教授于2013年9月发表的文章《冰岛复苏的赌注：银行的兴衰》。这篇文章概述了触发银行衰落的具体因素。它也是关于银行流动性的数据来源。

在比萨，意大利人终于开始修缮斜塔。为了减轻塔重，移除了斜塔久未完工的塔钟；还在塔的第三层扣上了钢索，另一端固定在几百米开外的地方。出于安全起见，斜塔一侧的公寓楼和房屋里的居民也都已迁出。然后，再将斜塔较高的北侧地基下的泥土挖出。

总而言之，这是个成体系的行动计划。

但是在冰岛事件中，当危机发生时，银行和国家几乎完全是被孤立的。冰岛与欧盟、美国、英国或北欧国家都没有建立真正的伙伴关系。一些国际伙伴认为它们被冰岛拒于千里之外，一些人甚至被冰岛欺骗了。

冰岛身上可没有钢索。

冰岛三大银行曾经承诺缩减规模，但其中两家却反而把塔越建越高。这三家冰岛银行都把向其股东提供贷款视为头等大事，即便是银行的财务健康和风险管理也得为之让路。它们把自身的利益放在了国家利益之上。

事后有些人为自己开脱，说如果他们当时真的着手解决股东贷款这一本质问题，那么银行的控股公司就会倒下，这反而会引发一场更大的金融崩溃。但是，我们遍寻记录也看不到他们付出了什么实质努力，无论是银行，还是它们的股东，什么都没做。

《冰岛复苏的赌注：银行的兴衰》是一篇关于银行危机的文章，作者是弗里德里克·马尔·巴尔德松和理查德·伯茨两名教授。他们认为，当2006年的小型危机首次暴露了银行的问题时，银行选择了变本加厉，而非收敛。

比萨斜塔最终没有倒下，最新的修缮工作预计将使它至少能再屹立200年。在2018年之前的20年里，它甚至还少倾斜了4厘米，一些人还担心这个意大利城市可能在几个世纪内会失去其地标景点——因为比萨斜塔可能不斜了。

在最初建造比萨斜塔时，建筑检查员很可能是在现场的。在这种情况下，建筑商当然是塔出现倾斜的罪魁祸首，但检查员也有一些责任。

冰岛也是如此。

有一份银行调查手册载到了六七个简单的问题。银行的融资情况有多强健？银行的贷款质量如何？对银行排名前几的贷款风险敞口质量有什么看法？银行和其股东之间有什么关联？银行经营及其风险管理的流程是否稳健？银行报表的质量和准确性如何？银行股东是否"适当"？

根据冰岛法律，上述事项属于冰岛金融监管局的职权范围。目前还不清楚冰岛金融监管局究竟知道些什么，但就整个银行系统近半资本被借给了某个银行家的公司和家庭成员这件事而言，冰岛央行在金融危机的前一周并不知情。

在最高峰的时刻，其中一家银行近90%的资本都借给了大股东所拥有的公司，即银行的"关联方"。这三家冰岛银行有23笔大额贷款，每笔都超过了银行股本的1/10。

最后，全球金融危机的戏剧性发展、资本市场的枯竭和融资渠道的紧缩程度都超出了冰岛的预期，也超出了其他国家的预期，这些我们将铭记于心。

这座塔很高，底座却很小，而且摇摆的幅度还越来越大。同时，这场地震的级别还超过了所有人的预期。

八月初，在冰岛银行倒闭的几个星期后，我见到了一家大型且稳健的北欧消费品公司的首席执行官，该公司以生产冷冻的即食比萨饼而闻名，在危机爆发后该公司的比萨饼更是供不应求。当我拜访他时，他的银行（北欧五大银行之一）突然打电话给他，说正在削减他公司的信贷额度。

这样的时局之下，那些脆弱且缺乏支持的高塔就可能会倒下，事实上也确实倒了很多。

高塔的坍塌远远超出了小广场的范围，留下了如山的瓦砾。

1349 年，在罗马发生了一场地震，这导致了罗马斗兽场的废弃。斗兽场内到处是残砖碎瓦，被人们归集到了斗兽场南面区域。后来的罗马有一部分就是由这些残砖碎瓦建成的。

冰岛后来的复苏也是如此。

危机时刻的英雄[①]

《紧急状态法》是一部言简意赅的法律。它拯救了我们，我们在最后一刻逃出生天。成功冲刺的经验显然值得学习总结，但人们更应该思考的是如何未雨绸缪。

——雷克雅未克的律师

10 月 3 日星期五下午 5 点，危机小组在冰岛央行召开会议。银行已经出现了挤兑。危机小组有一种直觉，他们所担心的周末已经到来了。

"但这一切都太无序了，"有人说道，"看起来不像是有什么计划。"

即使如此，对于这一场银行重组，有些人在至少一年前就已经预见，还有些人早在三年前就知道会有今天。人们开始迎接这个即将到来的周六。

"我家人很早以前就计划当天要在雷克雅未克的 Grillið 餐厅举行家庭晚宴，"一位小组成员回忆道，"因为这顿晚餐是不能取消预约的。那天我还是到了餐厅，我在餐厅里四处张望，发现餐厅座无虚席。我心想，他们居然还在这样大肆消费。但我也不能把即将发

[①] 本节基于《击垮银行系统》一书中列出的访谈和会议摘要。

生的事告诉任何人。"

"有人告诉我,我看起来很是心烦意乱。"

周六早些时候,危机小组这段时间零碎的工作,即将被编入法律了。这可能是冰岛有史以来最重要的一次立法工作。

"格里特利尔银行将于周一破产。"10 月 4 日星期六上午 8 点 45 分的会议纪要记载着这样的话。出席会议的是政府代表和央行理事们。

立法小组整个周六都在工作,他们一直工作到周日的凌晨 5 点,然后,周日上午 9 点又重新开工。

"此次立法旨在为政府接管银行提供法律基础,撰写这种法律草案真是不简单。我们必须对事情的方方面面都要照顾到。"一名立法小组成员说。

"我们还一度忘了写应由什么机构来管理重组后的银行,幸运的是,我们及时发现了这个疏漏。

"我们一直工作到周日的凌晨五六点,直到这时,有人告诉我们,这部法律早就该起草了。"

代表大会堂位于雷克雅未克市中心部长官邸的池塘边上,这一天,冰岛内阁全员都聚集于此。这是一座古老的木制建筑,原址位于西峡湾,于 1910 年迁到了雷克雅未克。

当立法小组抵达时,他们看到一群经济学家在一台自动取款机前驻足。这部自动取款机可能很快就会被关停了,他们心想。

"我停下了脚步,打了个电话回家,"立法小组的另一名成员说,"我让家人去外面买点儿生活必需品。'我们已经去过商店了。'我的家人回答我说。我告诉他们,'你们再去一次吧,就随便买点儿什么,所有能买的都买一买。'我们当时都很担心支付系统会出问题。"

过了一会儿,雷克雅未克警方的负责人接到一通电话。他被告知,"让所有的警备人员明天都做好准备"。

"《紧急状态法》制定团队的工作成果是很突出的,特别是在当时如此混乱的情况下,"一名首席律师说道,"这部法律早该在太平盛世时就制定,它本应是提前准备好的。"

"但作为冰岛人,我们从小就是自由放纵的。小时候,我们的父母会敞开大门,让我们在户外自由活动,大多数情况下都不会干预我们。"

"我们经营银行的方式,也有点儿这个意味。"

"我当时在瑞典开会,然后星期五再飞回去。"冰岛国会议员古德蒙杜尔·托马森(Guðmundur Kr. Tómasson)说,他当时在冰岛央行负责支付系统和银行运营方面的工作。他收到了一条信息,告诉他银行可能在周一不会营业了,而他要为此做好准备。

一位危机专家坐飞机来了。他说:"所有人的眼里都布满血丝,因为这几天大家都没怎么睡。所有人都精疲力竭了,没时间吃饭,也没时间洗澡。"

所有人都通宵达旦地工作。尽管他们做了种种努力,但局面还是走到了崩溃的边缘。

他们设立了一个媒体中心,里面可以容纳多达250名记者。在周日和周一,媒体中心是空荡荡的。到了周二,那里已经人声鼎沸。

摩根大通驻伦敦的银行家迈克尔·雷德利说:"周日一大早,我就接到了冰岛央行的电话,告诉我们要立即赶到雷克雅未克。冰岛央行还是有先见之明的,他们请了一名顾问。"

雷德利回忆道:"我问:'你是说明天吗?'对方回答:'不,是今天。'"

"当天的所有航班都已离港了。于是我们包了一架私人飞机,一架里尔喷气式飞机,从克罗伊登的比金山的旧皇家空军基地起飞。"

当这架从老式喷气式飞机基地起飞的飞机抵达冰岛时,迎接他们的是雷克雅未克风雨交加的天气,仿佛在预示着什么。这架飞机转降在凯夫拉维克机场,这个前美国空军基地位于雷克雅未克的东南方向,车程一个小时。

"然后我们就等着。等到周一的凌晨两点,我们被叫进了内阁会议。我们解释了事情有多么糟糕,当时流动资金已经枯竭了。

"他们问:'我们能救下这三家银行吗?'我说:'不能。'

"'那我们能救下其中的两家吗?'他们问我。我还是说:'不能。'

"'那我们至少能救下一家吧?'

"'不能,你们能做的只有两件事。保护储户,并确保支付系统正常运作。'"

有人说,直到此时此刻,冰岛内阁才真正明白即将发生什么。

"然后我们与摩根大通的代表会面,这场会面实际上是很关键的,就是在那个会上,我们决定推出《紧急状态法》。"时任冰岛财政部长在 SIC 报告中说。

他接着说:"他们其实想说,如今局面已是木已成舟,我们只能做好准备把银行给接管过来,然后再进行拆分。他们说,这就是华盛顿互惠银行的处理模式,这已是通用的做法了。"

"不管怎么说,这真的是一个超现实的时刻。突然之间,我们就明白了,"当时的商业事务部长回忆说,"真的就是突然之间,这个梦醒时分出现在这个跌宕起伏的周末即将结束之时。而在这个周末之中,人们还或多或少地抱有侥幸心理。现在回头来看就是这样。"

他们连如何重组银行的介绍材料都打印好了。

"排在第一位的优先事项是:保护储户。第二优先事项是:保证支付系统正常运作。然后,我们必须找到一个可以避免诉讼的操作模式。"雷德利说。

"我们在黑板上把诸个操作模式列了出来,并逐一测试。"即使到了这个时候,也还得这么做。

"我们得找到一个简单的模式,"他继续说道,"没几个人会知道银行的真实价值。银行在国外的资产会被所在国的监管机构逐一冻结。"

"我们考虑的一种选项,是由我们先建一家新银行,然后把所有现存的存款,以及支持这些存款的资产都放进这家银行里。有些人对这种操作模式表示支持。但是,你不能就这样简单粗暴地将银行资产从债权人手中夺走。"

摩根大通提议了一种模式,即将存款从银行分割出来,而储户对银行仍保有申索权。以此为基础,再由冰岛政府公开宣布政府将为冰岛的存款进行兜底,局面就会稳定下来。然后,在所谓的清盘过程中,银行存款之外的剩余部分可基于谨慎原则进行处理,并将清盘所得分配给储户以外的债权人。

但最终,当局选择了一个更激进的操作模式,即所有的冰岛银行都由冰岛金融监管局接管,然后再被一分为二。

拆分出来的一部分构成了新的国内银行,即冰岛人所说的"新银行"。旧的冰岛银行的国内贷款,原本已经超过了它们的存款和借贷融资的总额。而相比之下,这些新创建的、经由拆分产生的新冰岛银行,则有着良好的资本充足率。

冰岛银行(Islandsbanki)是由格里特利尔银行拆分出来的,阿里昂银行(Arion)是由克伊普辛银行拆分出来的,冰岛 NBI 银行是由冰岛国民银行拆分出来的。而冰岛 NBI 银行,在不久之后再次采用了冰岛国民银行的旧名。

国际借款、国际存款和国际贷款则被留在了冰岛旧银行的躯壳里。但是,这些旧壳已然是资不抵债。因此,冰岛的三家"旧银

第二章　矗立在最小广场上的最高塔　　143

行"都已处于政府托管的状态下。用通俗的话说就是，它们都破产了。就这样，这三家在冰岛常年是家喻户晓的金融机构，正式宣告破产。

它们所有的国内存款被划入了新的冰岛银行，而新的银行在第二天就重新开业了。这三家新银行给冰岛人的贷款都多于冰岛人给它们的存款，然而从会计角度看，银行给客户的贷款是银行的资产，而客户存在银行里的钱则是银行的负债，所以这三家新银行的股份权益余额都是正数。

国际存款、借款和贷款都留在了"旧银行"里，而旧银行后来都违约了，进入了破产重组程序。"旧银行"的国外分行所吸收的储蓄有最高的优先顺位，也就是说，这些储蓄会最优先被兑付，但前提是还有能回笼的资金。

天佑冰岛

冰岛同胞们，我们面前的风险是真实的。在最坏的情况下，冰岛国家经济可能与银行一起被卷入金融危机的旋涡之中，国家也可能就此破产。没有一个负责任的政府会选择如此严重地伤害国家的未来，即使国家的银行系统本身已是风雨飘摇……天佑冰岛！

——冰岛前总理盖尔·哈尔德2008年10月6日的讲话①

"街上空荡荡的，静得令人毛骨悚然。人们挨着墙静静地走过，每个人说话的语调都很低柔。"一位教授说道，他平时沉溺在研究维京时代的历史之中。10月初的某一天，他抵达了雷克雅未克。

10月6日星期一下午4点，冰岛总理在电视上发表全国演说。

---

① 冰岛总理盖尔·哈尔德演讲的完整英译本可在《击垮银行系统》一书中找到。

他一脸严肃，座位后面的幕布是暗沉的颜色。

他的演讲结语是："天佑冰岛。"

"很少有人真正明白发生了什么，但当听到'天佑冰岛'这句话时，也都明白情况很严重。在演讲中总理说话拐弯抹角的，这反而让大家更加害怕。"危机小组的一名成员回忆说。

"凌晨时分，我乘出租车去了酒店。载我的出租车司机还在惊魂未定中，"一名顾问说道，"他的情绪交织着愤怒、悲哀和恐惧。这甚至让我无法就这么下车。"

"他关心的是未来、国家，还有他的家庭和他的钱。"

幸好，他的信心还不算消耗殆尽，毕竟他同意这名顾问用他的信用卡来支付车费。

"10月7日星期四，当克伊普辛银行宣告倒闭时，发生了最令我印象深刻的一幕，"一位总理顾问说道，"盖尔·哈尔德坐在那里，眼里饱含泪水。最后的希望已经破灭。"

"所有他在危机前得到的承诺和希望，到现在都已被证明是镜花水月。"

"这是一个双重打击。"一位前主管说。

"'一切都会没事的'冰岛式思维，最终没有发挥作用。困局并没有奇迹般地自我瓦解，国家被一种不安全和绝望的感觉所笼罩。当天晚上每个人上床睡觉时，都在想明天早上会发生什么。

"这就像一场没有硝烟的战争。"

古德蒙杜尔·托尔真的想把这场危机通通归咎于美国人，是他们发明了将问题贷款，也就是他们所谓的次级贷款，用漂亮的包装纸重新进行包装。他听说2007年发行的资产包中有60%是用冰岛银行的投资级债券作为销售的噱头。因此，冰岛银行也只会提供美国投资者要的东西。然后，是美国人自己选择让雷曼兄弟倒下了。而且，当其他盟国得到美元支持时，冰岛却被冷落在一边。冰岛是一个受害者。而整件事中最让他生气的，还是英国后来的做法。

不过，他对冰岛银行本身的情况也不是那么清楚。他听到传言，有一家银行的十大借款人中，有三个是银行的大股东，以及他们的父母。但他还不知道，其实银行大股东的老婆也在这个名单之中。托尔觉得自己就像个傻瓜。

每个人都跟他说：岁月静好。

长期以来，托尔和朋友一直在讨论谁才是国家的真正统治者，是总理哈尔德，还是央行行长奥德松？他俩一个软言软语，另一个则直截了当。

"你怎么可能把家猫变成雄狮呢？"奥德松曾就哈尔德担任冰岛总理一职发表了如此看法。托尔和朋友们曾看到过一张照片，照片中是这两人坐在汽车前座，正驶离危机会议会场。

是奥德松握着方向盘。

托尔认为，他们在谁负责经济和货币政策的问题上一直含糊不清，究竟是行政部门的负责人，还是央行行长？这可不怎么像是会取得成功的样子。

我们不是恐怖分子

冰岛不在欧元体系内，也不是欧盟成员国。然而，通过欧洲经济区协议，冰岛、挪威和列支敦士登已在1994年被完全纳入欧盟/欧洲经济区内部市场。

总部设在欧盟/欧洲经济区国家的任何银行和非银金融机构，都可以获得"欧洲护照"。它们可以自由地在区内的任何一个国家开设分支机构，并吸收存款。它们也可以开设子公司。于是，克伊普辛银行推出了"克伊普辛前沿"，冰岛国民银行推出了"冰岛储蓄"。

这两家银行的营销材料上都写着，它们的存款受到欧盟规定的存款保险计划的保障。SIC指出，许多客户在这两家银行进行存款的时候，金额都会顶着存款保险计划的覆盖上限。

毕竟，这两家银行提供的利率都高于市场。

通过冰岛储蓄吸收的钱被输送到冰岛国民银行的英国和荷兰分行，这意味着冰岛国民银行可以直接把钱运回冰岛。

英国监管机构、英国财政部和英国央行长期以来一直对冰岛的银行忧心忡忡。它们的担忧主要有两点：克伊普辛银行旗下银行在英国的流动性，以及冰岛国民银行提供给英国储户的保障。

冰岛很清楚，政府需要竭力保障冰岛的本地存款，而且冰岛克朗是冰岛的本币，冰岛政府是有能力提供保障的。但是，情况对于英国的存款则不一样，因为保障这些存款需要的是外汇。

随着冰岛银行的倒闭，且根据《紧急状态法》的授权，这些银行被一分为二。冰岛国内的部分被围了起来，而占大头的国际部分则被推入了破产程序。

储户在冰岛国内分行的存款直接被划入了新的国内银行，新银行也在旧银行倒闭后的第二天就重新开业了。相比之下，国外分行的存款还是留在旧银行手上，只不过有所谓的"优先权"。它们会是兑付的第一顺位，但只有在银行破产程序中回笼的资金才会被用于兑付。

英国感到了绝望和愤怒。

英国绝望是因为英国的银行系统本身受到了影响。眼下这种风雨飘摇的光景，可不是把无法提取存款的事告诉英国储户的时候呀。

英国认为冰岛方面没有进行对话，再加上对英国储户的区别对待，这让他们感到非常愤怒。

情况紧急，英国开始试图阻拦这些在英的冰岛银行分支机构向

第二章　矗立在最小广场上的最高塔

母国的汇款，但当时没有现成的法律依据可用。

10月8日上午10点10分，冰岛最大的银行冰岛国民银行被列入了英国的恐怖组织名单。因为只有这样，英国才有可能阻止它们向冰岛的汇款。

"我简直无法相信他们竟然就这么干了，"一位英国律师在决策当晚说道，"我猜他们真的是火烧眉毛了，也顾不上吃相了。"

10月8日的恐怖组织名单上还有冰岛央行和冰岛金融监管局。这两个实体在英国所拥有、持有或控制的任何资金，都一律被禁止转移到冰岛国民银行。

如名单所示，冰岛国民银行发现自己竟与基地组织、塔利班等划归一类，上述这些组织都被禁止将资金从英国转走。

乔恩·西古格尔森说："银行倒闭之后，中央银行的所有电话都在响。现在，电话却是静悄悄的。于是，我们给一些与我们合作多年的银行家打电话。"

"对不起，我们不能再和你说话了，"他们回答，"有些是直接被停了号，有些还给了一些借口。"

"我们感到震惊。对某些人来说，只要符合国家利益，什么事都做得出来，"民间组织捍卫冰岛（InDefence）的一名后期成员说道，"此举让英国从道德制高点跌落。"

"我们旋即展开了一场宣传活动，"他回忆道，"活动的名称是'冰岛人不是恐怖分子'。许多人发来了照片，最终共有8万人报名参加。"

英国对反恐法的使用激怒了许多人，也激发了许多自发性组织，这些人后来发起了示威活动，公开反对与英国和荷兰达成任何和解。

OMX冰岛全股指数在2008年曾升至近8 000点，现在已暴跌至500点以下。10月3日的星期五是银行股票交易的最后一天，当

英国财政部官方网站，网页显示在"金融制裁"的页面上载列着冰岛国民银行的名字。

天冰岛三大银行的股票市值加在一起只有约 50 亿欧元。10 月 6 日星期一，这些股票已经沦为废纸。

其他的损失也已铺天盖地。由于冰岛政府采取的救援行动，国内的银行存款保住了，但银行的货币市场账户出现了减值，冰岛的房产价值也很快下降了40%。这时，很少有人能买房子，也很少有人愿意卖房子。

流向冰岛银行的滚滚资本曾经支撑着冰岛克朗。现在，每个人都在夺门而出，冰岛克朗的汇率自然也就跌了。

所有东西的价格都在跌。10月7日上午6点45分，俄罗斯驻冰岛大使打电话给冰岛央行行长，讨论俄罗斯可能给冰岛提供的贷款。

一个多小时后，俄方发出了一份新闻稿。这份新闻稿清晰且具体。

"俄罗斯驻冰岛大使维克托·塔塔林采夫（Victor I. Tatarintsev）今天上午通知冰岛央行行长，俄罗斯将向冰岛央行提供一笔40亿欧元的贷款。期限为3~4年，成本为伦敦同业拆借利率（LIBOR）上浮30~50个基点。"

"普京总理①已经确认了这一决定。"新闻稿上写着。②

"从历史角度来看，当时冰岛转向俄罗斯，并不像现在看起来那么突兀。"这篇新闻稿的作者后来说。

20世纪50年代，冰岛与英国都在争夺冰岛附近水域的捕鱼权。英国禁止冰岛的鱼在英国港口上岸，而英国港口是冰岛最大出口市场的入口。然而，冰岛的渔获很快就能在苏联登陆了。作为回应，美国也向冰岛开放了自己的港口，并鼓励其欧洲盟友效仿此举。可能有人也在暗自盼望在2008年的金融危机之中也能有类似的连带效应。

在新闻稿发出后，冰岛央行也发了一篇新闻稿，定下了一个更高的冰岛克朗目标汇率，并暗示会推出相关的措施："我们会采取相应的措施，以支持冰岛克朗的升值、重塑汇率并稳定价格。"

---

① 普京在2008年时任俄罗斯总理，梅德韦杰夫任俄罗斯总统。——译者注
② 关于俄罗斯贷款的内容可以在俄罗斯央行发布的新闻中找到。

在短短两天内，英国先是将冰岛的主要金融机构列入了恐怖分子名单，而后普京显然已果断介入。

"记住，冰岛是北大西洋最大的不可沉没的航空母舰，"有人说，"美国的上一艘福特号航母的成本是 140 亿美元，这区区 40 亿欧元贷款可便宜得多。"

冰岛央行表示，它将按照 131 克朗/欧元的参考汇率进行外汇交易。

SIC 援引冰岛央行首席经济学家的话说："这个汇率的制定……没有任何根据，这个汇率是随意定的，他们就是抛出了这个数字，然后就这么定了。"

冰岛央行的首席经济学家对 SIC 说："央行确实已经失控了，完全失控了。"

不过还是没有人交易外汇，因为市场已经完全冻结了。支持冰岛克朗汇率的干预措施，也只达到 600 万欧元的规模。

上午 11 点 23 分，新闻机构发布了冰岛央行的又一份公告。"今天早些时候关于俄罗斯和冰岛之间谈判的公告之后，应该强调的是，两国已决定在未来几天开始就金融问题进行谈判。"

德意志银行曾致电冰岛央行，称俄罗斯的财政部长阿列克谢·库德林（Alexei Kudrin）曾表示，贷款工具还没有就位。

这要么是存在误解，要么是冰岛人太有"前瞻性"，要么是有人根据自己的判断或别人的判断而改变了主意。有一天我们可能会知道这种阴谋论是否属实，或许是某位欧洲部长打了电话给俄罗斯，说："拿开你的脏手，冰岛是我们的后花园。"

据称是这名打电话的人，至今都拒绝我的采访请求。

第二天早上，又有一份央行新闻稿提到了 1 欧元兑 131 冰岛克朗的汇率目标："很明显，这一汇率目标没有足够的支持，因此，冰岛央行暂时不会为此再做任何努力。"

在暂停交易前，冰岛克朗的汇率已跌至每欧元兑 340 冰岛克朗。

不幸的是，有许多人都像古德蒙杜尔·托尔那样，使用了外币计价的贷款。

企业部门 70% 的贷款是以外币计价的，家庭部门中的消费信贷和汽车贷款也是以外币计价的，13% 的住房抵押贷款是以外币计价的。

此外，70% 的家庭贷款还与通货膨胀挂钩，贷款的本金将随着通货膨胀而增加。现在，随着冰岛克朗的下跌，贷款本金也水涨船高。

随着贷款价值的变化，大约 1/3 的冰岛企业仍然安好，1/3 已陷入困境，1/3 已处于违约状态。

多数时候，银行股东的控股公司持有了大量的债务，而如今大多数的此类安排都已经告吹。

冰岛的失业率曾在 2007 年达到历史最低点，而在几周内又飙升到接近 10%。

2008 年 9 月，托尔的银行账单显示，每偿还 1 日元的贷款将花费他 77 冰岛克朗，而一年前仅有 54 冰岛克朗。银行来电了，叫托尔过去开会。

他 11 月的贷款账单中列出的日元汇率为 123，比 9 月还上升了 60%。他在合同中约定的用欧元来支付他的波兰助手卡斯帕的工资的伎俩也弄巧成拙。现在卡斯帕是他们所有人中收入最高的，若以冰岛克朗计算的话。

托尔看着银行账单，他已然破产了，现在他真正担心的是未来。

他的大多数朋友都处于类似的困境中。他们相识已经有很长一段时间了，不仅他们的父亲彼此认识，他们的祖父也彼此认识。

他将用仅剩的钱付给他的朋友，他也确信他的朋友会支付给他。但他并不打算付钱给银行，要知道，银行就不应该游说他把自己的命运与上下起伏的日元挂钩。

现在还有人告诉他，外币贷款是非法的，而且不仅现在是，一直都是。

他的一些朋友已经去雷克雅未克示威抗议了。其中一个人还发现了银行客户经理的汽车。于是，这辆车被"刷"了一层新漆，红色的新漆。

一群饿狼

离雷克雅未克最远的英国国土，是被誉为"英格兰花园"的肯特郡，它位于英国的最东南。

全英国至少有 93 个城市、自治市和郡县在冰岛国民银行和格里特利尔银行有存款。大约有 25 个英国城市在冰岛银行的两个英国子公司有存款，或通过它们购买债券。这两个英国子公司就是前文所述的冰岛国民银行旗下的英国霍贝银行（Heritable）以及克伊普辛银行旗下的高新富金融公司。至少有 8 个警察部门在冰岛国民银行和格里特利尔银行有存款。这些警察部门占了全英警员数量的 35%。所涉金额总额超过 8 亿欧元。

其中，肯特郡议会存的资金最多。在警察部队中，只有多塞特警队在冰岛银行的人均存款要高于肯特郡的警队。若以绝对总数计算，肯特郡的警队在冰岛银行的存款余额也是名列第二。只有伦敦警察厅的存款比肯特郡警队高，而伦敦警察厅的警员数量多达 33 367 名。

难怪，冰岛银行的债权命运引起了英国公众的高度关注。①

---

① 债权的数据来自 2012 年 5 月的债权人名单。一些债权人可能在这一日期之前就转移了头寸。

所有欧盟/欧洲共同体国家都有义务建立存款保险制度，为每个账户提供至少 20 887 欧元的赔偿。有些国家的保障额度则更高，英国为 5 万英镑，荷兰为 10 万欧元，挪威为 200 万挪威克朗。

如果一家银行在别国设有子行，那么东道国的监管规则和存款保险制度也将适用于该子公司。在这种情况下，有些别国的银行业监管机构没有冰岛金融监管局那么"宽容"，它们可能会对冰岛银行的在地子行进行干预。

考虑到外国的监管条例可能比冰岛更烦琐，若冰岛的银行通过设立"分行"的模式在境外经营，它们就可以免受东道国的监管约束。而且，分行模式还有其他的好处。比如，它们不需要单独设立股本或储备金，储户的钱也可以直接被送回冰岛，或者汇到其他地方。然而，在这些分行的存款则不适用东道国的存款保险制度，而是由银行总部所在国的存款保险制度保障。这个细微区别对冰岛银行来说是至关重要的，我们很快就会知道为什么。

由于冰岛储蓄算是一个分行，所以它受到冰岛金融监管局的监管。根据欧盟及欧洲经济区规则的要求，冰岛已经建立了自己的存款和投资者担保基金（Deposit and Investors Guarantee Fund，简写为 DIGF）。冰岛储蓄所吸收的任何外国存款都是由 DIGF 来背书。

"事后看来，这是管理层的一个重大错误。"当时冰岛国民银行的大股东在回忆录中写道。他指的是冰岛储蓄被设立成了一个与 DGIF 相关的分行，而非其英国子公司——英国霍贝银行的一部分。

"我必须承认，直到银行破产的那个周末，我都没有意识到这种技术性问题。"这位冰岛国民银行的股东继续写道。他手上的股份，是由他与他的父亲——冰岛国民银行董事长所共有的。[①]

[①] 冰岛国民银行股东的话来自《亿万富翁的破产与再成功》。

令人震惊。

在 10 月 1 日冰岛金融监管局与总理和各部代表的会议上，人们讨论了将冰岛储蓄转为英国子公司的可能性。

"这件事不是已经搞定了吗？"提问的是冰岛财政部的常任秘书长。

问得出这个问题，更令人震惊。

DIGF 的账面上只有 1.3 亿欧元。而管理 DIGF 的法律规定，DIGF 的账面余额至少应是前一年存款总额的 1%。当冰岛国民银行倒闭时，这个小小的存款保险基金瞬间被清空了，最终只提供了相当于总额 2% 的保障。

不过，《紧急状态法》对冰岛储蓄的债权和其他存款给予了优先权。无论收回多少资金，都会先兑付给抵押债务的权益人，之后再兑付给储户。

所有其他的申索都将被搁置，甚至是应付给冰岛央行的无担保债务也不例外。

但英国和荷兰政府不会让它们国家的储户就这么白等着，它们可不允许这场金融危机再进一步造成不确定性。

英国政府介入了，还建立了一个机制，由其立即向英国储户按照上限兑付。这个机制的名称叫"金融服务补偿计划"（The Financial Services Compensation Scheme，简写为 FSCS），最终向 228 516 名英国储户发放了 45 亿英镑，即平均每人收到了 15 213.53 英镑。

在荷兰，每个账户的上限设定在 10 万欧元。荷兰央行总共支付了大约 16 亿欧元。

然后，英国和荷兰政府想把账单寄给冰岛，至少寄一部分。它们想要冰岛连本带息地进行偿付，每个账户的申索金额高达 20 887 欧元。它们的论述是，DIGF 有义务进行偿付，而冰岛政府也有义务给该基金背书。同时，它们认为，冰岛当局采取的行动违反了欧盟/欧洲经济区的非歧视原则。

冰岛本地分行的储户可以自由使用他们的存款，英国和荷兰分行的储户却被冻结了，有些人可能永远也看不到他们的钱了。

英国冻结了冰岛国民银行的在英资产，相关声明中有这么一句话："基于国籍的区别对待是歧视性的，而且就欧洲经济区所辖法律而言，这也是非法的。"

冰岛说，它们采取的操作模式是出于必要性，而非它们所愿。在最初建立 DIGF 时，冰岛政府的国家义务就已经履行完成了。它们的冰岛克朗可用于国内银行的重建工作，但根本没有办法确保向外币存款人进行支付。冰岛说，它们已经做了所有能做的事，它们建立了 DIGF，也通过了优先兑付储户的《紧急状态法》。而情况发展到最后，这个僵局的结果出乎意料。①

欧盟站在了英国和荷兰这一边。

瑞典将在 2009 年担任欧盟主席，不愿意与这两个欧盟大国唱反调。

挪威则左右为难，一方面想支持冰岛；另一方面，欧洲经济区协议是挪威外交政策的基石，也是确保对挪威的市场准入最重要的一份协议。这是欧盟/欧洲经济区史上的首次激烈争端，没有一个真正有影响力的国家想和欧盟唱反调。在挪威政府自己的法律顾问团队中，有一些人也认为冰岛这次做得太过分了。

每 6 个月，欧洲经济区中，非欧盟国家的财政部长都会与欧盟国家的财政部长举行会面，这个定期会议叫作欧盟经济和财政事务委员会（ECOFIN）。1993 年我曾有幸参加，那还是在挪威在 1993 年

---

① 关于冻结冰岛国民银行的法令内容可以在艾里库尔·伯格曼（Eirikur Bergman）发布的《冰储银行争论：在信用崩溃期间的外交危机的案例研究》中找到。关于冰储银行的全面概述可在维基百科上找到。

的欧盟公投中表示反对之前，我当时仅仅是一个小跟班。通常情况下，这种会议节奏缓慢，沟通都是彬彬有礼的，具有某种仪式感。

这一届的会议则不是这样。

2008年11月初，这些部长见面时就已经变了样。

"一进到会议室，我们就闻到了一股血腥味。"一位与会者说。

他说："这些人就像一群饿狼，荷兰人、英国人、德国人，都是这样。"

"法国财政部长兼ECOFIN的主席克里斯蒂娜·拉加德（Christine Lagarde）主持了本届会议。但她也很难驾驭这群人，所有的欧盟国家也都在场。"

"我上一次看到类似的情况是在2001年阿根廷国债违约的时候。阿根廷在IMF的会议上被揍得鼻青脸肿。"2001年12月26日，阿根廷930亿美元的主权债务正式违约了，现在轮到冰岛了。

"ECOFIN的会议还在进行，不过基本所有北欧国家代表均已离场，去赶回国的航班。只有挪威留了下来，以示团结。"

"冰岛财政部长阿尔尼·马蒂埃森（Arni Mathiesen）似乎还没有对即将发生的事情做好准备。"

"会议正式开始前，我们还开了一个预备会议，但这个预备会议着实不接地气，"挪威前任财政大臣在回忆录中写道，"阿尔尼对现实情况完全无感，他没有做好准备。"[①]

"冰岛原本不在ECOFIN会议的议程上，但我们认为这个议题还是会被讨论到。我们想提前做好准备，也看看我们如何才能帮上忙。但是阿尔尼谈的却是民意调查和国内政治。他说民众对政府的支持度有起有落。"挪威财政部前秘书长托雷·埃里克森说。

[①] 挪威财政大臣克里斯汀·哈尔沃森的话来自其本人的回忆录。关于挪威政府的法律顾问的观点是基于我自己的观察。

"要么是他不想透露他的想法，要么是他也不知道有什么在等着他。他天南海北地说着，却对最重要的事情三缄其口。在我 40 年的职业生涯中，我从未见过类似的事情。

"这有点儿像 9 月底的会议，就在雷曼兄弟倒闭之后。当时我们见了 IMF 的北欧及波罗的海团队。其他人都已经预见到，冰岛的银行业可能会面临巨大的挑战，但来自冰岛的代表却明确表示没有问题。"

50 家银行，20 个国家，一场巨大的崩溃

2008 年 10 月 10 日，14 个欧盟/欧洲经济区国家的金融监管当局召开了一次电话会议。冰岛三大银行以及第四大的斯超莫伯达拉斯银行，在这 14 个国家中共设有 39 个分支机构（17 个子行和 22 个分行）。加上在冰岛本土的，以及设在一些欧洲以外国家的，冰岛的银行在全球约 20 个国家设有约 50 个分支机构。①

在国际化布局上，冰岛的银行尝试了所有的银行形态。它们收购了许多欧洲银行，这些银行都是以子行的形式开展业务的。冰岛三大银行在卢森堡也有子行，这让它们能够直接从欧洲央行获得流动性。

克伊普辛银行有自己的"冰岛储蓄"，即克伊普辛前沿。克伊普辛前沿在不少于 10 个欧洲国家开展业务。

在挪威，克伊普辛前沿是以分行的形式运营的。②

10 月 9 日上午 7 点 10 分，挪威金融监管局被告知克伊普辛银行已经倒闭。网络银行和自动取款机都被迫关闭了，因为克伊普辛

---

① 这三家银行的头寸信息来自为 10 月 10 日欧洲金融管理局之间的电话会议准备的材料。
② 关于克伊普辛银行挪威分行的信息来自《从危机中吸取教训》一书。

银行的冰岛总部已无法提供任何资金。银行已经被冰岛政府接管了。

挪威财政部得到通知时是上午 7 点 20 分。上午 9 点左右，财政大臣宣布，价值 200 万挪威克朗的存款担保将适用于克伊普辛银行的账户。不过，在克伊普辛前沿的 6 000 笔存款之中，只有 5 笔超过了限额。也就是说，其实储户早就把克伊普辛银行的危局看在眼里了。

这家克伊普辛的分行于 10 月 12 日被正式接管。幸运的是，所有储户的存款都得到了保障。克伊普辛银行的资产已被冻结，而被冻结的资产中，也包括挪威最大的保险公司思道布兰（Storebrand）所占的 20% 股份。

他们任命了一个破产财团，这个财团即将领导整个银行清盘过程。破产财团想要买一份保险，用来保护自己的法律风险。

他们买到了这份保险。

但是，最终这份保险的有效期还是太短了。

历史争夺战[1]

> 在各位部长和政府机构代表回答 SIC 的质询时，每个人都在主张自己的权利，但没有人承担起责任。
>
> ——SIC 报告摘要

冰岛的戏剧文化起源于 7 世纪，并在 12 世纪形成了文字记载。它颂扬了个人声誉的重要性：一个人的声誉是不朽的，名声是不

---

[1] 汉内斯·霍尔姆斯坦·吉苏尔松的文章《2008 年冰岛银行崩溃给欧洲的教训》提出了质疑 SIC 结论的观点。

灭的。

十二三世纪的羊皮纸古书《哈瓦玛尔》写着："牛终有一死，你的亲人也终有一死，你自己也终有一死；但如果一个人赢得了美誉，他的佳话会千古流传。"

早在我上高中的时候，我的老师就告诉我们，冰岛是一个特别重视历史的国家。根据我自己零碎的观察，老师说的是对的。

我们可能会直观地认为，现在距离金融危机已经过去了10多年，人们应该早就对金融危机的原因达成了某种共识，比如金融危机的根源、触发因素，抑或谁应当为其承担责任，等等。

但是，其实没有。

即使是冰岛人彼此之间，若讨论到冰岛的近代史，也可能会产生分歧。这从维基百科上便可见一斑。在维基百科上，斯托迪尔的倒闭被书写为完全是由冰岛政府对格里特利尔银行的局部国有化所致。即使在今天，有些当年牵涉其中的银行家和政治家还在掏钱给历史学家，让他们为自己美言，操纵着关于金融危机的叙事。他们有的是自掏腰包，有的是用纳税人的钱，还有些人干脆自己写书。

简言之，当年的事情中最大的错误，就是把三座银行塔叠着往天上建，而没有为每座银行塔在资金、股权和资产等方面做好相互隔离。

在这种结构之下，再加上每座银行塔都有着巨大的体量，它们加总起来显然是太高了，也太不平衡了。另外，银行塔的结构本身就存在着裂缝：冰岛经济的不稳定性，以及冰岛政府和央行有限的支持能力。这种不稳定性和局限性是众所周知的，冰岛的银行当然也知道。但更致命的是，无论是冰岛政府，还是冰岛的银行，都没有与国际上其他地区的金融机构形成真正的攻守同盟。总结一下：塔建得太高且相互依赖，塔身有太多的裂缝。多样化的欠缺，地基不牢，以及缺乏盟友。最终，在巨大的外部冲击之下，银行塔轰然倒塌了。

SIC 注意到，冰岛政府、冰岛央行和冰岛金融监管局都存在不同程度的失职。而且 SIC 还认为，有些人甚至已违犯了法律。

如今蓦然回首，有些观察家着重于金融危机前的风险集聚过程：在冰岛的银行走向私有化时，银行的股东以其他银行的贷款作为收购资金，形成了后来交叉借贷模式的雏形。也有人着眼局部，未能为整体经济指明方向，特别是紧缩的预算和高利率水平的失败搭配。还有些人甚至会说，银行监管上的软弱无力不能被简单地解读为一种疏忽，而是基于某种行业自律和自由市场的理念，是有意为之。

关于这一点，SIC 的报告有清晰的论述："许多冰岛银行的经营目标是让银行大股东的利益实现最大化，而非以保障全体股东的利益为前提，稳健经营银行，而且它们也没有对债权人表现出应有的责任。"

还没完，SIC 认为："冰岛银行系统的股本权益性融资，在很大程度上仰赖的是银行系统本身的借贷，这必然影响其稳定性。尤其是冰岛银行的最大股东所拥有的那些股份，正是杠杆运作的产物。也正因如此，冰岛的银行及其股东都对股价下跌高度敏感。"

当这些股东名下的控股公司在 2007 年、2008 年时失去了替代性的融资渠道时，"格里特利尔银行、克伊普辛银行和冰岛国民银行挑起了提供资金的重担，只有这样，才能偿还外国银行提供的贷款。而正是由于冰岛的银行向其股东借出了大量资金，银行自身也遇到了相当大的流动性困难。"

但银行仍继续为其股东的公司或控股公司输送着资金。事态早期的预警信号，并没有让它们有所节制。

"在 2007 年的下半年，冰岛银行对境外的贷款增加了 114 亿欧元。特别是它们对身处境外的母公司的贷款，在短短 6 个月内增加了 120% 以上。"

而更糟糕的是，各大央行成了这些银行的主要资金来源。"随着流动性危机的全面扩大，冰岛三大银行的抵押贷款都大幅增加了。时至 2007 年秋，这些银行的抵押贷款余额约为 20 亿欧元，其中大部分来自冰岛央行。当这些银行倒闭时，抵押贷款的余额已经增长到大约 90 亿欧元，其中近半的资金来自欧洲央行。冰岛的银行选择了用抵押贷款融资，而没有使用常用的 3~5 年期的中期票据。这些抵押贷款大多都只有几个星期的借贷期限，只有零星的几笔有'长达'6 个月的期限。对银行来说，这种基于短期抵押贷款的融资增量，会使其财务风险大大增加。"①

简言之，各国央行提供的短期资金，被冰岛银行的股东及其旗下的国际公司拿去"拼凑出"长期贷款。除此之外，其他的银行都拒绝为他们提供这种贷款了。

SIC 说道："当冰岛的银行体系相对其经济总量已过于臃肿时，政府就需要做出反应。如果说政府曾有过机会在不严重影响银行资产价值的情况下避免银行发生倒闭的话，它们得早在 2006 年就必须采取行动。但无论是 2006 年，还是 2007 年，冰岛政府都没有采取任何坚决的行动来推动冰岛银行缩表。"

一些接受我采访的人士反映，我们可以聚焦决定冰岛命运的那一刻。那一天，所有相关人士在走出会场时，都相信他们已经解决了问题。但其实，他们当时应该意识到还有一个巨大的问题正在一步步逼近。

"2006 年 3 月 26 日星期日，这一天标志着冰岛的不归点。"一位银行员工说。当天冰岛国民银行已经通知政府，它已无力支付次

---

① 关于支持银行的措施的引文来自威廉·布特（Willem H. Buiter）教授和安妮·西伯特（Anne C. Sibert）教授于 2008 年 4 月发表的文章《冰岛银行危机和如何应对》。

日到期的款项。当天，在冰岛央行行长的家中召开了一次紧急会议，冰岛三大银行也都有参会。

"我们其实早就知道有问题了，"一名冰岛央行员工说道，"早在 2005 年 11 月，一名在伦敦银行的朋友给我们来了通电话。'你们看到冰岛银行的风险价格了吗？'她问道，'它们的 CDS 价格已经高出天际了。'"

"我这才拿出了我的教科书，了解了 CDS 是什么。"

在 3 月 26 日的会议中，冰岛国民银行宣布其融资问题已得到了解决。资金已经到位了。

这个采取坚决行动的机会就这么错过了。

而且，正是在那次会议之后，冰岛国民银行推出了冰岛储蓄这一吸储实体，这极大地增加了系统性风险。通常情况下，吸收存款会有巩固银行的资本金基础的效果，但这个案例其实不然。冰岛储蓄就这么从一穷二白发展到了 45 亿英镑余额的规模。但这些钱都是热钱，它们只是在追着高利率走。这里面有一半的存款在 2008 年年初就退场了。此外，正是在 3 月会议之后，银行增加了对央行融资的依赖，也增加了对控股公司的贷款。

如果一开始金融系统被收拾到位了，那么泡沫的破灭其实是可以避免的。

但冰岛的银行非但没有缩表，反而进一步买入了银行的股权，还增加了对股东的贷款。在他们沉迷于商业帝国、游艇和私人飞机的股东面临压力时，银行还带着真金白银进场救火了。支撑这种纸醉金迷的生活的，居然是来自央行的短期融资。

"这狂野得令人发指，"崔格·杨说道，他是一名经验丰富的北欧银行家，"央行类融资是用来满足短期的紧急情况的，其本质上就不是一个以实现增长为目的的资金来源。"

"银行负有主要责任，但冰岛金融监管局和冰岛央行应该知情。"

"是的,如果有银行要求我拆借超出正常范围的央行资金,我一定会对它提要求的。"挪威央行前行长、现任经合组织经济与发展审查委员会主席斯韦恩·耶德雷姆向我证实。

"我们马上就会行动起来,大概率是会与金融监管局进行联合行动。

"我觉得很奇怪的是,居然还有人提出央行的最后贷款人的权限问题。很明显,央行是有权的。这是天经地义的,大多数人甚至会认为已无须专门立法来规定央行的这项权利。央行是以最后贷款人的身份贷出资金,那它当然有权对借款人提出要求。"

"央行全权负责支付系统的运作,所有参与支付系统的机构都必须是健康的。没有什么能比银行向央行索取超额流动性是更明显的危机迹象了,"瑞典央行行长英韦斯说,"如果出现了这样的情况,那么央行就该敲响警钟。而且我们会派人进驻。"

"要知道,金融监管局本身是没有资金的,央行是有资金的,而领导央行的人必须看管好这些资金。"

有人说,在 2006 年或 2007 年时,政府、央行和银行几乎没有什么可以做,但这根本不是事实。

仅举一例,若它们能立法禁止外币计价贷款业务,后来就会有许多人免于灾祸。在后来陷入困境的家庭之中,以外币计价的车贷比例大得出奇。这些汽车贷款造成的财务负担过于沉重了。而且,这些贷款在当时甚至是非法的,正如后来的法院裁决所示。但是,尽管银行、央行和政府都看得见这些风险,这些贷款仍络绎不绝。

就这一点而言,绝没有任何借口可以找。

在 2007 年 1 月至 2008 年 9 月所签发的新增贷款之中,有 16%发放给了已经出了问题的家庭。冰岛的银行多年来一直在对冲自己的风险，伦敦的资深银行家早在2005年就向冰岛央行发出了警告。SIC对危机前的官方行动的描述是一针见血的："从银行开始出现经营困难，到2008年10月银行系统崩溃，在此期间，无论是政府的会议纪要，还是当事人向SIC提交的报告，都见不到有关的部领导（冰岛政府总理负责经济事务，商务部长负责银行事务，财政部长负责国家财政）就银行的问题或其对国家经济和财政的潜在影响向政府提交过具体的报告。"

然而，关于究竟哪位部长或者官员应该对此负责的讨论，本身就是一个烟幕弹。事实上，任何人只要看到了风险，都应该表达他们的顾虑，并采取行动以争取更好的结果，否则不如干脆辞职。在政府部门，部长或官员都不应该相互指责。

知道为什么全世界都很尊敬冰岛的足球队吗？这是因为他们的团队协作，在这样的团队里，每个人也都变得更好了。队员不能把团队协作的问题归咎于任何其他人，而经济政策的规划和落实，其实也是一样的道理。

冰岛和邻国之间也应该坦诚对话。如果你的房子要着火了，你应该通知隔壁的邻居。哪怕这位邻居是从同一个水库中取水，或挡着消防员的路。而在这里，冰岛当局只是一味地指责外国人，外国人也反过来指责冰岛当局。应该有人出来大声疾呼，当时就应该制订出计划。

SIC的报告接着说："SIC的评估是，当2008年年初局势出现恶化时，冰岛政府在银行工作上出现了失焦。部长们过于关注金融机构所面临的公关危机，而没有着眼于显而易见的问题——相对于冰岛的经济规模，冰岛的金融系统过于庞大了。部长们参加公开讨论（主要是在国外）并希望以此来改善冰岛银行系统的形象时，没有对国家救助银行的财力进行任何评估，对潜在的金融冲击后果，也没有掌握相关信息。"

即使在已进入倒数的日子里，情况依然没有改观。SIC 还指出，"在政府发现对格里特利尔银行采取的措施未能奏效之后，国家的应急计划似乎还出现了一定程度的混乱。冰岛央行和冰岛政府的行动并不协调，缺乏整体领导，它们也没有就路线问题做出决策"。

这一切都在《冰岛的崛起、衰落和复活》一文中得到了简洁的总结。

首先，这些冰岛银行的新股东之间的关系非常密切，他们从一开始就有着大额的资金拆借关系。

其次，这种股权融资在不知不觉中对银行的韧性造成了严重的侵蚀，银行系统性风险明显提升。

最后，银行的所有权问题从一开始就很暧昧，监管机构和政策当局却似乎很自满。

正是在这样的情况下，冰岛的银行开始了扩张的步伐。

2008 年春天，两位英国经济学家曾提议采取强有力的行动。他们认为，面对这场迫在眉睫的危机，当局必须采取一系列行动。

他们提出的行动建议包括向外国央行借款、由冰岛央行进行货币互换的安排、向 IMF 借款、将住房融资基金和养老基金作为国际借款的抵押物，以及将冰岛的水力和地热资源等未来的能源收入证券化。①

是的，要把能打的牌都打出去。

也许有一天，人们会对冰岛采取的策略产生更偏向阴谋论的看法。也就是说，这种官方的不作为和明显的行为失调，实际上是某种故意的，或至少是直觉性的反应，毕竟这种思维下的结果在诸多

---

① 2007—2008 年的贷款数据来自特乔维·欧拉弗森（Tjörvi Ólafsson）的演讲《冰岛家庭在信贷旋转木马上的风险教训》。

冰岛的漫画家哈尔多尔·巴尔德松生动地图说了冰岛银行诞生、发展和遭遇危机的传奇经历。它形象地表达了冰岛私有银行赤条条地来，混得风光无限，然后摔了跟头，输掉底裤，又赤条条地回到国家的保护伞下。

可能的糟糕情况中还并不是最坏的。这种"糟糕情况"甚至包括若冰岛当初采信了这两位经济学家的建议而可能造成的后果。

> 我看着，
> 我看着泛白的天空。
> 我看着蓝灰色的云朵，我看着血色的太阳。
> 这就是这个世界。
> 这里是这个星球。
> 一滴雨点！

第二章　矗立在最小广场上的最高塔　　167

我看着那些高耸入云的房子。
我看着那千扇窗，我看着远处的尖顶。

这就是地球。
这里是人类的家园。

蓝灰色的云朵正在聚集；太阳已经不见了。
我看着那些锦罗玉衣的男人，我看着那些满面春风的女人。
我看着那些疲惫的马匹。

现在，蓝灰色的云层越来越厚了。

我看着，看着……
我一定是来错了星球。
这里太奇怪了。

——斯格比昂·奥布斯特费尔德（Sigbjørn Obstfelder）

第三章
浩劫与废墟

IN THE COMBAT ZONE OF FINANCE

尊敬的维萨卡和万事达卡：你们要么坚持营业，要么永远地离开吧

当一个强劲的经济体运作正常时，人们几乎想象不出"钱荒"的样子，哪怕货币只是一种人造物。

这里隐含着一种信任关系：昨天存入银行的钱，明天还会待在账户里；在餐馆里掏出信用卡买单时，交易就会顺利地完成。然而，正如我们在冰岛看到的那样，这些基石性的信任关系也可能会出问题。

"10月6日星期一，自助早餐还是一应俱全，新鲜的草莓、菠萝，还有其他水果。"来自摩根大通的一位冰岛央行顾问说。

"星期二，草莓没有了。星期三，菠萝没有了。到了星期四，新鲜水果都没有了，只剩下罐头了。很快地，就连罐头都没了。但是，相较于食物，医疗用品的短缺才是更大的问题。"

IMF向冰岛派出了专家，这名专家是直接从伊拉克飞过来的，他就是负责市场运作的"印第安纳·琼斯"（Indiana Jones）[①]。

[①] 系列电影《夺宝奇兵》中的主人公。——译者注

外汇必须从冰岛央行的储备中提取。任何银行间的交易也都需要动用冰岛央行的储备金。药品、食品和燃料属于优先保障物资。"为了准时付出款项,一名石油进口商打电话给央行的一名理事,只是为了换取外汇。"冰岛央行储备管理部的现任负责人说。

"不,我们的银行不允许向你的冰岛银行账户付款。"这是一个大型渔业出口商从他的欧洲客户那里得到的信息。

"欧洲的银行不信任这些新银行,它们担心这些新银行不会付钱。"他是这么被告知的。

冰岛央行共有130亿的冰岛克朗纸币在市场上流通,还有150亿在它的金库里放着。金库里还有一些旧的纸币,即将被焚烧作废。

2008年年初,冰岛从英国的货币印刷商戴拉鲁耶(De La Rue)那里订购了纸币,单张面值1 000冰岛克朗,共110亿冰岛克朗。10月,冰岛改了订单,只订购单张面值为5 000的冰岛克朗纸币,总额也改为了550亿冰岛克朗。

但这些纸币直到2009年2月才从印刷厂送达。

"有一段时间,我们几乎完全没有纸币了。我们几乎无法满足市场需求,一天都不行,我们担心这会掀起波澜,"冰岛央行支付系统主管古德蒙杜尔·托马森说,"我们准备了一个计划,让纸币可以流回央行。相对地,市民则会得到存款证明。"

若人们大排长龙的话,那局面可不好看。所有人都担心恐慌出现并扩散。为了避免出现排队的情况,雷克雅未克的冰岛央行大楼一层已经准备好开放。然后,市民可以将他们的纸币换成存款证明。而后,这些钞票会被运到央行地下室的金库之中。再之后,纸币就会从后门运出,再用卡车运到银行,重新投入市场流通。

"我们还找了警察,"托马森说,"我们要求警方出了一份声明,声称有太多的纸币是很危险的。政府也表示,所有的存款都是安全的。虽然只是一份声明,但确实起到了抑制资金外流的作用,它在最后一刻奏效了。"

现在,我们至少有现金了。

你的信用卡上印有银行的名称,这在支付系统术语中称为"发卡行"。你通过它们来向商家付款。而后,有一家叫作"收单机构"的组织,负责对这些资金进行校验、执行以及转账。万立得(Valitor)和冰岛博根(Borgun)在冰岛经营着这项业务。

最后要提到的是"支付机制"的所有者,即维萨公司(Visa)和万事达卡(Mastercard)公司。每笔交易的收费,正是这两家公司的生命线,它们的经营网络覆盖全球,凭借千锤百炼的规则和程序,无论是在多奇怪的支付场景,它们也有能力处理。但有时,即使是强如它们,或许也只能望洋兴叹。

现在,如果银行(也就是发卡行)破产,那么整个支付系统可能就会停摆。

托马森说:"冰岛央行无法提供担保,而新的银行也还没有投产。"

"维萨和我们说系统可以继续运行,但万事达卡却说不行。

"'如果系统不能运行,你们再也不会获许在冰岛开展业务了。'我当时这么回应它们。后来,两家都答应了。但这背后的原因,或许是这两家即便想关,也关不掉。

"这个支付系统是在冰岛从零开始建立的,所有的部署都是本地化的。金融交易的清算和结算都是在冰岛本地完成的,编码系统是由收单机构所掌控的。我们知道这些支付机制不会停用银行卡,而且即使它们想停也停不了。

"今天,所有的东西都是全球化的,所有的支付行为都会在这些支付机制的掌控之下。现在,我们无法一刀斩断这些支付机制,无法就这么关上国门。但是，支付系统危机应该不会再次发生，我是这么希望的。

"当然，遭到网络攻击的情况除外。"

2008年，眼前的大事就是要确保新银行能履约，所有的国内支付必须畅通无阻，而且分秒不差。

但跨境的支付交易则大祸临头。为了限制资金流动，每张银行卡现在都有了40万冰岛克朗的限额。而且，这些支付机制还将冰岛克朗从"矢量"（即可兑换的货币名单）中剔除了，还有些国外商家已经不再接受冰岛银行卡支付了。此外，由于冰岛三大银行宣告倒闭，它们已不能进入支付系统了。还有另一种情况，如果旧银行曾经"欠"境外银行的钱，那么这些境外银行也会干脆不支付给"新银行"，也可能不支付给新银行的客户。

冰岛央行介入了。它设立了一个"战情室"，聚集了各家银行派来冰岛央行的代表，他们利用央行的SWIFT账户进行跨境支付。过了一些天之后，这些银行已经能自行通过央行的系统进行支付了。

"支付交易已堆积如山，整个2009年和2010年都是如此。数以百万计的支付交易笔数。"托马森说。

"英国对冰岛的冻结令影响深远，很多事都改变了，特别是还有些其他国家跟进了冻结令，德意志银行也已拒绝对支付交易进行结算。

"德国的银行纷纷取消了给冰岛银行的信贷额度，它们都担心会出现问题。英国甚至将冰岛央行也冻结了一阵子，还将冰岛央行加入了恐怖组织名单。那些从英国支付给冰岛的款项，以及所有从冰岛支付给英国银行及其分支机构的款项都被喊停了。就连强大的美国银行（Bank of America），也出于对英国的顾虑而冻结了冰岛银行。"

冰岛央行说服了摩根大通，借道摩根大通的系统进行支付。

"有一天我接到了一个来自英国政府的电话。"一位摩根大通的前雇员说。

"你是英国公民吗？"电话那头问道，"你知不知道你正在从事的工作，涉及与恐怖组织名单有关的实体？"

"但当时，谁知道呢，也许他也只是好奇。"这位摩根大通的前雇员说。

"尽管存在各种问题，但我们也还是有惊喜的，"一名当时起到中流砥柱作用的冰岛央行员工说，"我们以为所有出口货物给冰岛的商户都会要求事前付款，但他们并没有这么做。

"这或是出于同情，或是出于他们之间的长期关系，或者他们可能只是没想那么多。

"也许他们没有时间看报纸，又或者，他们看了报纸，但没有把新闻事件和他们的生活联系起来。"

一些人甚至提供了更优惠的条件，他们拉长了付款期限。"我们就20份合同进行了重新谈判，"一名企业高管说道，"在其中的17场谈判之中，我们都获得了更优惠的条件。对于这些支持，我们永生难忘。"

"在2006年、2007年和2008年的会议上，北欧国家之间讨论过有关设立备用支付系统的需求。"冰岛央行的一名主管说。

"我们当时就觉得应该做点儿什么了。但最终，我们只在10月3日、4日和5日才开始着手推进此事，在黑暗中摸着石头过河。

"但至少，我还没有听说有人身无分文地被困在外国。"

IMF 进场之时

"我在金融危机之后的第一个记忆是，2008年10月底有一位顾问走进我的房间，"冰岛国会议员，后来担任冰岛总理的布亚尼·本尼迪克特松（Bjarni Benediktsson）回忆说，"'过去两周好像什么都没有奏效。'他和我这么说。我说：'你得振作起来，得打起精神，否则接下来的两个星期也依然不会有什么起色。'"

银行系统的崩溃让所有人都惊掉了下巴。人们一面疲于应对，一面激烈地争论谁该负些什么责任。每天支付系统都有新的紧急状况，也有越来越多的公司站在了倒闭的悬崖边。

在紧急情况出现时，冰岛央行会释出外汇，但这些应激性的操作既无计划，又无程序。

冰岛央行的工作人员和其他政府官员一样，没日没夜地工作着。高强度的工作始于 2008 年 3 月、4 月的危机前夕，贯穿了整个危机爆发期，之后人们都在竭力维持着局势，工作自然也丝毫不敢懈怠。

门外的示威者一直在敲着锅碗瓢盆。

白天敲，晚上也敲。

最终，冰岛别无选择，只能去接受 IMF 的救援计划以息事宁人。IMF 经常在主权国家陷入经济危机时伸出援手，对象通常是发展中国家。

"一想到 IMF 的救援计划，有些人就心生厌恶。被列入 IMF 的救援计划名单中会被视为一种耻辱。"一位冰岛经济学家说。

但是，现在已没有任何其他选择了。市场信心已经崩盘，国库也已空空如也。尽管警钟不断，但是也没有拿得出手的替代方案。所有可能的驰援方，也都在观望冰岛是否会接受 IMF 的救援计划。

"IMF 介入的时机是'完美'的，他们现在要解决的已是基本的民生问题。如果 IMF 早点儿来冰岛，他们甚至得考虑怎么救冰岛的银行，"乔恩·西古格尔森说，"如果他们要救银行，谁又知道他们会拿什么救援计划在我们眼前晃。看看爱尔兰的情况你就知道了，至少现在冰岛还比爱尔兰拥有更高的自由度。

"想象一下，如果 IMF 来得早了，救援计划的负责人可能得在 9 月中旬就拿出救助方案来。他有可能去 IMF 理事会，说他有个更好的计划，让冰岛所有的银行都破产，就让德国、日本和美国的银行吞下数以百亿计的损失吧？这真是绝无可能啊。"

"我们已经目睹了 136 次危机。"IMF 团队介入冰岛银行危机之后说。

"这些危机之间的区别，只是经济复苏曲线的高度和斜率问题。"IMF 的这句话给布亚尼留下了极其深刻的印象。

"IMF 的进场，标志着一个重要的变化。他们带来了解决问题的框架。"冰岛央行的一位前经济学家说。

"但是，正如我曾经告诉 IMF 的那样，"她继续说，"如果你想在你的履历表上增添更多成功的援助经历，你最好专注于那些具有基本面优势的国家，冰岛就是这种国家。"

"一个国家会产生国债，或是对其他国家的债务，通常是有原因的，"IMF 的前副总裁安妮·克鲁格（Anne Krueger）说，"债务是由之前的经济赤字造成的，而经济赤字的出现通常有很具体的原因。"

造成赤字的原因，可能是该国经济基础薄弱，机构不健全，政治合法性不足或出于削弱某些人所谓的"大政府"的主观愿望。或者，该国的政府只是单纯地欠缺向人民征税，以及保证自己运作效率的能力和意愿。可能政府本身就在挥霍金钱，那么，掏空国家就可能被认为是"合法"的。

也许，该国的经济只是建构在经济刺激效应之上，而这些经济刺激又是以赤字为代价的。

同样地，外债的产生可能是由经济基础薄弱、成本过高、国内开支过大，或纯粹管理不善而造成的。而且，经济可能同样是对赤

第三章 浩劫与废墟

字存在依赖的。

"偿债本身可能是最小的挑战，"克鲁格说，"解决赤字、产生可持续的经济活动以取代人为的刺激措施，从而治本，或许才是最大的挑战。"

因此，在审核赤字以及赤字削减方案之时，记得要考虑出现赤字的根本原因、赤字此前造成的影响，以及新的方案是否会真正地解决这些问题。

"然而，冰岛历史上其实并没有预算赤字，而且货币贬值在很大程度上就能使进出口恢复平衡。"克鲁格总结道。

10月24日，IMF宣布了对冰岛的救援计划。冰岛得到了IMF贷款和北欧贷款的共同支持，这两项贷款计划的总值为21亿美元。弗里德里克·马尔·巴尔德松是一位冰岛的经济学教授，他以冰岛政府顾问的身份为这项救援计划做出了重要的贡献。他建立了一个周全、平衡的援助方案。

撰写意向书是救援计划中的关键一步，这也是一个有趣的环节。

首先，IMF会先撰写一个意向书草案。然后，受援国政府会对草案发表批准或反对的意见，双方会进行协商，并确定最终的文本。然后，IMF就会退居幕后，由受援国政府向IMF正式发出意向书。在意向书中，受援国会罗列它们做出的承诺。

第一份意向书是以函件的形式，收件人是时任IMF总裁多米尼克·斯特劳斯－卡恩（Dominique Strauss-Kahn）。在2008年11月15日，这封函件是由冰岛财政部长阿尔尼·马蒂埃森和冰岛央行行长达维兹·奥德松签发的。

实际上，当时有另一份意向书已经在冰岛当局和IMF官员之间达成了共识。但是，当这份意向书在IMF内部被传阅时，英国和荷兰表达了反对意见。它们说："对不起，这份意向书是软弱无力的。"它们所指的是冰岛储蓄的情况。第二天，一份修改过的意向书被送到了冰岛财政部长和央行行长桌面上，等待他们签署。

这个流程几乎已经形成了一种范例，历经整个 2009 年，我们将一次又一次地经历这些步骤，而 IMF 所设置的门槛也一次高过一次。起初，这些门槛是令人生厌的。最后，正如我们后来看到的，这些门槛反而变成了一种宝贵的财富。这是诸多悖论中的一个。

"这项救援计划很特别。"穆里洛·波图加尔（Murilo Portugal）说。巴西人波图加尔是 IMF 当时的三位副总裁之一，负责对冰岛的救援计划。"对冰岛和匈牙利的救援，是雷曼兄弟倒闭之后 IMF 发出的第一批救援方案。相对于冰岛的经济规模而言，这项救援计划的规模是巨大的，达到了正常比例的三到四倍。而且，这项救援计划还是前置性的，执行前期就需要支付大量资金。"

"相较于更早期的救援计划，冰岛救援计划的标准是相对较低的。"保罗·汤普森（Poul Thompson）是当时 IMF 救援计划的负责人。他认为财政紧缩政策必须循序渐进，而且他说服了 IMF。"财政上的'速冻'会带来更严重的经济衰退。而冰岛在危机前有财政盈余，这会使它们推进改革时比较从容。"

"我们当时是持怀疑态度的，但他说服了我们。"波图加尔说，而他本人后来也成为非常有影响力的、坚定的冰岛支持者。

对于亚洲国家的救援方案，通常会要求推行 8~10 项改革。千万不要浪费一场危机，因为这是一个能做出点儿成果的机会。这也是 IMF 的观点，各种零碎的改革措施也都在推行着。

"但是，我们分心了。在冰岛之前，我们已经在亚洲受到了教训。"波图加尔说。

"我们就资本管制达成了共识，而这项规则会剥夺冰岛克朗兑换为其他外国货币的权利。但如果没有资本管制，利率就达不到足够高的水平，财政政策的紧缩力度也会不足。"

同时，持有冰岛克朗的人已经如惊弓之鸟，资本管制也能让他们不至于急匆匆地将冰岛克朗兑换成更稳定的货币，比如欧元或美元。

"我们经常看见新兴市场国家采取资本管制措施。这对它们来说并不是什么大问题。"波图加尔说。

然而，若一个发达经济体实施了资本管制，仿佛天都要塌了。在被广泛接受的传统教条中，自由市场得益于资本的自由流动。这种原则能够让资本流向机会最好的地方，而这也一直是 IMF 政策的基石。因此，允许冰岛在其危机时期打破这一原则，确实是会产生争议的。

在冰岛，换汇限制从 2008 年 10 月起开始实施。冰岛银行所剩无几的资产中也都缺少外汇，因为很难在市场上以合理的价格购入外汇。相反，冰岛央行只是应需释出了最低额度的外汇。于是，资本管制成了冰岛救援计划的一部分，而且管制变得越来越紧了。后来，正如我们所看到的，资本管制成了一个更为重要的政策工具，甚至让美国的头部对冲基金也不得不跪地求饶。

一路走来，这段救援冰岛的经历，永久性地改变了 IMF 对于资本管制的看法。从某种意义上说，冰岛改变了对这一金融政策的全球性认知。

后来，在一些没有本国货币的国家，如希腊和塞浦路斯，IMF 甚至主动去寻找与资本管制有类似效果的政策措施。就 IMF 这一重大的立场转变，新兴市场国家的代表都赞誉有加。

IMF 的资本管制专家安娜玛利亚·科克妮（Annamaria Kokeny）说："IMF 曾经倡导推行资本管制。"

当我问到是谁决定引入资本管制措施，并成为 IMF 最重要的政策工具之一时，她回答说："这真的很难说。

"当我们进场的时候,冰岛央行已经要求银行残部节制外汇的使用了。此外,冰岛的国际收支本身也受到各种问题的阻碍。

"我们试图去理解这种情况。不能因为它们是这么做的,我们就不过问了。我们还是需要搞清各种问题。

"冰岛央行的最高管理层可以接受这种操作。毕竟没有人知道,如果没有资本管控,这一切会如何收场,而正是有了这些控制措施,才会更安全。

"当时冰岛没几个人知道应该怎么执行资本管制措施。这些非正式的政策措施必须被加以管理才行。对此,IMF 提供了技术支持。

"这是 IMF 有史以来第一次就引入资本管制提出建议。2008年,我在电话中与冰岛共度了一个美好的感恩节夜晚。

"《资本管制法》在 2008 年 11 月通过。这是一个里程碑事件。"冰岛央行外储管理的负责人说:"这就像我们在做心脏手术一样,病人已经被开胸了,肋骨也被锯掉了。

"现在我们站在那儿,他的心脏就握在我们手中,这颗心脏不停地跳动着,涌出的是外汇。我们不得不借助资本管制的手法,让病人进入昏迷状态。"

所有与贸易有关的交易和经常账户的交易都畅行无阻,利息支付和股息支付也会被允许。但是,基础资本,即债务的本金,是不能换成外汇的。我们也不允许将资金转移到冰岛境外,这些都是严令禁止的。

起初,冰岛央行里没有这方面的机构设置。后来专门为此成立了一个部门,并且拟定了详细的条例。

"IMF 内部对于资本管制措施的看法非常复杂。他们对此做了一些研究,但研究的方向也是支持使用资本管制措施的。"科克妮说。

"然而，当IMF认识到这些措施的作用时，他们遭到了外界很大的抨击。"而后来当IMF变成了资本管制的强硬派时，抨击就更大了。

"我想，在诸多新兴市场国家的代表中，对此举是颇有赞许的，哪怕有些人仅仅是在无声地鼓掌。"

"当他们在IMF理事会上介绍这项救援方案时，总是会加入一句点评，"科克妮回忆道，"'我们认为将资本管制作为救援方案的一部分是非常有用且恰当的。'这已经成为一句例行的话语。"

冰岛的银行从冰岛央行进行借贷的利率是15.5%。10月15日，在IMF进场之前，该利率已被降低到12%。

"让冰岛克朗恢复稳定是我们的首要目标，"波图加尔说道，"对于这一点，我们没有退让的空间。货币的进一步贬值会恶化债务问题，并且有恶性通货膨胀的风险。为了避免这种情况，我们需要实行高利率，哪怕是为此进行资本管制也在所不惜。"

"资本管制在一段时间内是有效的，但是人们也很快学会了规避的方法。"

"我给冰岛央行行长打了电话。如果不提高利率，救援计划就告吹了。"

最终，IMF的救援计划于10月27日面世了。10月28日，冰岛央行将冰岛的银行从央行借款的利率提升至18%，升幅为6个百分点。

然而在冰岛储蓄的问题上，IMF显得左右为难。"我们致力于确保冰岛不会增加新的债务，"波图加尔说，"我们不想逼迫冰岛，但如果谈判不是真心诚意的，我们就不能释出贷款。"

英国人对方案表示谅解，荷兰人却仍然强烈地反对着。不过，他们也无法阻止方案落地。因为，美国人想要这个方案。

债务世界的"奥斯卡"之夜

一个有趣的巧合是，2008年10月7日，国际破产律师协会在伦敦举行了年度慈善晚宴，全球破产业务领域的领军人物会在这获得颁奖。

这是一个"负债累累"的"奥斯卡"之夜。而且，所有人都收到了来自冰岛的消息。

一位与会者说："房间里非常热闹。"房间里充满着嘈杂声。"这将是我们的黄金时代。"

苏格兰皇家银行（Royal Bank of Scotland，简写为RBS）和巴克莱银行正苦苦挣扎着。10月6日星期一，这是伦敦自1987年以来最糟糕的交易日，因为收到了冰岛的消息。

"美国一家大型保险公司打来电话，"巴里·拉塞尔（Barry Russell）回忆说，他后来担任索赔方的首席律师，"要求我进行利益冲突检查。并且我不能从事任何有利益冲突的其他任务。"

当你为汽车投保时，你的保险公司一般会要求你预付保费。为了让保费维持在低位，同时也赚取利润，保险公司会将预付的保费在资本市场上进行投资。在投资策略上，有些保险公司会优先考虑安全性，正因如此，它们买进了冰岛的银行债券。出于分散风险的考虑，拉塞尔的一个潜在客户对三家冰岛银行都投了资。而为了进一步分散风险，他甚至连冰岛第四大银行斯超莫伯达拉斯银行也投了。

难怪他需要一个破产律师。

隔周，索赔人都聚集在了雷克雅未克。希思罗机场的冰岛航空的贵宾室里，以前满坐着的是贷款人和"北欧海盗"，而现在人声鼎沸的是一拨接一拨的债权人。

德国的银行代表在这儿坐着，比利时的富通银行代表也在这儿坐着，他们本身也是金融危机的受害者。陪同他们的还有破产律师。所有这些都是10月7日晚宴上的谈资。

当债权人和他们的律师抵达雷克雅未克时，有一辆巴士在那里迎接他们。巴士首先停在了4家银行的总部，载着浩浩荡荡的债权人队伍，以及数以十亿计的债务。"冰岛人没有建立任何程序，"一位与会者说，"没有任何谈判框架可循。"

接下来，大队人马朝着冰岛央行出发了。

"我当时在5楼的电梯外面等着。"乔恩·西古格尔森说。我们的原则是，只要有人要求与我们开会，我们都会安排会议。

"首先，一部电梯的门打开了，电梯里挤满了人。又来了一部电梯，里面也挤满了人。然后第一部电梯回来了，紧接着第二部电梯也回来了，里面满满当当的都是债权人和律师。"

我们给会议室加了椅子，而此时债权人开始争吵了起来。有些银行声称自己比债券持有人拥有更高的偿付次序。

他们抢夺着桌旁的椅子，也抢夺着赔偿金。

"有些人对破产工作有丰富的知识，特别是债券持有人的代表，而有些人则对此一无所知，"乔恩说，"有一个债权人很急切。'你们只要把渔业和发电厂产生的现金流给我们就行。'这位债权人说。"

一家德国银行则试图恐吓一位优先债券持有人，这家德国银行的代表说："你的偿付顺序可是在第二位。"

"那场会议变得一团乱。"一位与会者谈到之后与冰岛财政部的会议时说，"冰岛财政部没有一丝头绪。'我想要回我的钱。'一个债权人说。"

最后一站是冰岛金融监管局。"他们也同样毫无头绪。"一位债权人代表说。

债权人聚在霍尔特酒店。他们是自发组织起来的，所有在场的人都同意建立一个债权人委员会。

第二天,他们又去了三家银行,与债券发行人见了面。

而且,是的,连冰岛最大的保险公司斯乔亚(Sjóvá)也破产了,而其股东迈尔斯通(Milestone)及其子公司已经动用了斯乔亚的资金。这可是一个塞满了预付保费的饼干罐,这些金融界的维京汉子可无法抵挡这样的诱惑。斯乔亚还曾经承诺对中国澳门的一座大楼投资1亿美元。

"祸兮福所倚",2006—2008年,冰岛车祸的数量减少了1/3。银行家们很鲁莽,司机们则没那么鲁莽。

阿尔夫塔内斯小镇[①]

阿尔夫塔内斯小镇位于一个半岛上,与雷克雅未克市中心隔海相望。小镇上的人口数大约是2 500。在小镇的一侧,冰岛总统就住在总统官邸里。

2008年11月,金融危机之后,投资银行弗拉基尔斯(Frjalsi)在一次强制拍卖中买下了这一街区的房子。前度业主在2009年6月17日的冰岛国庆日拆除了这所房子,他刚刚收到要离开的最后通牒。

"我目睹了一切,并打电话给了警察和房子的业主。"一位建筑检查员说。房子几乎已被完全拆毁,只剩下车库。

拆楼甚至成了某种符号,吸引了国际社会的关注。即使在今天,国外一些人在讨论金融危机时也会不时地提到冰岛的拆楼

[①] 本节内容来自冰岛的新闻媒体冰岛新闻(Icenews)于2009年6月18日和2011年5月7日发布的文章。关于对市政当局的影响,详见阿尔尼·马格努松的文章《经历风暴——冰岛市政当局对空前的经济危机的处理》。

行动。

  这位业主说，他觉得自己没有什么可失去的。对他来说，如果破产，是欠 6 000 万克朗，还是欠 1.2 亿克朗，其实没有什么区别。由于贷款是以外币计价的，贷款余额已从 3 600 万冰岛克朗增加到了 7 800 万冰岛克朗。他曾试图与银行进行谈判，但银行并不理睬。

  然而，随着这名业主因抢劫、未缴税、欺诈和违犯会计法被判处了 18 个月的监禁，弥漫在冰岛的情绪也发生了转变。10 月发生的金融危机，根本不可能是短短一个月后房屋拍卖的主要原因，但这是一个有卖点的故事。

  此前，阿尔夫塔内斯市政府曾决定，用外汇贷款来兴建新的游泳池。然而，市政府唯一的收入来源是所得税和房地产税，这些也都是以冰岛克朗计价的。

  游泳池设计得很时尚，有一个波浪池和滑梯塔，从很远就看得到。现在，外汇计价的贷款翻了一倍。据称，该泳池也成了冰岛有史以来最昂贵的建筑。金融危机后，市政府的收入也急剧下降。2013 年，在山穷水尽之下，阿尔夫塔内斯与另一个市镇合并了。

  2007 年，所有冰岛城市的债务和货币资产大致相当。但到了 2013 年，它们的债务增加了一倍，而货币资产则缩了水。

  这场吞噬着冰岛企业和家庭的债务危机，即将滑入深渊。

欧洲央行脱身了，冰岛央行则受到了冲击[①]

  我的很多采访都是在冰岛央行的会议室里进行的。这里的椅子

[①] 关于冰岛央行的购房贷款规则的概述，详见冰岛央行 2008 年年报。在 2009 年 3 月 5 日的一份新闻稿中，欧洲央行提供了 2008 年头寸的信息。关于所造成后果的信息是基于 2018 年 8 月 1 日从芬兰央行收到的信息，以及在 2018 年 6 月 11 日对芬兰央行行长埃尔基·利卡宁的采访。

都是丹麦设计的，价格昂贵，形状各异，颜色也不尽相同，有红色、黄色和绿色。

"这些椅子是从银行拿来的，它们都是抵押品。"我的受访者说。

2008年，随着市场的枯竭，冰岛央行成为该国商业银行获得新流动性的主要来源。通过向央行提交抵押品，商业银行就可以获得新的流动资金。

2008年1月，抵押融资的规则发生了一些改变：抵押品的范围扩容了。

现在，以美元、英镑或欧元计价的债券都可以用作抵押品了。另外，政策也允许发行所谓的资产担保债券（Covered Bond），这些债券以冰岛克朗计价，由住房投资组合作为信用背书。此外，银行自己包装出来的债券也可以被当作抵押品。

2008年8月，抵押政策又进一步放松了，有资产抵押的债券也被接受了，而资产担保债券当然也可以。然而，对于哪些具体类别的资产可以被证券化，政策则没有规定。

这样的话，椅子大概也行吧。

有些冰岛银行还会把其他银行的债券当作抵押品使用。还记得那些"情书"吗？

话虽如此，其实冰岛央行对肉眼可见的"政策滑坡"是看在眼里的。因此，央行在拓宽抵押品范围的同时，也调整了抵押比例。2008年9月1日，央行只认可抵押品价值的90%，10月1日调整为80%，直到2009年1月1日，这一比例几乎下调到了50%。

所幸最后这个数字没有进一步下调。在那时，三家冰岛银行都已经崩溃了。相比之下，欧洲央行的行动则更加迅速。

在2008年金融海啸时期违约的银行中，欧洲央行只对其中5

家提供了流动性支持：雷曼兄弟、荷兰银行 Indover NL，以及冰岛三大银行。欧洲央行的风险敞口总额为 103 亿欧元。在 2008 年年底，欧洲央行还建立了 57 亿欧元的资本缓冲，以应对可能出现的损失。

然而，通过对抵押品的处置，欧洲央行实现了资金的回笼。因此，就所有在 2008 年违约的 5 家银行所提供的抵押贷款而言，欧元体系最终并没有遭受损失。

我在 2018 年 8 月 1 日收到芬兰银行的一封电子邮件，其中写道："理事会每年都会审查存续拨备的适当性，并决定在 2013 年年底当欧元体系能够处置抵押品时便注销此项拨备。因此，在向已违约对手方借贷一事上，欧洲央行系统并未遭受损失。"

欧洲央行已经清空了其贷款组合，喊停了"情书融资"，从而规避了损失。

但是对于冰岛央行来说，它的抉择则更艰难。要么是拿海量的纳税人的钱去冒险，要么是果断采取行动，但这必然会给已经不堪一击的银行带来更大的压力。

SIC 援引冰岛央行市场部主任的话说，当时他们如果要向商业银行开口索要更高质量的抵押品，那简直就是"难以启齿"。更不要说，其实冰岛央行也得依靠商业银行和冰岛金融监管局。

SIC 说，冰岛央行应该采取更有力的行动来限制"情书融资"，而且应该坚持接受更高质量的资产作为抵押品。

2007 年年底，冰岛央行的抵押贷款余额为 3 020 亿冰岛克朗，当时已属历史最高水平了。然而，这个数字还在持续上升，最终在 2008 年 10 月达到了巅峰。在商业银行发生倒闭时，冰岛央行已经借给了它们 5 200 亿冰岛克朗。要知道，2007 年年初时，这个数字仅为 500 亿冰岛克朗。显然，在雷曼兄弟倒下之前，冰岛的银行就已经很难再获得流动资金了。

冰岛央行所掌握的抵押品中，有58%是由格里特利尔银行、克伊普辛银行和冰岛国民银行所发行的债券构成的。

冰岛央行想要得到优先偿付。开始时冰岛金融监管局给了首肯，但随后提出了反对。冰岛金融监管局坚持的原则是，非优先级债权人的偿付次序应当是等同的。于是，在债权人的身份上，冰岛央行并没有特权。

对于那些没有破产的商业银行，冰岛央行则要求它们补充抵押品，这多少缓解了冰岛央行后来的损失。而且，正如我们稍后将看到的，正是这些抵押品后来让冰岛央行陷入了各种奇异的索偿情境，有时它们的偿付顺位居然和德累斯顿银行一样。

2008年年底，冰岛财政部接管了冰岛央行对金融机构的债权。

冰岛央行也破产了，它需要进行价值为1 700亿冰岛克朗的资本重组，这相当于冰岛GDP的11%。

对于一家银行来说，其董事会负责银行的运作，冰岛金融监管局负责对其进行监督。但是，作为银行最大的流动性提供方，冰岛央行本可以提出要求，争取一些权利。央行本可以要求查看商业银行的账目，也本可以对商业银行的规模和经营活动设置条件，并以此作为提供资金的前提条件。然而，冰岛央行并没有这样做。

随着情况恶化，冰岛最大的损失正是源于此处。要么它是因为不了解风险，要么它是为了拯救商业银行而铤而走险，要么二者兼有。

还有更坏的消息。2007年年底和2008年，冰岛银行需要外汇。因此，它们用冰岛央行的"情书"举债，获得冰岛克朗，并再将其换成外汇。这导致冰岛克朗的汇率发生了贬值。但是，银行还是赚了钱，因为它们采取了对冲策略，而且冰岛央行也在试图通过提高利率的方式来支撑冰岛克朗的汇率。

第三章 浩劫与废墟

第一个入狱的人

财政部的常务秘书通常是最有影响力的政府官员之一。在冰岛，他也是金融稳定和筹备特别咨询小组的重要成员，是一位受过专业训练的律师。

而且，他也是冰岛国民银行的一名占股份额不小的股东。

但是，他不认为其所持的银行股份是让他回避的理由。

8月13日，这位常务秘书会见了冰岛国民银行的首席执行官，他们描述并讨论了冰岛国民银行的所有问题。9月2日，他会见了英国财政大臣，讨论了冰岛储蓄的问题。

9月17日和18日，这位常务秘书出售了他在冰岛国民银行的全部股权，套现了1.92亿冰岛克朗。在他看来，他在出售股权时所掌握的信息，都属于公开信息。

2008年10月，冰岛金融监管局开始调查这项股权出售案。2012年2月，他被最高法院判处了两年监禁，这是冰岛有史以来第一个与内幕交易有关的监禁判决。

"我们感到很惊讶，"另一家北欧金融机构的前雇员说，"他卖出股权这件事，和对他的判决，都是破天荒的事。但更重要的是，监管条例允许他坐拥股份，并且还让他领导这些谈话，更是石破天惊。"

巴黎司法宫的阶梯[①]

我被传唤到了巴黎。2019年5月10日的巴黎，乌云密布，我

[①] 《击垮银行系统》一书回顾了股权的利害关系。

来到了这座城市。

这一天距离冰岛国民银行倒闭已经过去了十年七个月零三天。我开会地点的隔壁，正是另一场悲剧的遗迹——大火洗礼过后的巴黎圣母院。

巴黎司法宫位于塞纳河中的小岛西堤岛上。司法宫中的德斯克里斯大厅是法国最高法院常用的法庭。

在这里，我被传唤为专家证人，接受了他们三个多小时的问询。

这里有47名苦主提出了民事诉讼，他们中有许多人已多年浮沉于苦海之中。有些人觉得他们人生中的10年被抹去了，他们中有15人如今已经退休了。他们中有些是店铺的营业员，还有一名医生、两名护士、一名卡车司机和一名幼儿园助理。他们都将自己的信任存进了同一家银行：冰岛国民银行。

冰岛国民银行卢森堡分行，以及9名个人在这里被列为被告。他们中最显眼的，正是冰岛国民银行的前任董事长。其他的8个人，我在此将他们的名字以缩写列出：RA、VF、TJ、OL、PM、MN、TN和GT。这些人大多数都不是冰岛人。在一栋可以追溯到1240年的古老建筑中，庭审程序于5月9日开始了。这一天，所有人都毕恭毕敬地列席了。

除了这位董事长，他可能有其他事情要做。董事长和他的儿子一直是冰岛国民银行的大股东。

这对父子直接拥有的银行股份约占40%，但其所控制的股份达到了50%以上。其中有10%左右的股份由若干离岸公司持有，而这些公司由银行自己控制着。

我个人认为，至少从道德层面来看，这起案件是三家银行中最恶劣的。

冰岛国民银行客户的律师和顾问在爬着巴黎司法宫前的楼梯。

在民风尚古之时，银行从储户那里吸收存款，然后把钱贷给需要资金的个人或公司。举例来说，中年工人把钱存在银行，积累养老金，而银行也会将他们的钱借给年轻家庭，让他们建起第一个小家。这种模式下，借款人（也即年轻家庭）所支付给银行的利息实际上最终是给了存款人（也即中年工人），银行则会在其中赚取小额的利润。凭借向银行注入的股本金，银行的股东获得回报。股东的股本金一方面保障了存款的安全，另一方面还会在许多储户突然需要资金时成为银行的资本缓冲。

但是，冰岛国民银行在卢森堡的业务并非如此。

在这里，银行的销售员会挨家挨户地敲门，推销一种创新性的金融产品：名为"权益让与"（Equity Release）的反向贷款。

如果你的房子价值100万欧元，并且没有债务，那么你就可以从银行贷出60万欧元，然后你可以花掉20万欧元，用剩下的40万欧元来投资。你把这40万欧元置于高回报的投资项目上，这些投资回报不仅可以覆盖这60万欧元的资金成本（即利息），甚至能把花掉的20万欧元赚回来。这样一来，你作为业主，相当于凭空变出消费力。

这就是他们的销售话术。

然后，银行可以给业主提供高安全性的贷款，再将这些贷款作为合格抵押品，抵押给央行以换取资金。

更妙的是，如果业主的一部分权益金（即上文所述的那40万欧元）用来购买冰岛国民银行的股份，还可以满足银行的股权需求。

因此，在冰岛国民银行的业务模式中，并不需要存款。股权是凭空创造出来的，而不是被需要的。它们还可以获得费用收入和保证金收入。难怪有人称，这三家银行重塑了银行业。

此言不虚。原告称，冰岛国民银行有自己的估价师。原告审查了10处房产，这些房屋的平均价值被高估了70%。这意味着这些客户可以贷到超过其房产价值的款项。

贷款文件显示，一些贷款是以瑞士法郎计价的。这虽然降低了利率，但也为贷款人带来了汇率风险。冰岛国民银行对其冰岛客户所做的就是如此。

但是，冰岛国民银行还跨了一大步：将借款人的钱主要投资了克伊普辛银行和冰岛国民银行的证券。呈交给法庭的证据显示，冰岛国民银行将一位客户82%的资金都投在了这些证券上，其中最大的一笔投资还是在 2008 年 9 月 6 日进行的，此时距离 2008 年 10 月的悲剧仅有一个月。

第二大投资是价值 228 050 欧元的冰岛国民银行债券，于 2008 年 10 月 10 日登记完成。这些债券事实上已经几乎一文不值，当它们被记入客户的账户时，其实只值 3 050 欧元。

人们必然会猜测，位于卢森堡的冰岛国民银行做的这些交易是为了什么？是客户利欲熏心使然吗？还是银行在垂死挣扎，试图挽救自己和股东的股本？

许多客户始终惴惴不安。有些人向冰岛国民银行提出申请，要求其提供由普华永道审计的年报。他们认为，审计后的报告总该是公平合理的陈述吧。

后来，是冰岛国民银行的破产财团对普华永道提起了控告，申索金额是 1 000 亿冰岛克朗。破产财团认为，正是该行审计师的行为、疏忽和错误的建议，才引致了损失。

这 47 位苦主中有一位来自德国，他已经焦虑了很久。他提出要审阅德文版的合同，而银行告诉他没有德文版合同。

类似的情况也出现在法国，法国的客户收到了英文合同，因为银行告诉他们没有法文版。奇怪的是，在英国的客户却收到了法文版的合同，因为银行告诉他们没有英文版。

反正银行是这么说的。

8 名被告中姓名缩写为"OL"的人士，分享了他在 2008 年 1 月 17 日的邮件中的"安慰之言"。"正如'TN'去年 11 月对您说的……我们可以说，我们的权益让与的投资回报部分将高于您的贷款成本和还款金额（期满后）。"

他接着补充说："基于指数的市价将产生足够的收益，足以覆盖这些费用，所以投得再多也不用担心。"

然而，现实却恰恰相反。

分析师让-米歇尔·马特（Jean-Michel Matt）被传唤为法庭证人，他为原告评估了此投资方案背后的机制。他测试了60种情境，其中只有一种情境能给客户带来满意的回报。

当冰岛国民银行和克伊普辛银行相继违约后，投资回报自然也就落空了。

从这位德国客户的账户报表中，我们可以看出违约事件的影响。银行债券的"无风险"组合的价值，从664.487欧元下降到了22欧元。

虽然投资组合的价值蒸发了，但用瑞士法郎计价的借款的欧元价值却增加了。过了一段时间，破产财团提出了索赔要求。不出意料，索赔要求中也提到了公司破产和个人连带责任。

随着银行的操作手法浮上台面，冰岛这个诚信国家的语言系统中产生了一个新词：克伊普辛戏法（Kaupthinking）。它可以作为一个名词、动词或形容词使用，可以用来描述一种心理状态，甚至是一种政治或经济制度。它也被用来描述那些狡猾的，但疑点众多且游走于犯罪边缘的经营行为。

而且冰岛国民银行的权益让与计划还更加恶劣。

显然，"克伊普辛戏法"已不足以形容这种情况了，应该再造一个卢森堡的当地方言词汇。

这个新词应该涵盖这样一种情况：一家位于卢森堡的银行近乎疯狂地用客户资金进行投资，拿客户的资产去赌。一般来说，基金经理很少会在一家公司投资超过10%的权重。在许多国家，超过10%的投资集中度甚至是非法的。

而且，通常在客户临近退休时，基金经理会主动降低客户投资组合中的风险。这个案例可不是这样。

这个新词也应该涵盖一种情况：所提供的贷款会为客户造成额外的风险。如在冰岛，许多借款人都面临着汇率风险。

这个词还应该描述这样的情况：银行在系统性地猎杀那些金融知识相对有限的客户，而他们恰恰是正常情况下最需要法律保护的群体。

这个词还应该描述的是，风险被隐藏了起来，而且是被蓄意隐藏的。

并且，当局的唯一反应是追捕受害者，而不是罪犯。

"就与银行对簿公堂来说，卢森堡是整个欧洲最差的地方，"一名紧跟案件的人士说道，"对于权益让与的方案，西班牙或法国都倾向于客户的判例，但卢森堡可是个靠银行业为生的地方。"

权益让与的结构、投资组合分配和客户沟通等事项，残酷地揭示了一种可怕的文化：参与方对风险知之甚少，没有遵守准则，银行也缺乏确保合规性的机制。所有这些问题，最终都是银行董事会的责任。

但是，董事长究竟对这些知道多少，就是个罗生门了。5月22日，董事长最终在巴黎司法宫现身了，但他仍然拒绝回答任何问题。

然而，2019年6月7日，法国国家检察官来到了法国法院。在此，他提出了一个具有里程碑意义的呼吁，要求法庭做出判决。

2019年12月4日的凌晨1点30分，法庭即将宣判。

解释不能解释的东西[①]

与这一节相比，上一节的内容很简单。

[①] IMF于2007年8月发布的关于冰岛的《选择问题》报告的附录1中提供了关于冰川债券结构的简短摘要。对于更全面的概述，详见2008年6月3日勒内·卡勒斯楚普（René Kallestrup）的演讲《最近冰岛外汇市场的波动情况》。对于相关概念的解释也可参考冰岛央行的研究报告《货币公报》2005年第4期内容。弗雷·赫尔曼松也帮助解释了冰川债券的概念。

因此,你可以跳过本节,直接从下一节开始读。除非你真的想了解一些几乎违背人类思维的东西:现代银行业。

坦率地说,有些人处心积虑地不想让你知道银行业背后的故事,以及他们又是如何操纵这一切的。

"我不能说我了解这一切是如何运作的,"一家贸易公司的前任领导者说,他要求匿名,所以让我们暂时称呼他为"哲夫斯"吧,"我完全不能理解这一切。那些知情的人并没有透露所有的信息。这是个利润丰厚的市场,了解这一切的少数人可以从中赚到很多钱。"

如果你选择跳到下一节,你需要知道的是,随着时间的推移,金融交易越来越多,让那些非冰岛居民拥有了大量的冰岛克朗。这些冰岛克朗很大一部分都存在于境外。金融危机后,大多数账户持有人都想把他们持有的冰岛克朗换成外币。

这创造了所谓的"悬停"(overhang),即一种可能会出现巨大的冰岛克朗外流风险的情况。这个词可能是源自冰岛山区有时会出现的一种地貌,即在风的作用下,山顶的背风面会形成雪层积聚。

这些雪层可能会在雪崩中滑下山坡,摧毁所有挡在它前面的东西。

这就很像那堆等待换汇的冰岛克朗。

这也直接导致了冰岛克朗汇率的下行压力。因此,冰岛实施了资本管制。现在,钱都被锁在了国内,冰岛克朗也不能兑换了。

本节解释了这一切是如何开始的。所以,如果你喜欢数独游戏或国际象棋,或者志在成为一名衍生品交易员,你不妨研究一下所谓的"冰川债券"当初是如何问世的。这是另一个由享誉世界的金融工具变成了大规模金融杀伤性武器的实例。

在2005年夏,欧洲的利率水平总体温和。然而,冰岛的利率却很高。而且,多年来冰岛克朗对欧元的汇率一直在上升,每一冰岛克朗可以买到越来越多的欧元。

因此，你可以把你的欧元换成冰岛克朗，享受市面上最高的利率水平。然后几年后再换回来，你就会得到更多的欧元。至少希望是如此。在 2002 年、2003 年、2004 年、2005 年，这个交易机会好得不容错过；它在 2006 年的金融小危机中稍有逊色，而在 2007 年再度绽放。但在 2008 年，情况发生了变化。

不过，更惊人的是，冰岛的高利率居然也可以变成降低欧洲银行融资成本的工具，只要操作那些从未进入冰岛的资金，就能够实现这一目标。

有人可能会说，这简直就是"金融炼金术"。

该轮到金融工程师登场了。在这项业务上，多伦多的道明银行（Dominion）是最大的，它和它的证券公司道明证券（TD Securities）占了 60% 的市场份额。德意志银行则排名第二。

这可真是"惊喜连连"啊。

它们与信用良好的银行（即所谓的"AAA 级"银行）开展合作，这些银行可以发行债券。在这些银行中，有国资背景的银行占 34%，商业银行占 31%，多边开发银行占 27%。因此，我将要描述的这场金融游戏，在很大程度上是由政府相关实体所造就的。

其中最大的参与方是德国的主权性银行——德国复兴信贷银行（KfW）、荷兰合作银行（Rabobank）和欧洲开发银行（European Development Bank），而排名第四的是来自奥地利的银行。其他的还有世界银行（World Bank），以及挪威地方银行（Kommunalbanken），甚至还有丰田汽车信贷公司（Toyota Motor Credit Corporation）。

让我们姑且称这些假想银行为"AAA 行"。

有一天，一名比利时牙医和他的一些有闲钱的朋友获得了一个投资建议：购买由"AAA 行"发行的债券。

债券是以冰岛克朗计价的，期限为三年，年化利率是 10%。

这名牙医买了这只以冰岛克朗计价的"冰川债券",全额用欧元支付。

于是,"AAA行"手上握着牙医所付的欧元,然后它把这些欧元贷给自己的客户,比如贷给一些区域开发项目(简称"RDP")。这些"RDP"会在三年之后偿还贷款,并附上2%的年利率。于是,这些钱留在了原地,也从未进入冰岛。

然而,"AAA行"仍然借由冰川债券产生对牙医的冰岛克朗负债。它必须在三年内偿还冰岛克朗本金,并支付高额的利息。因此,"AAA行"必须赚取利息,同时管理好牙医手上以冰岛克朗计价的冰川债券的货币风险。因为,三年后"AAA行"将收到"RDP"偿还的欧元贷款,但它们还需要有冰岛克朗才能付钱给牙医。

这一切的发起人(让我们称他为"TD")为"AAA行"找到了一个解决方案。"TD"帮助"AAA行"购买了一项权利,即可以在未来三年内将"RDP"支付的欧元兑换成冰岛克朗。在某个既定汇率下,"AAA行"需要获得10%的利息(是包括对牙医的负债),然后再加上一点利润,比方说12%。

"TD"建立的正是所谓的"货币远期合同",这种金融工具提前设定好了未来三年之后会发生的交易。现在"AAA行"心满意足了。

然后,"TD"现在必须找到一个能在三年后履行远期合同的客户,一个愿意保证在三年内支付今天所谈定的汇率和12%年利率的对手方。

"TD"知道冰岛的利率是14%,于是他找到了一家冰岛银行,让我们称之为"III行",它愿意成为这份冰岛克朗远期合同的对手方。"III行"承诺在三年后交付冰岛克朗,外加利息,而它也会相应地获得欧元回报。此后,"III行"可以将获取欧元的权利的其中

第三章 浩劫与废墟　　　　　　　　　　　　　　199

一部分再转给其客户，然后自己留一部分。现在"III行"已经知道它将会收到欧元。这部分欧元权利会对它持有股权的外汇风险形成对冲。

他们永远都会有对冲，请记得这一点。

"如果没有冰岛银行的参与，这个交易结构就不会发生，"参与其中的一名人士说道，"为了把交易转起来，必须有人拿这个远期头寸，我们当时在全世界找，还测试了所有高利率的国家。我们无法在塞尔维亚进行交易，因为贝尔格莱德的银行都没有做好准备。我们也尝试过马来西亚，但也没有成功。"

"但是，"他继续说，"在雷克雅未克，银行对此的兴趣是巨大的。"

"当然咯，"当时克伊普辛银行的一名员工说，"当时上面给我们的任务就是要扩张。如果有人找上门提议让我们做一笔大交易，哪怕比我们平时的交易大很多倍，我们的回答也会是：'好的，我们可以做。'"

现在轮到"III行"心满意足了，而且"TD"、"AAA行"、牙医和"RDP"也都很高兴。

冰岛的银行在利息收入和费用收入方面执行业牛耳，如果你曾经好奇过它们是怎么做到的，你现在可能已经有了一些头绪。这部分要归功于冰岛的高利率水平，但讽刺的是，当局设置高利率的初衷，正是为了冷却由银行自己造成的经济过热。

"2005年，外汇交易的上限是150万欧元，"一位克伊普辛银行的前银行家说，"两年之后，哪怕是1 000万欧元的交易，人们也会嫌小。"

"我在2000年左右开始在伦敦工作，当时曾与两个交易台共事，"一名美国三大投资银行之一的雇员说，"有一个交易台叫'斯坎迪斯'（Scandis），交易的是北欧地区的克朗货币，另一个交易台叫'新兴市场'。

"刚开始时,我们这些交易员甚至不知道冰岛克朗应该在哪张交易台做交易。然后在2005年,冰岛克朗的交易起飞了,交易量爆炸性地增长,我从未见过这样的事情。对我们来说,这当然是好事,尤其很多交易是与对冲基金做的,比如千禧管理(Millennium)和各大宏观基金。我们和它们之间有交易额度,而作为我们竞争对手的北欧银行却没有额度。"

"AAA行"债券的交易链本应在债券到期时出现逆转。第一个环节落地了,牙医拿回了大量的冰岛克朗。然而,当银行出现违约后,随之而来的是大量资本外逃,当局也实施了资本管制,这导致牙医无法在当地市场将冰岛克朗兑换成外汇。

最后一批下水的冰川债券于2008年9月10日面世,荷兰合作银行是发行人,道明银行则负责承销。本金为130亿冰岛克朗的1年期债券,利率为10.25%,而相比之下,冰岛政府债券的收益率为13%~14%。仅仅一个月后,买家就发现自己被套牢了。

套牢的是最后时刻进场的牙医们。他们在购买荷兰合作银行(最大的冰川基金发行人)发行的AAA级债券时,本以为投资收到的会是可兑换的币种。

但后来事情并非如此,投资回报的计价货币受到了资本管制。散户投资者可能会默认冰岛克朗计价债券的所有风险都已经由发行人在债券发行环节化解掉了,但这种默认是没有根据的。

更令人痛苦的是,一些其他的资金也被带到了冰岛,还直接存在存款账户里。这些资金正是为了买政府债券(或政府担保债券)才来的。

投资于冰岛住房融资基金债券的资金就高达10亿美元,乔治·索罗斯领导的量子基金(Quantum Fund)据说就是大买家之一。住房融资基金债券有6%~7%的利息,而且票面利息水平还会根据通货膨胀率全额进行调整。更妙的是，债券投资人还可以将债券抵押给冰岛的银行，然后通过所谓的回购协议，从银行再融出债券价值的 90%。对使用这种策略的投资者而言，他们只需要手头有投资总额 1/10 的资金就可以赚取全部收益。

这简直就是开动了印钞机，至少在一段时间内是如此。

一路走来，市场对冰岛克朗激增的需求造成了货币的升值压力，币值也越来越难以维持稳定。

颇为矛盾的是，大多数冰川债券业务的背后，站着的是各国有国资背景的银行和国家性的开发银行。事后人们可能会想，为什么当时没有人尝试进行干预呢？

冰岛央行在 2005 年的初步评估是：冰川债券业务的影响很小。"冰岛证券市场的规模很小，资本对冲的机会也有限，进而将逐渐侵蚀现下这类交易的回报。"

对这一市场发展，冰岛央行的货币公报的评估结论是："有一些现象表明，发行以冰岛克朗计价的债券会对冰岛的金融市场产生非常积极的影响，长期来看还会强化冰岛的金融基础设施。"

因此，冰岛当局是支持这种"套利交易"的。这种交易让冰岛的市场扩容了，也带来了更高的流动性和交易规模，可以说这让冰岛成了一个国际金融中心。此外，鉴于冰岛巨大的贸易赤字，国际资本的流入是很重要的。

"通常来到一个新的国家时，我往往是不受欢迎的，"这里引述一位套利交易员的话，"而在冰岛，我大受欢迎，我的老板也很高兴。"

他回忆道："我记得有一次我回到雷克雅未克时，'哇！他们又加息了！'我报告了此事，我的上司很高兴。"

"在冰岛，没人有兴趣知道套利交易是如何操作的，所产生的影响有多大，"哲夫斯说，"我们可以继续这么赚钱。利润空间是巨大的，而且这些金融工具往往是面向零售市场的。"

冰岛克朗现在与土耳其里拉、南非兰特、巴西雷亚尔、印度尼西亚卢比和墨西哥比索一起进行交易。

这些货币的规模在 2007 年以美元计价的 GDP 规模的 15 倍至 70 倍之间不等。

"就规模而言，由我们伦敦办公室交易的冰岛克朗，与其他货币相比都是差不多的，"一位交易员说，"在 20 国集团国家所发生的套利交易中，对冰岛的交易占了 10%~20%。"

然而，这些交易增加了冰岛的资金流动和持仓规模，但金融体系的稳定性和脆弱性都承压了。这就像是在一个巨大的仓库里，满满当当的都是冰岛克朗计价的金融持仓，巨量的资金每天都在穿梭。从仓库地板到屋顶，都堆满了全球各大金融中心所持的"头寸"。更重要的是，很大一部分资金从未进入冰岛，而且很大一部分还是金融衍生品，这些是建立在基础头寸之上的衍生性头寸。因此，仓库真实的交易规模和资金量，至少有一部分是无法通过官方统计体现的。很大程度上，这些交易是游离于冰岛的经济学家和监管机构的视野之外的。

"套利交易的头寸是巨大的，"一名前冰岛衍生品交易员说道，"但是，大部分此类套利交易都是无影无形的。如果有人对某国进行了投资，投资金额通常都会显示出来。但如果用了衍生品的话，风险是不断积聚的，但资本却没有相应地积聚。"

其间，冰岛央行也曾经尝试给市场降温。冰岛央行的一名员工说："我们给世界银行打电话，要求他们不要再为套利交易提供融资了。"

但是，为时已晚。

"人们事后可能会想，为什么这一切从一开始就是被纵容的呢？"这位央行员工说。

当我后来抵达冰岛时，我发现这里有许多人具有丰富的金融知识，甚至谙熟最为先进的金融工具，这令我感到惊讶。在各种犄角旮旯儿，我都会遇到能聊那些复杂金融工具的人。我在经济部门工作了 10 年，在商界也工作了 15 年，跨越几十个国家，但我从没见过这样的情况。

在伦敦的英国央行附近，道明证券在线绳街 60 号的高层建筑中有一个两层楼的办公室。这座大楼坐落在一个巨大的玻璃外墙后面，有个巨大的门厅。在公司内部，有许多人担心道明证券会因冰岛的金融危机而遭到重创。这倒不是因为道明证券自己投了些什么，而是因为它有许多交易对手都有可能倒闭。但是，结果道明证券做得还不错。因为它买了大量克伊普辛银行的 CDS。不是因为道明证券买了克伊普辛银行的债券，而是因为对于任何害怕冰岛崩盘的人，或是希望从冰岛崩盘中牟利的人而言，投资 CDS 是不二选择。是的，克伊普辛银行的规模、繁荣的表象和金融创新仍然阴魂不散。

今天，道明证券在其官网上列出了它所交易的货币。在新兴市场板块，道明证券列出了 13 个国家的货币，其中这些国家仍然包括巴西、土耳其、印度尼西亚、墨西哥和南非。

而且，冰岛今天也再度上榜了。

失去 1/4 的养老金储蓄[①]

1/4 的冰岛养老基金资产，就这么被金融危机的黑洞吞噬了。

---

① 本节内容是基于冰岛养老基金任命的委员会编写的报告《评估 2008 年银行业倒闭前养老基金的投资政策、决策和法律环境》。关于已停业企业的数据是由我自己计算出来的，并跟踪了 2007 年 3 月在冰岛交易所上市的公司的发展情况。

有将近一半亏在冰岛股票上，1/5 亏在银行债券上，1/5 亏在公司债券上。

造成损失的一个重要原因，是这些基金的风险偏好在金融危机前的几年中升高了。

"几乎所有的投资指引修订，都是为了扩大基金的投资权限，"一份 2012 年关于基金损失的调查报告这么写道，"大多数的修订都不够审慎，而且有些构思本身也是存疑的。"

通常情况下，当股票市场出现下调时，这些损失的价值大概率总有一天会修复过来，但这在冰岛没有发生。当我们回望 2007 年 3 月的冰岛股市，其中有 75% 的公司后来都破产了。另外还有 15% 的公司在冰岛经济崩溃之后就退市了，大多是由大股东以极低的价格进行了私有化。

价值就这么蒸发了，且后会无期。养老基金已越来越不足以支撑冰岛国民的养老需求，他们必须从已经捉襟见肘的市场上筹措新的资金。

八方来电

冰岛银行的债权人起初是无组织的，但他们后来很快成立了一个债权人委员会。"我在委员会里担任债权人代表一职，"巴里·拉塞尔说，"委员会组织者甚至把我的手机号也登在了网站上，当作热线电话。

"我的手机都快被打爆了，人们从全球各地打来电话，有日本、中国、泰国，哪儿的都有。

"这些银行知道私募债的买家是谁，但其他债权人是谁，则完全不清楚。人们只是在拼命地打着电话。"

2008 年 11 月 4 日和 6 日这两天，债券违约后的残余价值，是通过拍卖 CDS 确定的。此时，对 CDS 持有人的偿付金也被定了下来。①

冰岛国民银行的债券残值被定为面值的 1.25%，格里特利尔银行的为 3%，克伊普辛银行的为 6.625%。对 CDS 持有人的偿付金达到了 76 亿美元，超过了雷曼兄弟的 52 亿美元和华盛顿互惠银行的 13 亿美元。

"在 CDS 拍卖之前的一段时间里，债券残值价格甚至更低。"一位大型对冲基金的买家说。

换句话说，如果有人以 100 美元的价格买入债券，那么在债券违约之后，债券的价格会跌至 1~7 美元。有很多债权人此时只想尽可能地捞回一些钱，然后愿赌服输地离开市场。现在，轮到对冲基金登场了。它们研究了银行的剩余价值，然后以低价买入了不良债券，赌它们能在发行人的清盘过程中获利。

"高盛是最早进场的公司之一。"一位受访者说。没错，德意志银行对此也很积极，它是迄今为止最大的克伊普辛银行 CDS 拍卖参与方。紧随其后的是摩根大通、瑞士银行和法国巴黎银行，它们都以自己的名义或是代客进行交易。

"德意志的不良债务部门进场了，"另一位买家说，"它们甚至在拍卖之前就进场了。"

"我们其实没看到什么数据，"一名卖家说道，"我们只能看到 2007 年年底的账目，以及 2008 年年中的初步账目。我们减去了我们已知的亏损，再减去那些用于偿付冰岛和外国存款的资产。

"然后，画面就突然明晰了。通常情况下，存款在银行资金中会占很大一部分，华盛顿互惠银行就是如此。而克伊普辛银行和格里特利尔银行则不是这样。它们有大量的市场贷款。"

---

① 路透社于 2008 年 11 月 3 日发表的文章提供了关于 CDS 拍卖结果的数据。Creditfixing.com 网站列出了拍卖的参与者名单。

这一特点曾被视为银行的软肋,但现在它却使这些债券特别有吸引力。

因为即使在全额偿付的情况下,分给储户的也只会是其中的一小部分,这意味着更多的钱是会留给债券持有人的。一些对冲基金早在 2008 年 11 月就发现了这一点。

其他大多数人,是到 2013 年才看清这一点的。

"我计算了一下,债券回收率会有 30%~35%,"一位买家自夸道,"由于拍卖价格很低,即便有很多事情最终不如所愿,但我们仍然会赚到钱。

"我的判断有对有错,但综合来看,对错基本打平。"

"全球经济和资产价格出现了快速的复苏,这超出了此前偏审慎的假设。

"房地产市场却恢复得没有我预期的那么快。政策成本也越来越高。而且这种情况持续了很长时间。这导致我们花了很多律师费和顾问费。"

"CDS 拍卖结束之后,对冲基金才真正开始进场,"拉塞尔说,"我的第一批债权人客户,陆续在 2009 年、2010 年和 2011 年离场了。"

"这和租帆船差不多。"一位对冲基金经理说。我是在波士顿见到他的,这里是帆船圣地。"在风和日丽的日子里,很多人都想出海。在需求激增之下,租船的费用也随之上升。但是在阴天、大风天,想出海的人变少了,那价格也会下降。

"在这种时候,有些人可能会用低廉的价格获得不错的航程,而其他人的船只可能会损坏,或是沉没。

"在资本市场上,许多人会在市场预期一片大好之时进行投资。但这样的话,回报率也会下降。

"还有一些像我们一样的少数派,会在市况艰难的时候进场。

我指的是那种近乎绝望的时刻。在冰岛这样的独特情况下，我们会得到巨额的回报。我们会关注这种投资机会，但它永远不是一马平川的。

"有的时候，投资就是会失败。即使是当时的冰岛，当局也可以采取更加严苛的措施。比如可以强征税款，也可以将债权更改为以冰岛克朗计价。

"然后人们会说：'你怎么会不知道？你是疯了吧？'

"投资结果从来不是显而易见的。"

而且，的确，投资冰岛的结果只有在长期斗争之后才会浮现。

48 580 名或然输家[①]

从 2009 年年初到 2012 年，冰岛三家倒闭了的银行的债权人向破产财团汇报了未偿债权。克伊普辛银行有 27 620 项这样的债权，冰岛国民银行有 11 880 项，格里特利尔银行有 9 080 项。总共约有 48 580 项，这还不包括来自英国和荷兰的小额存款人提出的索赔。

大约有 28 000 项个人或公司的索赔申请被列入了非优先类别，被称为第 113 段索赔。

仅克伊普辛银行一家，就有来自 100 个国家的约 15 000 名债权人属于这种非优先类别。伟凯律师事务所（White & Case）出现了，他们有 8 个办公室共计 280 多名律师在处理有关对克伊普辛银行的索赔申请。

2012 年春末，破产财团召开了会议，审查这些索赔并判断其优先顺位。第 113 段索赔的债权总额约为 9.6 万亿冰岛克朗，按 2012 年 5 月中旬的官方汇率计算，约为 600 亿欧元。

---

① 所有提到的计算都是基于 2012 年 5 月的债权人索赔清单。

针对冰岛国民银行的第113段索赔申请的金额中位数约为25 000欧元，克伊普辛银行约为85 000欧元，格里特利尔银行则超过了10万欧元。

在银行电子表格上罗列的近50 000项索赔中，有一些来自挪威的索赔申请。在清单上的非优先类挪威索赔中，组织编号为937884117的挪威石油基金是最大的，共有11项不同的次级索赔申请，总金额达到73.4亿冰岛克朗。其实挪威石油基金从2006年起已经减少了投资头寸，但从2012年的索赔名单来看，负责挪威全国人民养老金的挪威石油基金也成了债权人。

而且，正如我们所知，基里巴斯的收入平衡储备基金也在表单上有"一席之地"。

损失惨重的太平洋岛国

在全球金融危机中，基里巴斯的收入平衡储备基金的损失达到了该国GDP的25%。

2011年IMF关于基里巴斯的报告显示，对冰岛银行的投资是该基金亏损的主因。

自冰岛事件后，该基金的管理人换成了两家美国基金。

"在基里巴斯，蔬菜是无法生长的，因为土壤不适合，"当我在威尔士见到基里巴斯驻英领事时，他告诉我，"岛民的饮食靠的是鱼、椰子和面包果。"

当谈及其所编著的基里巴斯历史时，他说："磷酸盐资源被殖民者开采的故事，是一个令人发指的故事。"

与大多数使领馆不同的是，基里巴斯的英国领事馆并不位于伦敦昂贵的梅费尔、骑士桥或贝尔格莱维亚街区。若你想聆听基里巴斯的历史，需要前往兰德威莱德里奇。这是一个位于南威尔士蒙茅斯郡的村庄，这里的绿色山丘连绵不绝，从伦敦乘火车约需三个小时。

在这里，领事拥有一个小型的异国树木种植园，这里有一株由基里巴斯总统亲手种下的树。

领事说："对于基里巴斯这样一个又小又穷的国家来说，把官方的海外代表机构设在伦敦实在是太奢侈了，尽管我们有被殖民的历史，但如今的英国对我们来说已形同陌路。"

冰岛央行里的掩体

2009年年初，警方奉命阻止示威者闯入冰岛央行。我曾在报纸上看到警察封锁冰岛央行传达室的照片，他们全副武装，手握盾牌，头戴头盔。前任央行行长有一段时间还聘了保镖，哪怕冰岛是如此和平的一个国家。

冰岛央行以及行长奥德松，是这场示威的主要目标。一些人抗议他为冰岛选择的政治方向，还有些人不满他执政的现状，不满他在危机时期的决策。

现在轮到我了。

2009年2月27日，我在床上醒来，这是我接任冰岛央行行长的第一天。

我以前没有见过银行里的任何人。我知道，当我出现的时候，所有人都会对我一无所知。我是在一个陌生的国家，我以前从未在冰岛有过长时间工作的经历。而且，冰岛的银行是用冰岛语经营的，这种语言我既不会说，也不会读。只有十几个人知道即将发生些什么。

我是才搬到一个新的国家，还是一个处于史上最严重的危机中的国家。

示威者闯入了银行，警察不得不用障碍物堵住大门。
图片来源：朱利叶斯·西古尔琼森（Július Sigurjónsson）。

我马上就开工了。2月27日星期五上午8点，我在银行的接待区等人来接我。

示威者已经离开了，而且他们实现了其中的一个诉求。

央行行长办公室主任乔恩·西古格尔森在那里迎接我。

他很不高兴。他曾在金融危机后竭力维持局面，不承想会有今日之祸。不过，他很快就成了我最信任的顾问，还在接下来的几个月里承担了一些棘手的任务。

我的第一个决定是：只着眼于未来的挑战，让过去的都翻篇。我上班第一天之前发生的事情，都不关我的事。任何一名央行的员工都不应该浪费宝贵的时间和注意力去探究过往，现在只应专注于未来。

最近的事件让许多央行员工都身心俱疲，许多人因精神压力和长时间的工作而疲惫不堪。"10月以来，日子一直过得很荒唐，"

冰岛央行的一位高管说,"每天就睡6个小时,睡醒了就开始工作,一直在工作。"

许多人都想知道究竟发生了什么,谁应该为这一切负责。但在那一刻,当眼前有这么多事情要做的时候,回顾过去的事情只会分散我们的注意力,毕竟我们改变不了已经发生的事情。回顾、解读历史,是历史委员会和历史学家的工作。

关于这段历史,之后也肯定会出几十本书吧。

许多人想知道我对危机起因的看法。一些记者甚至会借我之名大做文章,他们渴望多一个评论事件的声音,并给我套上某种框框。但我很容易否认他们的这些故事,因为我从来没有评论过金融危机的历史。此时,局外人是有局外人的优势的,因为我不需要对任何历史进行辩护。

考虑到冰岛人民正在经历的艰难困苦和漫漫前路,不纠缠于过去所节省的时间,值得好好利用。

自我任职冰岛央行行长以来,我经常被要求发表演讲,介绍我在极端危机时期的管理经验。

以下是我第一天上班的体会。

让过去成为过去。

明确工作优先级,明确哪些是你的工作,哪些不是。

提前想好要讲什么故事。

冰岛的劳动参与率是全球最高的。职场的士气旺盛,人们普遍具有创业精神。直到金融危机发生前,冰岛的国家财政一直都很稳健。因此,许多企业在新环境下会发展得很好,一些部门已经开始从经济发展中获益了。但也有一些受到了冲击。现在,他们的时代已经到来了。

我尝试将我想表达的信息提前规划好。

第一部分很明显,第二部分则有点难。"冰岛成了全球金融危机的一个符号，让我们把它变成经济复苏的符号吧！"

同一天，路透社援引我的话说："尽管冰岛现在是金融危机的符号，但我希望通过我们的共同努力，让这个国家成为一个能够重新获得经济动力、实现增长的符号。"

遗憾的是，路透社将此放在了文章的末尾，而他们选择的新闻标题是："冰岛选了一名默默无闻的挪威人来管理中央银行"。

其他方面的反应则更加积极一些。瑞典央行行长英韦斯认为："至少现任冰岛央行的行长能理解我一半的话，也不否定一切，这真是太好了。"

我的亲哥哥的贺词则有点严厉："为什么你不接受真正的挑战？为什么不去领导津巴布韦中央银行？"2008年11月，津巴布韦的通货膨胀率达到了峰值，月度同比为796%，年度同比为89%。

巧合的是，那天所有北欧国家的总理都在蓝湖开会，这里距雷克雅未克只有约一小时车程。在这儿，来自发电厂的多余的地热水从熔岩之间排出，形成了一个北极潟湖。

时任挪威首相延斯·斯托尔滕贝格（Jens Stoltenberg）出席了此次会议。他打了电话给我，邀请我到蓝湖来，这样我们可以有机会谈一谈下一步应该做什么，北欧国家应该怎样支持冰岛。而且这样安排行程的话，他也能赶上回家的飞机。

我拒绝了他的邀请，因为，我现在的任务是领导冰岛央行。我们正处在生死一线的时刻，现在我哪儿都不能去。

斯托尔滕贝格再次给我打电话，问我是否可以改在央行见面。对此，我也并不是很愿意，因此我请他征求冰岛东道主的意见。

斯托尔滕贝格让他的专机原地等着，他自己来到了冰岛央行。

这次会议给人留下的印象并不好。央行的一位关键员工像往常一样来上班，她说："迎接我的是挪威的警察，他们是挪威首相的

第三章　浩劫与废墟　　213

保镖。他们问我：'来央行有何贵干？'"

"我当时非常错愕，"她回忆说，"这到底发生了什么？"

我犯了一个错误，我在冰岛央行用了挪威语与斯托尔滕贝格讨论问题。这可是一个骄傲且独立的冰岛机构啊。

"这是冰岛史上的至暗时刻。"乔恩·西古格尔森至今仍能回忆起这场会面。他当时在场，眼前满是挪威语的对话，而且对话越来越深入。

不过，乔恩也就此"报复"了我，在我的欢送宴会上。

后来我搬进了位于雷克雅未克主要街道洛加维格的一间公寓。我向房东要求签署一份租约。房东却告诉我，不需要签什么租约。房东说，他认识我，而且可能他的父亲也认识我的父亲。我说我可不确定啊，因为我是挪威人。

他回答说，那么我们的祖先已经认识了。

"在冰岛，我们所有人都互相认识，"他说，"我们之间有信任就行，不需要搞合同这些形式主义的东西。"

也许冰岛人的这种态度，可以用来解释冰岛银行业务模式的演化路径，也解释了冰岛的经济体系是如何能在危机前的那几年运转的。

一些"有识之士"跟我说，他们希望我谈好了是用欧元领薪水。可是，这真的合适吗？作为一个央行行长，却不用自己银行的货币来领薪水？

不用怀疑，我当然是用冰岛克朗领薪水的。冰岛克朗的汇率在2009年2月已经贬值了50%，因此冰岛克朗的国际成本和价值也都打了对折。

这就是货币贬值的作用，也正是为什么许多经济学家认为让货币贬值是一种有效的手段。货币贬值降低了所有雇主的成本，中央银行也不例外，货币贬值还会提高经济的成本竞争力。

出口业务导向的公司会得到发展,而与进口货物竞争的公司也会获益。这是因为由于进口价格上涨,人们对进口货物的购买力也就下降了。

还有一些"有识之士"问我是否会搬到冰岛。拜托,我还能有其他选择吗?

作为一个危机国家的央行行长,每一个工作日都忙于运作中央银行的基本业务,而周末的时间则都贡献给了银行的重组工作。

古德蒙杜尔·托尔的心情很复杂。

他真的不喜欢看到央行里充斥着外国面孔。然而,他也认为如果央行能因此从冰岛国内的恩怨情仇中超脱出来,可能也不失为一件好事。他认为,冰岛三家银行都是属于冰岛利益集团的,甚至是属于酋长宗族的,冰岛的金融与政治的边界是模糊不清的。

他认为,正是政治让冰岛一次次地错失了重回正轨的机会。即便是冰岛有所作为,也往往会被曲解,各大政治派系都声称这些"作为"的本质是权力斗争。有时,托尔会与他的朋友一边泡着温泉,一边讨论冰岛央行的所作所为,但这些讨论最终都会变成对银行家和央行行长的真实动机的猜度。

5年、10年甚至近30年前的事件也会被拿出来讨论,这是典型的冰岛式讨论。格里特利尔银行的大股东曾成功地将冰岛央行行长从总理之位上赶下来,并在克伊普辛银行的帮助下,成功地控制了格里特利尔银行。在担任总理期间,这位后来的央行行长也公开地取出了他在克伊普辛银行的所有存款,以此作为对该行关键员工的股票期权计划的抗议。而且正如托尔所猜测的,这位央行行长的旧党与冰岛国民银行也有纠葛。

托尔在一份报纸上看到了一项民意调查:"冰岛央行找了挪威

第三章　浩劫与废墟

人来做行长是否正确?"①

78.2% 的人回答是。

托尔也点了点头。

但这位挪威人关于经济复苏的言论很奇怪,托尔想。这可是极大的荒谬啊。

一页纸的行动计划

从一开始,这场冰岛危机就与 1992 年发生在挪威的,以及 1993 年发生在瑞典和芬兰的金融危机有一些相似之处。

金融危机、经济危机、失业率上升、财政预算危机、国家债务问题以及家庭和企业部门的债务危机,都曾在这三个国家上演过。

尽管已为大多数人所遗忘,但瑞典和芬兰是在 1990—2007 年经历过经济危机的唯二的西欧国家,这两个国家当时的 GDP 都跌了 10%。

显而易见的是,过去冲击过北欧邻国的这些危机要素,在今天的冰岛也都再次上演。不仅程度更深,而且都是同时发生的。

在我启程冰岛之前,我曾制订了一份一页纸行动计划,我还把它背了下来,作为我行动的指导思想。

我们希望这个计划能涵盖所有的政策主线,并展示政策之间的联动关系、我们希望实现的目标,以及经济复苏计划的成果产出。

与货币政策相关的问题,永远都是中央银行的首要任务。然而,冰岛面临的所有政策主线都是相互关联的。我必须能总揽全

---

① 该民意调查来自冰岛报纸《每日新闻》(*Fréttablaðið*),发表日期是 2009 年 3 月 2 日。

局，只有这样，才能明确冰岛央行如何为各个领域做出贡献。

麦肯锡公司的同事克莱门斯·希亚塔尔（Klemens Hjartar）自愿为我提供帮助，他也是冰岛人。他推掉了所有的工作，从他的家乡哥本哈根飞过来。我们把办公室的门锁上，把窗帘也拉上，在办公室里开始了工作。

没有人知道，白板上的涂鸦是新任央行行长对冰岛经济的愿景。

我们把历史上北欧国家在金融危机中采取的所有行动都列了出来，我们也研究了从 2008 年 11 月开始起 IMF 所有的救援计划纲要。我们审阅了所有近期的经济指标，也做好了我们的一页纸行动计划。

然后我们把它清晰地画了出来（见图 3-1）。

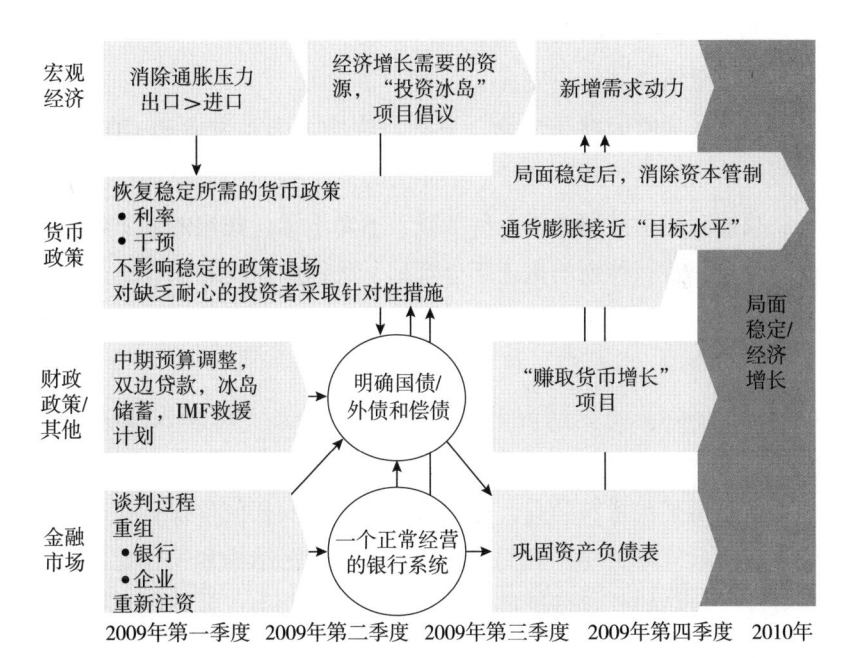

宏观经济	消除通胀压力 出口＞进口	经济增长需要的资源，"投资冰岛"项目倡议	新增需求动力	局面稳定/经济增长
货币政策	恢复稳定所需的货币政策 • 利率 • 干预 不影响稳定的政策退场 对缺乏耐心的投资者采取针对性措施		局面稳定后，消除资本管制 通货膨胀接近"目标水平"	
财政政策/其他	中期预算调整，双边贷款，冰岛储蓄，IMF救援计划	明确国债/外债和偿债	"赚取货币增长"项目	
金融市场	谈判过程 重组 • 银行 • 企业 重新注资	一个正常经营的银行系统	巩固资产负债表	
	2009年第一季度	2009年第二季度	2009年第三季度	2009年第四季度 2010年

图 3-1　我和克莱门斯制订的行动计划

第三章　浩劫与废墟

我们先从核心领域开始：宏观经济调整、货币政策、财政政策和国家债务管理。然后加上了两个额外事项：重振银行部门，以及解决企业和家庭的债务危机。

在宏观经济政策和货币政策层面，我们必须降低因冰岛克朗疲软而带来的通货膨胀压力。由于没有进一步的资本流入，我们需要制订一个能够增加出口并减少进口的计划。

冰岛的国家财政方面也出现了严重的混乱，不少人认为冰岛国家主权已经或将要违约。此时也不太会有人再去区分国家、政府和银行了，所有这些可能都会崩盘。

我们并不认同这种观点。相反，我们还算是乐观主义者，在危机初期，我们可能是仅存的乐观主义者。

我们将厘清国家债务状况作为初期的最优先事项。因此，我们需要预测银行资本重组的成本，并对成本加以控制。

资本重组必须尽快完成。

我们认为时间就是生命，只有打快拳才能将失业和 GDP 增速放缓所带来的痛苦降到最低。半年的时间，我们应该就能把基调定好。我们对行动计划做了一些增减，不知不觉，我们的一页纸行动计划已趋完善。计划的概述部分规划了我们的路线和工作方式，以及我从第一天起就昭告天下的立场。

2009 年 4 月 1 日，我们把这个计划刊登在了冰岛《晨报》（*Morgunbladid*）上，同时刊登的还有一篇关于未来发展方向的文章。

然而出乎我意料的是，这篇文章没有引发任何争议，甚至可以说没有引起外界关注。人们对讨论愿景、经济结构和工作计划都没有兴趣。冰岛的日常辩论都集中于权力斗争之上，就想挖出造成金融危机的某个惊天阴谋，或是想出某个一锤子的解决方案。

"习惯就好，不要分心。"这是克莱门斯的建议。

"你能帮我翻译一下这里写的具体内容吗？"某日冰岛报纸上的一篇文章引起了我的注意，于是我询问了冰岛央行的公关部主管。

"这篇文章是 NN① 写的，"他说，"这是对上周 YY 的一篇文章的回应。"

我说："有意思，但这篇文章说的什么？"

"NN 的父亲和 YY 的父亲是大学同学，"他回答说，"但他们后来闹翻了。"

我又说："有意思，但这篇文章到底说了些什么？"

"NN 的祖父也与 YY 的祖父闹过矛盾。"他继续说。

"嗯，有意思，"我再次回应道，"但我只关心文章中究竟说了些什么。"

"你关心这个干吗？"他问。

"具体写了什么不重要，"他接着说，"没人关心这事儿，大家只想知道为什么他选择在此刻'出拳'。你得记住，我们生活的这个小岛可是有着 1 000 年的不间断历史呢。"

深不见底

哪怕机关算尽，也难保现实不会出现"惊喜"。

我在冰岛央行首先会见的是这里的工作人员，紧接着就要会见 IMF 的团队。他们都摆好了架势等着我呢。

这点我在第一次会议上已经感受到了。大家都面面相觑，仿佛他们也想知道应该由谁来传递这个坏消息：冰岛的糟糕情况还没有见底。

---

① 泛指某人，下同。——译者注

但我也感觉到他们之中有一丝渴望，有些人就像是苦等圣诞老人的孩子，急不可耐。政府的更迭以及政府和央行行长之间的斗争，使他们的许多努力都停滞不前，白白浪费了几个月的时间。

现在他们只想大刀阔斧地向前迈进，立即，马上。

我2009年的笔记本上直截了当地记录了这个场景："IMF对冰岛工作见效缓慢感到不悦。"

于是，我出现了。

不过，我可没有装扮成圣诞老人，我是作为一个关键决策者出现的，我是来帮助他们推动一些困难却又必要的工作的。

让我们想象两条线。第一条线是水平线，从左到右一路延伸。第二条线是从左到右稳步下降，并很快与水平线相交。

水平线代表的是银行运营所需的流动性，也就是资金。下降的这条线代表的是现有的存款、市场贷款和其他种类的资金。

当下降线穿过水平线时，代表银行已经耗尽了现金。

当有大量的市场贷款和大量的短期存款，再叠加市场的不确定性时，下降线就会陡然下降。或者说，这条线会直接俯冲，正如2008年9月和10月初，冰岛三大银行的情况一样。

银行与同业之间还存在着千丝万缕的联系，所以如果一家银行倒闭，其他的银行也会受到影响。现在，在克伊普辛银行、格里特利尔银行和冰岛国民银行倒闭之后，其余的多家冰岛银行也陷入了困境。有些小型但业务能力出众的储蓄银行也在挣扎；同样在挣扎的还有一些位于偏远峡湾的银行，它们的储户主要是当地人，贷款范围也大多是在邻里之间。

在我2009年的笔记本中，这些行动初期的绝望情绪赫然在册："这些储蓄银行都面临着严峻的局势。"

笔记本中继续记载道："可能需要迅速采取行动。危机的冲击比预期的更快,影响也更深。"

有一家银行,全名是"Sparisjóðabanki Íslands",俗称"冰银"(Icebank)。

它在冰岛储蓄银行之中扮演着枢纽的角色,许多小规模的冰岛储蓄银行是通过冰银持有股票、债券和存款的。这家冰岛的金融机构提供了获取国际信贷的通道,同时它还是国际与国内结算系统的入口。但是,冰银也购买了大量艾西塔公司的股份,而艾西塔公司正是克伊普辛银行的最大股东。更要命的是,冰银还买了不少冰岛三大银行的债券,并将其作为抵押品存放在冰岛央行。

"冰银就是一个抵押品机器。"两个消息人士这么说道。

"它购入银行债券,然后用这些债券向冰岛央行借款,然后把钱再转给发行债券的三家银行,"其中一位说道,"它就是情书业务中最突出的中间人。"

冰银拥有100亿冰岛克朗的股权,但它居然从冰岛央行获得了2 000亿冰岛克朗的贷款,这些贷款的抵押品全部都是银行债券。

最大笔的新增贷款出现在2007年4月。而在这2 000亿贷款中,有57.5%最终是蒸发殆尽了。相对于银行的规模而言,对冰银的援助成了冰岛央行的最大单笔动作。[①]

如今的冰岛人已对坏消息习以为常,他们也预计坏消息还会陆续到来。

我们央行的首要任务,就是努力使已陷入困境的银行起死回生,通过一切可能的手段来达到这个目标。对此,银行的董事会负有主要责任,但我们也提供了帮助。我们分别拜访了银行股东、未来潜在的新股东,以及最大的债权人,要求他们做出让步。德国的

---

① 关于冰银的数据来自《冰岛金融危机》一书。

许多银行是最大的贷款债权人，这些德国银行也再次来到了雷克雅未克。

有时，债权人确实会提供延迟还款和降低利率的方案，意图拯救债务人。他们这么做的理由是，让债务人活着，至少比死了能多值点钱。这些决策在信贷部门的层面就能拍板。

相比之下，将存量债务转成股票，或是对债权进行重新划分，会是更加有效的重整手段。因为这虽然会让渡一小部分所有权给债权人，但是可以让债务人免于因"失血"而死。然而，这种程度的让步通常会超出债权人信贷部门的权限。这需要涉及银行的其他部门，甚至会上升到董事会的层面。这就相当于暴露了他们的损失，因此，最后没什么人选择做出这样的让步。

这很不幸，而且是一个很大的错误。

因为所有人都能看到这两条路径的发展趋势。银行董事会、冰岛金融监管局和我们央行每天都会收到预测报告。我们实际上能看到每家银行的这两条线，并推算这两条线何时会出现交叉，而这也意味着银行的末日。在大多数日子里，末日的脚步在一天天地逼近。

我 2009 年的笔记本上记录了银行的苦苦挣扎。一家银行的呼救声简单而直接，"我们需要现金""两端的时间差是不可能弥合的"。后者指的是储户现在就要求银行兑付，而银行贷款的对象则是要按既定计划分期还款。

笔记本显示我们与下一家银行的会议更有技术性，但核心信息也是一样的直截了当："银行的融资量已经低于警戒线水平了。"

没过多久，第三家银行来敲门了，这家银行在股本方面遇到了困难。对于这家银行，我的笔记本上记录着："子公司已低于 8% 的股本要求。"

我们开了许多会，但成效不彰，没有人准备要往里注入足量的新股本。有人提议做一些债务减免，但没有"新"股权可用，大多数债权人也还没有准备好进行债转股。

可能是因为债转股的方案已超出了信贷部门的权限，也可能是因为债权人自身并未获得持有银行股权的授权，还可能是因为有很多人都想知道谁最终会付钱。然而，冰岛金融监管局、中央银行和央行行长是罪魁祸首，似乎已是所有人的共识。

随着银行的"大限将至"，紧张的气氛犹如彤云密布。对于任何可能产生效果的会议，央行行长都必须随时准备参加。一旦有解决方案浮上台面，我们就必须提供支持，并向市场发出增加流动性的信号（见图3-2）。而且更重要的是，我们得始终保持着希望。但是与此同时，央行行长也必须扛住压力，并对相关的需求和利害做到绝对的清醒。

在这个阶段，银行董事会通常会去寻找资本重组的机会，但大多数并不成功（见图3-3）。但即便如此，银行董事会也会尽量避

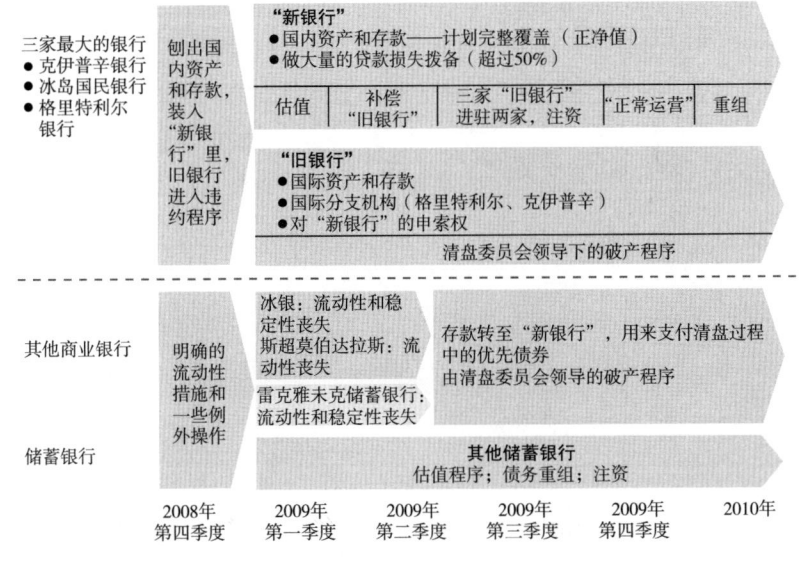

图3-2 银行部门的违约和重建过程

免走到银行倒闭的地步。当然，监管机构是可以强制清盘的，但如果银行董事会自行交还银行牌照，他们所承担的法律风险会低很多。

于是这就成了一场拉锯战。

有时候银行董事会宣布一些事情，仿佛他们找到了解决方案，并为此召开带有庆祝气氛的新闻发布会。可悲的是，这些景象只是

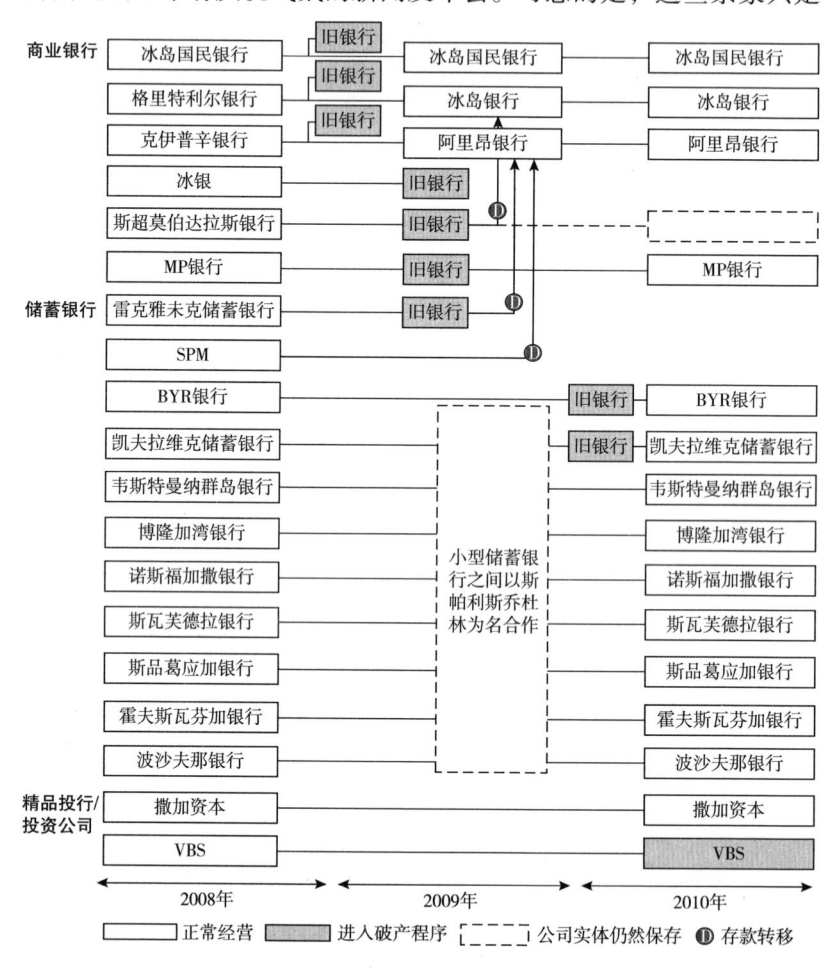

图 3-3　银行部门重组总览

基于一些口头承诺，而非真金白银。或者他们可能只是试图通过这些动作向冰岛金融监管局、政府和中央银行施加压力，尽量让大门保持敞开。有时，他们会提出国家进行注资的要求，或是干脆装出一副注资马上就要落实了的样子。如果是后一种情况，他们通常会使用一些复杂的金融工具或结构，让他们对注资的要求看起来有些暧昧不明。有些人在最后时刻表现出了前所未有的创造力，这也需要他们对法律和会计相关问题进行复杂的分析和审查。

我们得到的情报显示，冰岛有些人还在钻系统的漏洞，银行会允许贷款方将放给银行的贷款调整归类为存款，这将使他们在银行违约时拥有更高的清偿顺位。或者更常见的情况是，他们还会在市场上寻找高息资金，然后将他们归类为存款。

有关的讨论反反复复，我们经常讨论到深夜，而且可能整个周末都在谈这些事。

我在冰岛央行的第一个星期就是这么度过的，在希望和绝望之间摇摆着。

在银行获得新的股本金前，央行是不能提供流动资金的。这个现实情况令人难以启齿，但的确是别无选择。这在短期内会让金融危机加剧，失业人士也会越来越多。而且，许多人还会再次将矛头指向央行。

在冰岛央行，每个人都会认识几个金融危机的受害者。他们或许曾一起上过大学，或许住在同一个社区，抑或是有孩子在同一个学校。

情况对我们所有人而言都很困难，但对某些人是尤其困难。我环顾会议桌，看到了人们痛苦的表情。我似乎明白了过去冰岛央行为什么无法做出一些痛苦但必要的决策。

现在，我这个山野村夫派上了用场。

在中央银行，我们准备的"备用计划"正是为了应对这种无法找到解决方案的时刻。我们的首要任务还是要保持支付系统的运作，以及保护好储户。

出于这个目标，有一种方法是将存款转移到另一家银行。但如果这么做的话，接收存款的银行必须在各方面都完美无缺，才能够承载更大的业务量。略显讽刺的是，由克伊普辛银行、冰岛国民银行和格里特利尔银行的国内组织衍生出来的新银行，成了安全的避风港，因为这些"二代行"的资本金都很充足。因此，金融危机期间的大多数救援措施，最终都增加了这些"二代行"的市场份额。

冰岛国民的银行存款，是没有金库里的货币或黄金进行背书的。每笔交易其实只是数据库中的一串数字，在冰岛情况甚至更简单，所有的账户文件都由银行的共同管理机构进行集中保管。各家银行都有账户文件的副本，它们会在一天中定期进行对账，然后就交易"净值"进行支付。

每家银行都有其唯一的识别代码。所以只要改变这些代码，储户的存款就会被转移到其他银行。

这也部分地解释了资产重组在现实生活中是如何发生的。这当中有个很重要的经验，就是监管机构必须能够控制整个系统。在如今这个全球化和云计算的时代，要做到这一点可能会比以前更复杂。

在冰岛，银行重组可以在一个周末完成。无须装载纸币、硬币或黄金的卡车在雷克雅未克招摇过市，只要改变小小的识别代码，数十亿的资金转移就可以实现。

只要把数据文件中的 ZZZ15XXX 改成 ZZZ08XXX。

当一家银行收到新增的 10 亿冰岛克朗的存款时，它们需要得到补偿。接收方银行需要从倒闭方银行的清盘程序中获得支付承诺，这个承诺必须是优先级。此外，如果储户希望把钱都取走，接收方银行就必须准备好现金以做交付之用。

因此，提前制订计划是有必要的，而这也需要一名能力卓越的工作人员。

2009年3月9日，冰岛第四大银行斯超莫伯达拉斯银行的董事会交出了银行牌照，冰岛金融监管局随后便接管了这家银行。

在3月21日（星期六），冰银和雷克雅未克储蓄银行（Sparisjóður Reykjavíkur，又称SPRON）也步了后尘。雷克雅未克储蓄银行是由克伊普辛银行部分持股的。它向包格公司、克伊普辛银行和艾西塔公司提供的大额贷款都成了坏账。

它们也正是雷克雅未克储蓄银行的股东，或是股东的股东。其最后一笔贷款，甚至是在克伊普辛银行倒闭的两周前批出的。

正如本章中的图3-2和图3-3所示，冰岛在尝试应对银行业的崩溃危机上使用了不少于4种模式。

雷克雅未克储蓄银行的重组尤其突兀。所有该行的存款都在周末被转移到了从克伊普辛银行分拆出来的阿里昂银行。银行要求员工于3月22日星期日在雷克雅未克的大饭店见面，就在这里，他们被告知克伊普辛银行已经不复存在了。不过，这不是由首席执行官进行通知的，他早就跑路了，他也拒绝向员工传达这一信息。周一，银行客户和员工就发现银行已经关门了。

另外两家银行——拜耳银行（Byr）和凯夫拉维克储蓄银行也常被谈起，据说它们也准备好了"末日计划"。凯夫拉维克储蓄银行此前甚至还计划过在纽约设立分支机构。在整个2009年里，这两家银行都在为生存而奋斗着，但它们在2010年还是加入了银行重组的行列。

托尔是在报纸上读到这些银行关闭和转让的消息的。他意识到现在就必须去阿里昂银行（新的克伊普辛银行），才能获得他在雷克雅未克储蓄银行的存款。他心存怀疑。当初正是因为不喜欢克伊普辛银行的经营手法，他才把钱从克伊普辛银行转移了出去。而现

第三章　浩劫与废墟　　　227

在，他的银行倒闭了，且部分是由克伊普辛银行的不当手法所致，他的存款又被转移回了克伊普辛银行的"二代行"。

但是，到这一刻为止，托尔已经大开眼界了。而且，是的，当他在银行核验存款时，他看到了他的存款。

华尔街和法兰克福向 IMF 控诉

冰岛央行的许多工作人员都投入了无休止的工作中。

如果没有找到可行的资本重组模式，但又必须进行重组，那么重组就必须避开开市的时段。

如果要在那个周末进行重组，那么重组团队最迟就需要在当周的周五下午之前知道。在周四的傍晚或周五一早，银行的董事会和冰岛金融监管局必须就重组行动方案达成协议。在周三的深夜或周四一早，所有的利益相关者必须被告知重组计划，这样他们就还有机会在最后关头努把力，尽量避免血本无归的结局。因此，划定时限并加以贯彻是十分重要的，只有这样，才能做出必要的决定。

IMF 几乎在所有领域都有专家。哪怕在最偏远的地区，他们都有丰富的经验。2009 年 3 月，许多 IMF 的专家被派往了雷克雅未克。

为了确保所有开门营业的冰岛银行都是健康的，IMF 认为有必要主动进行资本重组。另外，冰岛未来是否有能力偿还国际债务，也是 IMF 关注的要点。在这些问题上，IMF 关心冰岛的利益，关心冰岛金融体系的诚信，以及冰岛共和国准时偿还其剩余债务的能力。

这里面当然也包括偿还 IMF 的贷款。

于是，IMF 采取了强硬的立场。它主张迅速解决那些受困的银行，将其债务（特别是国际债务）纳入重组程序，同时关掉银行的非盈利业务，而这也必然会引发大规模的账目冲销。这种做法很有可能会达成 IMF 的诸多目标。

但此处出现了一个令人惊讶的问题：究竟银行股权应该如何计算？

是只有股东所投入的资金，外加留存收益吗？是不是只能纳入现金的部分，还是也能把会计金额也纳入呢？还是要以资产和债务的差额部分计算？一场债务冲销是能够降低银行的负债的，进而也强化了银行的股本，这一点大多数人都会同意，IMF 大概也会同意。

但是，如果银行债务中的定期贷款部分的利率打了折扣呢？

这正是一名债权人在重组过程中提出的疑议，我对此深感困惑。为此，我也翻查了记载相关规则的书，但规则也是含糊不清的。我给一些老朋友打了电话，他们都是金融和会计方面的教授。他们告诉我："这会让银行股本增加。"但对此，IMF 表示不接受，冰岛金融监管局也表示不接受。这样一来，银行也就没法救了。

有一天，整个 IMF 团队都聚集到了冰岛央行 5 楼的战情室里。他们簇拥在长桌的一边。从他们的肩膀上方透过窗户望出去，我可以看到雷克雅未克的港口，那里仍然喧闹。我们刚刚收到了一封集体信，来自一家受困银行的所有主要债权人。许多知名金融机构都在信中签了名，包括来自德国、比荷卢①、英国和美国的大银行。它们对冰岛政府和冰岛央行不向违约的银行注资表示了抗议。它们希望冰岛政府能够出资，它们还做出了威胁，说会向它们的政府和 IMF 理事会提出控诉。

我可不喜欢这个情况。当时，我还不了解 IMF 的运作模式。

房间里坐着 IMF 首席代表，他平静地把信放在一边。"此事我

---

① 比利时、荷兰和卢森堡的统称。——译者注

第三章 浩劫与废墟

们无须过虑。"

然后他把那封信件的复印件扔到了垃圾桶里。

2009年4月，27家银行起诉了冰岛共和国和冰岛金融监管局，因为它们在想办法增加银行股本的同时，也在推动雷克雅未克储蓄银行的重组事宜。

2009年，有人告诉我，他们也在考虑对冰岛央行提起诉讼，以及对央行行长提起个人诉讼。

这个人就是我。

之后，地区法院驳回了此案。

"地区法院的法官持有罕见的鹰派态度，"国际银行的律师说，"他们至少找了9～10个理由来驳回此案。他们没有兴趣与冰岛当局开战。"

小型挪威储蓄银行奥斯特银行（Sparebanken Øst）持有挪威BN银行20%的股份，它将这部分股权卖给了虎视眈眈的格里特利尔银行，并从中收获了巨额收益。奥斯特银行认为，若将这些收益放贷给北欧的公司，利润太微薄了。于是，它将这些钱投到了投资组合中，而这在之后被证明是一笔糟糕的投资。钱被送到了雷克雅未克，用来向雷克雅未克储蓄银行、波罗的海地区和一家之后倒闭了的丹麦银行罗斯基勒银行（Roskilde）提供贷款。从格里特利尔银行赚取的利润，奥斯特银行已全部赔光。

于是，奥斯特银行加入了"27行集团"。

后来，奥斯特银行还是剩余的10家向冰岛最高法院提出上诉的银行之一，而上诉也失败了。

疾病缠身的冰岛克朗

在冰岛央行的第一天，我就了解到银行系统仍未见底。第二件我所了解到的事，是冰岛克朗就像一名陷入昏迷的病人，心跳越来越弱。

每天中午，三家新银行都需要向央行汇报它们当日的外汇交易净额，之后外汇市场就关闭了，汇率也就此厘定。虽然仍然会有一些冰岛克朗的买家，但卖家总是更多，冰岛克朗似乎即将沉没。

作为对抗货币贬值的手段，冰岛央行提供了外汇用于购买冰岛克朗，这也耗尽了央行本就所剩无几的外汇储备。这些购汇行为在 2009 年 3 月停止了。

现在，这位病人的心跳变得更弱了。仅在 3 月里，兑换 1 欧元所需的冰岛克朗从 142 元提高到了 160 元，贬值幅度超过了 10%，而相比前一年的汇率更是已经贬值超过了 30%。

冰岛政府需要进行进一步的干预。我们想通过冻结汇率来抑制通货膨胀，同时控制住外汇计价贷款的成本。在理想的情况下，我们可能还想让冰岛克朗适度升值，但这个目标显然超出了我们的能力。然而，尽管很难通过分析坐实，但我们认为 1∶160 的对欧元汇率是可以守得住的。

按照惯例，我们会于每天中午 12 点前在冰岛央行的交易室碰头。在这个时刻，一些关于下一步的交易信息已经出来了。我们可以决定介入或不介入，我们的外汇储备并不丰裕，但外汇市场的水位很浅，即使只有 100 万欧元的外汇交易，也会对汇率造成很大的影响。

这是一份沉甸甸的责任。要么我们决定让冰岛克朗贬值，并提高利率；要么动用我们微薄的外汇储备，试图保卫这最后的壁垒。这也就是我们手上最后的弹药。我在当时必须做出决策，哪怕根本没有信息能判断下一步会发生什么。

有一次，我们担心有人会对冰岛克朗进行攻击。于是我们行动

第三章　浩劫与废墟

了起来，希望保卫冰岛克朗。我打电话给财政部，财政部为此召集了各主要政党的党魁。

我就这些困难做了一场演讲，冰岛最大党派的党魁布亚尼提出了建设性的意见和建议。

另一个人则扯着嗓门发表了长篇大论，他谴责政府，谴责中央银行，也谴责了全球金融体系。他就是西格蒙杜尔·戴维·贡劳格松（Sigmundur Davíð Gunnlaugsson），他在2013年成为冰岛总理。

他讲话时仿佛是在竞选一样，尽管房间里只有几个人。我是唯一一个不隶属于任何冰岛政党的人，我也没有冰岛的投票权。但是，冰岛人对冲突的渴望再次让我惊愕。

这和我多年前的经历形成了鲜明的反差。1992年11月19日星期四，瑞典人不再对瑞典克朗进行干预，他们让货币自由浮动了。此举之下，瑞典克朗损失了大约10%的币值。

当时的挪威财政大臣斯格比昂·约翰森（Sigbjørn Johnsen）曾计划与我在伦敦共度周末。我们计划周五与英国财政大臣会面，周六向挪威商界发表演讲，然后看一场英超联赛和一场音乐剧。这几乎是一个典型的挪威旅游套餐。

但随着瑞典人的让步，交易员对挪威克朗发起了攻击，因为他们认为下一个完蛋的国家就是挪威。星期五清晨，当我们抵达伦敦时，约翰森致电了时任挪威央行行长赫莫德·斯坎兰（Hermod Skånland），当时斯坎兰已经决定干预外汇市场，大举购入挪威克朗。

我们从希思罗机场搭出租车前往财政厅，此时干预措施已达到500亿挪威克朗，当时约合80亿美元。

"我们刚刚乘坐了有史以来伦敦最昂贵的出租车。"我说笑道。

财政大臣搭飞机回了挪威。于是我不得不代替他向英国的挪威商界发表演讲。就用我那蹩脚的英语，就我这么个32岁的毛头小子。也许在场的人士中有一半在前一天卖出了挪威克朗。

我谈到了挪威经济基本面的强劲。许多人笑了，是那种讥讽的笑容。

周一，干预措施又加码了100亿挪威克朗。然后，当局允许挪威克朗开始自由浮动，就像情况稳定时那样。

但挪威克朗的汇率居然稳住了，讥讽的笑容在交易员的脸上消失了。挪威的基本面并没有那么糟糕。但这一事件告诉我们，对于开放的、以市场为导向的、对资本流动没有限制的经济体来说，固定利率制度已然过时。

但是，无论是政治支持者还是反对者，他们都只有一个目标：提供支持。

阻止"冰湖溃决"[1]

起初，冰岛克朗似乎已经病入膏肓：既没有干预措施，也没有高利率，更没有资本管制措施。

正常情况下，冰岛的冰川会在一年四季中不断变化，但是冰盖是会一直存在的。除非有火山从下方爆发出来，这会导致冰盖从下方开始融化，然后可能会有大量爆发性的水被释放出来，这种现象就叫作冰湖溃决。

这就是事情真正变得危险的时候。

在金融危机之前，国际上对冰岛克朗的持有量越来越大，部分是因为冰川债券。

---

[1] 关于对资本管制体系及其监督的批评性评论，见比约恩·乔恩·布拉加森（Björn Jón Bragason）撰写的《失控?》（*Out of Control?*）一书。

第三章　浩劫与废墟　　233

而在危机爆发时，没有投资者不想退场，人们争相夺门而出。这让冰岛克朗损失了一半的币值，俨然就是一场金融版的冰湖溃决。

但他们中只有一部分投资可以按照合同条款进行解约，其他的则在短期内会被锁定，有些还要长期才能解除。

随着这些投资陆续到期，可以预见资金外流会进一步恶化。冰岛克朗可能会滑落到更低的汇率水平，通货膨胀也会被推高，并使那些持有外汇和外币计价贷款的人进一步受到伤害。

于是政府决定关闭外汇市场，实行资本管制，取消用冰岛克朗兑换外币的权利。

一座金融大坝拔地而起了。

IMF通常会被视为资本自由流动的支持者，但在这种情况下，IMF选择了支持这一措施。冰岛对本国国民和国际投资者的资金进行了管制，这是经合组织国家中的孤例。

一个"官方"（在岸）和"非官方"（离岸）的汇率双轨制系统出现了。冰岛克朗可以按照官方汇率，即在岸汇率进行兑换，随后用于贸易、股息和支付利率。但是，以金融为目的的外汇交易是不被允许的。

然而，有些投资者可能急切地想要离场。尽管官方汇率定的是1欧元兑换160冰岛克朗，但有些人愿意为1欧元支付高达240~250冰岛克朗，有时甚至超过300冰岛克朗，只要能顺利离场就行（见图3-4）。

同样都是欧元，价格差异会在30%以上，这就造成了局面的紧张。对一些人来说，规避法规似乎成了有利可图的生意：冰岛商品的出口商是会把他们赚取的外汇带回冰岛呢（按照较低的官方汇率换汇），还是会按离岸汇率把钱留在境外，还是会用外汇收入以折扣价买入锁定的冰川债券，利用金融大坝来赚钱？

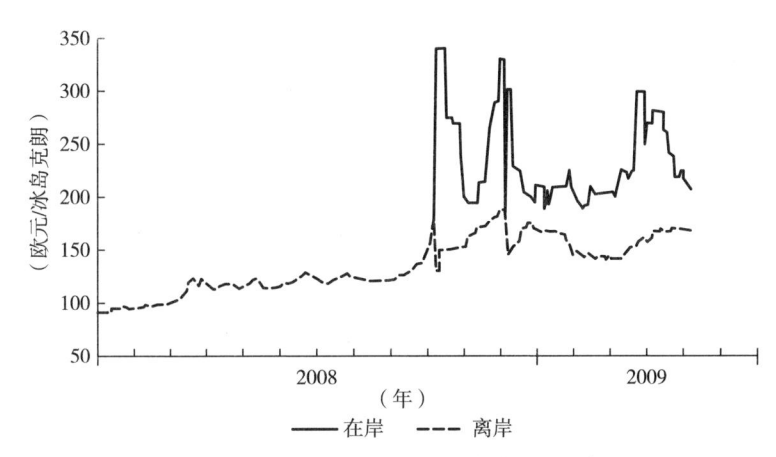

图 3-4　市场上冰岛克朗兑换欧元的汇率

注：在两个市场上购买 1 欧元分别需要的冰岛克朗金额。即 2008 年 1 月至 2009 年 5 月，欧元分别在"官方"（在岸）和"非官方"（离岸）市场上的汇率。

资料来源：冰岛央行。

回到冰岛央行，我们不得不对此做出艰难的选择，要么接受打击，但尽量把在岸和离岸的汇率差距控制在较低水平；要么施加更严格的规定、监督以及惩罚。第一种方案，会增加眼前的痛苦。第二种方案，则是年复一年地要保持控制。

我们选择了第二种方案。

资本管制

"最终，货币兑换被喊停了，除非有特别的明文许可，"冰岛央行资本管制小组的现任领导人说，"这就是资本流动的管制方式。我们建立了一个监测部门、一个调查部门和一个豁免部门。"

"是的，我们收到了许多申请。

"你需要有充足的理由才能获得豁免。如果你移民到国外，你可以换汇购房，但最多为 1 亿冰岛克朗。"

因此，如果你移民到西班牙，或需要在高尔夫度假区的房子里养病，你可能会得到换汇许可。但若仅仅是出于消遣娱乐，则不会被允许。

正如这个监管机构的例子所示，这里面会有许多复杂的问题。

"如果有人想用冰岛克朗换取外汇，然后把钱存入国外博彩公司的账户，这会被认为是购买博彩服务，允许兑换。但后来，有些人用这种方法换了大量的外汇，也许是和他的一位外国朋友一起。这位外国朋友也有权利从账户中取钱，所有的这些都是合法的。但如果这位外国朋友的存在，只是提供了一个将冰岛克朗以优惠的官方汇率换成外汇的通道，则是不合法的。

"在冰岛投资所获得的股息，也可以兑换成外汇。但是，如果

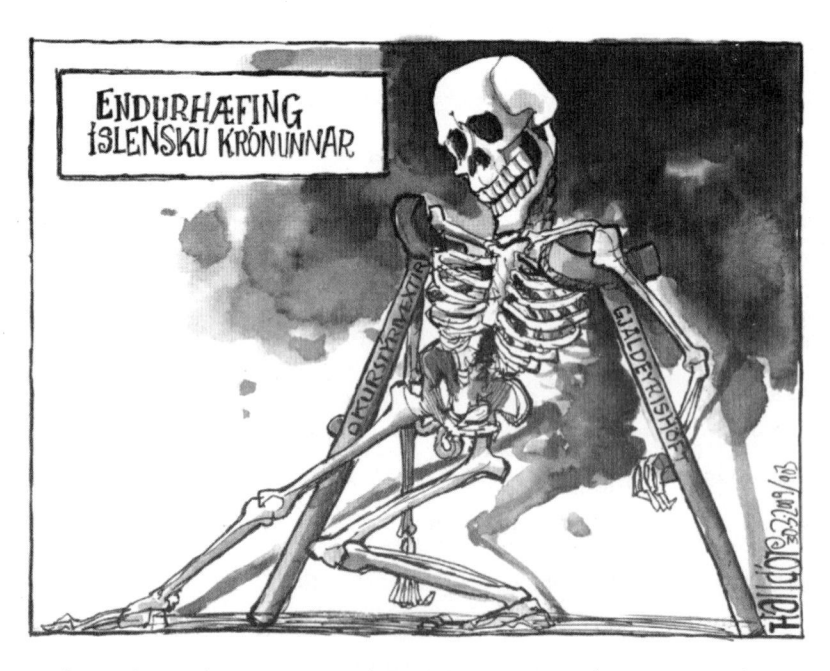

冰岛漫画家哈尔多尔·巴尔德松在2009年3月形容冰岛克朗正经历着一场"复健"。

这些红利的数额巨大,且被视为资本外逃,则不能兑换。就偿还到期的外国贷款的目的,换汇是允许的。但是,如果支付结构发生了重大变化,或者借款人已从其他银行获得了另一笔外汇贷款的话,则不允许换汇。"

这些只是中央银行面临的问题中的一部分。

"有时候,我们觉得我们的每一根手指都'镶'在金融大坝上。"监管机构说道。

"我们可以从海关获得关于进出口的信息,也可以获得所有跨境交易的信息。但国外究竟是什么情况,其实很难看到。"

古德蒙杜尔·托尔的父亲和他讲了一个在20世纪50年代的资本管制时期的故事。当时,神圣的冰岛货币只能用于国家建设,而不可用于出国旅游、享乐或消费。当他的父亲终于拥有了一双进口鞋时,他的父亲高兴坏了,乐呵呵地把皮鞋捧回了家。哪怕其实这两只鞋的号码出了错,一只太大,另一只又太小,或者两只鞋的号码都不对。

他的父亲从未想过资本管制会再次出现,但如今的资本管制至少不会影响商品和服务了。

现在,当托尔需要欧元给卡斯帕支付薪水时,他们会被问到一些问题。外国游客已经慢慢地出现在了冰岛,他们带来的所有外汇现金,都会被强制换成冰岛克朗,这一切还会被记录下来。

但是,更糟糕的是,托尔需要投资来扩大规模。有一些国际投资者,本来已经准备好倾囊相助了,但是,他们不太可能把钱往墙里扔。[①] 托尔对冰岛克朗复苏有所耳闻,他还听说下一步会开始提高利率,资本管制也可能出现松动。

但他不确定这是否就是他想要的结果。

[①] 此处指由于冰岛仍有资本管制,资金易入难出。——译者注

第三章 浩劫与废墟

一艘漏水的船

是的,我们当时可以说是近乎绝望。

我可从来没有陷在流沙里过。但无论我们往哪走,脚下都没有立足点。

2009年年初冰岛的资金出现了净流出。一些仍有盈利的公司并没有把他们的收入带回冰岛,[①] 而是在"离岸"市场上进行汇兑。

对此,我们可必须做点儿什么。我决定邀请30家最大的出口商到冰岛央行来开会,一家一家开,每天开两场。

开会有两个目的,一个是更好地了解他们的难处,明确优先工作事项,还有我们如何才能为他们提供支持。另一个是要求他们把外汇带回冰岛。最后,为了防止有人没有完全遵守货币管制的法律条文,我们觉得需要把话挑明。

但此举也引发了一些争议。有些人声称,我们给整个行业带来了很大的不确定性。有些人感到受到了威胁,毕竟他们已经在竭力维持他们的企业运转,也为冰岛留存了就业。

现在他们却被叫到中央银行,接受央行行长团队的质询。对此,我很有可能还欠一些人一句道歉,尽管今天很多人已经忘记了我们当时是在为生存而战。

我们确实发现,一些大型出口商通过法律的漏洞而得利了。没有人监督他们将通过出口获得的外汇直接带回冰岛。他们仍然可以在离岸市场上进行兑换,用相同的美元可以换得更多的冰岛克朗。

[①] 此处指将以外汇计价的资金以官方汇率进行兑换。另如前文所述,官方汇率较低,离岸汇率较高。——译者注

通过这样做，他们用来付工资的冰岛克朗，其实是贬值了70%币值的那批，而非是贬值了40%币值的那批。但对收到工资的员工来说，他们还是得面对物价上涨、工资冻结、利率上升和偿还债务方面的问题。

我对此很不高兴。11月的资本管制条例其实是留了个后门。留这个后门的初衷，是让包括大型铝业公司在内的冰岛企业，能够在不受影响的情况下继续运作。这个漏洞本身是合法的，但是若企业利用这个漏洞去获利，这是对的吗？还是说，商业领袖们亦有责任考虑一下大局？现在可是在危机时期呀。

于是我们迅速采取了行动，堵上了这个后门。

对不起，我们不能继续输送氧气了

让我们想象一个局面：一个国家中有一半的公司已陷入困境，或者用通俗的话说，一半的公司已破产。那么平均下来，你的供应商中有一半已破产，你的客户也有一半已破产，你自己也有一半的概率会破产。

在这种情况下，你的供应商会在发货之前要求先收款吗？你是否也应该要求你的客户先付钱呢？你的供应商能及时送货吗？还是他们也已经断货了？若你的员工连是否能收到工资都不确定，那他们还会回来上班吗？

"我接到一个紧急电话，"冰岛大学附属医院的前任首席执行官告诉记者，"电话那头说，我们的医疗工作所需的氧气订单在哥本哈根被叫停了。供应商拒绝发货，除非他们得到医院首席执行官和卫生主管的签名。"

"石油进口商已经破产了，"另一位企业主管说，"我们不得不预付货款。而当我们出口商品时，一些客户不愿意向我们的冰岛银

第三章 浩劫与废墟

行账户付款。"

"就这样,我们的付款被要求前置,但我们的收款则一直被拖着。"

一些冰岛公司遭遇了严重的现金流问题。

"此时,我们做出了一个有史以来最重要的决定,"其中一家新银行的银行家说,"我们决定把这个信贷体系撑住。没有人能够忍受休克状态。于是,我们放出了信贷,让市场机器运转了起来。

"经过深思熟虑,我们做了这个决定。一切都必须同步推进,因为只要有一家银行决定从信贷系统抽水,一切都会停止。"

"在冰岛,人们总体仍然是有信心的,"一位时任部长说,"一般来说,只有一些进口商品必须预付费用。"

"很多人要我们加快速度,"一名银行家说,"从理论的角度出发,破产的公司需要尽快清理掉。要把公司推下悬崖,或者把公司卖给人脉通达的投资者,我们有很大的压力。"

"有些人现身了,他们带着所有的可用现金。"

他说:"对我来说,在危机中最重要的经验,就是必须等待。你需要等到尘埃落定,而且必须进行思考。"

高塔废墟之上,灰尘弥漫。有些公司的债务极高,有些则没有那么高。如果它们的客户不倒闭,有些公司是可以生存的,有些公司则对它们的供应商比较依赖。

许多行业的需求急剧萎缩,其中零售行业的萎缩幅度高达70%。市场需求在未来大概率是会反弹的,但商店必须先在当下存活下来。

"谁能决定雷克雅未克应该剩下多少家鞋店?哪些鞋店又能存活下来?"

其中一家新银行对其头部贷款客户做了梳理,每个客户一页纸。这叠资料足有4厘米厚。

"我们进行了分析，但拿不到太具体的数字。于是我们决定按红色、黄色和绿色，对客户进行评分。有了这个，我们可以争取到一些时间。毕竟我们在 2009 年年末才可能得到像样的数字。

"到那时，我们才能看清灰尘颗粒的运动。"

从白兰地房里搬出来

老式漫画中的银行行长形象，常常是戴着帽子，抽着雪茄，手里拿着一杯白兰地，央行行长更是如此。

在过去舒适的日子里，这三件事都是央行行长的生活日常，今天有很多人也是这么认为的。

在冰岛央行，确实有一个被我称作"白兰地房"的房间。我猜，现在白兰地这种酒已经是乏人问津了。

虽然我们并没有定期喝酒的习惯，但是这里的某些程序也不是太理想。鉴于冰岛处理经济事务的机关的规模普遍较小，其协调和合作的水平在我看来也还真是弱得吓人。

对此，SIC 提出了严厉的批评："可以认为，这些政府机构代表和管理人员，对于监督金融市场运作，以及监督金融市场对国家经济的影响，是有责任的。但是很多时候，究竟谁应该在政府的日常活动中执行这些事务，并对其某些方面的后果负责，这并不清晰。"

冰岛是世界上少有的没有军队的国家，陆海空都没有军队。冰岛只有一个非常高效的海岸警卫队，但它能作为北约成员国而得到安全上的保障。因此，具有协调性的军事化行动的概念在冰岛是很陌生的，也极少有人受过这方面的训练。

当金融危机迫在眉睫时，这一缺点暴露无遗。

甚至在 2009 年年初，仍有人说，央行行长是由总理任命的，他不应该与由部长任命的公务员甚至是部长自己合作。真是一派胡言。角色和责任需要有明确的界定和划分，但这不应该阻碍合作。危机时期更是不应如此。

有些企业高管会说，一个部门最多只能同时进行一个，或者最多两至三个并行的改革方案。

对此，如果你想要一个反例，你可以看看危机之后的冰岛。

在这里，有十几个改革方案都得争分夺秒地推进，最好是在6个月内完成。许多改革方案的规模很大，有着通常需要几年才能完成的工作量。

我在冰岛的经历，以及30年来在变革项目上的工作经验，让我建立了一些宝贵的认知。

第一，只要时间够充裕、对话沟通够多，改革就会比较容易推进，这是一种错觉。当然，我们应该允许适当的讨论，也应该做好准备，但清晰度和方向性才是一个组织所真正追求的。矛盾的是，私营企业的改革计划通常会进展得比较顺利。所有人都知道会发生什么，从而采取相应的行动。

第二，一个组织的肌肉是越锻炼越强的，任何组织的能力都不会是永恒不变的。

第三，沟通是关键。耶德雷姆给了我一个明确的建议："你应该走出去，与商业领袖、工会、媒体、市场参与者和冰岛普通人会面。向他们宣布你的计划！"

我在银行遇到的团队，成员的个人能力都很强，但团队规模很小。我们需要清晰度，也需要分配责任，然后动起来。

我在日后做关于"危机领导力"的演讲时，总是提到我们在冰岛央行的工作方式，特别是在最初的几个月。

所有的改革工作都应有且只有一个负责人，所有的负责人都应在管理团队中。理想的情况是，每个高管每次都只负责一至两个项目,而且必须为每个项目配置自己的团队。

我们每天都会开会,回顾总体工作进展,并讨论一至两项改革工作。管理团队全员都会参会,也有一到两名涉及改革工作的团队成员。我想尽可能多地了解员工,尽量充分地发挥他们的工作能力。

然后,我们把会议地点从白兰地房搬到了冰岛央行的会议室,并列出明确的议程和出席人数。我们用井然有序的会议机制取代了非正式的下午聚会。

我们的会议机制到位了,运作得很顺畅。利利亚·阿尔弗雷什多蒂尔(Lilja Alfreðsdóttir)是央行行长办公室中一位非常能干的年轻经济学家,她负责安排会议流程,明确优先事项,并确保每个人都做好会前准备。她对所需的东西有很强的直觉,这让我们很快就提高了效率。有点儿令人惊讶的是,我们也很快就没有别的问题可讨论了。

如何执行工作、如何加快步伐,以及如何改善与其他机构的合作,成了工作的新重点。

在刀刃上狂奔

尽管有资本管制,利率水平也依然高企,冰岛克朗的汇率还是在一路下滑。冰岛经济正在遭受债务升高、经济衰退和高利率的影响,通货膨胀率已高达20%。

我的下一个任务是设定利率基准。

中央银行利率的制定,从技术上讲,是确定由央行向商业银行放贷的利率。在有足够的抵押品的情况下,银行就可以获得流动性,也就是新增的资金。

这个利率就是政策利率,它是整个经济系统中的借贷成本基准。以此为基础，各方再根据所面对风险的大小和融资方式，对政策利率进行上下调整。这个利率，在任何经济体中都是最重要的"价格"，影响着所有个人和机构的经济决策，但程度不尽相同：它既可以是拂面微风，又可以是狂风骤雨。

这个利率决定了明年你会花多少代价来偿付你今天的支出，这直接影响着市场需求和储蓄。这个利率还决定了一个建筑商，明年需要赚多少钱才能负担得起今天新买的公寓。同样，这个利率也引导着需求和经济活动的水平。

把这一切都加总起来，就是所谓的"经济传导机制"。这是由所有中央银行设定的利率对实体经济产生影响的渠道的合集。

对于同时拥有本国货币和国际货币的人来说，汇率也决定了他们把本国货币留在国内能赚到什么。这会影响他们购买或出售货币的意愿，进而对汇率产生影响。这也会影响到经济的竞争力，以及进出口水平。这些影响都很复杂，但在此我们会将其大幅简化。

同时，央行还管理着金融系统中的流动性。如果央行想让银行减少放贷，央行可以减少放款，也可以提高存款准备金率，或是出售其所持有的证券。而若央行想确保金融系统中的钱够多，它则可以反向操作，采取更宽松的政策。流动性水平决定了市场利率相对于政策利率将如何浮动。政策利率再加上银行的溢价，我们就可以计算出住房按揭利率了。

直至 2009 年年初，冰岛克朗在一年内贬值了 50%，而且此后一直疲软。冰岛每年的通货膨胀率已接近 20%。在牵一发而动全身的价格体系中，当一种价格上涨时，其他价格也便随之上涨。

市场普遍的认知是，冰岛的通货膨胀将保持高位。这也意味着冰岛克朗的汇率也将进一步贬值。这种情况需要得到遏制，否则冰岛可能再次进入通货膨胀的旋涡，痛苦的历史也将重演。

在 1985 年 1 月 1 日，购买 1 丹麦克朗需要 3.59 冰岛克朗。而

在中央银行，困难的日子比比皆是，人们也必须做出艰难的决策。央行行长的工作总是被新问题填满，晚上几乎没有时间睡觉。

图片来源：克里斯汀·英瓦尔松（Kristinn Ingvarsson）。

到了2009年，这个数字涨到了20冰岛克朗。在这段时间内，冰岛的物价上涨了6倍。在丹麦，物价则"只"翻了一番。

通常情况下，高利率能起到鼓励投资者将钱停留在某种货币上的作用，还会减少经济体的总需求，对通货膨胀起到遏制作用。

2008年年底，冰岛央行的贷款利率被设在了22%。

但此时，冰岛经济已陷入停滞状态，在众目睽睽之下，冰岛的投资项目也都停摆了。

我们必须在刀刃上保持平衡，或者说，在刀刃上狂奔。

冰岛央行的货币政策委员会（简称MPC），对于利率的制定有着无上限的权力。所以，决定权是在我们手上的。因此，我们可以向许多人征求意见，但不能拒绝被指责；相反，每个人都可以指责我们，只要他们愿意。

第三章 浩劫与废墟

2009年3月18日，冰岛央行的货币政策委员会在大楼顶层举行了该年的第一次会议。委员会有两名外部成员，分别是经济学教授安妮·西伯特（Anne Sibert）和吉尔维·佐伊加（Gylfi Zoega）。除此之外，央行还将其首席经济学家托拉林·佩特尔松（Thórarinn G. Pétursson）、副行长阿诺尔·西格瓦松（Arnór Sighvatsson），以及我本人列为成员。

在会上，安妮事无巨细，描绘了全局视角。吉尔维则给我们带来了经济方面的最新情况。每次我们的会议上，都会有他对最近相关学术论文的介绍。我们带着浓厚的兴趣和景仰之情，认真地听他说。在这个难得的场合里，他不断尝试寻找加速经济复苏的行动选项。他关注着所有在冰岛发生的辩论，思考各种论点，并在我们的讨论中提出有效的、相反的观点。托拉林希望确保在行长的领导下，首席经济学家的意见会得到重视，他不希望给政治留空隙。阿诺仔细研究了所有的经济数据，并带头进行综合分析。

我们当时小赌了一把，至少 IMF 有时是这样认为的。

1985 年，我获得了经济学专业毕业后的第一份工作，其中有一些经验教训我常铭记于心。

我开始在挪威财政部担任分析员，承担分析价格和工资的工作。我需要对工资和物价上涨情况做出预判。我会输入数据，设立假设，然后负责解释宏观经济模型的产出。我的工作成果还会进一步地指向其他领域，包括大量的税收调整，设置上限，以及国家拨款等事项。国防部的一名将军要求与我会面，希望与我当面探讨子弹、火药、坦克和船只拨款的通胀调整问题。

这场对垒可不太公平。他们手上可是有致命的武器，但我控制着名为 MODAG 的宏观经济模型。更要命的是，我的第一份工作就要考虑国王俸禄和工资的调整。

我入职的那一天，挪威财政部得到了两台电脑。部里有史以来第一次有了 IBM 电脑，而其中一台就分派给了我。

要知道，这意味着我就是当时财政部里唯一拥有运算能力的人。也正因如此，我能在会议上展示复杂的计算，这可能也让其他人觉得我很聪明，工作效率很高。

有时候运气是挺有用的。

在电脑的帮助下，我可以搭建经济模型，并用其来预测未来一个月的价格上涨情况，数字能精确到 1%。从中我获得了一个简单的经验：应该更关注现下的通货膨胀率，而不是 12 个月的通货膨胀率。

在货币政策委员会上，我们的假设是：冰岛货币贬值导致了进口货物价格上升，所以那时的一次性价格飙升已经传导成了通货膨胀。结果是，冰岛的同比通货膨胀率为 20%，这还伴随着冰岛币值的腰斩，消费品进口量也已跌了 50%，而且经济冲击还造成了一些其他零星的损失。我们认为，通货膨胀已经压下来了，即便是 12 个月的通货膨胀率也只在 20% 左右。

冰岛的体制也显示了它的力量。

工会、企业和政府一道与我们展开了谈判。我们给谈判设定的目标是：为期三年的工资和价格冻结，同时在 4 年之内国家预算收紧至 GDP 的 12%。这是西欧国家在第二次世界大战以来最严酷的调整之一。

工会领导人表示，这个方案不可接受。他当然不可能同意。

他说："工会成员不可能接受这个方案。"我和财政部长斯泰因格里姆尔·西格弗松（Steingrímur Sigfússon）担心起来，心想：他到底想要什么呢？

工会领导人的语气很坚定，这是工会领导人独有的音调。

他亮了底牌：所有的预算调整必须在两年内完成。

"我们宁可在短期内承受痛苦，哪怕痛苦更剧烈一些，也不要四年的慢性折磨。"

我一边看着西格弗松，一边点了点头。

我们刚刚在一瞥中所看到的景象，恰好说明了为什么所有北欧国家的复苏努力都获得了成功。GDP 下降 10%，预算紧缩 10%，这真是严厉且痛苦。但如果我们能以公平公正的方式来分担成本，通常能比多年的讨价还价和阳奉阴违更加有效。

这就像一大群人去餐厅吃饭，大家疯狂地点菜，账单也越堆越高。如果我们把账单分下去，每个人可以公平地为他们自己的份额来买单，然后继续吃饭。当然，最后会有几位兄弟要留下来洗碗抵单，但是，把账单付清总比争吵要好，也比大家打成一团要好。

在冰岛，我们达成了一个为期三年的工资和价格冻结协议，也制订了一个更快速的财政调整计划。在通货膨胀率接近 20% 的情况下，这是一个相当了不起的成就。

2009 年 3 月 19 日，货币政策委员会决定将政策利率降至 21%，4 月初降至 19.5%，5 月降至 17%，6 月降至 16%。到 2019 年年底时，政策利率已经降至 11.5%。

国际上，大多数中央银行的货币政策委员会每年都会举行 6~8 次会议，而在大多数会议上，通常会决定利率保持不变。有时他们可能会做一个小的调整，升降幅度在 0.25% 左右。如今的冰岛，我们可没有闲工夫去做这种常规性的利率操作。

而且，正如预测的那样，通货膨胀压住了，汇率也稳定了下来。临近 2009 年年底，年化的工资增长率已跌至 2%。

到了这一步时，即使是冷静如古德蒙杜尔·托尔，也已经失去了耐心。外面的价格已经飙升。冰岛克朗曾经是他的骄傲，但如今这种货币已经买不来任何东西。银行试图让他把贷款换成以冰岛克朗计价，因为银行在维持冰岛克朗存款方面遇到了困难，而且也很难再提供以欧元、美元、瑞士法郎、北欧克朗和日元计价的贷款了。但是，此刻正处于冰岛克朗的汇率底部，且利率水平高达20%，托尔不可能在此时把贷款转过去。

好在他并不着急，他觉得还可以再观望一下，要知道，1947年海克拉火山的喷发持续了一年零一个月。

我们也必须定下货币政策委员会的规则了，这是一个新的部门。对此，我们的专家是现成的。安妮·西伯特的研究领域正是中央银行的程序：如何进行决策、如何构建议程、如何管理投票等。内部讨论的内容是否应该被公之于众，还是只是公布投票结果呢？每名参会者的投票结果是否应该公开呢？公众是否应该知道会议是趋向鹰派还是鸽派，即参会成员投给了高利率还是低利率？

在利率决策公布了之后，我们决定将货币政策委员会的公告也进行公布，会议记录将在两周后被公开。我们会公布投票总体情况，个人的投票情况则在次年的央行年度报告中公布。我们需要坚持问责制和透明原则，但我们也需要缓和当前的热度，而这最后的方案正是这两者权衡之下的产物。

这样一来，公众会看到谁是鹰派，谁是鸽派，尽管不是立即就知道。顺便说一句，这些老鹰和鸽子的飞行轨迹总是"高低错落"的。

有趣的是，我们在金融危机中设立的程序至今仍然适用。正因为有这些规则，冰岛有了一个比大多数国家更透明、更负责任的利率政策机制。

每次进行利率设定时，货币政策委员会都提前一天开会，让成员研究相关的经济及预测信息。我们考虑了所有方面。第二天早上，利率决策正式出炉，然后会议公告发布。

考虑到还有其他要紧事，我们最多能做到两天内开四场会。

麦当劳关门并离开冰岛，这是经济复苏道路上的一站[①]

2009年10月31日，麦当劳关闭了在冰岛的三家分店。继阿尔巴尼亚、亚美尼亚和摩尔多瓦之后，冰岛也成了一个没有麦当劳的欧洲国家。

时任冰岛总理，也是后来的冰岛央行行长奥德松在1993年开设了第一家麦当劳分店，他也吃到了冰岛的第一个汉堡包。

麦当劳采用的是特许经营的模式。这些餐厅会受到连锁店要求的约束：所有的用料，从包装到肉类和奶酪，都必须从德国进口。

随着大量资本流入冰岛，冰岛的汇率被推高了，冰岛人也就可以以低价换得欧元，采购欧洲的肉类和奶酪。

但在冰岛克朗的汇率腰斩之后，此前麦当劳的模式已不再可行。冰岛的原料要便宜得多，而且冰岛当地人的购买力已急剧下降，高价的汉堡包会无人问津。

特许经营店的老板对此很清楚："这账算不过来，我从德国进口一公斤的洋葱，费用等同于一瓶高档威士忌。"

不过，他说的可能不是苏格兰威士忌，因为那也是进口的。

长期以来，麦当劳巨无霸汉堡包都是全球化的象征，但它也成了全球金融危机的受害者。

与此同时，一家新的连锁店——麦德龙（Metro）开业了。在这里，冰岛产的肉品、沙拉、土豆和黄瓜琳琅满目。

我们的朋友托尔感到很惊讶。他突然得到了一份订单，有人要从他的温室里采购蔬菜。

[①] 麦当劳的故事是基于英国《每日电讯报》(*The Telegraph*)和 BBC 于 2009 年 10 月 27 日发表的文章。有关汽车销售、进口和出口的数据来自冰岛统计局。

过往的衰败象征。
图片来源：冰岛漫画家哈尔多尔·巴尔德松。

他利用冰岛的地热种植的蔬菜，比从德国运来的任何东西都要好吃。对此，他毫不怀疑。

在大多数其他方面也是如此，在危机之前、危机期间和危机之后的经济的表现，都与宏观经济理论预测的一样，这让冰岛成为一个教科书般的案例。

"2007年，我们所发的冰岛克朗工资，以欧元计算是每小时18～19欧元，"一位渔业公司的经理说，"2009年，工资降到了11欧元。

"所以，我们聘了100名员工。过去我们都是出口整鱼的，现在我们全部做了加工。所有员工都想每天工作满8小时，甚至是10～12个小时。工作日之外的时间里，他们在周六和周日也不休息，我们认为这会出现经济的爆发。"

第三章 浩劫与废墟

2002—2008 年，冰岛的汽车销量翻了一番，其中丰田的大型越野车是最畅销的车型。

"不夸张地说，"我的一名冰岛朋友这么说，"那不是装载着 V8 引擎的 200 系列，那是 150 系列。"

车贷融资的表面成本很低，外币计价的贷款已经普及到了家喻户晓的程度。冰岛银行也为这类业务提供了巨大的支持。

销售的增加创造了就业机会，也带来了工资增长、税收收入，以及乐观的市场情绪。资本的流入也使这一切成为现实。

2008 年，冰岛的经常账户出现了创世界纪录的赤字。更令人惊讶的是，除了每隔六七年才会出现一次经常账户盈余，冰岛自 20 世纪 60 年代中期以来一直处于赤字状态。

冰岛的储蓄与投资不匹配，导致对其他国家存在巨额的净债务。若将所有冰岛人、冰岛公司、冰岛银行和整个冰岛国家加总起来，总数也依然是负债累累。冰岛所谓的国际投资头寸（简称 IIP）是负数，数额相当于一整年的 GDP。

大多数人在金融危机前购买的是汽车、电子产品和电器。这也就是经济学家所说的"可自由支配的支出"，这些商品被统称为耐用消费品。

金融危机之后，冰岛物是人非。冰岛克朗大幅贬值，前景一片黑暗。

2009 年，汽车销量在最低谷的时候，同比跌幅达到了 89% 之多。而且，体型小巧的铃木雨燕成为最畅销的汽车。

我最近来到冰岛去加油站给车加油时，有三辆车停在我旁边。一辆是丰田陆地巡洋舰，另一辆是铃木雨燕，还有一辆也是陆地巡洋舰。作为一个经济学家，我不需要仔细观察就能知道这三辆车是哪一年的款。而我欣喜地发现，其中一辆陆地巡洋舰是全新的。

其他的一些指标也都有回暖的迹象。据称，冰岛人的国外度假虽然掉了70%，而他们在冰岛境内的露营活动却增长了40%。幸运的是，许多人发现和朋友一起露营也饶有乐趣。大多数进口商品都出现了下降，但缝纫机的进口没有下降。俗话说，是"必要性"让一丝不挂的妇女学会了纺纱，这句话不仅成为现实，而且有了现代版的演绎。

许多人只是将目光聚焦在坏消息上，比如经济活动的减缓、资金成本的提升、经济前景的恶化，这些情况都使建筑业出现了停摆。冰岛的失业率飙升至近10%，税收收入也下降了。而政府的开支却在增加，预算盈余变成了预算赤字。

但冰岛经济也有一些积极的迹象。

冰岛拥有庞大的渔业部门，也是利用低成本可再生能源提纯金属的出口大国。这些行业原本就具有成本竞争力，而在货币暴跌之后更是如此。即使是在全球金融危机发生的过程之中，这两个行业也在全速运转着，而如今随着新铝厂的建成，产能再次提升了。

大多数的耐用消费品生产都需要经济规模。冰岛没有规模，也不制造耐用消费品，这些商品几乎都是进口的。

而在金融危机之后，这一点也改变了。销售量出现了急剧下降。

至少一半的消费下滑可以与进口额下跌相对应。冰岛小型开放经济体的特性本身，也在一定意义上成就了金融危机。而今，这一特点也在一定意义上成就了经济复苏。若以 GDP 比例计算，1980—2009 年间的进出口差额均值，到 2009 年第四季度和 2010 年第三季度之间，已下滑了十几个百分点。

对冰岛来说，独立的浮动货币曾激化了金融危机的多个成因。现在，虽然冰岛的汇率腰斩了，不过这倒有利于经济复苏。一方面，进口商品的价格上涨了，人们对进口商品的消费也就减少了。若以国际货币计算，冰岛的生产成本和工资都下降了，于是人们开始使用国产商品，替代进口商品。另一方面，对外国买家来说，如今冰岛商品的出口价格更低了，这导致了冰岛出口的增长。

有些人支持冰岛采用固定汇率制度，或是将冰岛的汇率与某大国的货币挂钩，他们的论述也总会指向金融危机前的资产泡沫所带来的痛苦，以及价格暴跌所导致的惨剧。而有些人支持浮动利率，他们的理据则往往指向经济自我调节的机制。

还有，我之前写到2009年后在冰岛再也买不到麦当劳的汉堡包，我说错了，对此我很抱歉。

2009年10月30日，就在最后一家麦当劳门店倒闭的前一天，希约尔斯·马拉森（Hjörtur Smárason）买了一个汉堡包。他把汉堡包和薯条保存在原来的袋子里，三年后，把它们捐给了冰岛国家博物馆。现在，他的汉堡包和薯条在雷克雅未克的巴士旅馆展出。在那里，有个网络摄像头对它进行现场直播，这可能是世界上唯一有直播的汉堡包。

而且，即使在危机期间，冰岛人也找到了另一条穿越黑暗的道路。

冰岛统计局公布了冰岛1853—2016年的出生人口的数字。2009年8月，即2008年11月之后的9个月，冰岛的月度出生人口数达到了有史以来最高值。

他们，正是新一代顽强的冰岛战士。

南方的欧元岛

我童年记忆最深刻的，就是1973年冰岛埃尔德费尔火山爆发。当时我只有十几岁，在挪威的家里日日守着电视，盯着屏幕里的冰岛。我看着映着红光、泛着热气的熔岩从山顶上翻涌出来，汇聚成流，蔓延向山底的小镇。

岩浆透着鲜亮的红光,好似喷泉一般从山顶上喷薄而出。无尽的灰烬伴着热气冲开了黑暗的天空。

熔岩慢慢地流向小镇,吞噬了一座座房屋,整个小镇都在燃烧。即使偶有小屋幸免,最后也被层层灰烬掩埋。几乎半个小镇付之一炬。

半个镇子都化成了焦土,可最骇人的景象远不止此。岩浆穿过小镇,朝着渔港翻涌而去,眼看就要摧毁整个港口,整个渔镇的生计岌岌可危。

我们都记得,当时有位颇有将军风范的人物负责指挥抢险行动。这个人是冰岛凯夫拉维克机场消防队的队长,他命令消防队向岩浆表面倾灌大量海水,以期扭转原本岩浆的流向。

挪威与冰岛隔海相望,我们当时只能通过电视关注进展,担心消防队用的方法能否挽救小镇。为了帮助小镇重建,我们开始捐款,搭建紧急避难所和新建房屋。作为挪威人,我们从未像 1973 年埃尔德费尔火山爆发时那样,感觉自己离冰岛、韦斯特曼纳埃亚尔群岛和赫马岛如此近。

我赴任行长抵达冰岛时,就知道自己有一件事必须做:去看看韦斯特曼纳埃亚尔群岛。

随着火山喷发和熔岩流动,这座岛屿不断扩张,就像 1963 年在稍稍偏南的位置,北大西洋的海面逐渐升起了一座火山岛——叙尔特塞岛。几万年前,火山岩浆以同样的方式造就了冰岛。1973 年埃尔德费尔火山爆发后,凝固的岩浆增大了赫马岛的面积。渔港不仅幸存下来,还得以扩建,巩固了自己作为冰岛主要渔港的地位。

按照地理区域划分,渔港的大部分面积都在欧元区。

韦斯特曼纳埃亚尔群岛的捕鱼船队出海回来后,会把渔船停靠在赫马岛,然后把野生渔产卖到西欧。金融危机期间,捕获的渔产会直接在赫马岛进行加工；而除了这段时期，很少直接就地加工处理。

捕鱼队按照利润分成，使用欧元结算。岛上很多公司也使用欧元支付员工工资。相对岛上的商业规模，银行规模保持在合理范围。

渔业公司的生意很好。如果以欧元计算，公司收入稳定，也在持续上涨。虽然捕鱼量时而波动，但是公司仍然可以通过销售价格调节收入水平。

但是如果以冰岛克朗计算收入，业绩表现就像1973年的地震图：克朗汇率不断变化，增加了收入波动性，公司承担了更大的风险。①

如果仅依靠业务创新、创业精神、辛勤工作和良好的公司治理，那么冰岛渔业公司的竞争力很高。但是一旦被架到宏观政策的过山车上，它们就会立刻面临重重挑战。

2000年，厄瓜多尔1 600万居民放弃了本国货币苏克雷。1998—1999年的金融危机直接抹去了苏克雷67%的价值，厄瓜多尔居民选择了使用美元。

经济学家是这样解释的："一旦车子流转到二手交易市场，汽车生产商无法控制谁是二手买家。同样，一旦货币开始流通，美元或欧元的发钞国也不能阻止别人使用货币。"

我曾去过厄瓜多尔第一大城市瓜亚基尔，与当地一位银行家聊天。他说："危机前几年，厄瓜多尔非常艰难，通货膨胀率很高，银行挣扎度日。"

"我当时在大众银行（Banco Popular）工作，每天晚上我们都会在银行间的支付中心开会，当场就可以看到第二天哪些银行会出

---

① 货币变化对渔业公司的影响在其年度报告的内容中可查。

问题。"

"从苏克雷过渡到美元的艰难程度超乎想象,存款从苏克雷兑换为美元的折价非常高,而且账户会直接冻结——因为当时银行也没有美元进行兑付。贷款也同样要兑换为美元,一样要折价,只是折价程度稍小一些。这就是用来帮助银行建立缓冲资本的机制。"

居住在黑山的60万居民则决定使用欧元。其实黑山并没有加入欧元区,只是有许多国家都将美元或欧元当作影子货币。

通常情况下,考虑一国是否应该使用本国货币或者加入共同货币区(如欧元区),基本可以归纳为4点因素。

第一,国家有权发行本国货币,一些国家的政府甚至会不断地加印钞票,在政权合法性有限的国家更常见,比如独权政府、军权政府或无能政府。对这些政府而言,加印钞票是提供购买力最简单的方法。但钞票流通后,商品和服务需求量会超过供给量,进而推高价格,导致通货膨胀。所以看似简单的解决方案演变成了灾难,在采用美元前的厄瓜多尔正是如此。

挪威在11世纪时也经历了这个问题。1046—1066年,挪威的统治者是哈拉尔德三世哈德拉德国王(King Harald III Hardråde),也被称为"铁手统治者"。受到拜占庭(即今天的伊斯坦布尔)的启发,哈德拉德国王希望能找到促进本国贸易的方法。

他想到了发行硬币。当时硬币的单位是马克(Mark),每枚等于214克银,等于240个潘宁格(Penninger),因此每个潘宁格应该包含0.9克银。当时挪威深陷战火,哈德拉德国王很快就用光了白银。他选择用黄铜替代,铸黄铜币给"铁手士兵"发薪,引发了一场通货膨胀。

当时有一个叫作哈尔多尔·索伦森(Halldór Snorreson)的冰岛士兵,他拿到哈德拉德国王的铜币后马上就嫌弃地扔掉了。这位冰岛大兵不喜欢挪威的货币通胀。哈德拉德国王也很强硬,下令对拒绝铜币的士兵处以死刑——在中世纪,推行货币政策可以使用严酷的手段。不过,索伦森埋伏在了国王的卧室,拔剑直指哈德拉德国王,要求以皇后的金手镯作为报酬。索伦森不仅拿到了手镯,还成功逃离了王宫。索伦森摆脱了哈德拉德国王的报复,也永远赢得了冰岛人的尊重。[1]

然而,正如其他北欧国家一样,今天的冰岛也拥有合法的课税权利。

冰岛政府还有更隐秘的资金来源。政府印制的钞票本质上是国家向民众发行的无息贷款。这个好处甚至还有特定的名称——铸币税(Seignorage)。过去几个世纪,铸币税曾是国家资金的主要来源,至今还有很多国家仍在实行铸币税。如果你手上有美元或欧元,你其实就是在向欧元区国家或美国提供无息贷款;厄瓜多尔的居民就是如此。

第二,国家可以设置中央银行来管理本国货币。国家需要多少钱,中央银行按需铸造。因此,中央银行能够担任"最后的贷款人"的角色。

嗯,理论陈旧了些,不再适用于跨境业务高度发达的现代银行业。冰岛央行可以提供冰岛克朗,但冰岛三大银行需要的是欧元。三大银行拿着冰岛克朗换成外汇,导致冰岛克朗贬值压力剧增,迫使冰岛央行提高利率。甚至连瑞典也会面临升值压力,北欧的跨国金融服务集团北欧银行的总部曾设立在瑞典,当时北欧银行嘶吼着要求瑞典央行为它们兑换更多的美元和欧元,直接加剧了瑞典货币的贬值压力。2009—2012 年,瑞典央行不得不借入外汇,为本国商行提供充足的资金。2017 年,北欧银行把总部迁到了位于欧元区

---

[1] 哈拉尔德三世的故事来自挪威作家扬·奥夫·埃克伯格(Jan Ove Ekeberg)。

的芬兰首都赫尔辛基，做到了冰岛银行做不到的事情。北欧银行搬走了，瑞典央行大概并不伤心。现在，瑞典央行发行了大约300亿美元的外汇贷款。瑞典央行通过国债融资的方式，已经成为外汇的"最后的贷款人"。而且，即使是欧洲央行等区域性大行想获得足够的美元，也必须寻求美国的支持——美联储才是唯一不受限制的"最后的贷款人"。因此，即使一国拥有自己的货币，也免不了要受制于人。

但是，如果没有独立货币，国家面临的挑战会更加严峻。厄瓜多尔放弃本国货币后，商业银行必须自己保证资金流动性，这就需要维持更大规模的缓冲资金。这是有代价的，贷款成本也会更高。

不过原则上讲，一国仍然可以通过本国中央银行，获取外国银行的资金支持。

第三，如果本币独立，国家就可以实行独立的货币政策。中央银行可以实行固定汇率制，决定商业银行可使用的资金量。中央银行还可以利用准备金制定相关规定，创造理想的流动性，即经济体系中的"货币量"。理论上，货币的独立性为经济政策当局提供了调控工具。

第四，独立的货币是可以浮动的。如果有贸易顺差，本币可以升值；如果有逆差，本币可以贬值。这也是大多数经济学家支持设立本国货币最为重要的原因。

冰岛的情况表明，独立的货币制度可以行得通，但最终效果无法保证。金融危机后，冰岛克朗的浮动特性使其发生了贬值；而金融危机前，资本流动发出了太多的噪声，削弱了经济基本面这一主要货币汇率变化驱动因素的作用。同样，在金融危机前，独立的货币政策让冰岛克朗出现了升值，并压低了通货膨胀率，但也导致了巨大的资本流入。

简言之，独立的货币体系的确有优点。但随着资本的国际流动越发显要，独立的货币体系也带来了调控程度过紧或过松的风险，并对调控政策的制定水平提出了更高的要求。

对于冰岛来说，当时维持经济稳定已经非常艰难，所以冰岛如果转而使用固定汇率制度，从而打造一个稳定的货币体系，可能也不失为一个选择。若这样做，冰岛的货币和国内的企业就能在一个稳定的环境下运行，与邻国的相处可能也会更加平等。加之冰岛人民的辛勤劳动精神、高生产力和丰富的资源，冰岛原本可以在国际竞争中轻松取胜。

但在2009年，浮动汇率和相应的货币政策仍然是有益的。而且，当时冰岛银行已回归了克朗银行的本位。所以我认为，在当时的环境下，并没有实行重大的货币改革的必要性。

而且我对冰岛人民有信心。过去几年，冰岛人民的日子就好像过山车，我相信，新一届专业化的央行货币政策委员会就任后，更为稳健的货币政策将会落地。后来，他们也做到了。

但是韦斯特曼纳埃亚尔岛上的居民仍然选择使用本国货币。

无论如何，解决复杂经济问题从来没有简单方案。但是无论什么经济模式，都需要专业性和纪律性。

厄瓜多尔的一位银行家说："厄瓜多尔政府寅吃卯粮，甚至法定货币转为美元之后，还在继续借钱。政府预售石油，用光了养老金，不断举债。政府重蹈覆辙，把所有的错误全部再犯了一遍。"

他总结当时的环境："正是因为缺乏纪律性，苏克雷崩溃了。而即便是放弃了苏克雷，本国货币市场也不会自动产生纪律性。因此，外国的银行都不愿意进入厄瓜多尔市场。

"直到现在，情况才开始改善。

"但有一件事是肯定的：没有国家愿意脱离美元。"

危险螺旋

2012年10月，阿根廷海军引以为傲的"自由女神像号"（Fragata Libertad）军舰被美国一家对冲基金公司扣留在了海港。这艘三桅、总长102米的军舰停靠在加纳共和国的特马港。

阿根廷也有自己的"空军一号"，是一架波音737。自然，飞机的名字也具有很浓烈的阿根廷风格——"探戈一号"（Tango 01）。2010年，因为担心飞机会被债权人扣押，"探戈一号"取消了飞往德国的行程。

这两个事件的起因都是10年前阿根廷国家主权债务违约[1]，而对冲基金拒绝违约和解。

不过这样的大场面很少见，其中一个原因是债权人无法强夺任何一国的最大收入来源：债务国的纳税人。

即使如此，投资者评估国家、企业、银行和家庭的财务状况时，会基于财政的稳健程度。如果国家陷入财政困境，原则上总是能够向国民和企业征税，解决资金短缺。或者，可以从中央银行借钱；相应地，中央银行也可以随时印钞，制造通货膨胀，降低所有名义债务的实际价值。

财政实力雄厚的国家则能够支持本国企业度过危机，或对银行执行救助政策，并致力于解决实际的经济问题。这也是国家调控体系和调控能力的象征。

冰岛危机期间，以及后来爱尔兰、希腊、意大利、葡萄牙和西班牙的危机中，出现了类似1992年瑞典危机和芬兰危机时的恐慌情绪——一种对国家财政崩溃的恐惧。

---

[1] 当时阿根廷对国债减计。——译者注

随着国家的生产力、经济和人口增长，税收基础也会增长。年轻一代纳税人收入增长，纳税额相应提高。政府投资教育、研究和基础设施，进一步刺激未来经济增长。因此，一国比较合理的做法是，适当地发行债券并以轻微的财政赤字运行经济。

政府使用的债务工具，特别是国债，在资本市场上发挥着重要作用。国债是央行管理流动性的机制，国债利率也是约定俗成的该国无风险利率。

担任挪威财政副大臣时，我将预算赤字扭转为了盈余。然后国债办公室的总监就去敲了我的门。

他说："我们必须发债。"

我问他："为什么应该发债？我们将永远不会有预算赤字了。"

他回答说："我们需要国债工具，这样银行和公司才能管理投资组合。央行才能买卖债券，调节市场的流动性。"

"发行国债还是为了设定无风险利率，"他继续说，"否则我们该如何计算加权平均资本成本（WACC）？"

加权平均资本成本是金融分析师在比较项目收益和成本时使用的指标。它的计算以无风险利率为基础，而无风险利率通常就是国债利率。计算公式中其他要素则代表具体的公司或项目风险。

总之，几乎所有国家都发行国债。欧盟设定政府债务总额与GDP的比率上限为60%。大多数国家的财政都是年复一年地出现赤字。根据欧盟规定，财政赤字上限是GDP的3%。

一旦经济衰退，情况就会变化。先是税收缩减，财政支出增加。GDP减少10%，国家财政可能减少5%。3%的财政赤字可能会增长到8%。而且，经济衰退的第二年，60%的债务水平就会上升到76%以上。

如果GDP下降10%，若银行危机不是主要原因，那至少也是原因之一。或者说，若GDP下降10%，很快就会引发银行危机。

国家不得不出手救市，而各国救市成本不尽相同，比如爱尔兰2009年对银行救助的成本达到了 GDP 的 40%。

所以国家债务率会非常突然攀升到 100%。债务率的飙升推动利率和赤字水平上升，这还会进一步推高债务水平。[①]

国家债务的增加、利率的提高以及对资金的争夺加剧，市场利率还会进一步提高。

投资、消费和 GDP 下降，赤字和债务水平再次上升。

回顾过去，2008—2013 年，欧洲央行成员国国债与 GDP 比率平均增长了 26%，其中 6% 是用在了对银行的救助上。

冰岛的起点比大多数国家好，当时至少还有预算盈余，债务也维持在适度水平。然而，冰岛金融危机的冲击影响巨大，比所有欧洲央行成员国经历过的危机都严重。国家救市成本具有很强的不可预测性和不透明性。巨大的银行债务成为最大的威胁因素。更糟糕的是，许多人无法区分银行、企业和国家所面临的不同情况。

于是，厘清内在事实和外在表象成了首要任务。

尽管冰岛能拿出直白准确的数据和清晰明了的事实，但分析师、国际新闻记者和评级机构还是对我们抱持怀疑态度。

两个背离的大陆板块

2009 年 3 月。

闹钟上的红色数字显示，此时已是午夜后的几个小时。

房间里隆隆作响，弥漫着烟雾和蒸气。我感觉好像闻到了硫

[①] 亨利·毛雷尔（Henri Maurer）和帕特里克·格鲁森迈耶（Patrick Grussenmeyer）的文章《2008—2013 年欧元区的金融援助措施：统计框架和财政影响》提供了关于欧元区危机成本的数据。

黄味，鼻腔也感受到了热气。就在刚刚，欧亚大陆和北美洲大陆这两个板块分开了，我感觉自己正在坠入深渊，和冰岛一起沉向海底。

我已经采取了所有预防措施，此时却无计可施。

无法立足，更不能攀附。

然后我从噩梦中醒来。

发现现实同样残酷。

现在要作为央行行长，投入新的一天。

经济学家早已转变观点，不再认为中央银行应完全独立，货币管理机构应该完全免于政治干预。不过这个理念指导了冰岛关于中央银行治理的立法。

如果宏观环境要求提高利率，那就应该提高利率，即使是在选举年也是一样。如果经济有过热的风险，就应该用货币紧缩来给财政刺激降温。

独立性意味着完全的问责制。作为央行行长，没有人会告诉你应该如何决策，也没有人可以免除你作为行长的责任，更不会替你的糟糕决定背负责任。

在正常情况下，这样安排有好处，也有挑战。不过如果全世界都崩溃了，你已经无处可藏，且所有子弹都打完了，那这样安排再糟糕不过了。

去冰岛任职前，我从来没有经历过那么多失眠的夜晚。我就睁着眼躺在床上，一件事一件事地想，能做的是否都做了，想完还要猜测转天会有什么坏消息。

对于任何组织的高层，环境、健康和安全都是首要任务。央行行长也是银行的首席执行官。

所以，我挑了一个难得的风平浪静的日子，去拜访了央行的运营经理。我想巡检央行处理纸币和硬币的安全程序，还想去看看保险库的情况。

在担任挪威财政副大臣时，挪威央行可是主动邀请我去巡检保险库的。

第一站，我们去看了破损纸币的焚烧炉。挪威央行的中央供暖系统是使用纸币作为供热原料的，每小时要烧掉价值数百万挪威克朗的旧币。这真是世上最昂贵的供暖燃料了。

第二站，我们去了金库。议会刚刚决定为老年养护项目拨款10亿克朗，即"10亿养老计划"（Billion For the Elders）。

仓库托盘上堆满了1 000挪威克朗面值的钞票价值有10亿克朗。

"这就是10亿挪威克朗现金堆在一起的样子。"时任行长说。

我们转过身来。货架仓库有5层楼高，每个托盘上全部装满了几十亿挪威克朗的钞票。仓库里甚至还存放着不同设计的备用纸币，以备敌人入侵时使用：如果入侵者把假钞混入市场，那么一夜之间这些备用纸币就可以流通。

最后一站，我们去了金锭库。参观的时候行长跟我们许诺说，谁能直接用手举起一个金锭，谁就可以带金锭回家。他知道金锭实在是太重了，所以才敢这么说。我们要是事先知道就好了，肯定会常去健身房，好好练练指力。

冰岛央行的运营经理问我为什么要看保险库。我反问他说："如果有人来抢央行怎么办？"

他问："为什么会有人抢央行呢？"

我回答他："为了钱呀。"

"什么钱？"他问，"是空的呀。我以为你这会儿应该已经知道了。"

他笑着说："现在你知道为什么一个挪威人可以被任命为冰岛的央行行长了吧。"

"保险库里没有外汇储备，也没有黄金。而且，如果有人拿走

第三章　浩劫与废墟

了克朗币，一天之内我们就能知道是谁——那个手头突然多了那么多现金的嫌疑人。"

我猜他是在开玩笑。无论如何，我一直都没有机会去检查保险库。

我们考虑过印制一些 10 000 克朗面值的纸币，塞进保险库里。前任行长都已经开始着手印钞了，但我取消了印钞订单，现在是时候结束通货膨胀了。

现在，我们需要更多 1 000 克朗面值的纸币。我得到了据说是有史以来经合组织国家第一次由本国非公民签署发行本国纸币的机会。也许这些钞票很快就是收藏品了。

中央银行博物馆拿走了前 200 张，我又为朋友和家人买了 200 张，多少也算是给货币系统注入了一点外币储备，其他印刷的钞票都流通发行了。

现在 eBay 上还可以买到少量 1 000 克朗面值的纸币。不过要支付溢价才能买到，而且很快价格会更高。

冰岛的 1262 号法律禁止外国人担任政府部门的高级公务员职

1 000 克朗面值的冰岛纸币。

位。不过我同意接受任命时,却没有人想过我还需要先取得豁免。修订案初稿也没有关于这方面的规定。

但麦肯锡风险团队雇用了一位冰岛律师,早在 2 月,这位律师就提醒了我。我给冰岛央行打了电话,提出了这个问题。政府组织了法律团队,对法规进行了修订。法律人士的意见是,鉴于我的岗位是临时的,所以修订就足够了。

然而,还有一些声音,包括备受业界推崇的法律教授西格杜尔·林达尔(Sigurdur Líndal)说:"任命一名非冰岛籍的中央银行行长是违宪的。"

但是,从来没有人提出过,"违宪"会如何影响我,如何影响我促成的货币政策决策,以及带有我签名的行政令和 1 400 万张钞票。

作为一名独立的央行行长,我可以监督中央银行的所有活动,但凡事都有个限度。一段时间后,我搬出了自己的公寓,住进了央行的接待公寓。这间公寓通常招待贵宾,比如帕瓦罗蒂会下榻于此,但现在提供给了我这位临时的行长。不过,在这里我的权力最终有了限制:在我搬进去当天,银行锁上了房间里的酒柜——尽管我连喝酒的时间都没有。

正如对于可以托付给我这个"山野村夫"的事情,自然也是有范围限制的。

一场 CDS、政府债务和财政紧缩的噩梦[①]

教科书上的经济理论很简单:只有预期收益超过利息和其他资

[①] 关于 GDP、预算等的所有数据都来自经合组织的经济展望报告、IMF 和世界银行。各国养老基金规模的数据来自经合组织。

本成本时，企业才会投资项目。

预期收益取决于投入成本和产品的最终定价，而后者又在很大程度上受需求影响。金融危机后冰岛国内需求疲软，很少有产品能卖出好价格，这就限制了投资回报。出口导向的项目还可以继续进行，但是面向国内市场的项目则停滞了。基建的需求水平也较低。总而言之，投资需求持续处于低位。

教科书上计算资本成本的方法也比较简单，第一步是先确定无风险利率。

无风险利率被定义为美国政府债券的利率。简言之，即使是最右翼的金融分析师也赞同，宇宙里最确定的事情是美国（或德国）政府持续征税的能力。

第二步是加上国家风险利率，比如，我们要加上冰岛的国家风险利率。根据教科书，投资者将期望得到冰岛国家风险的补偿。第三步，基于项目基本面、资金情况以及项目责任人等因素，计算出项目风险。三个项目的总和是长期资本成本。

政府可以确保制定支持性的法律，以求改善经济基本面。在某种程度上，他们也可以影响国家风险水平。因为对于国家风险水平而言，政府的财政实力是核心。

国家风险通常以 CDS 成本来衡量，相当于投保一国债券违约的保险价格。成本越高，意味着预计风险越大。虽然 CDS 结构不透明且不受监管，却是非常重要的风险衡量指标。

CDS 价格是定期报价的，数据由彭博社等数据商提供。分析师可以将数据应用到任意项目计算中。

金融危机爆发后，冰岛 CDS 价格上升到了 1 000 个基点。通常情况下，冰岛国家违约的保险年化成本是其债券面值的 10%。

如果无风险利率为 2%，CDS 为 10%，假设项目风险为 5%，再加上利润率要求，也就意味着对于任何有投资价值的项目，年化回报率得达到20%~25%才行。年化回报率要求高,而国内的需求水平低,最后的结果就是没有投资,没有经济增长,衰退持续。

这必须改变(见图3-5)。

第一个问题,CDS的利率是如何计算的。这个问题主要包括市场是如何运作的,市场参与者的担忧是什么,我们能做什么来解决担忧。

我们给一个主要的CDS数据供应商打电话,询问这些问题,才发现数据都是人工炮制的。金融危机后,冰岛政府债券的债务保险交易量很少,每个月可能仅有一两笔交易。因此,就直接使用了同一风险类别国家的信用保险工具交易的利率数据,这些国家是苏联解体后的中亚国家。

然而,即使有这些额外的数据来源,也没有多少交易量。因此,数据提供者的下一招是拿一把尺子做线性差补进行计算。

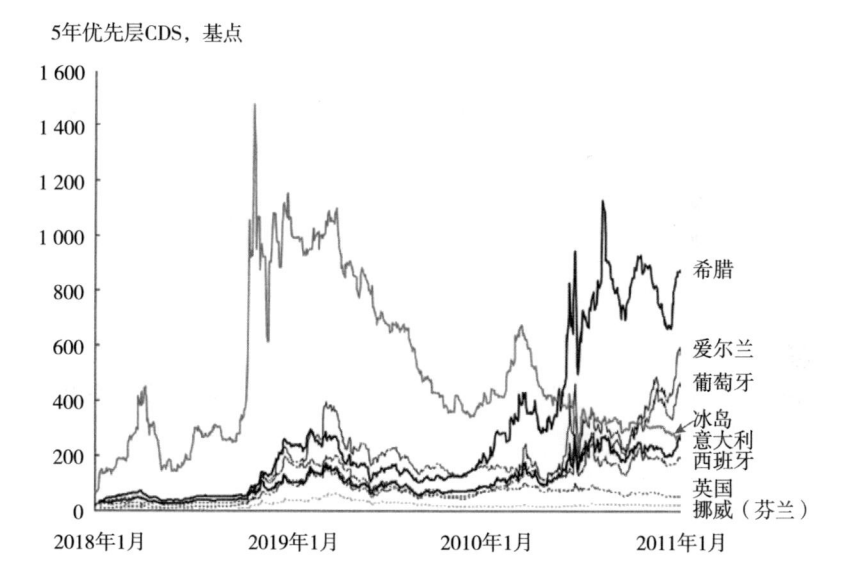

图3-5 国家信用保险成本

资料来源:彭博社。

所有人都会极其严肃地对待计算结果，分析家、评论家和教授经常评论，但这个结果实际上完全是编造的，是猜测的。真的让人很想大呼"假新闻"。

但是，即使 CDS 的数据是假的，也确实反映了严重的担忧情绪。的确有许多人认为，冰岛即将崩溃。

我们一次一次地反驳这种观点。金融危机发生前，冰岛的国家财政稳健，政府债务与 GDP 的比率约为 27%，远远低于欧洲的平均水平。2007 年，国家预算实现了 5% 的盈余，在欧洲也是很罕见的。养老金体系的资产管理目标是资金充盈，独立于国家政府体系，基本依赖企业雇主和雇员的缴费。即使在调整了金融危机期间的损失之后，这些资金加起来也超过了 GDP 的 120%。

不过，很多人还是有顾虑。在北欧的福利国家经济中，国家起着至关重要的作用。间接税和直接税的税率都很高，往往是因为汽车、酒、工资等单位价格的税率不断上升。此外，失业率高企时，国家还要兜底。

国家所扮演的经济缓冲的角色，是自动稳定经济运行的重要因素。在危机发生时，国家税收缩减，财政支出增加，国民手里的现金留存就更多。很多情况下，经济自动稳定机制影响远超所有所谓深思熟虑的决策。这是利好冰岛的因素。

然后来看看利空因素。要发挥经济稳定器的作用，国家需要有足够的实力。根据估计，20 世纪 90 年代金融危机期间，瑞典国家财政吸收的亏空高达 GDP 的 70%。类似经济体系的国家，财政实力需要足够雄厚才能稳定经济。瑞典用了十几年才建立了这样的实力基础。

冰岛的财政是稳固的，但也不是坚若磐石。2008 年，冰岛的财政赤字占 GDP 比例为 13%，2009 年和 2010 年，冰岛赤字都在 10% 左右。这还是经历了欧洲最极端的财政紧缩之后的赤字情况。

教科书上的经济学理论说，经济危机来临时，政府应该增加开支，减少税收，刺激经济恢复。这是有道理的，但在没有非常健全的国家财政的情况下很难做到。如果缺乏对国家的信任，刺激措施就没有什么帮助，最后还将不可避免地导致利率高企和投资停滞。

发生危机时，所有北欧国家的解决方案都类似：1982年的丹麦，1992年的挪威，1993年的瑞典，以及1993年的芬兰，加之2009年的冰岛。

这些国家都采取了具体且可信的预算措施，以恢复市场信心。这些措施的效果立竿见影，但更重要的是改变了长期财政平衡（见图3-6）。

有了正确的措施，各国可以在短短三四年内消除占GDP 10%~12%的政府赤字；对于北欧国家，无论执政党是谁，通常都以缩小财政开支来削减一半的赤字，然后通过征收直接税再削减1/4，最后的1/4则是通过间接税解决。

各国都较为青睐可信的预算改革，例如针对养老金制度的改革，因为这类改革可以产生显著的长期影响和适度的短期影响。

通过这样的方式，一定会扭转需求下降的趋势；预算削减虽然会导致财政紧缩，但是能够重建信心，刺激消费和公司投资，提振国内需求。

冰岛政府也关注那些过度募资的私募养老基金，寻找渠道释放多余资金。另外，由于冰岛克朗的贬值，个人的指数挂钩贷款的还款压力也有所缓解，政府也延长了还款期。

此外，政府鼓励充分利用剩余的投资能力。邀请资方投资基础设施，促进就业，包括基础设施建设在内的很多项目也交给了私营公司运营。

非常重要的是，冰岛将重振银行的成本压在了低位。国家的责

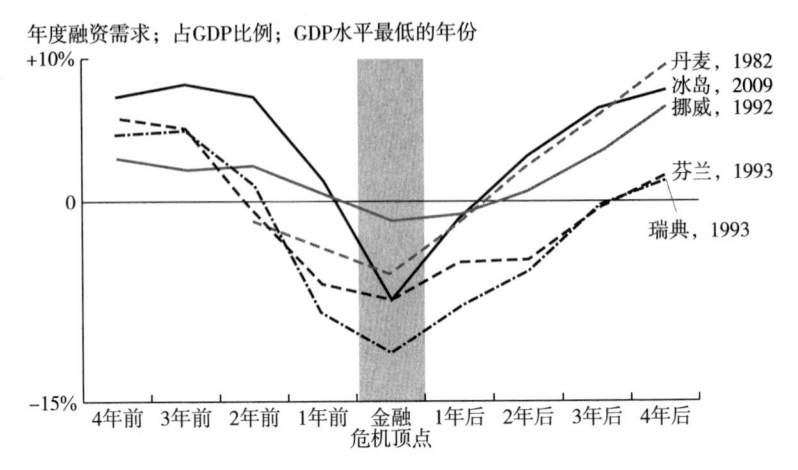

年度融资需求；占GDP比例；GDP水平最低的年份

图3-6 经历最为严重的危机前后各国的公共财政盈余情况
资料来源：IMF冰岛办公室，2010年4月16日评估。

任十分明确的话，一定程度上限制了责任的无限扩大。最后，国家为银行重组注入的资金甚至产生了利润。

在瑞典国家恢复期间，时任总理戈兰·佩尔松（Göran Persson）对于国家应该做什么是非常明确的，他说："把最坏情境当作'基本情境'。"

冰岛也是这样做的。政府措施落地后，CDS市场做出了反应，市场价格迅速下跌，在某些月份甚至跌了600个基点。幸运的是，政府措施并没有全盘压低所有的指标，我们还可以用其他的指标衡量经济恢复的进展。

托尔的家人都知道生活在这个世界有多难。他们见识过火山爆发和其他艰难困苦。历史上，海克拉火山曾多次爆发：1104年、1158年、1206年、1222年、1300年、1341年、1389年、1510年、1597年、1636年、1693年、1766年、1845年、1947年、1970年、1980年、1981年、1991年和2000年。火山爆发了，整个社区都动员起来。为受灾人群搭建避难所，帮助他们恢复土地耕种，支持所有需要重建的项目。

在托尔看来，长痛不如短痛。如果需要，他可以连续吃很多天的鲭鱼。

自然灾害可能是挺糟糕的。不过，他认为金融危机比自然灾害更糟糕。

自然灾害至少不是人的责任。

而且在自然灾害面前，大家都团结一致地抗灾。

卡车司机和空乘

金融危机后，2009—2013年的时任冰岛财政部长在年轻时曾是一名卡车司机，时任总理则曾是一名空乘。积攒了几十年的政治经验后，冰岛对斯泰因格里姆尔·西格弗松和约翰娜·西于尔扎多蒂（Jóhanna Sigurðardóttir）委以重任，期待他们带领国家度过最艰难的时期。这两位左翼人士要打扫金融危机后的一片狼藉。他们希望能够保证市场公正和平等的同时，减轻痛苦；他们推行了西欧几十年来最严厉的紧缩计划。

金融危机造成了巨大的破坏：申请政府失业救济的人数增加了7倍，国家收入下降，中央银行的外汇储备基本流失殆尽。三大银行倒闭，国家不得不出手救市。

与调整前的支出水平相比，冰岛财政支出因为金融危机增长了GDP的5%左右，税收却下降了GDP的5%左右。国家债务增加，利息支付也随之增加，从国家收入的5%增长到了16%。

如果你需要支持实行稳健的财政政策和降低国家债务的论据，可以用冰岛来举例。2008年10月金融危机初期，冰岛的国家债务水平几乎是零。

因此，至少在一段时间内，国家财政的直接弱化所导致的财政赤字，还不会影响国家基本面的稳健。但最终，我们还是需要更有力的治疗手段。

斯泰因格里姆尔说："直到 2009 年 6 月中旬，我们才开始努力实现预算平衡。

"我们寻找保护购买力的措施，释放被锁定的养老金。

"我们设定了四个目标。

"第一，维持公共财政的可持续性，降低债务和利息负担。

"第二，将公共部门债务总额减少到 GDP 的 60% 以下。

"第三，保护社会安全网。

"第四，提高收入分配的公平性。"

斯泰因格里姆尔说："这个评价让我感到十分骄傲。"他指的是联合国的人权理事会报告。[①] "报告里说国际组织和国家应该从冰岛选择的路径里学习经验，归根到底，最重要的还是国家和社会的运行。

"IMF 也接受了我们的观点，他们说，'我们理解冰岛维持社会安全网的诉求，你们需要兑现，但你们可以决定如何实现。'"

然而，即使是医院，也尝到了苦药的滋味。

时任冰岛规模最大的医院的 CEO 说："我第一次看到预算数字时说，'这一定是在开玩笑吧。'医院 60%~70% 的预算都是支付员工工资，剩余部分则是花在了采购药品和医疗器械上，大部分药品和设备都是进口的。现在因为药品和器械成本以冰岛克朗计算，实际价格就翻了一番。但是，我们没有多余的资金。我们决定保持安静，不加剧恐慌情绪。每个月，我们都会把钱包底朝天地搜罗一

[①] 这里提到的联合国报告是独立专家胡安·巴勃罗·博霍斯拉维斯基（Juan Pablo Bohoslavsky）先生的任务结束声明。报告阐释了国家外债和其他有关国际金融义务对充分享受所有人权，特别是经济、社会和文化权利的影响。

遍，看看还能负担多少药品和器械。"

预算紧缩总额约占 GDP 的 11%~12%，其中 43% 是通过增税和其他收入措施实现的，57% 是通过削减开支实现的。2008—2012 年，支出的实际价值下降了 13%。①

这位卡车司机说："2013 年，我们重新上路了。"

我们废止这个计划吧！它不起作用

"我们希望你能加入银行重组的协调委员会。"特里格维·帕尔森在我第一天进入办公室的时候就这样跟我说。他是冰岛央行金融稳定部门的负责人。

IMF 的第一份意向书就承诺了要设立协调委员会。这个委员会需要承担多个角色，一是确保资本重组的进程，二是为银行债权人和利益相关者提供一个沟通和表达自己关切点的平台。

但很显然，协调委员会没有发挥作用。有些人利用委员会实现控制他人的目的，有些讨论则只停留在表面，仿佛这个委员会只是个橡皮图章。

要解决的问题很多，但我们还是优先讨论了是否要追回银行大股东和管理者在金融危机前挪用的资金。

冰岛的所有大型银行都受到了关联方贷款的影响。一些贷款发放是根据合理的银行业务判断和适当的程序进行的，但不是全部。

如果银行、国家或者破产财团要追回资产，则需要全盘投入。追回资产需要大量的资源和专业团队的帮助。这些钱通常会流向避税天堂和所有权不透明的国家。加勒比地区有许多这样的国家，很

---

① 关于预算的数字可以在冰岛财政部于第 33 届 OECD 高级预算官的年会上做的报告《冰岛——财政巩固计划》中找到。

多都是前英国殖民地。这些地方的司法机构仅认定一些索赔权的合法性。他们会给特定对象提供信息，但是会拒绝大部分要求。对他们而言，继承人通常是合法的索赔人，但是税务机关和前配偶则没有合法的索赔权。因此，若想追回任何资产，需要聘请有专业经验的人；银行要首先认定他们拥有合法地位，同时认定索赔诉求合法。在我看来，破产银行财团最有合法权利去追回那些难寻踪迹的银行资产。

我呼吁推行全方位的计划。在挪威，财政部曾资助一项追回资产的行动，用了 10 年时间。① 追回团队可以按照比例从追回金额抽取报酬。最后，追回资产规模相当可观。但当时是因为挪威的财政部被列为了继承人，才达到这样的效果。避税天堂不会优先考虑税务索赔，却会优先考虑继承人的索赔诉求。

当我遇到阻力时，我要求将我的反对意见记录在会议纪要里。这并没有让我大受欢迎。而我仍然认为，破产财团应该多做些工作，追回那些藏匿资产。

其他事情的进展也很滞后。协调委员游走在崩溃的边缘，一些委员干脆拒绝进行面对面的会谈。

从我第一天任职起，我在冰岛央行的团队就决定积极支持协调委员会的工作，支持他们的分析和准备提案。很快，我被任命全面主持工作。我把小组的名字从"协调委员会"改为了"执行委员会"。我调整委员会的名字，是想表达完成任务的愿望，有些人却进行了另外一种解读。

冰岛三大系统性银行倒闭，各自被一分为二。拥有国内存款和贷款的国内业务被分割出来，成立了独立的新银行。这三个新银行当时的价值为正，其贷款规模大于银行客户存款的规模。

---

① 这里提到的关于追回资产的案例是指挪威航运大亨安德斯·贾尔（Anders Jahre）。

有一个障碍仍然存在，新银行的正价值股权属于旧银行的股东和债权人，他们拥有得到补偿的权利。

根据 IMF 在 2008 年 10 月的意向书，每一家新银行都应承诺债权人偿还新银行的公允价值，从技术上讲，新银行可以通过发行债券将价值转移给债权人。实际上是给银行财团打了欠条，也是给债权人打了欠条。

然而，这些债券将直接减少新银行的权益价值。因此，意向书中又说明，冰岛政府应向新银行注资 3 850 亿冰岛克朗。

从字面上看，这一切都是可能的。但我一直认为早在 10 月就应该选择另一种方法。当时采取的计划有三个显著的弱点，总而言之，这个计划根本不可行。

首先，注资会消耗巨额公共财政资源。

其次，注资意味着国家将成为三个系统性银行的主要所有人。如果国家拥有银行的部分股权也许可行，甚至有时候也是优势，但国家如果拥有银行全部股份就是另外一回事了，尤其是在涉及万千家庭和公司的债务重组时。在我看来，重组过程需要银行股东的参与，才能刺激他们与债务人和破产银行合作，从而找到正确的解决方案。政治体系或许能够推动这样的程序，但这只是纸上谈兵，现实世界中不可能实现。特别是冰岛，一个政治世界和商业世界有无尽纠葛的国家，这样做更不可能。而且，很多导致了银行倒闭的贷款和交易都非常可疑，甚至可能有犯罪性质。

最后，无法给新银行估值，因此也不可能给补偿旧银行的债券估值，更别说估值既要让各方都同意，还要避免被起诉了。

冰岛聘请了德勤进行评估。然后，邀请了奥纬咨询公司（Oliver Wyman）来审查德勤报告。

最后的结果让一些人感到失望，但他们应该也已经预判到了。

两家咨询公司给出的估值范围都非常大。甚至，冰岛金融监管局还表明立场说:"还存在估值下限低于德勤的估值范围的可能性。"①

到了这个阶段,对于最终估值是需要做一些谈判了。但在冰岛,几乎所有的事情都必须谈判,我们也做了非常认真的努力。花了几个月的时间估值,又花了几周时间谈判。

在经历了 8 个月的过程后,有人不得不说,受够了。我们必须定义一种新的方法,是时候舍弃这条死路了。

我建议进行债转股,把银行股份给索赔人,而不是给债券。

最初的计划的确是发行债券,但发行债券的前提条件是对于估值能够达成一致。而现在,通过债转股,破产财团可以得到银行的股票,而根据对股权的定义,这部分就等同于估值。

债转股不需要就估值达成共识。这些原则一个周末就达成了,还一次性解决了三个问题。不用冰岛政府再注资 3 850 亿冰岛克朗了,减轻了重建对国家财政信心的任务难度。有责任感的股东出现了,重组过程也得以向前推进,避免了无法解决的估值难题和旷日持久的诉讼。

只要是对基本商业原则或私有财产的权利和义务抱有一丝尊重,就不会对这个过程加以指责。新银行的剩余价值属于银行债权人,这部分也是债权人收到的资产。当然了,没有少一分,也没有多一厘。

第一批债权人协议签署了。一笔签下去,巨大的风险就消失了。

IMF 对于这样的解决方案很惊叹,而且十分满意。

看到取得的成就,我们由衷地感到自豪。如果我们能预见到这

---

① 冰岛金融监管局对估值过程的意见可详见其在 2009 年 4 月 4 日的声明《新银行净资产评估摘要》。

个模型提供的所有可能性，我们会更加热血澎湃。

托尔很纠结，他对银行的不信任还是很强烈。但他不得不承认，有些银行从业人员辞职后，在其他行业也确实做出了一番事业。以前，很难找到可以帮助他经营酒店的人，现在，不管他需要什么技能，都能找到相应的人才。

"四国集团"在瑞士举行会议

中央银行还有自己的中央银行，即国际清算银行。国际清算银行支持中央银行之间的交易，负责制定法规，同时也是各国中央银行行长会晤的平台。

国际清算银行总部位于瑞士的巴塞尔，坐落在一栋69米高的摩天大厦里，周围环绕着60个成员国的国旗，其中一个就是冰岛的国旗。大楼里所有成员国央行的行长都有自己的永久办公室。

即使是我，也短暂地在此拥有过一间办公室。

我第一次参加国际清算银行的会议时，很高兴看到我的名字出现在我的瑞士办公室的门上。瑞士人会把所有工作都准备好。

但我对参加全体大会的兴致不高。外面的世界危机重重，这栋楼里却不停地讨论应该如何调整监管规则，好阻止下一次危机。而这些监管规则很大程度上都建立在错误的认识上，即危机主要是由银行稳定性不足引起的。然而我们一再看到，真正重要的是流动性。

幸运的是，至少我在这栋大楼里还有更紧迫的任务要处理。

冰岛三大银行的倒闭用光了冰岛央行的全部储备金，而储备金是一定要补充的。我们需要外汇支持冰岛克朗的汇率，并最终重新开放货币市场。

一个冰岛的漫画家对这件事开玩笑说："欠债太多的话，只有一个解决办法——再欠一笔。"

但这并不是玩笑。我们的确需要新资金，至少需要缓冲资金。所以斯泰因格里姆尔和我开始到处筹资。我们第一站就去了丹麦的托尔斯港。

丹麦的法罗群岛几乎正好位于苏格兰和冰岛的中间。我们的飞机逐渐落地，看到美丽的绿色岛屿缓缓从海面升起。

到了托尔斯港，我们就很清楚地知道周围都是朋友。这个当时只有3.8万人口的国家尽其所能地为冰岛提供帮助。

20世纪90年代初，法罗群岛其实也遭遇了金融危机，当时公司债水平过高。随后，赶上了全球经济的放缓和渔业产量减少。很快，银行业也遭遇了危机，最后国家不得不出手进行大规模救市。此后，移民人数激增，国家财政又出现危机。当时是冰岛提供了帮助，给法罗群岛让出了更多的捕鱼配额。

2009年3月23日，法罗群岛与冰岛签署了一份贷款协议，所有资金都将一次性付给冰岛。贷款协议没有任何附加条件，也没有提到IMF、北欧国家或冰储银行的网银储户；而且贷款利率比法罗群岛的借款成本只高出0.15%的溢价，也就是最后利率成本不到3亿丹麦克朗。这相当于法罗群岛每个岛民都借给冰岛1 200美元。

我们笑着，讨论谁能把斯泰因格里姆尔的行李箱搬回冰岛。

冰岛首都雷克雅未克的一些商店为法罗群岛人提供了特别折扣，据说有些商店甚至拒绝向英国人出售货物。

2009年7月1日，冰岛与丹麦、挪威、芬兰和瑞典之间又签署了4份贷款协议，总金额为17.75亿欧元（丹麦占贷款总额的27%，挪威占27%，芬兰占18%，瑞典占28%）。[1]

瑞典起初反对贷款协议，但后来改变了态度，坚持提供最大数额的贷款。瑞典认为这样做是展示了自己在北欧国家间的领导

---

[1] 对贷款安排的描述是根据冰岛央行2009年度报告。

地位。

然而，北欧国家坚持让 IMF 把关，将贷款支付与 IMF 的审查挂钩。因此，没有 IMF 的批准，就没有钱。换句话说，北欧国家就变成了 IMF 计划的主要资金提供者。

一位当时在 IMF 工作的项目人员说："从形式上看，IMF 的方案与冰银事件中荷兰和英国储户的索赔没有任何联系。方案中没有任何段落涉及对冰储银行的任何诉求。"

"但 IMF 方案要求进行财政担保，而且必须是充分担保。"

这都是头尾相连的。北欧的贷款取决于 IMF，IMF 的项目则取决于北欧的贷款。不管是对是错，双方都可以指责对方。

在当时的 IMF，英国人和荷兰人的投票权比整个非洲的总和还要多。

英国和荷兰挖空心思，要求偿还他们支付给本国储户的付款。英荷两国还得到了欧盟其他国家的支持。自 2009 年年中，瑞典开始担任欧盟的主席国，并推动欧盟层面的观点。瑞典还在 IMF 中担任北欧主席，因此他们原本应该一直支持冰岛方案，不过现在不是了。

一个在 IMF 工作多年的受访人说："从来没有听说过北欧国家不支持在北欧实行的方案这种情况。"

后来 IMF 的审查推迟了，又增加了新的要求。方案本可以提交给委员会投票表决，也许欧盟会否决，但如果这样做，外界未免会觉得北欧国家过于分裂。

2009 年 10 月 6 日和 7 日，在伊斯坦布尔举行的 IMF 年度全体会议上，冰岛财政部长斯泰因格里姆尔尝试解决所有的问题。

他说："荷兰的财政大臣沃特·博斯（Wouter Bos）是一个正派的人。我们可以和他讨论一下。"

然而，英国财政大臣阿利斯泰尔·达林却没有时间理会冰岛人。那时，英国在欧盟仍有发言权。

即使 IMF 都开始觉得别扭了，也没有什么突破性进展。冰岛已经做到了能做的，"但是，方案还是被卡住了。"斯泰因格里姆尔说。

但很快，时任 IMF 总裁多米尼克·斯特劳斯-卡恩就采取了有力的行动。他对欧盟的态度感到很沮丧，一些非欧盟国家和新兴市场国家也是一样。冰岛已经取得了进展。现在，卡恩威胁说要制定由美国支持的新方案，然后 IMF 就安排了一次突破性的会议。

2009 年 11 月 13 日，卡恩写道："冰银争端确实间接影响了第一次方案审查的时间，因为它耽搁了冰岛急需的北欧国家的融资（对这些国家来说，解决冰银争端是前提条件）。"①

主动站出来并向冰岛提供支持的是波兰人。波兰提供了 6.3 亿波兰兹罗提，相当于 2 亿美元。北欧国家统一了战线，要求首先与英国和荷兰签订协议，以此作为发放贷款的前提条件。波兰人却没有提出这样的要求，他们所做的恰恰相反。

他们说："我们不要求任何这样的协议。"

有时候我在走廊里遇见波兰同事，他们会跟我说："不要向英国人屈服。"

2009 年春，中国驻雷克雅未克大使开启了关于中方支持的讨论。在之后的国际清算银行的会议上，我听他们讨论了几个小时也毫无进展，决定敲开中国央行行长办公室的门。

为什么不呢？

他的办公室就在我的隔壁。

我们是同事。

我的一位顾问事后说："这是公然违反礼节的行为。"听到这样的话，我们先是一惊，然后就笑了。

---

① 关于 IMF 立场的描述来自 IMF 总裁 2009 年 11 月 13 日给"公开民事会议"（Open Civil Meetings）的一封信。

这一次，我这个"山野村夫"是真的不懂了。

但中国央行行长非常友好，他了解冰岛危机的每一个细节。

我们开始讨论，后来促成了冰岛央行和中国央行之间的货币互换协议。协议价值是 660 亿冰岛克朗，相当于 35 亿元人民币，5.125 亿美元。

不错。

对中国来说，这是一步有益的棋，既可帮助建立一个可兑换的"央行储备货币"，又可为中国国际贸易建立可预测的经济环境。冰岛是第一个与中国建立货币互换协议的西欧国家。

听到我说人民币跻身世界主要货币之列是很自然的事时，中国央行行长很开心。

三年之后，才有第二个跟冰岛签订货币互换协议的国家——英国。冰岛后来也成为欧洲第一个与中国签署自由贸易协定的国家。

我和中国央行行长讨论后，就一起去吃午餐了。俄罗斯央行行长和纽约联邦储备银行行长也加入了我们。

北欧代表团的一位成员走了过来，问我这样一桌国家央行行长坐在一起开会，讨论的重点是什么。

我回答说，这是一个"G4 会议"。

G4 分别是中国、俄罗斯、美国和冰岛。

听了我的回答，这几个行长都笑了。难得这群央行行长还有一丝幽默感。

2008 年 10 月 7 日宣布的俄罗斯贷款从未兑现。10 月 14 日，冰岛代表团前往俄罗斯进行访问，会晤了俄罗斯时任财政部副部长德米特里·潘金（Dmitry Pankin）。

其中一位代表团成员说："我们试图展示冰岛经济的稳健基本面。

"市场舆论是挺积极的。不像隔壁房间里电视节目上说的那样，油价下跌的速度就像是自由落体。

第三章　浩劫与废墟

"后来我们讨论了 IMF 项目里的俄罗斯贷款，但 2009 年 10 月，全部都取消了。那时，已经不需要额外的资金了。"

冰岛获得了两个国家的支持：一个当时拥有 3.8 万人口的国家，和一个当时拥有 13.5 亿人口的国家。有些朋友非常支持，有些则不是。许多人把 IMF 看作守门人。

与 IMF 合作的起起伏伏就能够写一个章节。而这笔钱最终是如何被使用的，可能会让人感到惊讶。

穆阿迈尔·卡扎菲、核电站和太平洋岛屿[①]

你们控制了债务，你们控制一切……这就是银行体系的本质……让我们所有人，国家、个人，都变成了债务的奴隶。

——电影《跨国银行》中的台词，
现任冰岛央行的储备管理部门负责人最常引用的话

首先，将银行一分为二，分为国内部分和国外部分。然后，将后者一分为二，分为优先存款和其他债权人的债权。

如果你的钱最后归为国内部分，你会全部拿回来；如果你想提取存款，第二天就能拿到；但如果你的钱被划分为外国优先存款，你可能终有一天能拿回来，但肯定不是明天；如果被划分在最后一类，那么也许你会拿到一些钱，不过比例可能是 30%，时间也许在 6~10 年后。

所以，关键是如何对你的钱分类，但你事先无法知道这些游戏

---

① 法院案件的摘要提供了本节所涉案件的相关信息。关于银行重组的更多信息可见《银行部门国家援助研究手册》，作者是弗朗索瓦-查尔斯·拉普雷沃特（François-Charles Laprévote）、乔安娜·格雷（Joanna Gray）和弗朗西斯科·德·切科（Francesco de Cecco）。

规则。《紧急状态法》通过时，这些钱已经放在各自的银行账户里了。某些储户的钱被锁定为定期存款。

一些人坚持认为他们的索赔权被分错了类别。一些人对整个法案及其合法性提出疑问，毕竟，法案是在一天内通过的，而且裁决还规定了如何处理很久以前就被锁定的旧存款。一些人声称法案应该有可追溯性。许多案件都上诉了。

艾瑞斯银行（Aresbank）是一家西班牙银行，其股东是利比亚央行——卡扎菲的银行。早在2008年9月，艾瑞斯银行就在三家冰岛银行都申请了批发存款。人们可能会想，为什么要这样做？一共有200亿冰岛克朗，约合1.5亿欧元。在艾瑞斯银行看来，这些钱是以银行间存款的形式存放在了三家银行的冰岛分行。

2008年10月9日，冰岛金融监管局的第一份期初资产负债表将这些钱归类为新银行的存款。因此，艾瑞斯银行就有权立即拿回自己的钱。

10月14日，新银行的资产负债表就不再这样分类了。现在，格里特利尔银行和克伊普辛银行的破产财团将这些资金归类为旧银行的一般性债权，也就是最后一类。

冰岛国民银行不同意，继续将这些资金归为存款，但冰岛金融监管局表示反对。冰岛金融监管局认为，这些钱应被归为一般性贷款，而不是存款。不过那是在旧银行里。

此案就起诉到了法庭。艾瑞斯银行将此案一直告到欧洲自由贸易区法院，2012年11月22日，法院宣判艾瑞斯银行胜诉。现在，这笔钱被转移到旧银行的存款类别里。一段时间后，艾瑞斯银行拿回了自己的钱，甚至还有罚金利息。

卡扎菲本人却从未享受过胜利的喜悦。艾瑞斯银行拿回钱的时候，他早已不在人世，已经被反对派武装处决了。

英国大约100个郡和市、荷兰16个市和一家核电站公司也在冰岛国民银行有大量批发存款。他们和冰岛一样，希望维护其存款的优先权。而那些非优先债权人，其中一些是英国和荷兰的债权人，则选择攻击整个《紧急状态法》的合法性和存款人的优先权的判定。

在这个关键时刻，这些郡、市、县和核电站都行动了起来，支持冰岛。

荷兰的一位市政府的代理律师描述说："当时情势非常紧张。"

他计划在阿姆斯特丹与债权人见面。他的荷兰同事已经警告过他，他们本来以为会在俯瞰碧翠丝公园的高楼里举行一场讨论激烈的会议。他们预计市政府官员的问题会特别棘手。

结果会上没有提出任何问题。

安静的会议结束后，荷兰人在酒吧里说："之前的管理人员都走了。"他们已经被投票淘汰出局了。

案子提交到了冰岛最高法院。"谁有可能支持，谁会反对，"一位律师说，"我给这些法官都一一做了侧写分析，但没有结论。

"只有一个人，我可以肯定地说他会支持《紧急状态法》。他一直是执政党的忠诚盟友。但结果他是唯一反对的人。他说，这项法律违反了防止追溯的规定。不过，大多数人并不同意他的观点。储户和核电站得到了优先赔偿权。"

基里巴斯就没那么幸运了，他们的债权并不会被优先考虑。

当私营部门的债务变成国家的债务

危机迫在眉睫时，即便是最有原则的私有银行也会呼吁国家来救市。有一样东西，他们真的想要社会化。

私营部门的债务。

存款人通常会受到保护，但对其他人来说，银行危机往往是无情的，甚至对无辜的人也是如此。

投资级评级是进入全球金融体系的入场券。获得投资级的机构，可以把自己的债券卖给厌恶风险的基金和投资者。有些人购买债券是基于自己对产品的了解，有些人购买则是因为评级，有些人购买只是因为它们是打包产品。

更重要的是，投资级的银行是全球金融网络的一部分。银行合作伙伴对交易进行执行和结算，交易从一家银行传递到另外一家银行。每一毫秒，都在发生国际交易。假设你住在美国，在加德满都有一个朋友，你上次去尼泊尔旅行时跟他借了钱。还钱时，你要求银行转账给你的朋友，你和银行都不可能知道一路上这些钱会经过哪些银行。

有一家日本贸易公司特别不走运。2008 年 9 月 22 日，东京三菱银行（Bank of Tokyo-Mitsubishi）和克伊普辛银行签订了一份货币合同。根据合同，三菱银行会将 5 000 万美元存入克伊普辛银行在纽约摩根大通的账户下，克伊普辛银行则应将相同金额的日元存入同一家纽约银行的账户中。

三菱银行履行了协议中自己的责任，在克伊普辛银行倒闭前 39 分钟向其纽约账户存入了 5 000 万美元，但是克伊普辛银行没有往账户里存入 1 日元。突然间，甚至是在三菱银行自己不知情的情况下，成了一家违约银行的债权人。

几个月后，克伊普辛银行的纽约账户被清空，里面只留下了 250 万美元。2010 年，日本人将克伊普辛银行告上了法庭，最后追回了 190 万美元。

三菱银行认为自己受到了不公平的待遇，它会这样想不是没有道理。它希望冰岛当局进行干预或提供某种形式的赔偿。

时任冰岛社会事务和社会保障部长阿尔尼·保尔·阿纳森（Árni Páll Árnason）亲自出面与三菱银行的高管会面。他说："当我提及政府会确保按照公平的程序处理所有索赔，保证审理案件的法院的诚信，以及遵守 IMF 商定的原则时，一大群在门外的冰岛公务员涌进了会议室，把我推了出去。"①

所有的措施都在缓解冰岛财政压力，国家也不应该再去承担任何额外的债务或责任了。任何人都不应该尝试利用国家的资金做出任何承诺，即使是那些大家都同情的、不走运的日本银行。

而且，是的，围栏政策的确有帮助。即使深陷危机之中，冰岛确实是 IMF 的救助计划中唯一保持穆迪和标准普尔投资级评级的国家。

像一把手枪抵在额头上②

您好，我正要告诉您，您看，我们今天一天就可以凑出 5 亿欧元，但当然，到那时我们就走到了尽头——我们可以帮克伊普辛银行四五天，但如果帮了克伊普辛银行，我们就不能帮助国民银行了。

——时任冰岛央行行长奥德松在告知时任冰岛总理哈尔德向克伊普辛银行转账 5 亿欧元的电话记录中的表述

担任最后贷款人角色是央行工作职责的一部分。自然，这意味着央行必须随时准备向银行放贷款，特别是在没有人愿意出借一毛

---

① 法律新闻服务公司 Law360 提供了关于东京三菱银行起诉冰岛克伊普辛银行的案件信息。
② 关于 FIH 银行的部分内容源自 2016 年 5 月丹麦杂志《金融》（*Finans*）的一篇内容全面翔实的文章，题目是《雷曼兄弟击中朗格利尼的那一天》。与银行有关的措施概述可参见 Mayer Brown 律师事务所于 2009 年 9 月 8 日发表的《关于冰岛政府干预金融市场的概述》。

钱的时候。

这可不是什么好差事。即使银行日常运营和资金担保用的是央行发行的货币,央行担任这个角色也很艰巨。如果像冰岛的银行一样,主要以外汇为资金来源,情况就会更糟。

有一些适用规则。银行必须是"健全的",而且银行必须提供抵押品,央行还会要求银行设立资本缓冲。对银行的借贷额度必须低于抵押品的价值,而且要有一定的保证金。这就是所谓的"估值折扣"。

有些银行可能最初对流动性要求不高,但是流动性需求可能会突然间暴增,而且会不断增加。在这种情况下,央行和银行都会倾向于尽量满足,特别是涉及具有系统重要性的银行时。

另外,作为抵押品的资产价值可能会缩水,特别是如果抵押品中涵盖了其他违约银行的债券。

因此,私有银行的违约风险就转变成了央行承担的风险和成本。这就是冰岛和卢森堡的情况。

到2007年,冰岛银行能够获得的国际资金开始枯竭,于是它们转向冰岛央行寻求流动性。

首先,它们将有政府担保的债券作为抵押品,之后提出以企业和家庭贷款的一篮子贷款作为抵押品,再之后则又提供一般银行担保。资金短缺已经出现,但是贷款业务仍在继续,拿出来的抵押品越来越多,种类也越来越奇特。

尽管做出了种种努力,银行还是倒闭了。现在到了冰岛央行去处置抵押品、回收资金的时候了。

赫伊屈尔·C. 贝内迪克特松(Haukur C. Benediktsson)负责领导处置抵押品和回收资金的工作。起初,回收工作是由央行直接管理的,后来通过央行的资产管理公司——索瓦霍尔(Sölvhóll)进行管理,再后来又成立了一个资产控股公司 ESI。

第三章 浩劫与废墟 289

各国央行很少直接管理"不良银行"。除了日常工作，我这个"山野村夫"突然发现自己已经在负责经合组织地区最大的不良银行（以占 GDP 份额计算）。

芬兰投资银行 eQ 被当作抵押品，换得了 5 000 万欧元的贷款。

后来抵押品挂牌出售，eQ 银行最后的成交价格是 3 700 万欧元。

冰岛克伊普辛银行倒闭前的最后几天，还在努力自救。2008 年 10 月 9 日，克伊普辛银行以在丹麦 FIH 银行的所有股份作为抵押，融得了 5 亿欧元。

2017 年秋季首次公开了 2008 年 10 月 6 日的一份谈话记录，其中显示时任冰岛总理和冰岛央行行长同意提供资金。

"……做到这一步，我们已经是仁至义尽了……"行长说，"我不指望我们能拿回这笔钱……我们说的可是最严苛的抵押标准。"这是谈话记录中的内容，而这些话又可以有很多种解释。

一名曾为冰岛央行追回资产的工作人员说："丹麦 FIH 银行的案子，会让我记一辈子。"

2009 年 8 月到 2019 年期间，时任冰岛央行行长马尔·古德蒙森说："从前克伊普辛银行提起 FIH 银行的时候，一直都说 FIH 银行是皇冠上的宝石。这是错的。2008 年时，我们就应该要求他们提供真正的抵押品了。"

2010 年年底，FIH 银行提供给丹麦公司的贷款总额为 600 亿丹麦克朗，约合 80 亿欧元。克伊普辛银行希望能够提高 FIH 银行的发展速度，所以其中一部分是贷给房地产开发公司的。FIH 银行的出借资金主要是通过市场借贷和债券融得的。值得注意的是，收购 FIH 银行是克伊普辛银行历史上最大的收购案，而从某个方面来看，FIH 银行本身却比克伊普辛银行还弱：FIH 银行高度依赖市场资金，而不是上规模的储户基础。FIH 银行确实有一个相当大的股权基础，但这家银行还是完全依赖于市场信任。如果没有市场信任，FIH 银行就会崩盘。

对 FIH 银行来说，克伊普辛银行的破产财团接管了股权，可不是获得业务成功的有效途径，而其股票抵押给冰岛央行也无济于事。

讽刺的是，这场危机却让 FIH 银行活了下来。丹麦政府为所有丹麦金融机构提供了一般性担保，其中包括 FIH 银行。其他银行没有要求更多的担保，担保总规模共约 80 亿欧元。

国家担保虽然重要，但只是暂时的。丹麦的监管机构威胁要吊销 FIH 银行的牌照。所有权变更是一个可能的解决方案，但任何买家都会面临必须立即偿付部分市场贷款的风险，因为贷款中会有控制权变更的条款。丹麦养老基金 ATP 是 FIH 银行最大的融资方，也最有可能成为买家。

但这个局面可不利于在出售股权时取得好的价格。

丹麦报纸《日德兰邮报》（*Jyllands-Posten*）在谈到收购案时写道："冰岛人被丹麦金融监管机构和金融稳定局用枪顶住了额头，他们希望银行安全无恙。

"冰岛人已无法为银行提供资金了。"因此，他们不得不出售。

"这是一个糟糕的谈判局面，谈判桌另一方的两个丹麦投资者充分利用了这一点。"

2010 年 9 月 19 日公布了交易案细节，买家获得了 FIH 银行的所有权，价格最后定在 2.55 亿欧元，以及可能需要向冰岛额外支付 4.15 亿欧元。但后者会剔除银行所发生的亏损额，因此冰岛从未看到任何实际入账款项。

丹麦人首先试图让穆迪的评级回升来恢复银行的正常运营，但是穆迪因为在 2007 年判断冰岛的三家银行"完美无瑕"而备受质疑，所以现在尽管 FIH 银行的股东的财务情况十分稳健，但是穆迪给 FIH 银行的评级还是"垃圾级"（Junk）。

随后，丹麦人启动了对 FIH 银行的清算程序，很多客户经历了残酷的过程。FIH 银行可以偿还优先贷款，但是优先权较低的索赔人和借款人就要承担损失了。

尽管存在挑战，但最终，FIH 银行的新股东的收益是收购金额的三倍。

丹麦人拥有冰岛央行没有的工具，国家的资金保证支撑他们完成了漫长的清算程序。他们还能以一种冰岛央行难以企及的方式来执行这个过程。

最后，冰岛央行损失了约 2.5 亿欧元，丹麦人则获得了约 5 亿欧元。

"FIH 银行，是我们能够最清楚地看到金融世界的残酷性的案子。"冰岛前总理本尼迪克特松评论说。

请记住，本应作为抵押贷款支付给克伊普辛银行的款项，最终很可能支付给了德意志银行的 CDS 交易，而这些交易本身十分可疑，后来也引发了争议，只能通过支付给债权人解决。

在危机爆发前，冰岛第四大银行斯超莫伯达拉斯银行已经将一篮子贷款作为抵押品送到了德累斯顿银行（Dresdner Bank）。而 2008 年秋，冰岛央行索要更多的抵押品时，斯超莫伯达拉斯银行向冰岛央行提供了第二优先抵押品。

2009 年 5 月，德累斯顿银行在我们的联合贷款方案中拥有优先权，要求偿还其部分贷款。他们想把钱要回来，金额是 8 000 万欧元。

如果要支付给德累斯顿银行，就需要立即进行抛售。我们需要把贷款进行拆分并以贷款包的形式出售。然后，德累斯顿银行就会得到资金。但是冰岛央行什么都得不到，也没有什么可以留给其他债权人的。

我们唯一的选择是为德累斯顿银行找到 8 000 万欧元，然后由我们自己把整个贷款组合给买下。

这是一个艰难的选择。我们的现金储备少得可怜，而且现在最不能做的，就是用现金来购买更多的债券。

"行长居然救了德国的银行，他们买了更多的债券，最后都赔了"，这是我记忆中的冰岛报纸的头版新闻，实际标题可能比这还糟。

我算什么，有什么资格批准 8 000 万欧元的支出？我回想起很久以前维京时代的辛格韦利尔议会的判案方式：在被告腰上绑上石头，然后扔进冰冷的河里，那些没有沉下去的人则被判定为无罪。

我们在伦敦会见了斯超莫伯达拉斯银行的团队，审查了一篮子贷款的假定回收率。我们看到，单项贷款的假定回收率一般都很低，很多只有 30%~50%。但是，许多债务人都是知名的北欧公司，其中很多公司的所有人是私募股权办公室，而很多公司的 CEO 我都认识。

我开始四处打电话问："如果我们买了你们的公司债券，你们会偿付给冰岛吗？"

北欧园艺经销商 Plantasjen 的 CEO 让·伊瓦尔·泽姆利奇（Jaan Ivar Semlitsch）半夜接到了我从冰岛打来的电话，他多少有些惊讶。他不知道他的贷款要被出售了，而且，贷款卖方觉得贷款的价值只有面值的一半。

"肯定，我们会还钱的，"他说，"连本带息地还。只是在花季前，我们有点儿捉襟见肘，因为店里库存很多。但春天到了之后，消费者就会重新采购了，那时就没问题了。"

其他人的回答也是如此。我们把情况做了整合，算了笔账，然后买下了这个一篮子贷款。

没有人能说央行行长的生活没有挑战。

我们拿回了 8 000 万欧元本金，以及相应的利息，甚至还多拿

第三章　浩劫与废墟　　293

回了一点儿。我们确保了次级债权人也能拿回一些钱，而且正如某些人的期望，冰岛央行也拿回了一笔钱。

"哇，那时我才觉得这个行长也许还能做成点事儿。"当时央行市场部门的负责人这样说。

而更让外界惊讶的，是我们后来在卢森堡达成的交易。

我们不能扮演上帝[①]

在中央银行工作，我们都知道，除非企业的债务问题解决了，否则不会出现实质性的改善。

早在2005年，冰岛银行向冰岛渔业公司的贷款中85%都是以外币计价的贷款。到2008年5月，比例达到了95%。因为当时渔业行业的收入主要都是以外币计的，所以外币贷款比例高倒也符合自然趋势。

从2005年开始，因为冰岛克朗利率高企，其他行业也纷纷效仿，甚至那些没有外汇收入的行业也开始借入外币贷款。对建筑业来说，外币贷款份额从30%上升到了50%。对于整体市场，包括没有相应外汇收入的公司，比例则从不到60%上升到了70%以上。

此外，总贷款价值比（loan-to-value ratio）一般还都很高。在许多情况下，新业主收购了其他企业，通过控股公司持有这些债台高筑的公司。

然后，冰岛克朗就出现了汇率暴跌，而外币的价值却相应地上升了，那些以冰岛克朗计价的贷款便迅速贬值了。

[①] 本节中关于外汇贷款的数据来自《冰岛复苏的赌注：银行的兴衰》一文。关于违约率和重建的数据可详见冰岛金融服务协会首席经济学家英格维·奥里·克里斯蒂松（Yngvi Örn Kristinsson）于2012年8月发布的报告《冰岛银行：重建一个金融系统》。

90%的控股公司，以及60%的企业，都陷入了财务困境。

4家非人寿保险公司中有三家进行了所有权重组，冰岛两家航空公司、两家移动电话运营商、最大的食品零售商、最大的建筑设备供应商、两家航运服务公司、汽车租赁公司、燃料经销商、电力、水和热力公司也都进行了重组。这仅仅是举几个例子。就连比萨饼连锁店都受到了影响，可是无论如何，金融危机期间人们都在昼夜不停地工作着，比萨饼的订单也络绎不绝。

所有的银行都有大量不良债务人，很多债务人在多家冰岛银行有贷款，有些在国际银行还有贷款。

虽然国际通行的典型模型是将不良贷款分割出来，另组"不良银行"，但是这在冰岛并不可行，因为到时候能留在"好银行"里的东西实在太少了。此外，未来会有很多冰岛的行业领袖都会发现自己深陷不良银行。

根据金融危机后IMF的计划，冰岛三家大银行都将由国家再融资。如果是这样，国有银行将控制几乎整个银行业，并从而控制大多数公司的重组过程。这将意味着政府、顾问和重组单位将掌控冰岛的经济。

为此，冰岛开始起草资产管理公司的规章条例。资产管理公司将负责管理冰岛最重要公司的重组工作。冰岛还通过了一项特别的法律。一个真正可怕的情况是——政府控制着大多数陷入财务困境的公司的命运。

更糟糕的是，不少资产所有者也有"原罪"。有些是有毒资产。许多人是无辜的受害者。许多人没有资本，有些人则有一些资本，而在这些有资本的人中，有些人是搬空了自己的银行，还有一些人，早就把钱藏到了国外。

但幸运的是，2009年年中，银行通过另一种非国家主导的机制进行了资本重组。突然间，没有必要设立大规模的资产管理公司了。

过去的错误行为可以使用正常的法律程序处理，那么现在就可以着手解决债务问题了。

早在 2008 年 10 月，所有人都看到了进行资本重组的必要性。到 2009 年年中，新的银行已经建立了管理其投资组合的架构，并开始着手评估所持资产的价值。

"首先，尘埃必须落定，"一位参与债务重组的银行从业人员说，"然后，我们在废墟中寻找生命的迹象。"

"有些人希望我们决定雷克雅未克每个行业里应该剩下多少家公司，并裁定谁是赢家、谁是输家，但我们不能扮演上帝。"

"有人说需要进行立法改革，但 IMF 并不赞同此观点。"他们有一位真正的专家。这位专家说："你们已经具备了所需的法律框架，只是你们没有推进执行。"

银行从业人员说："我每天早上出去，一直工作到傍晚。每家公司半小时。"

然而，仍然有批评声。

"到了 2010 年 9 月，还什么都没有做，"一名当时深度参与其中的人士说，"很多公司都有不止一家银行的贷款。"很多情况下，没有银行愿意率先提供债务减免。他们都想静观其变。

"甚至到了 2011 年 3 月，银行还没有行动。所有的人都在等待其他人先动，然而我们估计有 1 800 家公司需要减免债务。"

"如果你们拒不作为，我觉得就是叛国。"一位部长当时跟银行这样说。

2011 年 4 月 7 日，在冰岛央行成立 50 周年之际，商业部长呼吁加快重组进程。第二天，各家银行纷纷响应号召，就重组程序达成了一致。

这位 IMF 的企业债务重组专家从爱尔兰乘飞机出发，抵达冰岛，开始了为期数月的工作。

他帮助制定了一套准则，例如，债务水平通常不应超过账面价值的80%，估值应该符合实际情况。如果后期估值有所提高，那么银行可以要求以增加的估值部分偿还之前所豁免的债务，尽管并不是偿还全部债务。

2008年秋季做了一次估值，当时人们预设了大量坏账直接做了减计，比例达到了53.9%。首轮估值评估是银行自己进行的，阿里昂银行计算出的损失为67.7%。新规则允许银行在经济反弹时增记，于是一轮一轮的增记随之而来。银行突然获得了巨大的利润。要知道，保持耐心可是最好的策略。

增记让银行受益，许多有需要的公司也得到了债务减免，但许多人则遭受了损失。

有人说："有个朋友之前独家经营布料连锁生意，利润很好。但是现在生意陷入了困境，他的特许经营权也被终止了。他再也没有拿回来。"

"银行强迫将贷款从外汇转换为冰岛克朗。有些人是在冰岛克朗最疲软的时候被迫结汇，但是冰岛克朗升值后的收益则与他永远无缘了。"另一位朋友说。

托尔面临着许多两难问题。他的公司为了建造酒店而借了外汇贷款，他之前还期待着外国游客带来的业务。

结果现在外国游客不来了，他的债务却翻了一番，托尔的公司破产了。

他还能不能继续采购酒店用品，支付电费账单呢？他是应该继续维持酒店营业，还是直接让酒店倒闭呢？他应该把他仅有的一点钱还给谁？毕竟，他的供应商也都破产了。

除此之外，他能不能接待客人？如果可以，酒店客人会不会付钱？都需要哪些合同和审批手续？会不会有人要求提供担保？

在这种情况下，简单的解决方案就是最好的。他支付给了除银行外的所有人。

半年后，他的银行客户经理来找他聊天。但那时，银行已经有了新的、远在他国的新主人。当地的团队决定让托尔继续经营生意，最终有一天，银行和托尔会就酒店的还款计划达成一致。

也许，这个方案在任何其他国家都不可能成功。

下降，下降，下降，还有一个叫埃文斯的东西[①]

我们在冰岛最终使用的很多工具，都不在中央银行的传统工具包里。

市场崩溃后，金融市场对于重新估值可谓是近乎野蛮的高效。金融市场会给股票和债券设定新的价格，区分出赢家和输家。根据不同的金融工具、市场和反应时间，这个过程可能需要一瞬间、一天、一周、一个月或更长时间。

这个所谓的"市场"不重视公平分配损失和收益，只是公事公办而已。

有时，市场交易的新价格是合理的，但很多时候，市场的过度反应会把估值压得过低。

通常情况下，很少有投资者愿意在实体经济陷入困境的时候入市或者建仓。有些人害怕进入过早；许多人则是没有足够的知识，也没有意愿或能力去获得这些知识；其他人则是受到恐惧和惊慌情绪的支配。投资者本应想着入市、入市、再入市，结果都在想着退

---

① 《冰岛破产的银行：事后总结》提供了关于购房贷款的概述，并提到了卢森堡央行的信件。2010年5月31日的冰岛央行新闻稿提供了关于埃文斯公司的欧元债交易的信息。

出、退出、再退出。

一些投资者则受限于投资指引。许多投资条款较为严格的基金只允许持有投资级别的金融产品,这就意味着基金无缘在最终的复苏过程中获利。其他投资者则无法评估那些推动经济复苏的基本面要素。

结果很多时候,对冲基金最终成为了主要买家。有些人称之为秃鹫基金,因为对冲基金就像是秃鹫一样,清理残渣剩肉。但与秃鹫不同的是,对冲基金也会把资金带到国内市场,阻止价格和估值体系彻底崩溃。

相比之下,国家公共部门的重组过程则可能是缓慢的、乏味的,也充满着政治性。各方可能需要几个月或几年的时间才能就估值和损失分配方案达成一致。更有甚者,比如在希腊,这个重组过程可能需要近10年的时间。

但是我们没有时间可以浪费,于是我们去金融市场上寻找灵感。冰岛央行市场部的斯图拉·帕尔森和弗雷·赫尔曼松(Freyr Hermansson)探讨了各种选项。

起初,IMF的"贡献"是找到否决冰岛方案的理由,以及找各种支持不作为的理据。不过逐渐地,IMF的态度也发生了变化,后来也是IMF的机制帮助我们把具体的细节做对。

我们的第一个举措是在二级市场上回购政府债券。

尽管我们自己深信不疑,而且在演讲中反复强调冰岛不可能发生国家违约,但金融市场的许多参与者仍然认为有可能发生。在冰岛作为独立国家的历史上,国家违约从未发生过,我们认为现在也没有理由发生国家违约。

不过,出于市场上的怀疑态度,一些人还是愿意以折扣价出售冰岛的旧债。这是基于他们自己的意愿,而我们把这些旧债都买了回来。

斯图拉和他的团队设法释放出了一些流动资金,而我们跑遍全球去筹措资金的努力也有了一些成果。

冰岛的净债务与 GDP 的比率下降了。

第一步成功了，有人从中受到启发。一位曾在冰岛三大银行工作过的顾问建议我说，我应该发表演讲，暗示冰岛可能会违约。这样说的话，冰岛的国债就更便宜了，我们就能够以更大的折扣进行回购。

我坚定地说："不可能。"

"我们管理的是国家的中央银行，央行的首要任务是确保经济复苏稳定。"

但是听过他的建议后，我不禁在想，这个建议会不会也是暗示了那些破产银行的某种惯常操作。

下一步，冰岛央行开始尝试进入离岸克朗市场。

持有离岸克朗的投资人无法将克朗换成外币，但可以收到定期的利息，而这些定期利息支付款则可以按官方汇率兑换。而且，如果按照国际标准进行比较，利率水平会较高。

然而，有些人真的想抛售克朗。我们把这些人称为"没有耐心的投资者"。虽然官方汇率要求每欧元兑换 160 克朗，但有些人愿意支付高达每欧元 240~250 冰岛克朗来脱身。

巨大的差价给我们带来了巨大的问题。

我们的计划原本是在官方利率稳定后便取消资金管控，但很少有人愿意相信最终可以实现稳定。有些人只是嘲笑我们，他们观察了非官方的市场汇率，担心冰岛克朗会持续贬值，通货膨胀还会加剧。

这是一个自我实现的预言。如果汇率可能上升到 240，没有投资者会再以 160 冰岛克朗汇率兑换欧元。许多人担心汇率会涨到 240，所以想尽快脱手。这就限制了资本的流入，增加了资本的流出，流入和流出都进一步削弱了克朗。

我们必须采取措施了。

我们检查了所有可用的数据，进行了采访并测试了模型。最后得出结论，只有少数投资者真正想退出。但是，在一个小盘市场，即使是一小撮投资者也能推动利率上升并增加紧张情绪。于是，我们开始着手清理市场。

但是 IMF 很抗拒。"中央银行应该极少干预货币市场，"IMF 在开会时跟我们争论，"而且永远不要介入灰色市场。"

但 IMF 说的话也没有阻止得了我们。

斯图拉和弗雷建立了可以让冰岛央行在离岸市场上组织拍卖的机制，可向投资者提供以欧元计价的冰岛政府债券。债券的价格反映了投资者所持有的冰岛克朗的离岸价值。我们向 IMF 做出的妥协是不使用 IMF 计划中的任何外币；不过，我们说服了冰岛的一些养老基金，可以兑换它们的一些外汇储备。时不时地，也有一些持有外汇头寸的银行偷偷给冰岛央行打电话，给央行提供外汇。

冰岛央行有了新的资金，就可以进入市场交易了。那些以外币竞标新债的"没有耐心的投资者"需要将手上的冰岛克朗换成欧元。

冰岛央行一共拍卖了 22 次，冰岛的债务与 GDP 的比率下降了，非官方的汇率也下降了。经历了漫长的过程，冰岛克朗兑欧元的汇率最终达到 120∶1 时，冰岛央行成功取消了所有的资本管制机制。

有时耐心会得到回报。

在这个过程中，一项大买卖的时机也成熟了。

我们出发前往卢森堡的皇家大道。

1998 年，欧元启动了，在此之前，卢森堡使用比利时法郎作为国家货币，并且卢森堡的货币体系由比利时央行运营。然而，当欧洲央行成立后，所有欧元区国家都需要建立自己的中央银行，组建欧元系统。所以，卢森堡央行成立了。

卢森堡央行希望把卢森堡打造成一个银行业的中心，成为最具有服务意识的中央银行。

可以预料的是，冰岛的三大银行——格里特利尔银行、克伊普辛银行和国民银行，抓住了这个机会。这三家银行都在卢森堡建立了各自的办事处。三家银行都是投资级别，都可以通过卢森堡央行向欧元系统寻求融资。

2008年4月，冰岛银行在卢森堡整个银行系统的市场份额是1.7%，但它们占据了超过10%的卢森堡央行回购贷款。卢森堡央行会根据冰岛三大行奉上的抵押品放出现金。

事实上，欧洲央行一度成为它们最大的流动性来源，提供的流动性超过了冰岛央行担当的三倍。

这种情况甚至是在欧元体系启动量化宽松计划之前就出现了（后文我们会详细讨论欧元体系的量化宽松政策）。在这个计划下，欧洲央行成员国开始大举购买债券和无抵押企业债券。这样一个即使在正常时期也是基于大量现金流出的银行系统，很难想象它在危机期间当银行和公司确实对流动性感到绝望时，又会有什么样的表现。

在2008年6月的高峰期，欧洲央行对这三家银行的贷款总额达到了40亿欧元。请记住，这些贷款有一部分是通过"情书"业务获得的。

当这种融资行为被揭露之后，公众认为这种做法（或是这些"情书"）违背了欧洲央行的监管精神。2008年4月，在欧洲央行行长的干预之下，银行被要求将这种抵押品限制在总额的40%。

常规情况下，达到40%可以通过两种方式——一是减少抵押"情书"的数量，二是通过增加借贷总额。如你所料，这三家银行选择了后者。

而且这还持续了一段时间。2008年年中，欧洲央行再次进行干预。在欧洲央行管理委员会的全力支持下，卢森堡央行采取了行动。

"考虑到你们的特殊情况，也就是在冰岛银行体系间交叉使用债务工具，我们采取了这些特殊措施。"卢森堡央行在 6 月 30 日给冰岛国民银行的函件中写道。

"如果任何一家参与的银行遇到困难，其他银行也很可能受到影响，从而使欧元体系面临远高于平常水平的风险。"卢森堡央行的来函中继续写道。

2008 年 7 月底，冰岛的银行债券和抵押"情书"的操作被欧洲央行彻底废止了。

冰岛国民银行再次求助最喜欢的合作伙伴——卢森堡央行。冰岛国民银行需要欧元，后来它加入了"埃文斯公司"（Avens）一揽子计划以换得欧元。埃文斯公司计划里 1/3 是银行存款，2/3 是债券。这些都是由冰岛政府发行的或由冰岛国库担保的债券，其中很大一部分是冰岛住房融资基金发行的债券。所有这些零碎的东西都被完美地裹进了一个特殊的工具中：一个以冰岛克朗计价的一揽子计划。

事实上，这个叫作埃文斯的公司雇员人数为零，现在却是冰岛以外最大的克朗资产的单一持有者，持有了相当于非冰岛居民拥有的所有克朗计价资产的 1/4。

尽管总体上提供了支持，但卢森堡央行也不能接受冰岛克朗。因此，冰岛国民银行将货币互换协议也打包进了埃文斯公司，这将所有的冰岛克朗抵押品转换为欧元。请记得，冰岛国民银行现在仍然是投资级别。

后来冰岛国民银行倒闭了，也就无法履行货币互换协议。一夜之间，卢森堡央行成为以冰岛货币计价的银行票据的最大非冰岛持有者。

这是一个令人不快的情况。

受限于资金管制，冰岛克朗不能被兑换为外汇。卢森堡央行也就不能通过任何可确定的汇率将其纳入资产负债表中，欧洲央行也

第三章　浩劫与废墟　　303

不能。然而，资本管制也无法被取消，因为市场上还有像埃文斯公司这样大额的头寸。

现在是时候把三个验证有效的机制结合起来了：回购、拍卖政府债券和调动外汇储备。

卢森堡央行收到了一份将冰岛克朗换成基于欧元的冰岛政府债券的提议。当然，这时候要换得1欧元，需要更多的冰岛克朗。由于卢森堡央行在接受抵押品时坚持要求进行"估值折扣"，所以它现在仍然可以避免损失。于是，有银行的债权人再次遭受打击。

25家冰岛养老基金收到了非常有诱惑力的要约，即用它们基金中的外汇储备购买埃文斯公司的成分资产。我们的很多问题一下子都解决了。冰岛的债务与GDP的比率马上就下降了，第一天就下降了3.5%。同时冰岛克朗的风险也消除了。

这个过程就如同我拯救银行时一样，市场机制被证明是唯一可行的工具。

"我们后来不管做了什么，最开始都是在埃文斯公司身上学到的。"日后的一次谈判中，一位关键的州政府谈判代表这样总结道。

在冰岛央行团队即将离开时，卢森堡央行的谈判人员又问了一个问题。"现在我们已经解决了埃文斯公司的问题，那埃文斯公司的兄弟怎么办？哈夫公司（Haf）和赫尔特公司（Holt）这类特殊目的投资机构怎么办？"

他问的是格里特利尔银行的一篮子贷款，与埃文斯公司类似的公司。这个时候我们要牢记，银行的把戏都很类似。

格里特利尔银行将部分贷款组合放入了哈夫公司和赫尔特公司，然后将其作为两个不同的金融产品组合，以抵押品的形式储存在了卢森堡央行，以此获得流动资金。但是，哈夫公司和赫尔特公司是在爱尔兰注册的信托公司，因此被认定为包括了非冰岛的资产,并入了旧银行的报表。冰岛央行就以为哈夫公司和赫尔特公司已不再是自己的问题了。

结果两年后,卢森堡央行提的问题,很明显是第一个警告信号了。

最后,哈夫公司和赫尔特公司成为冰岛央行最大的问题。

快乐大家庭

"说真的,我们开的是典当行吧,"冰岛央行的一位同事说,"银行给我们抵押品,我们给银行流动性,给它们现金。"

如果真的是这样,那么欧洲央行就是世界上最大的典当行。

而且有趣的是,欧洲央行是以"合作组织"的形式运行的。所有的欧元系统国家都加入了欧洲央行,一般情况下,成员国家一起行动,合作组织的规则也是共同商定的。同时,作为合作组织,欧洲央行的成员国还就所允许的抵押品种类的规则达成了一致。

此外,每个国家都有自己的"典当行",可以发放部分贷款。有时候,某国的银行可能会有迫切的流动性需求,该国的央行可以按照需求决定是否提供紧急流动性援助(Emergency Liquidity Assistance,简写为 ELA)。如果提供,那么发生任何风险或者损失,都将由该国的央行承担。

然而,根据标准业务所产生的收益和损失是区域内共享的。

想象一下以下情况:

三家冰岛银行(或其中某一家)在某个欧元区国家建立了海外子行。这些银行向欧洲央行提供了抵押品,但大多是另外两家冰岛银行的债券,估值很一般。后来冰岛的银行发生了违约,欧洲央行的当地分支机构则首当其冲。

第三章 浩劫与废墟

其实，违约事件造成的损失会由整个欧元体系共同承担，每个欧元区国家央行都需要负担一部分。一些国家的立法规定，所有此类损失需要在国家议会或银行的监督委员会议上进行公示。

因此，在我任职冰岛央行行长的时候，有一次会议结束后，一位同事约我去酒吧喝一杯聊聊。

他说："我昨天过得特别糟糕。

"我必须得去参加议会，会上还得要求给银行提供准备金，消化这么大的损失。这都是冰岛银行的错。我们国家的议员并不是真的理解为什么要承担损失。"

我不得不请他喝了一杯威士忌和抽了一支雪茄。

幸运的是，最后，他要来的准备金没有变成损失。

塞浦路斯央行行长阿桑纳西奥斯·欧菲尼德斯（Athanasios Orphanides）对这件事情也很关切。他问冰岛人："你们怎么能让这样的事情发生？"

更大的挑战[1]

从崩溃的第一周开始，有一件事是清晰的：冰岛金融危机会造成多种附带损害，而高失业率和家庭债务危机很快就会凸显出来。更糟糕的是，金融危机时期最复杂的问题就是家庭债务了。在这一点上，北欧危机就是教训。

2009年2月底，我加入冰岛央行后第一次开会的时候，就知道

---

[1] 本节中家庭债务的数据来自冰岛央行2012年6月的第59号工作文件，即特乔维·欧拉弗森和凯伦·维格尼斯多蒂尔（Karen Vignisdóttir）撰写的《冰岛金融危机中的家庭头寸》。其中补充内容可见欧拉弗森的演讲《冰岛金融危机中的家庭头寸：基于全国家庭层面数据库的分析》。债务措施的描述和部分相关文本来自2012年4月的IMF经济展望报告。

了冰岛陷入家庭债务问题。我在会议笔记里写的是："政府面临着削减家庭和公司贷款的压力。"

而且我的会议笔记里余下的内容都是在重复这一点，就好像是我的笔不受控制，一定要重复几次，好确保我明白："政府面临着解决这个问题的巨大压力。"

任何负责任的央行都必须努力减轻债务危机带来的痛苦。此外，央行需要了解危机的深度，以及政策的选择将如何影响国家财政、银行和消费者的消费决定，进而影响需求。

托尔空闲时很喜欢骑马，他会骑着马去博览山间河边景色，时不时地游览广阔而荒凉的内陆地区。

他没有在数字上花很多时间，但还是很直观地看到了一些数字上的变化。冰岛克朗先是经历了过山车般的高峰期，就在开始自由落体般的贬值前，托尔去当地商店买一袋杂货的价格几乎上升了40%。与此同时，他的工资只上涨了20%左右。

他的家庭财富也化为乌有了。他可以从报纸上的广告中看到，与他的房子类似的房产售价比高峰时跌了35%。而银行的月结单却显示，因为与通货膨胀挂钩，自己的购房贷款已经增长了40%。他一直很小心，当时贷的款只是他房子价值的一半，也刻意没有去办外币贷款。但是，现在他的房贷剩余价值还是超过了房产的价值。

托尔的丰田陆地巡洋舰是用日元贷款购买的，结果最后也成了惨剧。这辆车的价值已经下降了一半，而贷款却增加了60%。此时，他的贷款余额已经是汽车价值的两倍。

他受到严重的打击。但他很坚强，也很执着。他比以前更努力地工作，但赚来的钱能买到的东西更少了。几代人努力工作所赚来的财富也蒸发了。所有这些，都是一个他根本没有参与过的事情导致的。

在漫画家哈尔多尔·巴尔德松的讽刺漫画里，冰岛总理约翰娜·西于尔扎多蒂和财政部长躲在了一个名叫"家庭债务"的盾牌后面。但是税收增加、购买力下降、贷款指数化和房价下跌就像快速射来的长矛一样，猛烈地攻击他们。

不过，托尔知道有许多人的情况更糟。

他觉得有些人需要且应获得帮助，有些人则没有那么需要。他认为有些人挥霍掉了钱财；有些人债台高筑，生活却也无忧无虑；还有些人不断借贷，买入资产，从资产升值中获益。

过的最糟糕的人和托尔认为应该获得支持的人，是那些不幸丢了工作、被迫搬离自己的家却又不能卖掉房子的人。那些以极低的折扣卖掉房子的人，现在除了一身的债，已是身无分文了。

金融危机和债务危机往往会同时发生。如同曾经在北欧国家的危机时期一样，冰岛各界开始讨论使用政治手段以应对危机。市民都在努力推动政府推出救市措施。如果金融冲击已经严重如当时的冰岛，那么政府谨慎思考、制定合理的政策，从而帮助减缓痛苦并重建希望是至关重要的。

"当时进行债务整体减记的压力很大。"一位前部长说。

20世纪90年代初的北欧经验表明，人们的看法往往偏离现实。事实和细微差别很少能影响辩论。

各位可以思考一下，当时哪些群体的绝对债务水平以及相对债务水平最高？是低收入人群，还是高收入人群？是哪些因素最容易把人推向贫穷、失业、没有收入来源和负债累累？有多少人处于财务困境中，无法偿还每月的欠款，也无法承担最低生活费用？如何识别出这些人，并帮助他们？政治措施要如何施行？应该由谁来承担成本？

在欧洲国家，还有三个国家的外汇借款在家庭债务中占了很高的比例——波兰、匈牙利和罗马尼亚（见图3-7）。虽然金融危机导致了这些欧洲国家外汇债务占总债务的比例增加，冰岛的增幅却是其他国家的两倍。原因很简单，仅仅是因为冰岛克朗的跌幅超过了其他欧洲货币。

此外，大多数克朗贷款是与通货膨胀挂钩的，而通货膨胀是由外汇驱动的。因此，冰岛克朗越是疲软，冰岛克朗的贷款就越大。甚至在危机之前，冰岛家庭的债务与收入水平也是欧元地区均值的两倍。

在冰岛央行，特乔维·欧拉弗森（Tjörvi Ólafsson）和凯伦·维格尼斯多蒂尔（Karen Vignisdóttir）组成了行动小组，开始着手建立独家的数据库。

在任何其他地方都找不到类似的数据库。

数据库发现了很多基本面机制，这些也能适用于其他消费借贷水平较高的发达经济体。这无论在什么时候都可以用，今天可以，下次危机发生时也依然有效。或者，如果市场利率因某种原因而急

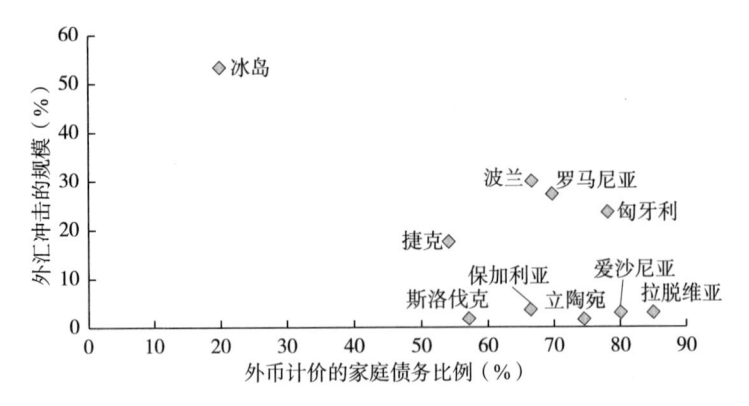

图3-7　外币计价的债务比例和外汇冲击的规模

注：根据国际清算银行实际名义外汇指数计算的2008年外币计价的家庭债务比例，从2007年1月到2008年9月以及从2008年10月到2010年8月的年化汇率贬值的最大值。

资料来源：冰岛央行第59号工作文件，即特乔维·欧拉弗森和凯伦·维格尼斯多蒂尔撰写的《冰岛金融危机中的家庭头寸》。

剧上升的时候，这项工作会"很不幸地"与很多人的利益息息相关。

在国家和个人层面，冰岛都有海量的数据。特乔维和凯伦对这些数据进行了编码、匿名化处理，并在得到数据保护机构的特别许可后，将全部数据上传。

因此，在模型之中，每一个冰岛人都有自己的一条线状图。数据库里登记的数据比大多数冰岛人自己掌握的数据还要多。

模型里的个人数据包括收入来源、税收、贷款、透支、家庭规模和组成、地点、年龄、生活条件和住房，甚至还有每一个不动产的土地登记数据。

该模型可以将匿名后的每个人和家庭与最低生活费用的消费者准则联系起来。然后，一个全国性的家庭部门的数据库出现了。唯一缺少的数据是非住房性资产的数据，这个数据主要是可以区别高收入群体。

接下来，他们增加了一些资料：每笔贷款的付款情况，每个家庭的收入情况和生活费用情况，以及每个房主的不动产价值。

那场真切地打击了现实世界和冰岛的金融冲击，现在也可以利用模型模拟出来了。货币贬值和通货膨胀，生活支出的增加，就业率的下降和失业率的上升，工资、税收和福利的变化，当然，还有资产价格的震荡。

模型可以清晰地显示冰岛居民的生活情况，它解答了对制定政策至关重要的问题：处于财务困境，可支配收入无法支撑还贷和最低生活开销的群体有多少人？有多少人不仅已经陷入了财务困境，房地产变成了负资产，而且无法通过变卖房产而减轻困境或者获得更好的偿还条件？这些人群有什么特征？

模型也可以帮助预测政策措施的效果：财务困境人群的比例和负资产住宅的情况会如何演变？哪些措施效果是最显著的？

托尔是对的，他落在了平均线上。许多人的情况比他好，而有些人则比他更糟。

2008年年底，约90%的购房贷款以冰岛克朗计价，只有3%的人是以外币计价，8%的人持有混合购房贷款。

大约19%的有购车贷款的家庭全部是以冰岛克朗计价，而47%的家庭全部以外币计价，大约1/3的家庭有混合贷款。

在金融危机崩溃之前，即2007年年初，只有大约1/10的家庭处于财务困境。他们中有一半来自最低收入群体，即最底层的那1/5，这个群体中又有1/4的家庭处于困境中。甚至在经济崩溃之前，他们的债务和收入就已经出了问题。

然后金融崩溃带来了巨大的打击。在2009年秋季高峰期，几乎每10个家庭中就有3个陷入财务困境。最低收入群体中的一半陷入了财务困境，而最高收入群体中的1/10陷入了财务困境。

因此，收入水平很关键。年龄也很关键，因为当时受冲击程度最大的是年纪最轻的群体。购房时间也很关键，正巧在金融危机发生之前买入房产的人受到的影响最大。虽然多少让人惊讶，但是地点也有影响，农村地区受到的冲击最大。

金融危机前，5%的冰岛家庭的住房是负资产。到2010年年初，这一比例上升到了近40%。相比之下，爱尔兰在2010年才达到30%的水平，美国在2011年的比例是25%，英国在2009年的比例仅仅是10%。

危机前，每100个家庭中就有两个家庭同时出现财务困境和负资产住宅的问题。这个数字在2009年年中达到高峰，上升到了14%。

简单地说，低收入决定了一个人是否会陷入财务困境。另外，高额债务水平往往会导致负资产住宅问题。

政府逐渐制定并颁布了首批政策措施。措施落地后，2010年年底前财务困境的家庭比例减少了5个百分点，从约25%降到了20%。

随后政府制定了更多的措施。表3-1显示了2008—2010年的全部政策措施。

这些措施包括延期偿付命令、暂停外汇指数贷款和CPI指数贷款的偿还，以及通过平滑支付和推迟支付此类贷款来重新制定还款日期。

约有一半符合条件的家庭申请到了减缓偿还的政策，比如持有CPI指数贷款的家庭，可以将当前的偿债支出减少15%~20%；如果持有的是外汇指数贷款，还款额可以减少30%~40%。

那些严重受到金融危机影响的家庭可以选择与贷款人直接谈判，或求助于新成立的债务申诉专员办公室，在庭外申请贷款重组。

表3-1 有关利率事务、主要政策和法律介入的总结

2008年10月	2009年11月	2010年12月
• 延期偿付命令 • 暂时冻结对外币计价贷款的还款	• 对于所有克朗计价的购房贷款协议的还款减缓，不包括选择不参加的家庭	• 发布了对于发放给冰岛家庭的非法外币计价贷款应该重新计算的法律 • 调整购房贷款为底层抵押品价值的110% • 扩大自愿债务减缓框架 • 增加更加积极的利率退税公司 • 2011年和2012年的特别利率税退税
2008年11月		
• 颁布法律，允许减缓克朗计价的购房贷款的偿付要求 • 第三支柱养老金支付，后期继续扩大 • 增加购房贷款补贴	2010年6月	
	• 高等法院裁决，将以克朗计价的机动车辆租赁支付的挂钩指数调整为现行汇率是非法的	
2009年3月	2010年8月	
• 颁布法律，允许减缓外币计价的购房贷款的偿付要求	• 成立债务申诉专员办公室，负责监督和提供与债务减缓程序相关的咨询和调解服务 • 制定了针对有两处以个人居住为目的房产的家庭的措施	
2009年5月		
•《住房贷款支付暂时减缓法案》		
2009年10月	2010年9月	
• 为个人、家庭和公司因银行和货币体系崩溃，提供去中心化的债务重组的法律框架 • 为外币计价的购车贷提供偿还减缓计划的协议	• 根据冰岛央行的法院网站的公开信息，高等法院裁决，对于非法的外币计价的机动车债务的利率计算应该基于克朗银行的普通利率	

重组谈判会首先依据政府和金融机构共同制定的标准，然后结合每个家庭情况加以调整。

标准方案中已经进行了大规模减记，旨在使担保债务与资产价值保持一致，并将债务负担与偿还能力进行校准匹配。

第三章 浩劫与废墟 313

但是逐案谈判需要时间。截至 2012 年 1 月，约有 35% 的申请得到了受理。

后来，政策要求按揭贷款不得超过抵押品价值的 110%。大笔资金被减计。由于缺乏进行贷款测试的方法，高收入人群反而是受益最大的。

许多外币贷款被裁定为非法，因此需要重新以克朗计算定价，也就是重新从贷款签发日起计算冰岛克朗计价的贷款本息。此外，很大一部分购房贷款的债务人获得了为期两年的可观利率补贴，这项补贴的资金来源是临时银行税。

2014 年年底，冰岛政府推出了一项新的计划，旨在将家庭债务水平降低 20%。其中，政府征收银行税，实现了对购房贷款 10% 的减免；另外的 10% 则通过对债务人的自愿养老储蓄基金免税利用而实现。

这些措施的成本和效果各有不同。

研究表明，公众需求和积极谋事的冲动并不总能带来最高效的结果。

最有效的措施是将部分外汇贷款重新以克朗计价。这也是一个高成本的措施。就像我们所见，这些贷款一开始就会被判定为非法。为此，银行和有关债权人不得不承担起这笔费用。

偿还减缓是有效果的，而且成本很低。

根据研究，从陷入困境的家庭下降数量来看，在不考虑收入水平的情况下，将购房贷款上限设定为 110% 的措施不仅成本高昂，而且效果甚微。自然如此，因为最高收入群体往往持有最大比例的债务。因此，从这项措施中受益最多的是高收入群体。根据部分国家的抽样调查，42% 的总消费债来自收入最高的 20% 的群体，而收入最低的 20% 的群体只占了总消费额的 6%。

协调家庭部门参与债务计划的诱因是复杂的。在指数化贷款、通货膨胀和房价下跌等多重因素影响下，对于家庭个体而言，他们等待的时间越长，得到的减记就越多。无条件延期偿还和暂停偿债责任降低了解决债务问题的紧迫性，而政府又多次修订债务重组框架，让群众形成了"还会有新措施出台"的心理预期。

直至全面框架落地问世，且设定了清晰的到期日，债务减记才最终大规模地出现。

截至2012年1月，15%~20%的按揭贷款的本金已经得到了减计，或是正处于减计流程中。

总而言之，通过实施临时付款暂停措施和努力寻找家庭债务问题的解决方案，冰岛规避了房屋强制拍卖的高峰，同时也成功降低了债务和偿债成本。

许多冰岛人会说，这些措施除了对陷入财务困境的人产生了影响，也产生了很多其他重要的影响。债务减记改善了消费者的财务状况，推动了内需。很多人认为贷款减计对无辜的受害者来说是一种公平的处理方式，还有一些人认为政府推出的终版债务减免措施，宣告了一个烦心的时代的终结。这让冰岛人，甚至冰岛这个国家，都能带着对未来的希望继续前进。

这项2014年的措施还有另外一个影响，它传递了一个信息，"最终方案就是这样了"。设定了这个基调后，人们就不再继续观望了。

从一开始，新银行的资产负债表就预示了减记的必要性。

记得高塔坍塌留下的瓦砾吗？

银行有足够的储备金来承担减记的费用，而且它们经常主动减记。然而，银行作为债权人，所有这些措施难免最终影响了它们的贷款回收率。

政府也实行了银行税，这实质上进一步降低了债权人的贷款回收率。许多人认为这个措施很公平。

"银行应该付钱"，是冰岛人说的客气话了。

另外一种说法就是，"那些债权人应该付钱"。

那些在金融危机前借钱给银行的债权人，现在需要为危机后发生的事情承担责任，新的债权人也要承担成本。

对于托尔来说，他申请了与通货膨胀挂钩的购房贷款，所以通货膨胀上升，他的贷款余额也随之增长。之前他可能50岁就能还完贷款，结果现在需要还到60岁。而且他的日本产的小轿车突然背上了冰岛克朗计价的贷款，贷款余额只有银行首次签订的贷款协议的一半，但是利率更高了。虽然有很多传言，但他从来没有确认过这笔贷款是否非法。虽然他是一个守法的公民，但他也不确定自己是否需要关心这个问题。

"应该是贷款提供方去检查他自己提供的贷款是否合法才对。"他这样想着。

至于这些贷款最初是如何发行的，那就是冰岛银行业的另外一个未解之谜了。

捕鲸站

我的父母对购物或者喝咖啡一直都不太感兴趣。所以他们来冰岛看望我时，我想带他们体验些冰岛特色。我们也的确体验到了——我们真切地见识到了冰岛经济的潜力，也理解了为什么冰岛复苏的速度远超预期。

"Hvalfjörður"在冰岛语里的意思是鲸鱼峡湾，位于雷克雅未克北部。第二战世界大战期间，英国人和美国人先后在这里建设了燃料库和海军基地。他们扎营后，扩建了港口，后来港口营也由商业捕鲸公司哈瓦鲁尔（Hvalur hf）改建成了加工站。这也说明冰岛企业的智慧，既能充分利用现有的资源，也有能力顺应市场机会，及时调整。

我带着父母去加工站参观时，正巧看到了一条 25 米长的长须鲸被捕上岸。这条鲸有五六十吨重。鲸鱼被带上岸后，首先由检查员到甲板检查鱼叉的状况。他的工作是确定鲸鱼的死亡是否在瞬间完成，没有痛苦。下一个上甲板的是一个日本商人，他的任务是切掉鱼尾上价值最高的部分——白白的鲸脂。他们会把切下的鲸脂储藏在冷链运输车上，直接运到凯夫拉维克机场。第二天，这些鲸脂就会出现在东京和大阪最好的餐厅里。

这又一次显示了冰岛人的智慧。只要能找到机会，就不会放过。西非海岸与冰岛相隔甚远，岸边人迹罕至，但是冰岛的渔船却不辞辛苦。冰岛人收购了西非海岸的捕鱼权，他们背井离乡，远航到北极水域，只为能够劳作一个季度。春季到来时，冰岛人又会赶往热带水域。他们也并不觉得这样辛苦工作有什么奇怪。

日本商人走后，下一个到捕鲸站的就是专业切鲸队了。他们会先把鲸鱼体内成吨的血液抽出来，然后开始切分鲸鱼肉。

"我都已经习惯这些鲸血了，"队长站在水喷枪旁说，"我之前是银行的客户经理，负责衍生品交易柜台。"

这说明了一个更普遍的经验。虽然丢了工作，但是大多数冰岛人都会立即尽其所能去找新的工作。即使新工作在不同的行业、不同的城市，要求掌握完全不同的技能和专业；即使职级不同，甚至连工作服都不一样，冰岛人也能以最快的速度适应。冰岛人在找新工作的时候，他们的朋友、家人和政府也都会不遗余力地提供帮助。这是所有人期望的；而且，坦率地说，也是必要的。金融危机后，冰岛的大部分国家福利取消了，速度比北欧其他国家都快。

而且，是的，银行家可是很有用的。挪威银行危机期间，成千上万的人失去了工作。负责监督支持计划的国家控股公司推动降本措施，其实就是变相要求解雇银行员工，于是有大约 5 000 个挪威

第三章 浩劫与废墟

人失去了工作。财政部试图提供帮助，要求国家就业机构设定一个帮扶计划，但是这被就业机构拒绝了。所以挪威财政部推出了自己的就业支持计划，拿出了5亿克朗支持，也就是约8 000万美元。但是，只有两个人申请。

过了一段时间，捕鲸人又进化了。冰岛旅游业复苏了，观鲸带来的利润更高。于是，有些捕鲸人摇身一变做了观鲸导游。

先被邻居和朋友围攻，然后被他们起诉[①]

托尔的家族一直在战斗。最开始是为家族土地而战，然后与自然环境和恶劣气候抗争。托尔家族与冰储银行的抗争也是一个不屈服的故事。

国家想要用他纳的税偿付给英国人和荷兰人，托尔觉得这没有理由。冰岛国民银行是私有银行，吸纳的都是自愿存款，是存款人自己决定去追逐更高的利率。现在，英国和荷兰却要求冰岛政府赔偿它们为每个账户持有人支付的最高20 887欧元的最低存款担保款项。这意味着冰岛要给英国27亿欧元，给荷兰13亿欧元，总和相当于冰岛2009年GDP的35%。

欧洲经济区协议要求冰岛成立一个存款担保基金，冰岛照做了。但是，如果发生了全面金融崩溃，任何国家的计划资金都不够补偿这么大规模的损失。简直太贵了。银行违约时，冰岛做了所有能做的事情，给所有的存款人以优先权。托尔一直认为，在没有外汇的情况下，全额付款或担保根本不可能。

[①] 本节中关于荷兰数字的信息来自丹麦银行2014年8月27日的新闻稿。欧洲自由贸易区法院的判决摘要是基于2013年1月28日的法院全文。与冰岛国民银行有关的引文来自《亿万富翁的破产与再成功》。

托尔永远不会忘记英国人做的事。他们没有救冰岛，相反，英国人提高了对国民银行子公司霍贝银行的资本要求。他们切断了冰岛的融资渠道，把冰岛列入了恐怖组织黑名单，等同于基地组织。然后英国人又拉着荷兰人一起，企图说服其他国家共同对冰岛施压。他们甚至试图把 IMF 当作武器，帮他们收钱。

像其他许多冰岛人一样，托尔在媒体上看到了很多关于冰储银行的报道，甚至还去专门研究了法律条文和欧盟指令。托尔和很多冰岛人一样，对冰储银行的见解不逊色于任何一个专业律师，但是他的执着毅力却不是律师能比的。他了解英国和荷兰的立场，也对部分立场表示认可，即冰岛歧视这两个国家的储户，也没有在关键时刻达成合作。但是在 2008 年金融危机早期阶段，英国和荷兰也有自己的问题，两国的银行系统也受到了金融危机影响，一片混乱。

"10 月 7 日，ECOFIN 召开了雷曼兄弟倒闭后的第一次会议，"时任瑞典财政大臣安德斯·博格回忆道，"听说了冰岛的紧急措施后，10 月 6 日整晚我都在开电话会。很多人也一样。"

博格解释说："通常情况下，如果有正式会议，ECOFIN 成员会先开个早餐会，讨论未决议题。而 7 日的早餐一直吃到了午餐。

"对后雷曼兄弟危机，许多欧盟国家希望采取联合措施。不过，英国不是其中之一。

"任何国家都可能会经历金融危机。这一点我们都明白。但是我们觉得奇怪的是，我们没有收到任何预先的警告。我们仅在 10 月 6 日晚上 9 点左右才收到告知。因为这样的处理方式，冰岛政府失去了信誉。"

"真的是创伤，"冰岛一位时任部长说，"英国和荷兰恶劣的霸凌很难让人忍受。而且，的确，有一段时间冰岛人允许自己被欺负。"

托尔看到的数字很吓人。是的，冰岛通过的《紧急状态法》给予了储户优先权，而如果要赔偿英国和荷兰，就会降低冰岛需支付的金额。但是法庭质疑储户是否应当享有优先权。同样，至于还款可以动用银行的哪些资产，托尔当然也不会相信冰岛国民银行或任何银行家说的话。

他担忧危机对冰岛的影响。英国和荷兰想迫使冰岛用外汇来偿还存款担保金，利息也要支付。随着克朗的不断贬值，克朗成本也在不断上升。他确信，这两个国家是在榨干冰岛的最后一滴血。

托尔在为他的子孙后代打这场仗。

2009年，冰岛政府努力尝试与英国和荷兰和解。达成的协议是DIGF需要偿还英国和荷兰的储户存款。为了支持冰岛偿还，英国和荷兰将向DIGF借出同等金额的资金，冰岛政府提供担保并支付利息。

第一份协议的谈判过程保密。谈判完成后，协议提交到了议会，由议会讨论和批准。

当时为了反对这项协议，冰岛人发起了"捍卫冰岛"（InDefence）运动。一位关键人物说："我们觉察到他们对谈判过程和结果严格保密时，就开始怀疑了。

"不过有人给我们透露消息，提供了协议的一个版本。拿到协议后，我们就发起抗争了。"

根据规定，冰岛央行必须审查国家的所有债务，并提出意见。2009年7月的最后几轮谈判中，议会预算委员会询问了冰岛央行的意见。

冰岛央行的首席律师注意到了协议存在多处缺陷。

她说："协议采用的是巴黎俱乐部的格式。"

巴黎俱乐部是为有支付困难的国家解决问题的机制。通常，国家承担过多债务无法偿还时，向巴黎俱乐部寻求解决方案。

首席律师说："这个国家间债务协议根本没有建立在平等基础上。"

这是一份民事合同，保护的重点是贷款人的利益。它规定了解决所有争端的裁决地点是英国法院，没有给予冰岛明确的权利，允许其在情况恶化时重新进行谈判，还包括其他多项削弱冰岛地位的条款。

2009年7月7日，冰岛央行向议会提交了备忘录。一些人很惊讶我会允许央行提交一份质疑谈判协议的备忘录。我听到有人私底下念叨："这个写备忘录的人到底是哪个党派的？谁跟他有关系？这个行长是不是已经失去了对央行的控制？"

但对我来说，这很简单。这个问题如此重大，绝对不可以向议会隐瞒首席律师的观点。

冰岛央行也被要求评估该协议对经济的影响。我们的基本情况是假设资产回收将涵盖75%的索赔。在众多其他假设的基础上，基本情况显示，从2016年开始，每年的付款额相当于冰岛GDP的3.1%。悲观的情况下，付款额为6.2%。

在"捍卫冰岛"运动的刺激下，议会在法案中增加了一个付款上限，设定为3%~4%，而到了2024年，则有可能取消剩余债务。

该法案通过了议会，并于2009年9月2日由总统签署通过。

然而，英国和荷兰拒绝了对协议内容的修改，因此只能进行和解。

又开始了新一轮的谈判。这一次，冰岛一方请到了一位债务谈判专家。

冰岛财政部长给李·布赫海特（Lee C. Buchheit）打电话时，他还在从华盛顿到纽约的火车上。部长说："请于星期天抵达雷克雅未克。"

布赫海特曾参与过25个主权债务重组项目。

关于是谁给冰岛（这里由斯泰因格里姆尔代表）施加的压力，迫使其签署冰储银行的协议，各界看法不一。图上杀手身上从上到下文有4种力量的标志性符号——欧盟、英国、IMF、挪威。

他说："有些债务重组只要一年，有些则要10年。"

"我到达雷克雅未克时，以为这是一个很常见的普通重组项目。斯泰因格里姆尔把我和反对党的三位领导人带到了一个房间。

"人到了。"

把布赫海特请来是这三位领导人唯一的要求。他们想要找一个主谈判官，一个能够对付英国和荷兰的专家。

布赫海特与英国和荷兰第一次会面是在位于冰岛南肯辛顿的伦敦大使馆。使馆里有一幅装饰漫画，描绘的是1974年鳕鱼战争。那是冰岛人民反抗英国的压迫，为自己200平方千米的经济区而战。两方会见时，英国人的座位就面朝这幅漫画。

"我对这么极端的敌意感到惊讶，"布赫海特说，"也惊讶双方之间愤怒的情绪和不信任。通常情况下，国与国之间的谈判是很绅士的事情。这次的谈判不是，双方的情绪都很激动。而且我很少看到这样的情况，双方的本国选民在关注着谈判进程的每一步。

"英国和荷兰说，在 2008 年崩盘之前，他们就尝试过跟冰岛对话。有时冰岛会接听他们的电话，说冰岛的银行情况都很好。可是有时候他们打给冰岛的电话却没有人接听。荷兰人声称 2008 年秋季双方就已经达成了一项协议，而且他们还有留底。"

谈判达成了一项修订版协议。

但这很难让人接受。

布赫海特说："我飞到了冰岛北部的阿库雷里，去向当地人介绍协议的内容。

"一个女人站了起来，说她从爱尔兰搬来这里，就是因为不想缴税，为爱尔兰银行的崩溃买单。她说，结果现在更糟，她缴的税是为了让冰岛给英国人还钱。"

该协议最后以微弱多数通过议会，并递交给了总统进行签署。反对的声音非常大。30% 的冰岛选民签名请愿，要求总统拒绝这项协议。

2010 年 1 月 5 日，总统宣布否决该协议。按照程序，接下来协议需要进行全民公投。

直到这个时候，惠誉才取消了冰岛的投资级评级。

"没有人打电话给我们，让我们惩罚冰岛。"惠誉当时的一位评级分析员说。

"对于冰岛不承担银行损失和围栏策略的决定，我们表示尊重。但我们认为这一决定不符合投资级信用评级的精神。"

托尔并不是唯一持这种观点的人。98% 的冰岛人在公投中投了反对票，2% 投了赞成票。

双方进行了重新谈判。

利率降低了，还款期也变长了。

协议提案再次被提交到了议会。再一次，以微弱多数通过。再一次，总统拒绝签署。再一次，举行了全民公投。

2011年4月9日，60%的冰岛人投票反对，40%赞成。

冰岛、英国和荷兰对簿公堂

第二次公投后，双方不再尝试通过协议解决了，案子被转移到了欧洲自由贸易联盟法院。

2013年1月28日，欧洲自由贸易联盟法院裁定，国家有义务确保银行建立存款保险制度，冰岛也建立了这个制度。欧洲自由贸易联盟法院也同时承认，如果发生系统性危机，单凭存款保险制度无法解决问题。因为对客户和银行来说，存款保险制度预先融资的成本太高。此外，判决书明确指出，如果存款保险制度无法完全补偿存款人，国家没有义务介入并承担费用。

相反，如果国家提供了支持，可能违反了对国家补贴禁令的规定。是的，起草欧盟指令时，曾考虑过纳入对金融消费者和储户的保护条款。但最终，开放的市场和平等竞争条件更为重要。

因此，冰岛政府没有任何偿付责任。

接下来，裁决说，冰岛DIGF没有歧视储户的国籍，因为在决定让基金赔偿非冰岛储户前，冰岛的存款已经转移到了新银行。

判决还说，冰岛没有违反不歧视的总原则。该原则规定，应平等对待同类情况。然而，赔偿最低数额并不是订立一个新的公平处理方案，因为针对存款的处理方案一开始就很不一样。

最后，判决指出，面对系统性危机时，欧盟及欧洲经济区成员国需要有广泛的自由度，自行决策。

判决书没有提到一个事实——无论如何，英国和荷兰的储户很快都会得到赔偿。冰岛《紧急状态法》要求优先偿付所有储户。

到 2013 年 6 月 30 日，包括已偿付额，冰岛国民银行破产管理机构的资产总值已经超过了优先债权总额。

记住，这些存款只是克伊普辛银行、格利特尼尔银行和国民银行总负债的 30% 左右。

英国和荷兰要求冰岛连本带利，赔偿之前他们向每个账户支付的最高 20 887 欧元的担保，这也是欧盟指令中建议的金额。2008 年 5 月，国民银行还自愿支持英国和荷兰将保险金额分别提高到 5 万英镑和 10 万欧元的计划，英国和荷兰也完成了对储户的赔付。而且如果英国储户的存款超过了这个金额，还会得到英国财政部的额外补偿。

渐渐地，所有的赔付都完成了。冰岛的破产法还规定，如果不偿还，则需要支付 6% 的滞纳金。因此，储户甚至还赚了些利息。

根据存款担保计划，荷兰央行需要向冰储银行储户赔付 16.36 亿欧元；在美丽的金融世界里，荷兰央行于 2014 年 8 月 27 日出售了国民银行的债权，由此收回了全部赔付额。荷兰央行不再是冰岛国民银行的债权人了。这笔交易是与德意志银行达成的。

2014 年年初，许多英国地方政府也决定抛售对国民银行的债权。

从某种意义上说，英国和荷兰向冰岛的索赔既多余，也没有足够的法律依据。但是索赔造成的紧张情绪和犹疑不决却使冰岛复苏拖延了数年，朋友最后也成了仇敌。

对于冰岛政府处理冰储银行纠纷，SIC 总结道："担保机制是根据欧盟存款担保计划建立的，如果欧盟及欧洲经济区成员国不能履行偿付责任，那么责任应该如何划分？在这个问题上，银行危机前，冰岛政府内部的意见是不统一的。尽管如此，冰岛政府也没有协调法律资源，解读责任范围的划分。调查委员会的审查结果表明，目前针对此问题的研究无法提供一个确定性的答案。"

冰岛国民银行最大的股东写道："10月2日与总理开会时，我才开始意识到这可能是一个困难。"他指的是决策将冰储银行直接划归冰岛国民银行的影响。

真是令人惊叹。

其他国家也在关注冰岛的进展。俄罗斯的姿态、英国决议使用反恐法以及它们对于冰储银行的纠纷处理，让很多人惊诧。我卸任冰岛央行行长后，有人邀请我给北欧国防部的高层做报告。有些人不理解这些所谓的"友好国家"在冰岛金融危机时期采取的行动。有些人想知道能否从中学到些经验，如果出现更严重的情况，可以凭借经验预知可能会发生的事情。

"回过头看，冰储银行的纠纷很痛苦，但有帮助，"一位参与了债权人谈判的人士说，"那时候我们才学到，原来债务是灵活的。"

一些相似之处，许多不同之处

就如冰岛一样，21世纪初的爱尔兰一片欣欣向荣。爱尔兰有一流的基础设施、英语环境和优惠的税收体系，外国的很多科技、制药和金融行业公司都将总部迁到了爱尔兰。大量劳动力流入爱尔兰，国民收入随之增加，促进了建筑和房地产行业的繁荣。

爱尔兰银行看到了市场机会，当时长期贷款产品销售火爆，银行则通过短期国外拆解融资。典型的时间错配。

国际债券借款迅速增长，从2003年的160亿欧元增长到了2007年的1 000亿欧元。远超爱尔兰GDP的一半。虽然这已经很多了，但与冰岛相比，爱尔兰的国际借债总额仍然很小。

因为爱尔兰银行股权比例较高，所以市场和监管机构都十分放心。即使爱尔兰银行资金来源仅能依靠短期资金，他们也觉得不必担心。

爱尔兰的购房贷款总存量从 2003 年年初的 160 亿欧元，到 2008 年第三季度达到了 1 060 亿欧元的高峰，直接导致房地产价格飙升。

格里特利尔银行一位时任高管说："2007 年，我们召开了研讨会，当时组织者是 IMD 商学院。他们针对爱尔兰最大的银行——安格鲁爱尔兰银行（Anglo Irish Bank），准备了一个案例分析。建议我们以安格鲁爱尔兰银行为榜样。"

2008 年年中，衰退的最初迹象出现了。不久之后，政府赤字增加，企业关门，失业率上升。

2007 年年初，市场资金开始枯竭，银行问题开始浮现。雷曼兄弟事件后，银行面临的问题更加严峻。

首先，银行不再审批新的贷款申请，这也就意味着房地产交易停滞了，影响了房地产开发商脆弱的现金流，房产价值开始受到影响。

其次，由于市场上的资金减少，储户也在不断提取存款，银行流动性出现紧张。

最后，银行最大的资产，也就是贷款产品，开始随着房地产市场一起下跌，这 6 家爱尔兰国内银行的负债金额很快就超过了资产价值。

2008 年 9 月 29 日，爱尔兰财政部长发布了针对爱尔兰国内银行的国家综合担保计划。此外，政府承诺对银行进行资本重组。政府担保了所有的零售和企业存款、同业存款、优先无担保债、资产担保证券和已到期之次顺位债。基本上，除了股权类型的工具，百无禁忌，都提供了担保。

政府向银行注资，并接管了所有权。政府将不良银行贷款拆分出来，并划归为国有"不良银行"；政府拿到的是债券。总而言之，超出股权价值的损失全部由政府承担，同时也继承了债券资产。

政府承担了巨大的成本，导致了财政赤字。加之冰岛经济衰退的影响，爱尔兰财政赤字已经达到了 GDP 的 40%，同时政府负债水平一并激增。

爱尔兰国民承担了损失，失业率从 2008 年 7 月的 6.5% 上升到 2012 年年初 15.1% 的高峰。

曾任纽约联邦储备银行行长和美国财政部长的蒂莫西·盖特纳说："是的，在雷曼兄弟事件之后，我们确实向欧盟施加了压力，要求其为南部的周边地区提供担保。爱尔兰也很重要，欧盟诚信也很重要。"

欧洲央行对爱尔兰政府施加压力，要求其加入 IMF 计划。欧洲央行威胁要撤销为陷入财务困境的爱尔兰银行提供的紧急支持。

然而，最后还是有好消息。经济复苏了，住房和房地产市场活力恢复了。不良银行恢复了价值，有能力偿还政府了。

2016 年，爱尔兰为解决银行不良资产而设立的国家资产管理局，开始向建筑商提供融资。有点讽刺的是，目的是缓解住房的周期性供应不足。

值得吸取的经验是，爱尔兰的银行是因为依赖单一的市场融资，所以才在繁荣后又经受了萧条的冲击。与冰岛一样，即使爱尔兰的债务规模占 GDP 比例很小，同时可以使用欧洲央行的流动性，也仍然没有足够的保护。

经历了这一遭，爱尔兰联合银行的董事长和 CEO 都辞职了。他们曾从银行借钱购买股权，后又在账户里把自己的贷款藏了起来。

雷克雅未克综合征[①]

> 欠债之人不自由。
>
> ——1996—2006 年瑞典首相戈兰·佩尔松

一位冰岛经济学家说:"有些人一想到 IMF 的计划就觉得很讨厌。"有些人就是讨厌那些试图向冰岛施加规则的国际机构,有些人认为参加 IMF 计划是一种耻辱,并对加入之后可能造成的后果表示担心。

许多人认为 IMF 是大国的工具,是用来让冰岛屈服的。

但在所有冰岛能够使用的杠杆里,IMF 将是最重要的机制之一。

另外一位经济学家说:"也许做第一个吃螃蟹的也不是最坏的事儿。全球金融危机后,冰岛和匈牙利是 IMF 计划的第一批参与国,甚至在相当长的时间里,都是唯二参与 IMF 计划的欧洲国家。计划成功,对 IMF 有益处。尽管很多人不这么认为,但冰岛自己有可以利用的优势。"

1973 年 8 月 23 日,一个假释犯企图抢劫斯德哥尔摩的瑞典信贷银行。大劫匪会直接败空银行,或者让银行借给自己大笔资金;但是这个小劫匪却带着枪,自己从银行大门走进去。

他的行动失败了。抢银行不成,他就挟持了 4 名雇员作为人质,并以此为谈判筹码,要求释放自己在狱中的一个朋友。然后,两人合伙把人质又扣押了 6 天。

人质被解救后,却为绑架者辩护,并拒绝在法庭上做证。这个

[①] 冰岛央行 2009 年年报详细介绍了 2009 全年的利率趋势。

事件也是"斯德哥尔摩综合征"的起源，指人质被绑架后与绑架者建立了情感同盟。

冰岛则是反向斯德哥尔摩综合征的例子——绑架者最终对人质产生了同情。

2008年10月初，IMF这台机器开始运转起来。

针对所有可能涉及的问题，IMF都聘请了专家。如果星期一确定需要专家意见，那星期二就会有专家从华盛顿飞来。通常情况下，专家会带来危机事件的解决经验。随同专家的，还有年轻有为的分析师，他们都是世界各地最聪明的青年才俊。

IMF的支持都是免费的，但是，IMF的意见都很强硬。

2008年10月底，IMF要求冰岛央行将利率提高到18%。2009年3月19日，货币政策委员会迈出了降低利率的第一步，审慎下调了一个百分点。

IMF点头表示满意。

4月8日，货币政策委员会又迈出了一步，将利率再降低了1.5个百分点。这次IMF露出了担忧的神色。

简单地说，中央银行会设定两个利率：一个利率较高，用以向商业银行提供贷款；另一个较低，用以向储户提供存款业务——这就是利率走廊调控。如果市场上有多余的现金流动，市场利率就会向存款利率下移。如果市场缺乏流动性，市场利率就会更靠近贷款利率。通常情况下是这样的。因此，大多数市场参与者和记者使用中央银行的贷款利率作为参考。

2009年年初，冰岛的情况也是如此。市场缺乏流动性，市场利率贴近利率走廊较高的部分。

随后两个变化同时发生了。

第一，流动性增加，市场利率向走廊较低的方向移动。

第二，5月7日，货币政策委员会决定将存款利率和借款利率都降低 2.5 个百分点。现在，IMF 很不高兴了，有些人甚至会说 IMF 都吼起来了。

在我看来，降低利率基于合理理由。月度通胀已经稳定下来，经济恢复需要充分的宽松政策，我们的工作是刺激增长，而不是惩罚谁。

IMF 坚决否认其意图是惩罚冰岛。穆里洛·波图加尔说："IMF 不想惩罚冰岛，或者任何加入计划的其他国家。

"即使你惩罚了陷入危机的国家，其他国家实施不可持续的政策的诱惑也并不会减少，这是道德风险。"

当我在华盛顿参加 IMF 的春季会议时，IMF 的一位高层把我叫到他的办公室。是的，这一次 IMF 真的吼起来了。这位高管不喜欢我们降低利率，他不喜欢我们计划抽干离岸冰岛克朗市场的行动。

6 月货币政策委员会决策之前，IMF 驻冰岛代表接受了一家冰岛报纸的采访，隔空呼吁货币政策委员会不要进一步降低利率。

但这并不是他能决定的。我检查了数据，认为应该进一步降低贷款利率。考虑到市场渴望流动性，这一举措可能起不到明显作用，但将向市场释放一个持续宽松的信号。

我确实给一位行长同业打了电话，也是时候问问他的意见了，看看是不是我疯了。或者说，我想听听他的建议。他听了我对事实情况的总结和理由，确认我这么做是理智的。

第二天，即 6 月 4 日，货币政策委员会投票决定降低贷款利率，同时决定对当时最为重要的存款利率不另做调整。

彭博社的标题是这样写的，"冰岛无视 IMF，将关键利率下调到了 12%"。

IMF 要求召开紧急会议。他们把代表派到了冰岛央行，就为了表达不满。但是，他们的观点却很难有说服力。他们很难拼凑到什

漫画家哈尔多尔·巴尔德松的讽刺漫画，开车的是IMF驻冰岛办事处负责人弗莱尼克·罗兹瓦多夫斯基（Franek Rozwadowski），后排座位上从右到左分别是冰岛的财政部长斯泰因格里姆尔、总理约翰娜和央行行长。画面上的文字写着："就在后排放松地坐着好了。我们可不想把政策利率降到最低，会干扰到这个异想天开的实验的，伤害无辜的路人怎么办。"

么事实性依据，说明为什么现在市场利率基本被存款利率主导，却不能顺势降低贷款利率。

"永远不要试图教货币政策委员会该怎么做。"我补充说。

从那时起，IMF再也没有发表过公开声明。

大家都注意到了这场拉锯战。几周前团队出去喝酒，在场的一半人都想把我送回山上去；或者比这更糟。幸运的是，另一半人开始为我辩护了。

不过到了星期五，所有人都很喜欢我了。

冰岛人也不喜欢由外人来告诉他们该怎么做。

IMF 认为降低到 12% 有些激进，但是有些人却觉得不够。跷跷板上标着"12% 的政策利率"的字样，图中文字的大意为，"这个恶棍不会让我们再往下降了"。冰岛总理、冰岛雇主协会和冰岛工会的负责人挂在秋千上，而最大政党独立党的发言人已经摔在了地上，前任央行行长在后面荡秋千。

我们经常感觉到，IMF 的要求越来越高。我们每次都觉得很自信可以达到 IMF 的贷款要求，但每次 IMF 都会增加一些新的条件或收紧要求。虽然没有确切的证据，但我怀疑一次次的提高标准是为了给 IMF 争取时间。因为冰储银行的纠纷，意味着 IMF 派来的项目团队很难获得 IMF 的内部批准或者得到必要的财务担保。

而且，考虑到可能会引起的争议，IMF 不想把延误归咎于英国、荷兰或北欧国家。因此，IMF 的团队只能选择不断提高要求，让冰岛难以达成。

然而，就像在健身房一样，如果你不断给杠铃增加重量，最后要么直接垮掉，要么变得更强。

冰岛就是后者。IMF 提出了最为严格的要求，冰岛也完成了。很快，冰岛甚至远远超过了 IMF 的最高要求。

尽管有争执，但是 IMF 的支持非常重要。IMF 救援计划负责人马克·弗拉纳根（Mark Flanagan）、IMF 驻冰岛办事处主任弗莱尼克·罗兹瓦多夫斯基以及他们的团队成员能力出众、非常敬业，并且积极支持冰岛。在其他人都在猜测的时候，他们找到数据来支持讨论。很多时候，冰岛人只看两页的备忘录就够了，但 IMF 的同事则会搭建一个完整的模型。

不过，有时候我确实感到 IMF 被自己的模型捆住了手脚。也许因为我自己在政府部门工作了 10 年，又在企业里工作了 13 年，所以我总是觉得还能更好地利用"双方的优点"。就像冰岛使用的工具一样，市场机制往往是最有效的。

因为 IMF 的存在，很多外部投资人也更有信心了。IMF 的分析增加了可信度，他们的专业经验全面而丰富。冰岛央行证明了自己的行动符合 IMF 的计划方案和政策要求，所以即使是备受挫折的银行高管和债权人也无法批评我们。

然而，IMF 的方案有一点自相矛盾。危机时，IMF 注资给冰岛，不过也因此成了债权人。IMF 的钱可能有帮助，但是，帮助更大的是 IMF 救援计划中的内容。

不是所有提高偿付能力的措施对国家都是有利的。IMF 经常要求实行更严格的财政紧缩和节约措施，可能会导致国家无法聚焦投资和经济增长，损害经济发展。

但很多时候，利益是一致的，特别是与希望国家买单的私营和公共部门债权人打交道的时候。

冰岛利用了这种支持，并将其运用到了极致。在与债权人的斗争中，IMF 日益成为冰岛最强大的盟友。很矛盾，毕竟当时 IMF 的贷款已经完全偿付了。

穆里洛说："在与私营部门债权人开会的时候，我们都很有礼貌，态度也很积极，但我们不会直接出手帮他们。"

一个被滥用的珍贵礼物

一位资深银行高管说："德国一些地区性银行深陷冰岛危机，没什么大惊小怪的。"

"德国银行里的储户存款可太多了。它们可都是在享受隐性的政府担保。这钱总得用在什么地方吧。"

举例来说，起诉我们的 27 家银行中有 15 家是德国的。

随着欧元区的建立，发生了三件事。

第一，市场期待更德国化的货币政策，要求注重财政节约和限制通货膨胀。但是通货膨胀减缓，利率也下降了。为了寻求收益，欧洲投资者不得不将目光投向其他高利率的国家，比如冰岛。跟着德国银行的脚步，那些追求收益的投资者都进入了冰岛市场。

第二，欧元区那些曾经实行高利率的国家，尤其是希腊、意大利、葡萄牙和西班牙，都从低利率国家得到了宝贵的礼物：现在这些国家的利率降下来了。这样一来，投资者投资高利率国家的机会又消失了。

市场认为，德国利率将成为新的参考利率，也就是说所有投资者都会加入一个低利率的新世界。贬值的风险已经消失了，大家都觉得国家违约的可能性为零。现在，所有欧元区国家都可以自由地以低利率贷款。它们也这样做了。

与冰岛一样，低借贷成本带来了消费、房地产投资和国家项目的繁荣。

第三，还有一件事儿值得庆贺，但是朝着错误方向推进了。柏林墙倒了。而当所有人都在庆祝的时候，政治家就应该警醒公众。

他们应该说："很好，但这是有代价的。"

"民主德国的每个人都必须明白，他们持有的货币会贬值。联邦德国人要明白，他们要承担更高的赋税。因为建设民主德国需要资金。"

遗憾的是，最后政客们的结论却是："很好，而且没有任何成本。民主德国和联邦德国的货币单位应该价值相等，而且纳税水平应该保持不变。"

有的时候，真的应该让经济学家去破坏庆祝派对。

因为民主德国和联邦德国没有隔离，很快失业率高企。民主德国回归造成了财政赤字。此前欧盟对一国可以承担的赤字规模已经设定了限制。但现在，德国的政治家试图偷偷摸摸地绕过这些规则，要求欧盟对德国的情况进行豁免。这也印证了一个古老的偏见——如果连德国人都开始偷偷摸摸了，法国、希腊、意大利、葡萄牙和西班牙就会更加肆无忌惮地藐视这些规则。

即使是在经济繁荣的年份，所有这些国家的财政也会出现赤字，而部分国家的赤字水平超过了欧盟的规定。

这些国家的经济发展逐渐疲弱，债务水平增长（见图3-8）。但是与冰岛的情况相反的是，债务基本都是国债。结果礼物变成了诅咒。

当时的一位评级分析师说："债务评级从来都不是聚会上的好话题。"

"我们把法国的评级调低了。

"在我到酒吧之前，大家就都知道了。

"这很艰难。我对 50 个国家进行了评级,有一些国家很有敌意,在冰岛却不是这样。"

葡萄牙的国有企业以及国家债务水平都在上升。意大利提高了国债和公司债水平。对于希腊,国家是主要的借款人,债务总额不仅超过了国内其他部门,也超过了其他欧盟国家。

意大利和希腊的部分国家贷款转移给了私营企业,其中部分是以贷款的形式,部分以国家贷款代替税收,部分是政府在不可持续的社会计划上过度支出。不幸的是,承担敞口和风险的是国家。

敞口最大的是希腊,然后是葡萄牙和西班牙,最后是意大利,这些国家都在通过向外国借款支持过度消费。希腊的国际贸易处于逆差状态,经常项目赤字几乎达到了冰岛的水平。希腊为了降低赤字水平,向国际债权人发行国债。

那些想给自己的草率行为找局外人替罪的政客,可以直接指责德国人和那些鲁莽的银行高管。

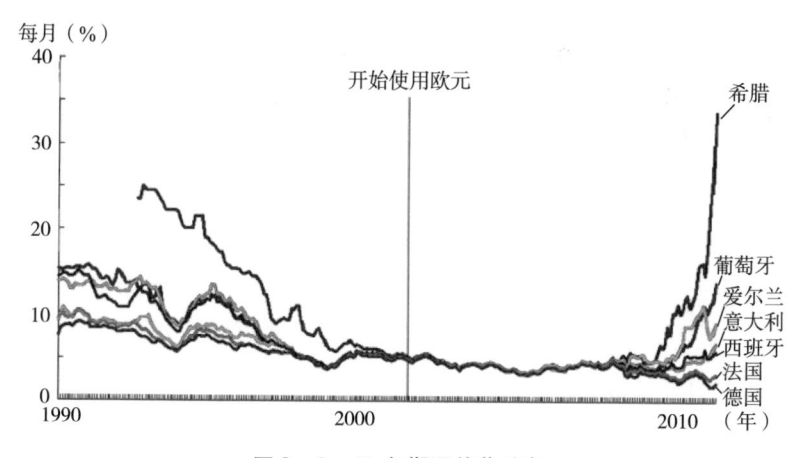

图 3-8 10 年期国债收益率

躲在车里，坐货梯上楼

2009 年 8 月，马尔·古德蒙森被任命为冰岛央行的常任行长。他成功指导了冰岛央行度过漫长的复苏期。

冰岛央行办公室主任乔恩·西古格尔森说："现在我报仇了。"他组织了我在央行的离任派对。还请来了一位特别有名的歌手，吩咐她只能唱冰岛的爱国歌曲。其中一首是《梦之国》(*Draumalandið*)。

派对后的第二天，我醒来以后失业了。

而且，在我短暂的任期内，伊恩·戴维斯辞去了他在麦肯锡董事总经理的职位。我现在是一个"圈外人"。

如果我重新加入麦肯锡，就需要"直接选拔"为高级合伙人。没有捷径，需要完成的流程非常多，光面试就要 20 多场。还要请之前在冰岛工作的同事和领导出面，来评估我在冰岛工作的表现。

我请了斯泰因格里姆尔帮我证明，他很高兴地答应了。好在他在帮我证明之前也没有问我："怎么还需要这样的程序？你在那里工作了 15 年了，他们应该了解你呀。"

我请来的第二个人是 IMF 计划负责人马克·弗拉纳根。

他说，因为我的工作，冰岛在所有重大事项上，都取得了进展。

"冰岛也兑现了承诺。对于分歧点，双方态度清晰，并制订了解决方案。

"对于 IMF 计划，很多参与国一直说，'好的，好的和好的'，但是没有任何行动。冰岛从来没有这种情况。"

2009 年 9 月中旬，我重新加入了麦肯锡。

一个月后，我接到挪威首相办公室的电话，希望能见一面。他们派出一辆车来接我，车窗上贴着深色防窥膜。车子一路把我带到了首相办公室所在的大厦。当时媒体都在关注新一届政府班子候选人，所以为了不让记者拍到，工作人员偷偷把我带到了大厦地下室的货运电梯。首相延斯·斯托尔滕贝格邀请我担任挪威财政大臣。

但是这次我拒绝了。这个岗位的挑战与冰岛央行行长的不可同日而语。

我答应他永远不会对外提及，但后来延斯却写在了自己的回忆录里。①

2009年8月5日，卸任署理行长前，我召开了一场新闻发布会，提出了未来资金管制战略。

在场的一位记者感到很失望，他问："你们开发布会的意义是什么呢？"他觉得这个战略的计划十分模糊，也没有确定的日期。当然了，这个计划很无聊，但是符合预期。"一场毫无意义的会议。"其中一家报纸这样写道。

我灵光乍现，引用了时任英国央行货币政策委员会主席默文·金的一句话，"成功的货币政策应该就是无聊的……成功的中央银行家既不应该被视为英雄，也不应该被视为恶棍，而只是作为合格的裁判员，让比赛顺利进行，避免镁光灯的关注"。

然后我补充说："坦率地说，如果在央行以后的新闻发布会还能再次无聊起来，那就太好了。毕竟好多年都没有无聊过了。"

当晚的冰岛国家新闻播放了这段话。

托尔看到时，应该是点了点头。

---

① 可详见延斯·斯托尔滕贝格《我的故事》（*Min historie*）一书。

第三章　浩劫与废墟

第四章
重建

IN THE COMBAT ZONE OF FINANCE

我将假装我是你的朋友

2007年春,没有人关心政治家。银行和私营部门承载着希望和梦想。2008年11月,所有人都满怀希望和期待地看向政治家。整个世界弥漫着巨大的焦虑,走在街上都有人过来跟我们拥抱。到了2009年1月,所有人都讨厌我们。

——冰岛议员在采访中说

每周六都有人聚集在冰岛阿尔庭议会大楼前参加抗议活动,而2010年10月抗议者人数达到了顶峰。当时失业率高涨,经济没有任何增长的迹象。企业和家庭深陷债务危机。

SIC说,冰岛前总理、财政部长、商务部长、危机前的三任央行行长和冰岛金融监管局总干事都有失职行为。

2010年9月28日,议会决定驳回对各位部长的指控。然而,却以33比30的投票结果,通过了对总理的指控。认定对总理的指控中有一项罪名成立——没有召开政府会议。显然,这是件小事。但实质上,冰岛衰落的主要原因是缺乏适当的程序、计划和系统。

托尔讽刺说:"银行用了那么多互换贷款情书,我把钱借给你,你把钱借给我。现在又来了一个政治版本的,我投票释放你,你再投票释放我。"

所有人都脱身了,只有总理受到指控,而许多人错误地以为总理的罪名很小,甚至连银行行长也被释放了。也许是因为大家认为银行行长非常不值得信任,以至于在讨论银行的命运时,都没有邀请这位行长参加会议。

和其他大多数冰岛人一样,托尔读到 SIC 的报告时,十分震惊。关于银行不法行为的传闻,他也有所耳闻。但是,他从不相信会如此系统化。而且在 10 月危机发生前的几年里,政府应对措施又如此拙劣。

托尔在下个星期六去了雷克雅未克,参加了规模最大的一次抗议活动。

时任冰岛总理说:"一个老朋友去我家探望我。我这位朋友是冰岛最优秀的演员之一,他得过许多奖项。"

"'今天我将假扮成你的朋友,'这位演员说道,'他们不可能派一个业余演员来扮演要求这么高的角色。这个角色非常难演。'

"很多场合,我感觉自己好像是在初春时候跑去了雷克雅未克市中心的池塘,就在池塘的冰块上来回跳跃。我在跳的时候,这些冰块还在继续融化,池塘里的水还很冷。

"每次议会休息,我们都会见面讨论有没有可以加快进展的新措施。"

这场危机,特别是冰储银行的冲突,彻底改变了冰岛公众的舆论。

2009 年 4 月的大选,总理盖尔·哈尔德和央行行长达维兹·奥德松所在的党派大败;而社会民主党,特别是左翼绿党,成为大赢家。

到了2013年4月的选举，民众认为社会民主党和绿党都支持冰储银行和解方案，所以之前大获全胜的两个党派反而输掉了——他们要为现在的困难局面承担责任了。这次大选的赢家是冰储银行强硬派和"债权人应支付家庭债务"的支持者，也就是大选后的新任总理西格蒙杜尔·戴维·贡劳格松和他的进步党。

英国人和荷兰人的行动造成了一个始料未及的结果。

紧张到听不见了

有几个裁决案件的结果对冰岛的复苏至关重要。

银行曾以多种形式出售贷款。有些是以冰岛克朗计价，利率是固定的或者浮动的。有些与通货膨胀率挂钩，同样实行固定利率或浮动利率。有些向企业发放的贷款，则是以外汇计价，并钉住外汇汇率。还有一些贷款的发行货币虽然是冰岛克朗，但是与外汇的利率和汇率挂钩。

受通货膨胀影响，很多以冰岛克朗发行，但是钉住外币的家庭贷款价值飙升。这种贷款已经发行了数十年，又经过了非常彻底的检验，所以即使到了2019年，家庭贷款在冰岛的市场份额也是最高的。随着通货膨胀率下降，家庭贷款也更加有吸引力。

2009—2010年，指数贷款的还款人十分痛苦。然而，由于指数贷款不增加每月的还款额度，而只是延长还款期，所以痛苦多少减缓了一些。

外汇贷款对借款人的打击更大，受到的关注也更多。根据冰岛《消费者保护法》，以冰岛克朗计价的外汇贷款是否合法存在争议。后来案子也起诉了。

2010年7月，最高法院以四票对三票首次判定指数挂钩的贷款产品为非法产品。2010年9月，法院在第二次审判中裁决，指数挂钩贷款应该使用中央银行对非通货膨胀指数的国内贷款利率。在2011年6月的一个案例中，这一原则也首次应用到了公司债。

银行不得不重新计算所有外汇贷款，使用冰岛克朗来重新计算贷款价值。银行的股权价值下降，银行债权人的回收价值也一并下降。虽然许多家庭债务负担减轻了，但还是没有满足公众的期待。

"银行还会跟国家要钱的"，这是穆迪和标普在第一次裁决后的观点。他们降低了冰岛的评级。

在第二次裁决后，风险止住了。贷款转给新银行时，监管机构已经做了减记，这些缓冲资金足以覆盖法院裁决带来的各种影响。

但是不要忘记，高楼上落下的几片瓦砾。

很明显，旧银行和监管机构还有一处失败的地方。雷克雅未克市场出售的大部分贷款结构都是非法的。无论是审计员、监管者还是银行经理，都没有想到这一点。因为指数贷款可以带来收益，客户没有必要去质疑产品是否合法。一旦冰岛克朗崩溃，情况就不再是这样了。

最高法院的下一个裁决更为重要。2011年10月，最高法院裁决了《紧急状态法》的有效性，质疑了存款相对其他债权的优先性。损失需要在所有债权人之间平等分配，这意味着能留给储户的部分就更少了。一旦发生这种情况，冰岛国民银行财团就没有资金支付冰储银行的全部索赔。但几乎可以肯定，如果能够得到支持性的裁决，所有储户对冰岛国民银行的索赔都会得到偿付。

一位法律专家说："我特别紧张，都听不清判决内容了。"

时任部长说："我们都在急诊室里。"

"这一次我们已经准备好了所有的情况。"

"我们一直处于危机准备状态。"

冰岛民间组织"捍卫冰岛"当时的一位关键人物说："人们忘记了，冰岛因为《紧急状态法》承担了巨大的风险。是《紧急状态法》给了所有储户存款以优先权。我们不仅要确保支付欧盟及欧洲经济区所要求的2万欧元，如果《紧急状态法》被裁定为无效，我们还会面临巨大的损失。"

"仅仅因为这个，我们就被英国人和荷兰人打了一顿。"

在经济学家的模型中[①]

金融崩溃之后，整个冰岛经济都踩了刹车。

冰岛人减少了消费，政府开始实行紧缩计划，疲软的地方政府减少了公共消费和投资。2009年和2010年GDP下降了10%。

如图4-1和4-2所示，房价下降了30%~40%，同时房屋销售数量下降了80%。很少有人想在市场底部出售房产，也很少有人买得起。

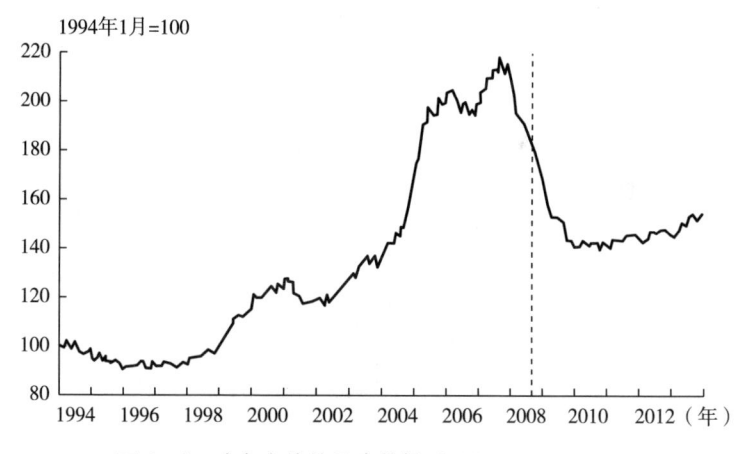

图4-1 冰岛房价的月度数据（1994/1—2014/2）
资料来源：冰岛民事登记处、冰岛统计局、冰岛央行。

---

① 本节中对各阶段的描述是基于冰岛统计局和冰岛央行的《货币公报》中关于2007—2017年GDP数据及各行业的数据。

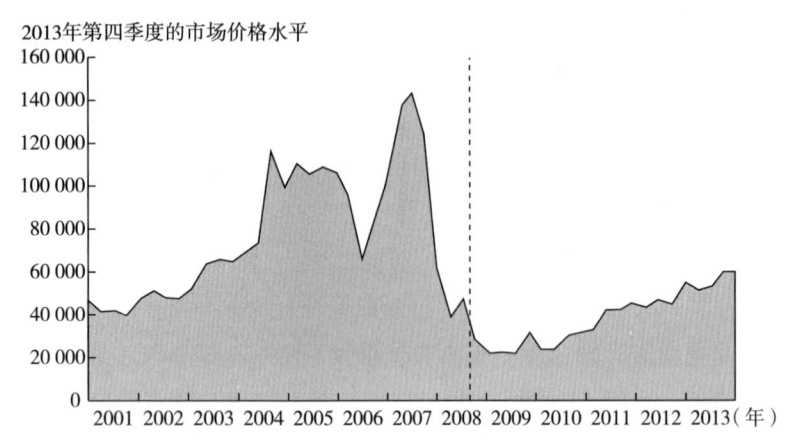

图 4-2　房地产市场营业额（2001 年第二季度到 2013 年第四季度）
资料来源：冰岛民事登记处、冰岛统计局、冰岛央行。

但正如经济模型预测的那样，货币贬值增加了冰岛企业和工人的成本竞争力。较高的进口成本减少了进口耐用消费品和投资品的购买量，这正好迎合了消费者削减开支的紧缩本能。虽然需求下降了一半，但进口也有所减少，这就抵消了需求下降对经济增长的影响。原本主要面向冰岛的汽车制造出口企业和其他出口型企业，则承受了另外一半打击。一言以蔽之，冰岛危机造成的失业率有一半发生在国外，而不是在冰岛本土。

"我毫不怀疑，是冰岛克朗的崩溃扭转了局面。"一位企业主管说。

危机前，基本观点都认为资本流入和银行业的增长可以进一步促进经济增长。

然而，冰岛克朗升值、出口成本增加，以及对劳动力资源的争夺，这些因素的叠加都挤兑了参与国际竞争的冰岛本土企业。金融崩溃之后，冰岛资源重新丰富起来，各项成本也有所下降。

受限制的行业开始出现反弹。国内生产和服务部门在增长，出口导向型行业的增长速度是出口市场的两倍。旅游业也在增长，增长份额占额外增长的一半。另外一半则是依靠铝和其他产品的增长。新建的发电厂和铝制造企业得以全速运营。

这个阶段大约从 2011 年持续到了 2014 年，奠定了经济复苏第二阶段的基础。

金融部门的持续萎缩仍然是经济增长的沉重阻力。但是，财政投入和政府投资的缩减逐渐停止，随后经济呈现了温和的增长。自 1960 年以来，冰岛的储蓄首次超过了投资，国际贸易和国际支付都出现了盈余。

对于托尔来说，挑战很明显。物价上涨了约 40%，但是自己的收入却只上涨了 20%。同时债务水平仍然很高。不过幸运的是，他的银行没有追着他不放。

他得到了一些供应温室蔬菜的订单，很多曾经去西班牙度假的旅客现在也选择在冰岛度假，所以托尔的小旅馆也开始有了客流，甚至有时候还能接待一些外国客人，有些外国游客也喜欢冰岛的冬季。

大自然给了托尔挑战，但是也带给了他维持生活的福气。朝着地平线看去，托尔可以把艾雅法拉火山尽收眼底。2010 年 3 月，火山喷发了；一个月后，火山灰蔓延到整个北欧。

有人觉得，是火山爆发的新奇景观带动了冰岛旅游业的繁荣（见图 4-3）。

的确很有帮助，因为冰岛政府既没有意愿也没有能力采取任何额外的措施来吸引游客或制定增长政策。

2009 年春天，我曾组织邀请了一些企业到冰岛考察。我们想引进一些长期投资者来加速冰岛的经济增长。但是当时，这些公司对来冰岛投资没什么兴趣，政府甚至没有意愿制定吸引投资的政策。

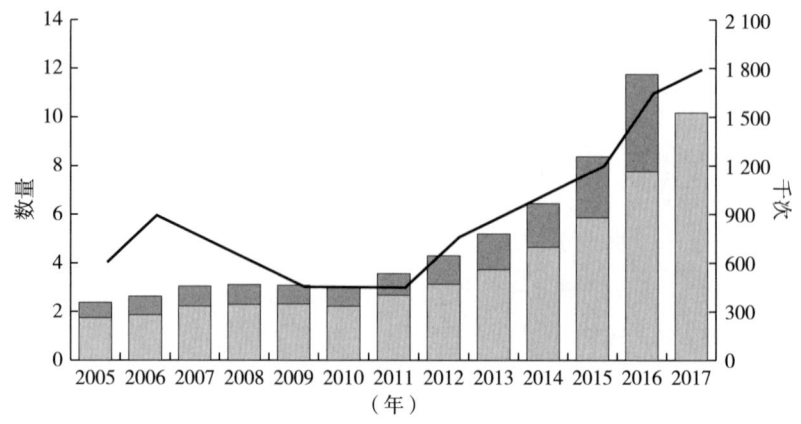

■ 1月至8月经由凯夫拉维克国际机场的国外旅客离港次数（右）
■ 9月至12月经由凯夫拉维克国际机场的国外旅客离港次数（右）
── 全年飞凯夫拉维克国际机场的航线数量（左）

图4-3　每年飞凯夫拉维克国际机场的航线数量和外国旅客离港人次
资料来源：冰岛旅游局。

2005—2008年的超级周期得益于金属和发电行业的巨额投资，但是现在刺激效果已经遗失殆尽了。国际市场也比较疲软。对于是否建设卡拉努朱卡水电站，冰岛民众进行了正反两方激烈的辩论，当时的情景给冰岛人留下了深刻记忆。同时，冰岛的电力公司负债累累，也没有能力再增加投资。

即使是2009年6月的IMF的意向书草案也没有关于如何刺激经济增长的内容。对我来说，这一直是个谜。

冰岛的国内利率是国际可比国家利率的三到四倍。除了少数几家出口企业，冰岛公司无法在国际资本市场获得融资。

有一次，我受邀去访问一个挣扎生存的地方电力公司。金融危机前，这家电力公司可以轻而易举地从比利时的银行拿到30年的长期融资，利率仅为0.5%。现在，无论什么价格都找不到这样的放款人。

很多投资者早期也被蛇咬过，许多人对现在的风险水平不舒服。冰岛的经济系统带有双重汇率和资金管制，同时大多数行业又没有完成重组。对于很多投资者来说，很难适应。

大多数的投资者只是不想花时间理解。

詹姆斯·邦德的时刻

如果你不调查，你就是在制造混乱的罪恶。重要的不仅仅是案件本身。

——特别检察官

法国反腐败先锋伊娃·乔利（Eva Joly）说："如果你走进房间，发现一具尸体，背后插着一把刀，基本就可以认定发生了犯罪。"

"最有可能的是，有事情需要调查。"

1990年，伊娃担任巴黎高等法院的调查法官。不久之后，她就发起了一场反腐运动。她对抗的是法国的国家部长、里昂信贷银行和法国石油巨头埃尔夫·阿基坦公司（Elf Aquitaine）[①]。伊娃曾收到过死亡威胁，但是也没有阻止她继续调查案件，最后伊娃给这些腐败官员定了几十项罪责。

她说："起初，我说冰岛有人犯了经济罪时，许多人很惊讶。2009年年初，我对具体情况还不够了解。但是类似欺诈性会计、可疑的股票购买和资金转移的犯罪总是会露出马脚。"

"政府真切地想了解情况，所以也做好了调查的准备。要记住，愤怒的人民已经换了新一届政府上台。"

SIC的任务是审查政策制定者采取的行动，以及过程中是否存

---

① 2000年与道达尔菲纳合并为道达尔集团。——译者注

在过失。现在，在经过一些摸索之后，冰岛当局也安排了特别行动，提供了专项资金，来调查和起诉"银行家"。

2009年2月，冰岛政府任命奥拉维尔·哈克松（Ólafur Hauksson）为特别检察官，最初接受任命时，他的行动小组只有5名成员。同年3月，政府请来了伊娃。

不久之后，我和伊娃在冰岛央行开会讨论。

我跟她说："央行将为所有调查提供一切可能的支持。"

她回应我道："太好了，我们去查那些大罪犯。"

我说："当然了，不过你指的是？"

她回答道："IMF。"

我听到这样的话有点儿疑惑。后来我明白了她的意思：也应该拿着放大镜查一查IMF，调查它在冰储银行偿付中的作用，以及在私有化冰岛自然资源过程中担任的角色。毕竟购买电厂的股东只能提供一样东西：贷款。

她认为还应该调查一家更大的银行，一家德国的大银行。

我在写作本书时，与现任地区检察官的哈克松见过一次面。那时他的调查员团队坐满了雷克雅未克北侧一栋大楼的二楼所有的办公室，他们的审讯室则在一楼。即使到了2018年，哈克松的会议桌上还是满满地摆着各种文件夹和文件——都是与金融危机相关的仍在调查中的案件。

我当时数了数，发现大约有30个文件夹。

其中一位调查员跟我说："你可以把调查想象成一个矩阵，在一条坐标轴上，按照大小分为大罪犯和小罪犯。在另外一条坐标轴上，按照社会影响程度，分成轻罪和重罪。大多数人会说应该关注右上角，但请记住，即使是阿尔·卡彭（Al Capone）[①]，最后也是

[①] 美国20世纪二三十年代最有影响力的黑帮头目。——译者注

因为税务欺诈被定罪的。"

他继续说："很难，但是定罪就应该难。条件很多，需要有明确的法律依据，需要有明确的违规行为，需要证明违规行为是蓄意的，需要证据。而且法院需要确信无疑，不能有一丝怀疑。"

哈克松检察官说："公众通常都会聚焦到公司管理层。"

如果看正式流程，则董事会貌似承担了更多的责任，但他们很少对具体事务进行决策。股东就更少了，除非股东操纵着公司高层。

巧合的是，正如庭审案件一样，他收集到的证据也装满了30多个蓝灰色的文件夹。

到了2012年，这位特别检察官已经有了110名团队成员，同时在调查140个案件。

"为此，冰岛值得称赞。"伊娃评价道。

她团队里的一位国际专家跟我解释说："一项重大调查通常需要1 500~9 000个工时。冰岛逐渐增加了资源配置，包括配备了很多名能力出众的调查员。

"初期，需要搭建的是调查结构和方法论，这样后期调查工作才能覆盖整个犯罪矩阵。这是非常重要的，我们不能只用判决的数量来衡量影响。

"经验告诉我们，如果资源有限，快速定罪的压力很大，所以调查的重点往往会聚焦小罪犯的轻罪。

"SIC完成得很好，他们帮助澄清了所发生的事情，几乎可以说是真相委员会。你需要把SIC的报告和调查的结果放在一起，才能看到全貌。

"我们的经验表明，像我们这样的团队可以产生影响。"

"最初是有一些谣言。"

各银行的决议委员会提供了一些证据。到现在，冰岛金融监管

第四章　重建

局理事会也在加大压力。财团被告知如果他们不报告错误行为，可能会被追究责任。

甚至对于我，任职冰岛央行行长时，也收到了举报文件。文件装在厚厚的棕色信封里，都是匿名的。我把这些文件转交给了负责的部门。

从1984年以来，特别检察官的国际顾问让－米歇尔·马特就一直从事破产、诉讼和调查工作。他也参与了法国埃尔夫·阿基坦公司腐败案的调查。"这个案子非常大，"他说，"各处流动的欧元数以亿计。"

"我们在冰岛看到的是可以识别的规律，"马特说，"过了一周，我说，'我估计八九不离十了。'而且，是的，90%正是如此。也许冰岛的情况更复杂一些。接近于犯罪的交易数量可能比我预期的还多。"

"很多事情不是非黑即白的，"马特说，"首先，银行高管的决定很可能仅仅是擦边。但是，在某个时间点，情况可能会恶化，由此就需要掩盖真相。然后，唯一需要的就是再往前跨一步。"

政治家并没有让调查员的日子轻松一点儿。资源开始增加的时间很晚，但是早早地就开始减少。从2012年年底的110人减少到2013年9月的70人，再到2014年9月的50人。

特别检察官说："可以申请缓刑的时间也提前了。我觉得这个时机很奇怪。"

很多与违反资本管制有关的犯罪案件都被驳回了。2008年秋天，冰岛央行起草了一份法规草案，草案也送到了冰岛商务部。而商务部以电子邮件的形式提出了自己的意见。但从形式上看，这些细则没有签订，因此是无效的！

有人说："船到桥头自然直的做法现在仍然存在，冰岛人的期望就是，最终一切都会自行解决。"

"经济调查需要的步骤往往是类似的,"伊娃说,"跟踪钱的踪迹,去现场搜查,审查银行报表。"

她说:"所有的调查都必须从冰岛开始,只有先在国内立案,才能上诉到国际法庭。"

"我们的确得到了强有力的国际支持,"一位特别检察官说,"卢森堡的司法机构也投入了很多资源,允许我们进入搜查现场,以前只有麦道夫诈骗案①才允许这样做。"

我问这位特别检察官,有没有经历过詹姆斯·邦德的时刻,他说:"也许那时就是了。"

"毕竟其他的日子都是成堆的文件、电子邮件和录音。"

全额价值时买入,价值仅剩 1/4 时却不入场

在资产估值达到峰值的时候,是谁做的决定要进入市场?

很明显,是所有人。这就是资产价格上涨的原因。

当资产价格回落了 3/4,而且保证回报率是 18% 时,又是哪些投资者决定要进入市场?

显然,几乎没有人。

至少在冰岛是这样。

危机发生前,有大量的资本流入,主要是通过三大银行。一系列较小的银行、公用事业、市政当局和工业企业也得到了市场融资。

千禧年年初时,股票市场指数为 1 512 点,到了 2007 年 7 月 18 日达到峰值 8 174 点(见图 4-4)。

然后指数开始下跌。在一年内,暴跌了一半以上,下调到了 3 778 点。市场早早地感觉到了不对劲,速度要比政策制定者、评

---

① 涉嫌史上最大庞氏骗局。——译者注

级机构和金融市场监管者快得多。

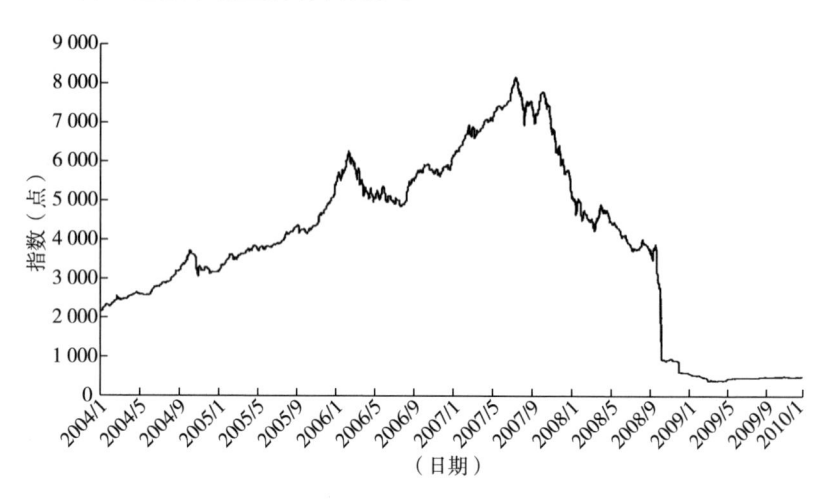

图 4-4　2004—2010 年冰岛全市场指数

然后金融崩溃就来了，指数在 2009 年 4 月 1 日触底，仅为 379 点，是危机前高峰的 4%（见图 4-5）。

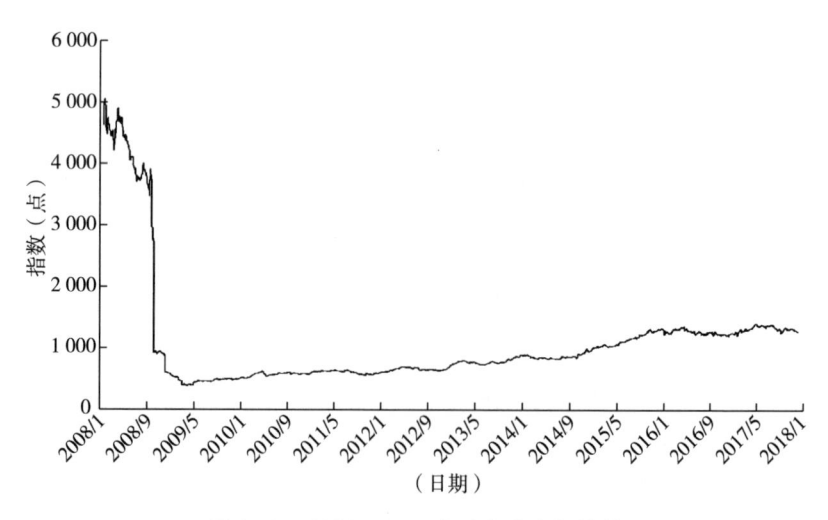

图 4-5　2008—2018 年冰岛全市场指数

到 2009 年年初，大多数投资者已经离开了冰岛这个国家。尽管投入了非常多的资源，也偶有成功案例，但我们想要吸引新资本来冰岛的努力基本上都是徒劳。

更重要的是，冰岛的重组过程是缓慢的，而且往往是不透明的。

老股东试图抓住手里的东西，好慢慢恢复价值。那些控制贷款的银行则因为站得住和站不住脚的理由故意拖慢速度。

此外，许多基金的投资能力受到限制。国际股票市场下跌，基金市场价值也随之缩水，缓冲资金已经不复存在。他们不敢坐着不动，更不敢再增加头寸。在市场探底时，他们最终成了没有对手方的卖家。显然，对于尚在工作年龄的年轻人，这不是为养老金创造长期价值的最佳方式。

不过，有少数国际投资者出现在雷克雅未克，包括一些古老的美国东海岸贵族家族。这些国际投资者认为，美国不断发钞会削弱美元的价值。他们吸取了哈拉尔德三世哈德洛德国王把铜混入银币的教训，所以要在美国之外寻找一个安全的避风港。

国际投资者期望这个避风港是冰岛。

资本市场和债务市场有效地帮助了重组银行，但是冰岛企业能得到的帮助很少。

尽管如此，从 2009 年 4 月的低点开始，所有冰岛上市公司的市值稳步攀升。截至 2018 年 1 月，总市值增长了 3 倍多。以欧元的官方汇率计算，价值上升了 4 倍多。

那些没有耐心的投资者，通过拍卖政府债券退出了冰岛市场，结果错过了 6 倍的回报。

金融危机国家都呈现了一种模式，即在危机前达到顶点后，两年内，股票市场都要触底。中位数则是 7 个季度，这也正好是冰岛从高峰到低谷的时间。危机国家的平均跌幅为 50%。

探底后，两年的平均增幅为 80%。这样看来，如果投资于一个处于复苏期的国家，投资者肯定会从中受益。在危机后5年左右，大多数国家就可以恢复到超越危机前的峰值水平。在10个样本国家中，只有一个国家在8年后仍然低于危机前的峰值，即泰国（见图4-6）。

而冰岛很快就会加入泰国的行列。

2007年3月的金融危机后，很多公司旧股东的股权因违约和重组而灰飞烟灭，这些公司的市值当时占了冰岛全市场的3/4的份额。有趣的是，许多公司的运营状态都很好。但持有这些公司股份的控股公司却因为巨额的债务而步履维艰。

一位当时北欧大型银行的员工说："是的，我们当时考虑去收购冰岛的国有银行——冰岛银行。

"我们的一些客户代表说这是市场需求。冰岛的公司没有得到应有的服务。它们的贷款利率很高，却无法充分利用资本市场资源。

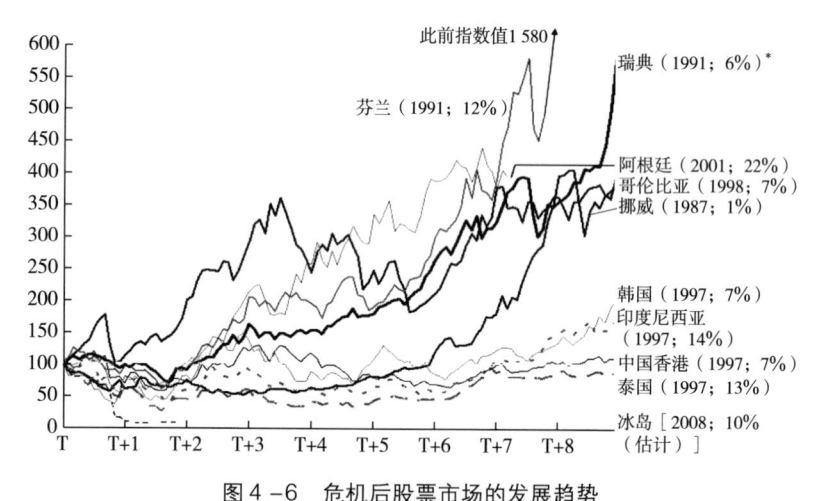

图4-6 危机后股票市场的发展趋势

*国家［危机前年份（T）；人均GDP从高峰到探底］。

资料来源：Datastream；危机前年份数据来自 Reinhart 和 Rogoff（2009），冰岛部分除外。

"我们喜欢冰岛人和我们遇到的公司。我们问 IMF 的人，他认为促进复苏最重要的因素是什么？

"回答就是，你要把银行买下来。"

一位潜在的买家说："我们喜欢这个组织的专业性，但不清楚收购会如何影响我们。"

"是否有一个自然的下一步？我们的风险敞口是多少？经济多样性是否足够？

"我们有点儿受打击，不过仍然保持比较积极的态度。但后来北欧对银行股权比例提出了一系列新的监管要求，我们就转移了注意力。"

有点儿令人惊讶的是，从本书的采访过程我们发现，破产财团从来没有提出过一个能让其他投资者参与收购的真正恰当的好方案。

一位顾问说："破产财团不具备组织出售的条件。而债权人认为，总有个时机让他们能以全价出售新银行。"

而很快就会证明，这又是一个价值 10 亿美元的错误。

银行家进监狱：美国 1，冰岛 25

在雷克雅未克以北 100 千米的一个偏远地区，有一座类似于古老农舍的建筑。它一面朝着严酷的北大西洋，另一面则是覆盖着白雪的岩浆荒地。冰岛的克维亚布里贾（Kvíabryggja）监狱就在这栋建筑里。囚犯被安置在白色的牢房中，每间牢房的面积约为 6 平方米。

一位有亲身经历的前银行家说："这里关押着银行家、逃税者和性犯罪者。"

一位已经刑满释放的前银行家说："许多人都是因吸贩毒而被

判刑。"

"不过，克维亚布里贾监狱也不是个糟糕的地方。"

"在克维亚布里贾监狱服刑不是最伤害我的经历，反而是我被拘留的那一天和从被指控到入狱的那一阶段，才最糟糕。还有我出监狱后，也很糟糕。"

"我接受的教育是成为一名银行家，但现在我再也不能做这样的工作了。"

我跟特别检察官见面时，他告诉我："我们共调查了212个案子。做了筛选后，有35个案子进入了调查程序。其中有25个案子最后上法庭起诉。"

"73人被调查，38人入狱，11人被认定无罪，11个案件现在还在上诉，11个案件由地方法院裁决，还有1个案件撤诉。"

《金融时报》只计算了银行家的数量。他们的研究显示，金融危机后全球有47个银行家被定罪，其中25个都在冰岛。英国一个都没有。西班牙有11个，爱尔兰有7个，塞浦路斯、德国和意大利各有一个。而引发全球危机的国家——美国及其次贷市场，也是只有一个。[①]

那位形单影只的美国银行家因蓄意抬高次级购房贷款的价格而被判入狱。判决时，就连法官也说他的行为是"只是该银行和其他许多银行整体犯罪气氛中的一小部分"。

至此，自大萧条以来美国历史上最大的人为经济灾难仅判罚了一个人——一个曾在二级机构任职的二级银行家。

[①] 入狱银行家的数量源自2018年9月20日《金融时报》发表的文章。该名单是因与金融危机或机构倒闭直接相关的问题而被判处监禁的银行雇员和董事。应该注意的是，在这47个案件中，部分案件的判决可能在上诉时有所调整。有关一位美国银行家及美国储蓄和贷款公司的信息来自《纽约时报》2014年4月30日的一篇文章，该文章是一篇有关美国金融业不法行为的出色的新闻调查。

相比之下，20 世纪 80 年代，有 839 人因美国储蓄和贷款丑闻而被定罪。

2008 年，冰岛克伊普辛银行并不是唯一从卡塔尔获得资金的西方银行。当时的卡塔尔首相向巴克莱银行的一位银行家表示，他准备投资 20 亿英镑。当时总募资额目标是超过 110 亿英镑（约合 136 亿美元）。

但卡塔尔投资者想要的抽佣比例是 3.25%，而其他投资者仅要求 1.5%。

巴克莱银行没有给所有投资者支付同样高的佣金，而是仅安排了向卡塔尔投资者支付 1.75% 的"额外费用"，即 3 500 万英镑的"咨询服务费"。

这个案子在 2019 年 10 月被提交到英国法院。其中一个证据是巴克莱银行的两名银行经理在 2008 年 6 月 18 日的通话录音，其中一位银行经理对另一位说："他是首相啊，所以他收费为我们提供咨询服务有点儿麻烦。"

另一位银行经理评价道："这有点儿不靠谱。你不能以首相的身份服务……"

但首相显然确实得到了这笔钱。

时任特别检察官说："一般来说，最高法院的裁决判罚比地方法院更严格，因为高级法院要从全局出发。"

在监狱里，最大的狱友团是曾经任职于冰岛克伊普辛银行的银行家们。可能因为检察官最为关注曾担任过 CEO 的嫌疑人，所以他们被定罪的比例最高——一共有 5 位。而对于冰岛的三大银行，所有在金融危机时任职的高层管理人员都被指控了，其中两个被定罪，还有一个案件仍在审理中。

交易和债务部门的一级经理和交易员的名字在罪犯名单上也十分扎眼。银行股东倒是没那么显眼。

大多数嫌疑人都被指控涉嫌以贷款融资购买股票并操纵股价。克伊普辛银行、格里特利尔银行和国民银行的高管都卷入了这类案件。

一些案件涉及银行批贷给企业以收购银行股权，让高管亲属和朋友能直接套现持股。冰岛克伊普辛银行的一位高管批准向一家公司贷款5.7亿冰岛克朗，利用公司收购了他本人所持有的股份。

还有案子则涉嫌内幕交易，有明显嫌疑的是正好赶在银行倒闭前出售股份的交易。

同时，也提起了民事诉讼，比如银行直接贷款给股东和股东公司的情况。

2019年6月7日，法国国家检察官在法国对股权释放案提起公诉。要求对冰岛国民银行的6名工作人员判处总计16年监禁，其中要求对银行董事长和最大的联合股东判处5年监禁。从判处结果看，他可能是全球唯一入狱的大银行老板。

当我听到检察官的公诉要求时，我说："这可真不简单啊！"

听到我这么说，伊娃问我："你是指什么？"我回答说："这些银行家的所作所为，毁了数百人的生活，却不用负责。上周有一个年轻人因为抢劫一家咖啡馆，被捕后判以5年监禁。"

"2007年的报告中，对银行的自有资金的评估是错误的。"一位曾经在冰岛金融监管局工作的员工说。他指的是每家银行必须提交的年度报告。这些银行的股票在2007年的下半年已经开始下跌了，也发出了催缴保证金的通知。银行把股票卖给了假买家机构。

"财务报表本应揭示出来。"

然而，两家国际会计巨头，普华永道和毕马威在签署审计后的财务报告时，也没有加入额外的审计师评论。

两个审计所与特别检察官合作，完成了会计和审计工作。在一篇文章①中，他们写道："崩盘的主要原因是冰岛本国因素，以及银行大量购买自己的股票。"

"我们考虑了是否能起诉审计师和评级机构，结果发现相关立法过于薄弱。"特别检察官说。

因此，冰岛的经验更复杂。过度风险承担、疏于职守，以及错误的管理决定，都最终导致了巨大的社会风险和代价。对此提出批评根本不为过。但是，定刑则需要足够的犯罪证据。想要保证金融机构、管理人员、银行股东和政府人员全部谨慎行事、遵纪守法，仅靠犯罪调查是远远不够的。

"通常很难证明发生了什么，"让-米歇尔·马特说，"从我看到的情况来看，这三家银行的松懈和非正规程度与20年前的法国是一样的。

"很多程序都非常不正式，往往很难确定谁做出了哪些决定。

"为什么会给股东批贷呢？是因为管理层根据自己业务的判断决定的，还是因为股东直接或间接要求的？"

我在雷克雅未克酒店的咖啡店里，找了一个安静角落，见了一个很了解克维亚布里贾监狱的银行高管，他说："我在银行遇到的人都没有坏心眼。"我必须保证不透露他的身份，也不写任何会让别人认出来是他在爆料的内容。所有引用的内容都必须反复检查。

"我们只是经验有限，对转机过于乐观，认为信用总是无限的。"他说。

"我们跟美国或英国的银行高管一样，也没有预见到金融崩溃。

"我们想增长规模，评级机构说我们做得很好。每个人都想借给我们钱，我们想走向国际市场。每个人都说我们在做正确的事情。

"我们没有经验吗？是的。

---

① 这里提到的审计师文章是由乔·西尔玛森和史蒂芬·斯瓦森撰写。

第四章 重建

"我们是否犯了错？是的。

"我们是否存在疏忽？是的。

"我们是否有犯罪意图？没有。

"在某种程度上，可以理解为什么一直在重点调查银行和银行高管，但这场金融崩溃当然是系统性的。

"记住，如果这一切都变成了个人的问题，社会什么经验也学不到。现在，大家都后知后觉了。

"但当时，没有人希望我们停下来。"

那是个马戏团[①]

如果你曾有一段时间拥有过养老金，或者生活在一个国家出手救助银行的地方，那么你也可能因为冰岛银行崩溃而损失了金钱。但大多数受损失者永远不会知道。

对于金融危机本身和它的影响，有很多数据。然而，损失最终是谁来承担的，却是个谜团。简单的答案是，"股东"和"债权人"，其中一些人买了银行债券，一些人向银行提供了贷款。

难的是，如何找到承担损失的个人。

公司和银行的持股情况通常是公开信息。股票市场受到严格监管，公司需要公开股权信息，或者上报给公共登记处。我们可以从公司价值的变化，推导出谁从中受益、谁有所损失。

当需要新的股本时，就能知道谁是关键利益攸关人。要么出于自愿，要么迫于压力，这些人会登记增发新股。

如果他们不登记，公司可以发行新股。老股东的持股比例被稀释，只能选择注入资金或被边缘化。残酷的选择，甚至是不公平

[①] 欧盟救市费用的数据来自欧洲央行 2015 年 4 月的统计文件系列第 7 号。

的，但可以有效支持公司的生存。

但是当公司或国家陷入困境时，最重要的往往是债务持有量。如果国家、公司面临风险，债权人才是最关键的。债务种类很多，如公司间拆借、凭证或债券。对于这类工具，所有权的信息很难找到，也很少进行公共登记。

金融市场有很多特殊的地方，而股权和债务的公开信息之间的差异就是其中之一。

同时，在冰岛的银行重组中，债权人最为关键，因为2008年10月的第一个周末，股权价值已经跌到可以忽略不计的程度了。

很多债务持有人都说德语，其中以巴伐利亚银行的债权人最多。2009年10月底，它成为第一家要求政府提供支持的德国银行。令许多人惊讶的是，德国银行获得的救助总额约为2 500亿欧元，比任何其他欧洲央行成员国都要多。

很久之后，法国-比利时银行德克夏银行（Dexia）才得到政府救助，把自己陷入困境归咎于雷曼兄弟、冰岛银行和华盛顿互惠银行。

在冰岛央行工作时，一位优雅的女士向我介绍说，她是冰岛债务重组部门总监。

我有点疑惑，一家德国银行怎么会设置一个专门处理冰岛债务的长期职位。

她显然更了解情况。

一位受访者说："危机前，一家美国资产管理基金持有的风险敞口规模最大，超过了20亿美元。"不过，该基金的名字至今仍未公开。

2012年5月的债权人名单显示，一家冰岛养老基金所持有的资产中，近7%都是违约银行的债券。另外一家养老基金持有了将近10%。

即使危机后，已经有很多投资者抛售了持仓，但这份名单里，还有190多家养老金、人寿保险和健康保险基金。总共超过10亿欧元。

我查看了排在前100位的债权人。德国、英国、美国和日本的债权人名字都很显眼。基本没有北欧的债权人的名字，最多仅有两三个。

所有人都能从银行和评级机构获得相同的数据。

但北欧的银行和投资者已经看到了这三家银行在北欧市场的运作方式——以远远高于其他银行的价格购买资产。

他们也看到了冰岛经济和银行的增长率，这通常与后来的泡沫破裂关联在一起。北欧国家决定限制所持有的冰岛风险敞口。有人说是出于羡慕，也有人说是出于经验。

有些人说，现在的北欧银行并不了解新的维京模式的银行业务。但是，通常来讲，如果讨论新经济或新模式，是有理由保持谨慎的。大多数情况下，新经济和新模式都以灾难而告终。

正如2000年前后，全球互联网行业繁荣，科技公司的资产价值暴涨。有人说，世界经济再也不会衰退或者遭遇生产力危机。

紧接着，互联网经济就崩溃了。

正如2006—2007年的经济繁荣，当时预计中国和其他市场的需求将推动未来几十年经济增长。

结果接着就崩溃了。

就像在冰岛。正如2019年，许多人预计名义利率会永远保持为零。

冰岛违约后卖出的头寸被其他投资者接手。其中很多投资者就住在美国对冲基金的中心——波士顿，都是非常专业的投资人。

如果投资标的中包括股票、债券、房地产和另类资产，那么基金就可以被称为对冲基金。基本上，对冲基金的投资范围涵盖了所有类型的投资，投资决策只受内部投资指引和投资策略的约束。比如购买违约公司的债券也在范围内。

有些对冲基金管理养老基金等客户的资产。是的，可能也包括冰岛人的养老金。一些冰岛养老基金的投资规则确实允许向对冲基金投资。

2008年年底，宝珀基金（Baupost）最为活跃，它的主要投资人是捐赠基金和慈善机构。耶鲁大学投了近10亿美元，而耶鲁大学的投资委员会高层则是宝珀基金的顾问委员会成员。

美国前50家对冲基金公司中至少有20家投资了冰岛，包括奥奇资本（Och-Ziff）、贝莱德（Blackrock）、索罗斯（Soros）、宝珀基金、戴维森·肯普纳（Davidson Kempner）、约克资本（York）、峡谷资本（Canyon）、伊顿公园资本（Eton Park）、安克拉治资本（Anchorage Capital）、中桥资本（Centerbridge）、GMO基金（Grantham Mayo Van Otterloo）、塔康资本（Taconic）、马拉松资产管理（Marathon）、三点基金（Third Point）、高地基金（Highfields）、鲍尔森基金（Paulson & Co.）、安祖高顿（Angelo Gordon）、法拉龙资本（Farallon Capital）、景街资本（King Street）和堡垒投资（Fortress Investment）。[①]

宝珀基金对冰岛索赔金额最高，总额达到了37亿美元。但是从表面上却很难看出。宝珀基金设立了很多冰岛化名字的皮包公司：辛格维利尔基金（Thingvellir）、居德瀑布合伙公司（Gulfoss）、盖希尔咨询公司（Geysir）、史费拉基金（Silfra）和格林达维克基

---

① 在场的对冲基金名单是基于2012年的索赔者名单、债权人委员会中的基金目录和访谈结果。同时也引用了《冰岛金融危机》一书的内容，其中详细描述和计算了部分基金的头寸。部分基金的头寸情况可见金融新闻机构机构投资者（Institutional Investor）发表于2017年4月的文章《对冲基金如何隐藏》。基金的统计数据源自作者根据《对冲基金杂志》（The Hedge Fund Journal）中的美国前50名基金名单的比较，该名单是基于2011年年底的数据而做出的排名。

金（Grindavik）等。

我在波士顿见了宝珀基金的一位投资经理，他说："我们是在崩溃之后才进入冰岛市场的。我报名参加了黄金游，去了辛格维利尔议会、居德瀑布和盖希尔间歇泉，还去了史费拉裂缝潜水。"

史费拉的水是世界上最清澈的。它慢慢从熔岩穿过去，历经了100年的过滤。

这位投资经理说："我们并不是在试图隐藏，或者要卧底。只是喜欢这些名字。"

在为破产财团提供意见和指导的机构中，主要的债务投资者都有参与。然而，许多投资者也希望进行债务交易。他们希望能够选择每天、每周或每月都可以随时交易。

对于任何可能会让他们成为内部交易人士的信息或者职位，他们都不感兴趣。因为如果被认定为内部人士，他们就不能进行债券交易了。而且，他们不想出名，更喜欢隐藏身份。他们不愿意承担治理责任。很少有人会站出来，维护自己的持仓。他们不能，也不会成为债权人的代言人。

相反，债权人聘请了一支专业队伍，其中有律师、顾问和银行专业人士。但是，专业顾问的日子很难过。债券一直都在交易。债券持有人每个月都不一样，交易策略也不一样。

这是一个马戏团，成员都是超级聪明的专业人士。

随后的几年里，我总是能在最奇怪的地方遇到那些了解冰岛银行债务细节的基金分析师。这些人后来都入狱了。

他们遵守存款和货币市场基金的优先权的规定，遵守非法外币贷款的规定，遵守购房贷款上限为110%的规定，遵守家庭和公司债务重组的决议，也尊重将冰岛银行和克伊普辛银行移交给国家的判决。

总而言之，损失惨重的债权人早早就悄无声息地离开了。新的债权人以低廉的价格进入，而他们仅有有限的参与能力和意愿。从来没有人真正愿意为遭受巨大损失的孤寡人群、老年人或太平洋岛屿的利益而发声。

而战战兢兢的对冲基金也没有做好充足的准备去迎接下一场战斗。

被称赞的人[①]

公司重组的过程不会顺利，而公平往往不是决定因素。对于这一点，可以用冰岛前总统格里姆松的成功案例来说明。

百卡弗食品公司最初仅生产预包装食品。

但是百卡弗发展迅速，很快成为一家控股公司的最大股东，而这家控股公司则是克伊普辛银行的最大股东。百卡弗拥有艾西塔金融公司45%的股份，而艾西塔拥有克伊普辛银行22%的股份。

维基解密曝光了一份长达205页的关于克伊普辛银行的机密文件，文件上有克伊普辛银行的借款人名单，我们来看看能在名单上找到谁。

是的，克伊普辛银行给拥有百卡弗的两兄弟发放了共计18.6亿欧元的贷款，还给艾西塔公司发放了7.91亿欧元的贷款，同时附带了一个说明："大部分贷款无担保、无抵押物。"

基本上，向股东提供的贷款没有抵押要求，也没有限制。

因两兄弟通过艾西塔公司的运作，冰岛最高法院认为其中一人

---

① 本节中关于冰岛克伊普辛银行借款人的信息来自《每日电讯报》2009年8月4日的文章。同时，《每日电讯报》于2015年2月28日和2017年10月10日和11日刊登的文章提供了关于百卡弗的进一步信息。关于百卡弗的信息来自其2014—2018年的年度报告。提到德意志银行的债务重组与美国制药公司沃森集团有关，同时引用了《亿万富翁的破产与再成功》一书。

第四章　重建

有罪，对其判处了 8 个月的监禁。他用 10 亿克朗就撬动了价值 500 亿克朗的艾西塔公司的股份。

艾西塔公司后来倒闭了，百卡弗也难逃倒闭命运。克伊普辛银行承担了巨大的损失。后来谁得到机会买下了百卡弗剩余的股权呢？

是的，还是这两兄弟。

他们成立了一个新公司，用的是不知来源的资金。他们得到了 25% 的股权。该公司承诺向索赔人支付 6 亿欧元。这些索赔人包括冰岛的一家银行，也就是继承了克伊普辛银行的阿里昂银行，以及六七家冰岛养老基金公司。

由于巨大的债务负担，新公司也在挣扎。新公司的价值很低，唯一略有价值的是子公司的股权，而这些子公司也是债务缠身。子公司创造了"毒丸计划"。有些子公司在申请银行贷款的时候，给了银行偿还要求的权利——如果指定的某位公司高管不再担任管理职责，则银行有权要求公司偿还贷款。

而其中所谓指定的高管就是这两兄弟。

两兄弟随后与最早进入冰岛银行的对冲基金合作，成为债权人，而这个对冲基金也是第一批退出冰岛市场的。据说带走了近 10 亿美元的利润。这就是宝珀基金，就是耶鲁大学委托了近 10 亿美元的那个对冲基金。

2016 年 1 月，阿里昂银行和众多冰岛养老基金以 1.63 亿英镑的价格被收购，而后重组为一家新公司百卡控股有限公司（Bakk AL Holdings Ltd），持有百卡弗 89% 的股份。

那么谁是百卡控股有限公司的控股股东？

是的，还是这两兄弟。

最后，百卡弗在 2017 年二次上市。这次是在伦敦。两兄弟的持仓价值立刻翻了三倍。

两兄弟是两个最大的股东，现在各拥有 25.1% 的股份。

一般情况下，银行和承诺提供新资本或减记债务的合作伙伴，会要求此前公司的高管和股东在重组后的公司担任相应职位。还有一些情况，他们会要求解聘先前的股东和管理者，但是补偿给他们股份和期权。

我每次听到冰岛的故事时，都会很生气。"如果媒体知道这些内幕就好了"，我经常会这样想。许多全球领先的百年品牌都在冰岛有特许加盟经营公司。一些加盟商承担了大量的债务，但是贷款原因却不一定都合理。现在，一些品牌威胁说，除非银行冲销债权，否则它们就要取消特许经营合同。市场上的人不得不挣扎着偿还债务。其他一些人情况可能稍好一些。

这就解释了旧银行股东如何把数百万的债务变成了数百万、数十亿的财富，而其他人却在受苦。

德意志银行自然提出了最高额度的债务减计。受益人是危机前冰岛国民银行最大个人股东。得益于德意志银行的帮助，他解除了大量的债务和个人担保，无须偿还，还获得了额外的期权和激励，现在再次成为冰岛最富有的人。

在《星期日泰晤士报》2018 年"英国 200 位最富有的人"名单中，只有另外两名冰岛人与他并列。

而这两个人，自然还是那两兄弟。

是的，冰岛经济可以增长

讲述全球金融危机的电影《监守自盗》的开场戏是在雷克雅未克拍摄的。导演选择了位于新建的霍弗托尔塔写字楼里的空闲办公室作为拍摄地点。

这座大厦旁边就是历史悠久的霍弗别墅。在这里，冰岛与外界建立了第一次无线电通信，把信号传到了英国。在这里，1986 年，时任美国总统里根和苏联最后一任总书记戈尔巴乔夫会面，双方谈判签署了《中程核力量条约》，结束了美苏冷战。大厦另外一边是克伊普辛银行装潢时尚的旧总部大厦。

2012 年 11 月，冰岛仍然陷于与英国的冷战，克伊普辛银行已经完成了重组，设立了新银行为阿里昂银行，而大厦的顶层仍然闲置着。

这似乎是展示麦肯锡无偿提供的报告《为冰岛绘制增长之路》的最佳地点，我也为报告的撰写提供了帮助。

报告中警示，冰岛有可能继续处于长期资金管制、高昂的资金成本、低投资和低经济增长率的恶性循环中。

报告中说："打破恶性循环的第一步是商定促进实际经济增长的可信赖的议程。"

报告发现，冰岛的人均 GDP 较高，主要是由于劳动力参与水平高，以及劳动力工作时间长。这就掩盖了大多数行业的生产力问题。有两个问题尤为突出：国内服务行业生产力水平低，能源行业的资本运用效率低。

报告说，冰岛国内服务行业贡献了 65% 的 GDP，但是雇用了 70% 的劳动力。因此，提高服务业的生产力可以将劳动力资源投放到价值更高的工作中。

下一步，冰岛的自然资源行业需要挖掘更多价值。

此外，报告指出，还应通过升级、增加"智能"风险资本和创造一个具有全球竞争力的商业环境来推动冰岛国际贸易行业的发展。

报告认为，推动冰岛外部平衡需要国际贸易行业发挥关键作用，而在此之前，需要先提升冰岛国内市场服务行业效率。

报告说，渔业具有较高的劳动参与率和资本生产率，而提高生产力需要健全的监管和竞争环境。然而，依靠规模有限的野生渔业资源，则会限制增长。

如果提升养殖产业和海产品的品牌价值，仍然有机会能实现价值增长。报告中进一步分析，在保护野生鲑鱼繁殖水源的情况下，水产养殖产量每年可达到 7 万吨。考虑到冰岛的人口规模，7 万吨的产量已经超过了挪威，而挪威的养殖渔业出口量仅次于石油和天然气。

冰岛电力工业发达，为出口导向的大型重工业创造了条件。报告指出，冰岛 25%～30% 的资本存量直接或间接投资到了能源行业。此外，如果可以统筹考量环境因素，那么冰岛的发展计划和项目都有进一步促进增长的潜力。

即使截至 2012 年，冰岛的旅游业也有大幅增长。那时，旅游业占劳动力的 5%，占出口总量的近 20%。

报告中说："作为短期到中期的调节手段，旅游业在维持就业和加强贸易平衡方面发挥着重要的作用。"

"然而，由于旅游业对劳动力的需求相对较低和资本效率较低，利益相关者应聚焦推动价值以及规模增长。例如，增加资本投入、调节季节浮动和吸引更多的高收入游客。"

报告中还指出："我们还强调冰岛的利益相关者要对冰岛的增长潜力和雄心，以及实现目标的战略方针和经济政策，达成一致意见。"

这里有一些好消息。报告发布后，大厦顶层的游客就开始络绎不绝。顶层可是酒店套房，这也说明了冰岛旅游业在恢复增长。下一层是律师事务所。

旅游业和法律服务也是冰岛危机后得以增长的两个产业。

而且，是的，雷克雅未克和冰岛是独一无二的。在 2009 年 6 月的斗争中，美国广播公司 CBS 的顶级新闻节目《60 分钟》派了一个摄制组到冰岛。周五早上，我在办公室接受了他们的采访。我在采访中描述了冰岛面临的挑战、痛苦和挣扎，也解释了冰岛的计划和抱负。

漫长的一周工作日结束后，我和同事周五下班之后去了雷克雅未克老城风景如画的窄街洛佳维德（Laugavegur）吃饭。它可能是世界上唯一一条位于首都，而名字意思是"洗涤之路"的主街道了。从古时候起，这条街就是通往劳加达鲁尔温泉（Laugardalur）的主要路线，妇女在这里浣洗衣物。冰岛有一条景观奇妙的徒步旅行路线，同样以劳加达鲁尔命名。这条路线一共约长 55 千米，从兰德曼瑙尔温泉（Landmannalaugar）一直蔓延到索斯莫克（Þórsmörk）的冰川谷。

晚餐后，我们去窄街转了转，街上挤满了人。当时刚过午夜。太阳还没有落下。天空清澈无比，映照出微微蓝光。

是被午夜的阳光点亮的。

CBS 摄制团队也在街上，他们当时在那里拍摄外景。他们认出了我这个行长，问我能不能接受一个午夜采访。我想，这不是采访的最佳地点和时间，于是拒绝了他们的要求。

CBS 的记者说："我们绝对不会见到美联储的主席本·伯南克（Ben Bernanke）会在凌晨去满是人群的主街上散步。"

她继续说："即使深陷危机，雷克雅未克也肯定赢过了纽约。"

你建仓了错误的货币，我的朋友

三家倒闭银行的破产财团主要持有三类资产。

一类是国际贷款组合。三家银行的业务范围已经超出了冰岛，它们有 2/3 的贷款发放给了总部在冰岛境外的外国公司。

一位债权人委员会成员说："三大银行几乎给所有国家都发放

过贷款。甚至连马其顿的葡萄园都拿到过冰岛的贷款。"

因此，有希望收回大部分价值。而且，随着国际市场逐渐恢复，还款回收过程耗时漫长，反而部分头寸的价值随之升高。这些头寸大多是外汇。

第二类资产是财团持有的"新"银行股权，即财团在阿里昂银行和冰岛银行的股份。

对于这类资产，随着冰岛经济复苏，股权的会计价值也在增长，甚至超过了最初的保守估计。新银行的资产价值和主营业务收入都以冰岛克朗计算。然而，对于外国债权人或新建仓的外国投资人，他们很可能希望将股息转换成外汇。总之，银行的所有外国股权都是会影响克朗的风险。

第三类资产则是卢森堡央行提供给冰岛央行的SPV——哈夫公司和赫尔特公司。

危机前，冰岛格里特利尔银行将这些结构拆分，并抵押给了卢森堡央行。不知为何，哈夫公司和赫尔特公司的注册地是爱尔兰。因此，哈夫公司和赫尔特公司以"外国"资产的形式存放在旧银行。然而，人们逐渐发现，其中主要是对冰岛公司的贷款。

这不是唯一的情况。有些贷款因为被认定为国际贷款，所以放在了旧银行。但是在很多情况下，最后发现实际借款人都是冰岛本国机构。在某些情况下，国际借款人只是一个"空壳公司"。银行倒闭后，才发现真正的债务人是冰岛实体。对于这类情况的债务偿还，无论是冰岛克朗还是外币头寸，都需要用外汇来偿还。

随着投资组合中越来越多的资产变现，现金和权益堆积越来越多。所有这些汇总起来后，就形成了巨大规模的外汇，而且令很多人惊讶的是，也形成了巨额克朗。

克朗规模不断变大，最后冰岛政府判定这种不受管制的货币外流威胁了克朗货币体系和冰岛经济稳定。

一位时任政府官员说："起初，对于如何解除资金管制，政府的动作很少。"

2010年成立了委员会，希望能够制定出解除策略。委员会首次预估结果是有1 500亿冰岛克朗的"债务悬货"。IMF与多家公司启动了对话机制，并获得了最好的数据。

然而，当时IMF并没有考虑旧银行的头寸。在官方统计中，有一组数据是不包括财团资产在内的冰岛克朗货币。这也是政府关注的重点。他们简单地以为旧财团仅持有外汇，所以不会对冰岛经济造成不利的影响。

"下一份报告的发布时间是在2011年3月。现在冰岛克朗总额已经达到了4 600亿。很明显这些银行财团本应持有非冰岛克朗头寸，却实际持有大量的冰岛克朗。"

再一次，引发了市场担心克朗崩溃的恐慌。一场新的危机。如果债权人没有耐心，抛售掉所有的冰岛克朗，把以克朗计算的银行股权价值全部转换成外汇，会发生什么？所有的人都同时逃往一个安全出口？

冰岛政府认为，冰岛外汇影子市场规模很小，将无法应对大规模的克朗外流。

2012年3月，冰岛议会终止了对银行财团的资本管制的豁免资格。在此之前，他们可以把克朗兑换为外汇。

但是新法律颁布后就不可以了（见图4-7）。

有人提议修改立法，以修补资本管制法案中的漏洞。晚间，有消息称也会立法闭锁旧银行的汇兑权利。

一大票律师团马上"入侵"了议会。

"我得到了一个消息。"债权人方的负责人说。

"肯定发生了什么事。"

"收盘后，破产财团全体成员都被要求在冰岛阿尔庭集合。我

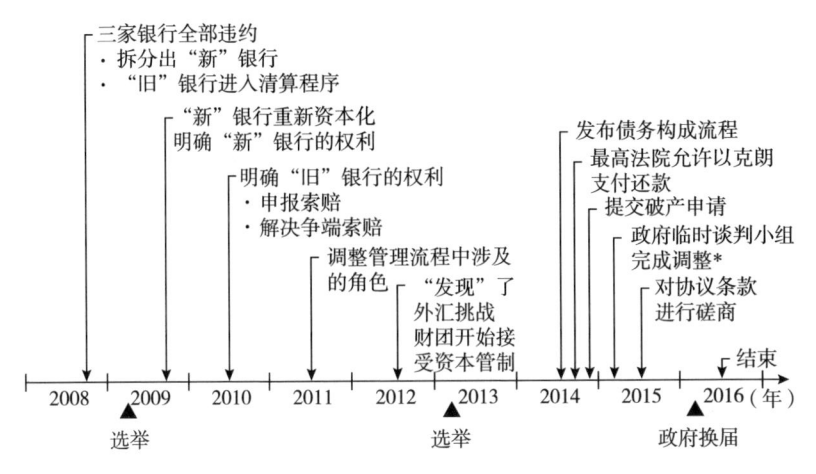

图 4-7　银行清算过程时间线

*最后团队为主席格伦·金，副主席本尼迪克特·吉斯拉森（Benedikt Gíslason）、西格杜尔·汉内松（Sigurdur Hannesson），以及早期阶段成员奥斯吉尔·雷克菲约兹（Ásgeir Reykfjörð）、乔恩·西古格尔森、埃里克·斯瓦森（Eiríkur S. Svavarsson）、英格堡·古巴斯特多蒂尔（Ingibjörg Guðbjartsdóttir）、弗雷·赫尔曼松。

邮箱里有99封电子邮件，都在问我发生了什么事。"

立法得到了最大政党的支持，另外一党弃权，法律得以顺利通过。

最大政党的领导人说："有人曾承诺我们会放松管制，而不是一刀切地采取收紧措施。"

债权人代表说："所有的对冲基金都在喊。"

"我们必须起诉。"他说这是债权人的第一反应。

债权人的钱现在被放在了"错误"的墙的一边。而且，值得注意的是，这些钱不能兑换成外汇，释放给债权人。这些资金都锁定为冰岛克朗。

代表债权人的发言人巴里·拉塞尔说："我们见到了央行行长马尔·古德蒙森。这很重要。跟他见面以后，我们就有东西可以汇报了。情况也稳定了下来。"

第四章　重建

冰岛把资金锁定在了国内，并且全部都是存款。这些资金填满了新银行。按照IMF的说法："除了银行，储户没有什么理财渠道，所以银行的利润非常丰厚。"

通常市场会认为经历重组后，国内市场资金应该处于短缺状态。而对于冰岛，新银行里存款丰富，而且股本比率已经超过了正常水平的三倍。

就连2017年时任冰岛财政部长布亚尼·本尼迪克特松都说："2012年就已经超越了我们现在经济发展的目标。"问题出现了，谁应该从上涨中受益。

布亚尼说："只有把部分上涨作为还款给债权人才是公平的。虽然2012年时我们看到了国际收支风险。"

"但是最初阶段的价值无法估计。然后过了一段时间以后，价值才逐渐增加，并且一直不断增加。"

"我们想，因为这个原因，我们将永远无法取消资金管制。"

烧了绩效收益

对冲基金管理部分自有资金，但主要是管理其他人的资金。

这些钱可能属于养老基金、公司、捐赠基金、国家或富有的个人。基金经理通常收取固定比例的管理费。但是对冲基金收益的最大来源是行业里所谓的"绩效收益"（carry interest）。

例如，如果投资资金价值增长年化超过8%，则可以收取增长部分的1/5。

因此，确认收益的时间很重要。

银行财团持有的大部分资产都是银行国际投资组合产品中的外币资产，特别是冰岛克伊普辛银行。这也是很多对冲基金争抢的资产。

规模最大的基金投资人说:"我们只是想达成交易,拿到钱而已。"

一位债权人代表说:"这真的很讨厌,咄咄逼人。的确,非常有挫败感。"

债权人代表巴里说:"当时只有两个选择,要么完全采取敌对行动,要么按程序办事。"

2012年10月24日,终于提交了一份解决方案纲要。

巴里回忆说:"我们当时在霍尔特酒店吃午饭,看到了媒体报道。整整7页。在我们努力寻找解决方案的时候,有人却建议财团应该拆分,以冰岛克朗分给所有的债权人。当时的资金管制还没有取消。"

"如果是这样,我们将被无限期地困在冰岛。"

对冲基金的人说:"冰岛的一些政客挑起了一场不存在的斗争。"

"冰岛本可以受益于快速解决的方案。"

随着时间的推移,冰岛受制于资金管制和缺乏透明度,而对冲基金管理人则眼睁睁看着绩效收益灰飞烟灭。

对冲基金的人说:"我们看到的最大危险是缺乏参与,问题不在于最后达成的交易,而在于达成交易之前两年半的时间都是在胡闹。"

这胡闹从2012年10月一直持续到了2015年3月,而我们本可以在2012年就达成协议。

"冰岛国家切到了更大的蛋糕份额,但蛋糕没有得到应有的增长。"

但是在这一点上,参与了整个过程的冰岛人不同意。把数算对需要时间,协定冰岛的头寸、杠杆和谈判也需要时间。

一位债权人回忆说:"我们与贸易金融委员会会面了,还见了

第四章 重建

一些满是敌意的政治家。其中一个人还对我的新西装的面料大惊小怪。"

这位政治家代表说:"他这件西装真漂亮。"

整个会议他就说了这么一句话。不过很明显,有了这一句话,其他也就不用说了。

一位债权人代表说:"但我们非常不愿意去扭曲或破坏现在的局面。"

他反问道:"为什么?"

"因为可能会降低债券的交易价值。"

希腊悲剧①

金钱并不能解决赤字问题。钱可以买到的是时间。如果什么都不做,你的情况会更糟。流动性问题只能用流动性的方案解决。赤字不会因为借用更多的债务而消失。如果你债务过多,你需要动起来。最好是在形势好的时候。

——IMF前总裁穆里洛

花光国家或者州政府的钱并不意味着可以驱动实际增长。也许能维持一段时间,但此后,国家就不仅要调整,而且要还债。

冰岛加入欧盟及欧洲经济区后,银行获得了大量的资金,冰岛人也因此获得了资金。南欧政府此前备受限制,加入欧元区后也能放开手脚了。但南欧国家的私营企业和银行的信用度较低,所以国

---

① 本节中对于希腊债务重组的情况,可详见由杰罗明·泽特勒迈耶(Jeromin Zettlemeyer)、克里斯托夫·特雷贝施(Christoph Trebesch)和米图·古拉蒂(Mitu Gulati)于2013年撰写的《希腊债务重组:解剖》一文。《纽约时报》2012年3月2日的一篇文章和《美国法律日报》2012年3月22日的一篇文章都提及了重组参与方。

家变成了资金转移机制。这是一个致命的细微差别。

2004—2009 年，希腊的公共开支上升了近 90%，是税收增长的三倍。

国家赤字恶化，2008 年时占到 GDP 的 10%，2009 年已经上升到了 15%。国家债务与 GDP 的比率从 2008 年的 109% 上升到 2010 年的 146%，直逼 200%。

经常账户赤字一路上涨，从 1999 年不到 GDP 的 5%，到 2008 年和 2009 年的峰值，约为 15%。很显然与财政赤字一样。这不奇怪。这两个国家的资金来源都是依靠国家借贷，而且是跟外国投资人借款。

超额支出已成为增长的动力，资金成本过高，工资上涨。最后导致的结果就是一堆债务。

全球金融危机后，消费者和投资需求疲软，获得新贷款的渠道收紧，国债的利率上升。

财政管理不善和欺瞒事件不断见报，又导致了利率上升，利息支出增加。高盛等银行的主要负责人想出了创新性的产品，好帮助希腊政府隐藏债务。

IMF 前总裁穆里洛负责监督希腊，他说："只需记住一件事，如果你看到问题了，永远都要马上解决，而不是等待。"

他说："2009 年年底，时任希腊财政部长乔治·帕潘德里欧（George Papandreu）给我打电话。那天，希腊的利率比参考利率高出 500 个基点。"

"然后 5 个月过去了。"

"他下一次打电话的时候，息差已经是 1 300 了。那是一个星期四。"

帕潘德里欧在电话里跟穆里洛说："我们需要在周一之前拿到钱。"

作为一个欧元区国家,希腊不可能通过货币贬值来消除高额成本。更重要的是,希腊是外汇债务的持有人。因此,希腊无法像在冰岛一样,通过重组私营企业解决问题。

在冰岛,债务一直是"私对私",私有银行向私有银行放贷。希腊却是"私对公"。欧洲银行和其他机构向希腊政府提供贷款。此后,政府通过公共开支、不充分的税收和政府贷款,将这些钱分散在希腊各行业。

当时的一位顾问说:"最初,借钱给希腊的主要是外国和本国的私营企业主,而欧洲央行则向银行提供流动性。"

"然后,许多债权人卖掉了贷款,有些债权人的卖出价格大约是原始债券价值的70%。"

"可悲的是,希腊的银行、养老基金和保险公司反而在买入。"

他们把债务带回了家。

一位供职希腊银行的顾问说:"危机不是他们的错。银行运营规范,但是依赖国家。现在他们看到了支持政府的机会,支持一个他们依赖的政府,还能赚点钱。而方式就是介入,并购买国债。"

"欧洲央行引诱他们,暗示贷款可以用作抵押物。"

但事情的结果并不是这样的。相反,他们面对的是希腊国家违约的风险,挤兑后,债务减计了大约50%。

接下来,一些熟悉的对冲基金介入,买入了贴现后的政府债务。其中一些基金拒绝就还款问题进行谈判。他们想要全部价值,并被称为"拒付债权人"(Holdout Creditors)。这些人威胁要起诉。那些抗争最久的基金,的确在2012年5月和解时拿到了100%的赔偿。

基金以清仓折扣价抢购了希腊不良债务,现在他们可以拿到全额还款。由希腊的纳税人支付。

冰岛有三家行业知名的基金。路透社提到,其中马拉松资产管理公司、奥奇资本和由瑞士银行业巨头瑞士信贷部分持有的约克资本等基金公司筹集的头寸足以破坏救市协议。

奥奇资本在希腊和冰岛十分活跃，改名为雕塑家资产管理公司（Sculptor Asset Management）后，又开始在非洲积极布局。2016年9月，美国政府称奥奇资本的高管向5个非洲国家的政府官员行贿1亿多美元，以换取自然资源行业的投资机会。奥奇资本向美国司法部支付了4.12亿美元罚款。

在希腊，有两个知名的冰岛律师事务所——宾汉·麦卡勤（Bingham McCutchen）和布朗·鲁德尼克（Brown Rudnick），据说在争取投资者支持上诉而不是和解。

可能只要能强制希腊还钱，所有人都会骄傲。

希腊银行的顾问回忆道："而且欧洲央行处境艰难，更重要的是，即使减计了50%，也没有解决希腊的国债问题。"

欧盟很多国家和公共机构以大约50%的面值买入了希腊的国家债务。

希腊的债务当时是"公对公"，把一切变成了政治。

冰岛央行官员乔恩·西古格尔森说："冰岛是银行倒在了国家身上，希腊则是国家倒在了银行身上。"

2015年，他接到了时任希腊财政部长雅尼斯·瓦鲁法克斯（Yanis Varoufakis）的电话。雅尼斯希望西古格尔森在希腊金融稳定基金（Hellenic Financial Stability Fund）的董事会任职。一直到埃夫克利兹·察卡洛托斯（Euclid Tsakalotos）接任财政部长后，西古格尔森才卸任了董事席位。现在，他可以把银行重组、恢复价值和与对冲基金作斗争的经验带到希腊。

IMF的一位专家说："不管是在希腊还是在塞浦路斯，我们都在寻找类似冰岛资金管制的措施。但是由于共同货币的缘故，即使采取了一样的措施，也不会奏效。相反，推行的是有类似效果的限制措施，即限制提取存款。"

塞浦路斯落地了限制规定和"纾困"系统。在"救市"方案中，承担责任的是纳税人。在"纾困"方案中，债权人乃至塞浦路斯的存款人都必须偿还债务。突然间，欧盟就失去了对存款人的热情。塞浦路斯的大部分存款客户都是俄国人。有人给这种安排起名叫"稳定税"，后来冰岛也用了这个叫法。

2013年，塞浦路斯还加入了由欧盟、欧洲央行和IMF组成的"三驾马车计划"。塞浦路斯最早可以在2016年再次退出。起作用的还是严厉的方法。

在危机袭击塞浦路斯后不久，塞浦路斯央行行长访问了冰岛。现在，一位冰岛人向这位友好的塞浦路斯人回问："您怎么能允许这种事情发生呢？"

这位乐观的塞浦路斯人突然大笑起来，说："你永远不知道你自己的命运。"

最后的摊牌

2016年的欧洲足球锦标赛16强对战中，冰岛对阵英格兰。冰岛全国上下都在为球队呐喊助威。尽管遇到了足球大国英格兰，但是冰岛人绝不愿意屈服。放弃和屈服就不是冰岛人的特质。最后冰岛以二比一获胜。

在金融危机的最后决战中，赛场上冰岛的对手是美国规模最大的20家对冲基金公司，有些甚至安然度过了希腊危机。冰岛则是个临时队伍，成员是冰岛央行和国家部委官员、一名退休的IMF理事和一些改行的银行家。

IMF和评级机构则既扮演观察员，又扮演裁判员。

冰岛的金融危机不是单独一场危机，而是一连串的危机。从

2006年的小规模危机开始，演化为2008年的全面崩溃，最后导致了2009年的政治斗争。冰储银行纠纷、家庭和公司的债务纠纷持续多年。还有很多案子起诉到了法院，而不利的裁决结果可能会再次掀翻整个国家和银行体系。

从2012年开始，冰岛央行和国家高层看到了另一场迫在眉睫的危机。

他们发现，外国投资人持有大量的冰岛克朗。除非找到正确的措施，否则这些冰岛克朗很可能会在某个时候就兑换为外汇，再次击垮摇摇欲坠的冰岛货币体系，抬高家庭和公司债务水平。而且，更糟糕的是，由于冰岛家庭、养老基金和公司也能看到同样的风险，而他们又不能去国外市场投资，所以最后冰岛本土投资者之间甚至可能出现挤兑事件。

冰岛一位前国会议员说："2008年和2009年，我们就已经经历过危机了，我们无法再承受一场了。"

冰岛需要一个机制，可以准确预测克朗兑换为外汇的规模。而且，必须减少克朗的数量，确保克朗外溢不会造成问题。

一些人想要的不仅仅是解决克朗的问题。政府方面的一些人也认为，应该补偿冰岛金融危机的成本。他们说，债权人、银行家和对冲基金应该支付补偿。

因为破产财团的存在，这些债权人不仅坐拥如山般的克朗，而且因为财团已经把外国贷款账目变成了现金硬通货，所以他们的外汇储备比山还高。

还记得那些残垣断壁吗？

一些人认为，政府应该通过税收或其他手段获得外汇，或者通过其他方式，帮助支付家庭、公司和政府的债务减免成本。

相关人士透露说："冰岛第一个临时小组成员的观点存在严重分歧。"而成立这个小组是为了解决问题。

一些人想追回财团手中的外汇，不限于仅仅解决克朗的问题。其他人则认为这样做简直是自杀，况且还有法律风险。毕竟全球36个司法管辖区都有索赔人，他们担心被起诉。

发起"捍卫冰岛"运动的一位激进人士说："我们想要对财团大幅度征税。想象一下，如果石油公司是在冰岛境外开采，造成了漏油事故，那石油公司肯定要先赔偿事故造成的损失，然后才还债和支付分红。特别是在事故本身存在违法行为的情况下。"

"为什么要区别对待银行呢？"

一位债权人说："2012年和2013年的进展非常有限。谈判已经停滞了。2013年的选举是个僵局。政府威胁说要实行银行税，我们威胁说要起诉。"

"一些债权人的确挖好了战壕，做好了开战准备。"

"诉讼可能要花3~5年的时间，对我们不利，对冰岛也不利。"

2013年，强硬派西格蒙杜尔·戴维·贡劳格松当选冰岛总理。一位国家谈判代表说："他真的赞成对银行征税。"

首席债权人谈判代表巴里·拉塞尔说："我不得不去读读哈尔多尔·拉克斯内斯（Halldór Laxness）的小说《独立的人们》（Independent People），主人公宁愿牺牲全部，也绝不屈服。"有人会说，这本书映射了冰岛人的精神。

这本1934年出版的书如此描述债务："的确，古时候，如果有人欠店里的债太多，再去借的时候，老板不再赊账了也很正常。同样，如果有人因无法再继续借钱买粮，因饥饿而死，也不是什么稀罕事。但这样的命运，肯定也比如今那些被银行所诱骗的人要好得多。因为至少他们曾像独立的人一样生活过，至少他们曾像自由人一样死于饥饿。"

一位在冰岛政府供职的人说："2015年是一个开端。"

"一些债权人想退出。他们意识到，必须签订协议。所以2015

年,他们找到了政府,表示可以开始谈判了。"

一位债权人说:"有些事情必须改变。我们需要对话机制。我们也许可以让三五个债权持有人参与进来,把工作完成。然后才能达成协议。"

债权人代表说:"政府已经跟布赫海特接洽了,他打电话来说,可以启动谈判程序了。"

债务谈判专家

布赫海特说:"我代理过20多个国家的债务项目。"

而且,是的,他的简历上的确写着,曾在圭亚那、秘鲁、巴拿马、多米尼加共和国和牙买加代理过一个为期一年的项目,在伯利兹代理过三个项目,也是一年。

他在危地马拉、乌拉圭和第一次海湾战争后的科威特工作过两年,也在阿根廷做过一些工作,在墨西哥、俄罗斯和利比里亚工作过三年。

他在尼日利亚工作过7年,而自2011年以来一直在忙希腊项目。现在还没结束,毕竟这是有史以来最大的债务减记。

他在4个地方工作超过了10年:菲律宾、厄瓜多尔、坦桑尼亚和饱受战争蹂躏的伊拉克——自第二次海湾战争后。在他的简历上,以上4个项目都是列为"进行中"。

我问他:"这20多个案子,有没有跟冰岛情况类似的?"

他强调,首先所有其他情况都是主权重组,但是冰岛不是。不过他说,有一点是相似的。对于部分项目,债权人最后拿走了面值的10%就很高兴。因为当初买入价格只有5%。

他背诵了一句法国的谚语:"有时,人们必须接受一个结果,因为不能得到更好的,也害怕发生更坏的。"

布赫海特在冰岛负责了三个项目。第一个是2009年的冰储银行，第二个是与债权人的克朗谈判，第三个是在2016年的离岸克朗谈判。

布赫海特说："对我而言，一切都起始于1982年的拉丁美洲。大部分的借款利率与美国国债利率挂钩。美国提高利率，好解决自己的问题——通货膨胀，然后很多人都陷入了财务困境。自20世纪30年代以来，类似的情况还没有发生过。没有明确的法律，这是个未知的领域。

"伟大的第一个项目。

"每个国家的债务文化各不相同。在亚洲，不还债是耻辱，是不诚实的表现。在其他国家，债务重组谈判就像足球运动一样备受欢迎。"

另一位谈判者说："拉丁美洲的债务危机支付了我孩子的学费和两套房子。"

布赫海特说："早些时候，债权人都是志同道合的小银行。让这些银行忘了你的债，可能要花几年时间。欠债就意味着你的未来都会笼罩在债务中。"

"如今，很多银行过了几个小时就忘掉了。

"在某些情况下，新资方往往最急于推动减记。有些贷款人拿着领主之剑对付老债权人。"

而且，债权人是不同的，"给商业银行施加压力容易多了，不容易的是给对冲基金施加压力"。

冰岛国家队和债权人代表开始谈判了。国家队是临时拼凑出来的。双方没有休止地一直讨论，却没有找到解决方案，进展也十分有限。

如果不能找到有序的解决方案，则最后可能对所有银行的股权征收39%的赋税，也就是受欧盟在塞浦路斯的计划启发而征收的

"稳定税"。

通常情况下，征税并不受欢迎，但很少有人会质疑国家征收税收的权力。现在冰岛占了上风。这种惩罚性征税的威胁为促进双方达成协议提供了强大动力。而且，债权人也听到了雷克雅未克的抗议和要求债权人付款的呼声，意识到这个威胁是真切存在的。

而且，是的，银行的破产财团已经登记为银行。

布赫海特说："大多数人理解冰岛克朗的挑战。冰岛的担忧十分合理，即如果所有的克朗被转换成外汇会发生什么。但政府则想要更多。"

一位债权人代表说："可以担心克朗，但是拿走外汇就不合理了。任何尝试拿走外汇的行为都可能导致谈判全面停滞，并且引起诉讼。"

国际账户中的资金可能已经被封锁了。这些财团在很多国家都收回了资金，其中很多资金都在冰岛境外的法人公司或账户中。涉及其中的资金规模巨大。

布赫海特说："有时双方讨论十分激烈。"

需要做些调解。

他继续说："争议很大。我不得不举例说明。如果危机期间奥巴马想派一架装满金条的飞机去乌克兰，而飞机因为冰岛火山爆发被迫降落在冰岛，会怎么样？"

"这些金条会归谁？"

最终，国家临时小组与IMF达成一致，认为克朗问题才是需要解决的挑战。

布赫海特在一次讨论中问临时团队："所以，你们想保留所有的克朗？"

团队成员点了点头。

"你们是说债权人持有的每一克朗都是致命的威胁？"布赫海特

怀疑地问道。

"是的。"一位冰岛人回答。

布赫海特最后说："如果是这样，那就让我们努力实现这个目标。"

在一个寒冷的雨天，我在纽约见到了布赫海特谈判的对手方——基金经理。

其中一位基金经理供职于一家较晚进入冰岛市场的基金公司，但是这家公司最后成为冰岛违约银行债务的最大持有者之一。他说："我们的策略是寻找因为危机事件而错配的资金。这些资金被称作过渡资本。老股东想退出。

"我们当时在场。只要有一个买家，都很有帮助。像我们这样的买家。

"想象一下，如果我们在 2008 年和 2009 年就在冰岛会如何。只要把资本转换为股权，同时注入新资本，就可以免除所有的动荡和危机。的确，2009—2015 年这 6 年的时间里，创造的价值非常有限。

"这总是一种平衡。在阿根廷，债权人逼得太紧了。

"而冰岛几乎就要失衡了。"

去世的人不能签字[①]

一个参与了谈判的人说："布赫海特讲了一个农夫乔和农夫鲍勃的故事。这个故事是一个很好的类比。"

农夫乔和农夫鲍勃是邻居，两个人都住在平原上。鲍勃向乔借

---

① 本节中关于诉讼律师的信息和引文来自美国法律杂志《美国律师》（*The American Lawyer*）于 2016 年 9 月 27 日刊登的一篇文章。

了一万美元。他们是好朋友。随着还款日期的临近,鲍勃变得越来越担心。他之前都能按期还债,觉得欠债还钱天经地义。但是这次,他根本无法支付这笔欠款。

到期前一晚,鲍勃睡不着了。一小时又一小时过去了,他还在床上辗转反侧。

突然,鲍勃的妻子从床上跳下来,推开窗户,冲着乔的房子喊道:"乔,鲍勃欠你一万美元,他想还钱,但是还不上。"

"你在做什么?"鲍勃问他的老婆。

"现在你可以睡觉了,他睡不着了。"他老婆回答道。

她刚刚把自己的欠债变成了别人的问题。

"事情毫无进展,"后来的资本管制自由化指导委员会负责人之一格伦·金说,"债券悬货可以通过拍卖来解决,但太慢了。"

"每过去一天就少了一天。政府想要一个解决方案,债权人也想要一个解决方案,许多人都生气了。

"一定有更好的办法。"

制订可行的计划是挑战。想要完成挑战,必须了解各方的动机。外汇的困难必须解决,也要避免诉讼。

格伦说:"破产财团的索赔人遍布36个国家,所有这些国家的索赔人都可以起诉财团。

"如果冰岛政府行事过分的话,是会被起诉的。每次会议上,债权人的发言人都会带来一位诉讼律师。那是他们的'备用计划'。一旦诉讼,会很难看。"

首席债权人代表巴里·拉塞尔也证实了这个说法:"是的,诉讼律师一直都在会议室里。"诉讼律师马克·道金斯(Mark Dawkins)带了一个独立的团队——如果讨论失败,他的团队就会马上介入。马克的目标是冻结银行的巨额海外资金,然后用这些资金偿还给债权人。

但银行在冰岛也有大量头寸。

一个索赔人说："没有人会建议外国债权人向冰岛法院提起诉讼，之前从来没有过类似的案件，而且还有引起众怒的风险。"

格伦说："债权人会拒绝，但不是绝对拒绝。在欧美国家谈判，如果双方握手、微笑合照，那这个谈判就是成功的。在韩国的话，只有双方握手后开始哭泣，谈判才成功。"

然后格伦回到冰岛的话题上，说："时间才是标尺，一个死人不能签字。

"而且，幸运的是，毕竟持有这些债权的基金是经济机构。启动漫长的诉讼程序对它们没有好处。"

一位政治形势分析师说："记住，冰岛人不擅长屈服放弃。鳕鱼战争就是靠冰岛人的不屈斗争而打赢的。不管多少年，冰岛战士都会坚守阵地，坚守到另外一方放弃战争，继续自己的生活。"

首席谈判代表回忆说："财政部长布亚尼·本尼迪克特松的态度很明确。他说，'我会处理这个程序的。'"

首席谈判代表继续说："我们需要了解这三家破产财团各自的驱动因素都是什么。通常情况下，每个财团里只有四五个主导参与者。他们各自情况不一样。有些财团押注了全部身家，需要尽快找到解决方案；有些则更有耐心；有些则需要等待外汇支付。

"我们必须了解这些基金是如何计算收益的，包括投资管理费的收取方式和分红方式。"

一位对冲基金经理说："很明显，政府团队准备充分。我们要跟他们打牌了。不过他们已经看光了我们的底牌。"

"他们知道我们会对什么样的买入价格和收益结果感到满意。"

为了准备谈判，利利亚·阿尔弗雷什多蒂尔和货币管制部门主管英格堡·古巴斯特多蒂尔与乔恩·西古格尔森着手建立了同盟。他们先联合了IMF的技术专家，然后联合了IMF的法律部门。得到支持后，这三个人去找了评级机构。评级机构说，他们当然可以给 IMF 打电话。

乔恩说："毫无意外，索赔人收到我们的提议后，就给 IMF 和评级机构打电话抱怨了。不过所有的索赔人也都知晓了情况。"

这位 IMF 的专家说："解除货币控制的计划非常完备，这很令人钦佩。"

灰猫咖啡馆

灰猫咖啡馆坐落在雷克雅未克的市中心。

想要喝咖啡，要先往下走半层楼梯——咖啡馆有一半是在地下室里。透过窗户，你可以看到外面行人的靴子，一双双从窗前走过。四面墙壁上都是书架，上面摆满了二手书，客人可以随意取阅。咖啡馆里还摆着 20 世纪 60 年代初买来的桌子和长椅，当时正是"鲭鱼热"——可能那会儿这些桌椅的样式还很新潮。咖啡很好喝，坐在小店里，也没有紧张仓促的感觉。对我来说，这是一个完美的地方，让我能慢悠悠地跟国家谈判代表见面聊天，了解当时的情况。

"我们给大家创造了政府等得起的印象。然后，给索赔人施压，宣布如果半年内找不到解决方案，将对破产财团征收 39% 的赋税，"谈判代表说，"首选是协商一个解决方案，即《和解协议》。"

《和解协议》的目的是解决债权人纠纷，同时决定如何分配资金。但是冰岛的《和解协议》囊括了更多的内容，成为解决克朗挑战的专用名词。

冰岛克伊普辛银行财团的律师罗勃·班尼特（Rob Bennett）说："这个交易本身已经很困难了，还需要在短时间内完成并获得法院的批准，简直令人无法相信。"

"这不是我们能否做到的问题,而是必须做到。对于债权人来说,还款都还没有收到,却要缴纳 39% 的税,这个损失听起来太可怕了。"①

而且新银行也要缴税,因为新银行的持有人仍然是旧银行。

在第一次会议上,顾问对国家谈判小组说:"我有一个胡萝卜加大棒的方法。

"我拿着胡萝卜,把它杵到交易方眼前。"

冰岛是否挟持了美国一半的顶级对冲基金?在某种程度上是的。拥有立法权就是有帮助。还有时间。

但是,谈判代表说,IMF 基本上也同意了,也就是如果克朗悬货问题不解决,那么冰岛克朗很可能再次崩溃。

如果达不成协议,任由财团发展,终有一天财团会破产。假设有一个当地人买了一项债权,并向地方法院提出了银行财团的破产申请。如果他赢了,财团就会进入破产清算程序,将所有的资产都偿付给债权人。这个人希望按照冰岛的破产法,用克朗来支付,这也符合资金限制。但是,债权人找到了另一个解决方案。他们全额支付给了这个当地人,因此,现在他就没有可以索赔的了。不过,他提出了自己的政治见解,还赚了一些钱。现在他可以购买更多的债权了。

但是,最后,索赔者也可以要求延期。他们还可以质疑将债权转换为冰岛克朗的做法,而冰岛最高法院的判决也支持这一观点。债权人也可以提起诉讼。

政府顾问说:"一些国家谈判队的人倾向于破产方案。"政府特设小组之中有争论,而这么多年过去了,这个争论也没有解决。

支持极端方案的人说:"是的,我们想要选择权,我们本来可

---

① 罗勃·班尼特的这段话出自《美国律师》于 2016 年 9 月 27 日刊登的一篇文章。

以做到的。无论如何，威胁征税给了我们筹码。"

其他人则强烈反对。小组中另一名成员说："任何政府干预都可能会触发法律责任。对法院程序的干预会导致巨大的法律责任风险。

"需要考虑的问题是，如何找到最高的杠杆，既完成了目标，又没有风险敞口？资金限制条例提供了杠杆，潜在的税收也是杠杆，缓解偿付压力的立法也是。同时全球经济繁荣带来资产价值上升也起到了一定作用。"

一位基金经理说："如果没有赶上全球经济繁荣，我们可能还在战斗。"

本尼迪克特·吉斯拉森说："我是第一个加入战斗小队的。我们首先计算了冰岛的净负债头寸，然后计算了如果取消资金限制，有多少财团资产可能会外流。"

我们准备好了野心、策略和信息。税收是大棒，退出机制是胡萝卜，最后期限是执行者。

"我们决定从最基本的立场开始，即完全对冲资金外流风险。

"接下来是战术问题。我们制定了规则，阻碍财团联手反对冰岛。所有人都必须签订保密协议。我们让每家银行的五个最大的索赔人坐在了一张谈判桌前。

"我们知道三家银行各不一样。如果采用《和解协议》，冰岛国民银行的资金可以全部转换为外汇，并且可以享受清算程序中的资产升值。克伊普辛银行的索赔人则认为，如果可以达成协议，则最有价值的外汇资产应该还有进一步估值上浮空间。他们认为阿里昂银行的价值较低。格里特利尔银行对冰岛国民银行的估值很高，而资本升值的空间有限。几乎所有资产都已经变现了，每一克朗都是净损失。"

一位债权人代表说："格里特利尔银行就是症结。如果不算上冰岛国民银行，资产价值就无法匹配债券价值。"

布赫海特说："曾经，很多人都觉得这三家银行很类似。但现在三家银行已经非常不一样了。各银行间的头寸不匹配。债权人买入的价格各自不同，有原始债券价值的2%，也有20%。有些人准备继续持有，有些人真的想退出。"

有人说："有些索赔人只参与了一个银行财团，有些则是参与了多个。索鲁斯另类资产管理公司（Solus）和银点资本管理公司（Silverpoint）持有格里特利尔银行的不良资产，戴维森·肯普纳资本管理公司（Davidson Kempner）持有冰岛国民银行的不良资产。塔科尼克资本（Taconic）、艾布拉姆斯资本（Abrams）和约克资本持有克伊普辛银行的不良资产。"

"在各人自扫门前雪的调子下，利益甚至可能出现倾斜。"

政府谈判队的一名成员说："我们首先推动与克伊普辛银行达成协议。因为克伊普辛银行持有的外汇资金规模最大，所以放弃克朗头寸，获得兑换外汇的期权，他们就能从协议中获利最多。"

格里特利尔银行则有些挑战性。

"起初，格里特利尔银行向冰岛提供了700亿冰岛克朗，然后增加到900亿，不过这个立场也就坚持了90天。最后，在截止日期前30小时向冰岛提供了2 300亿冰岛克朗。"

作为回报，格里特利尔银行获得了兑换外汇的权利，还躲开了39%税率的威胁。

债权人方的一位谈判代表说："我们谈判了一整夜，到第二天清晨的时候冰岛国民银行才走。"

政府谈判队的人说："索赔人威胁说，他们还能找到更激进的基金加入谈判。但是即使这些基金经理都去直升机滑雪了，我们还是随时能通过电话联系到他们。谈判桌上的索赔人可是这些去滑雪的基金经理的直接竞争对手，他们可不希望自己去滑雪的时候，对手做出了更好的业绩。"

政府谈判队中另一人说："最激进的对冲基金是艾略特基金（Elliott），但是他们都不敢参与。艾略特基金最擅长强迫政府还债，尤其擅长利用美国的司法机制。不过雷克雅未克法院可从来没有受理过主权债务违约的案件。"

政府谈判队中有人还说："诀窍是建立不违背国家利益的激励措施。实际上，我们才着急。冰岛经济逐渐恢复，我们给出的理由也没有那么吸引人了。克朗不断升值，债权人的上升空间不断收缩，很快就接近零收益。和解后，还是需要给他们留一些上行空间。"

当晚，公布了解决方案。很多人都很吃惊。方案公布的时间点必须避开交易时间。所以，新闻发言人设了一个凌晨3点的闹钟，一小时后，在凌晨4点按下发送键。

新闻发布会是在下午1点举行的。会议开始时，连会议主持人都不知道协议的签订情况——是只有国民银行和克伊普辛银行签订了协议，还是三家银行都签订了协议？

下午1点2分，格里特利尔银行签署了协议。

新闻发布会上，政府谈判队给主持人打了一个手势，举起了三根手指①。

有些人可能会说，谈判桌上的力量角逐不公平。政府有耐心，认定坚信切实可行的解决方案至关重要。政府也有权力直接向谈判对手征税，也可以决定是否终止禁止兑换外汇的限制，以及何时终止。

债权人没有公开的发言人，也没有寻求公众理解。许多债权人没有耐心，而且因为很多债权人买入债券时价格贴水高，所以已经

---

① 即全部三家银行都签了协议。——译者注

赚了一笔钱。现在只想赶紧再赚一笔快钱，他们可等不及法院裁定。

其中一位对冲基金经理说："为了能够参与进来，我们不得不自己承担起责任。我们决定自我限制，不再继续购买和出售债券，而是参与其中。"

政府谈判队的一名成员说："为什么我之前在银行工作，现在却决定要为政府工作？"

"我是冰岛人，看到了未来会多糟，所以必须站在正确的一边。而且可以参与这么专业的谈判，也是非常好的经历。"

"是的，有一点内疚的感觉。"

一位主要债权人说："最后，我们确实也认同政府对于外汇余额的担忧。政府的理由合理。经过了一周又一周的谈判，最后终于达成了和解。"

一位基金经理说："无论如何，我们都为达成交易骄傲。如果没有达成，接下来冰岛会深陷漫长的诉讼，无法脱身。而且协议这个交易的商业结果很好。"

一位时任部长说："而且最好的事情是，最终没有遗留法律问题。"

一位债权人代表说："最后双方谈判结果都很好，最初担心参与的基金不多，不过这个问题也解决了。我尊重政府谈判队的付出。克朗风险是冰岛经济基本面的最后挑战了。"

另一位债权人表示赞同说："几乎是重大挑战。"

2016年，《美国律师》杂志评选出了"年度法律工作奖"的获奖者。代理4个财团、债券持有人、受托人和冰岛的18家律师事务所被评为"全球金融私有化重组"的最佳团队。

他们代理的是十分复杂的案件——冰岛的银行重组。

金融体系中的"秃鹫"[1]

以这三家银行的平均值来看，以 100 克朗平价发行的债券，一路跌到了面值的 4%，然后回调到了 24%。

如果持有格里特利尔银行和克伊普辛银行的债券，赚得钵满盆满的是那些趁着 2008 年年底和 2009 年年初市场混乱时买入，并赶在 2010 年年底前撤出的投资者。冰岛国民银行的债券回调起点甚至比 4 还要低，但是回升持续时间也更长——得益于冰储银行问题的解决，冰岛国民银行的债券回暖一直持续到 2015 年年底，直到冰储银行争议的最终和解。

当时按照面值的百分比计，冰岛国民银行的债券已经从 1.25% 回升到 14%，格里特利尔银行从 3% 恢复到 30%，克伊普辛银行从大约 6% 恢复到 30%。三家银行平均从 4% 恢复到 24%。

一家基金公司的投资经理说："我们在 2011 年年底先小规模买入，2012 年年初开始逐渐加量。"最后这家基金公司成了冰岛银行债券的最大持有人之一。

"2012 年，我们先用主基金资金进入市场。2013 年，我们设立了新基金，让投资者可以直接投资格里特利尔银行和克伊普辛银行的财团。2016 年，我们又增设了一只直接基金，持有清算过程中的部分收益。而在 2017 年，我们又增设了一只基金，持有其中一家新银行的部分股份。"

有些人可能会很惊讶，但其实在金融危机过了八九年后，每年仍然不断有新基金设立，专门投资违约的银行。

包括设立在其他国家的投资渠道，都由这家基金公司位于伦敦

---

[1] 本节中对债权价值概况的描述基于《冰岛金融危机》一书。

和纽约的办公室统一运营管理。这家基金公司的管理部门占了整整一层楼，站在办公室窗前，可以俯瞰曼哈顿中城的公园大道。

这家基金公司的投资经理说："实际上，签订了《和解协议》后，我们才赚钱。签订后，我们才真正开始大规模买入资产，一直买到了2017年。自达成协议以来，价值上升了65%。"

在纽约办公室，投资分析师给我看了基金实际分红和认缴额，基金的回报数据铺满了整个屏幕（见图4-8）。

回报来源有很多。债券价值、现金支付和清算票据。除此之外，还有汇率收益。大部分数据都不会公开，甚至负责跟踪的分析师也无法分析出全貌。

基金经理解释说："财团的价值更大。《和解协议》让我们可以直接投资这些资产。

回报	2009	2010	2011	2012	2013	2014	2015	2016	2017	2018
上年（%）	-93	264	8	-12	6	-2	-11	11	46	13
绝对值*	-93	17	2	-3	1	0	-3	2	11	4

图4-8　克伊普辛银行债券索赔的交易价值[①]

*全部库存债权的指数回报；崩溃前价值=100。

---

① 图中提到的冰岛克伊普辛银行头寸的价值概况基于某一对冲基金的回报数据。

"到 2018 年年初，我们持有了其中一个财团约 40% 的资产。

"有投资策略吗？不能说有。这就是我们工作的方式。你真的要了解这些资产。"他笑着说。

而接下来就可预测了。

一家对冲基金公司的董事说："和解后通常价值会飙升。"

和解解决了不确定因素，债权人能够直接持有资产。另外，以前被限制为内部人的投资者现在也可以买入了。

然而，最早一批 2008 年秋天就进入冰岛市场的投资者反应很快。下一站去了巴西的里约热内卢。

当时巴西经济正在急速下滑，从 2013 年的 GDP 正增长到 2014 年的零增长；而到了 2015 年和 2016 年 GDP 则是严重负增长。加在一起，巴西的 GDP 减少了 10%。幸运的是，巴西的银行很有韧性，全部都撑过了衰退期。但是巴西最大的能源公司却栽在了拉丁美洲有史以来最大的违约事件上。

我也搬到了巴西，不过 2013 年秋天后就搬走了。多年来，我与多家公司合作，帮助它们改善业绩，巩固行业地位。现在，巴西能源巨头请我和同事过来，帮它起死回生，保证就业和恢复企业的价值。

我在这家能源公司工作期间，见到了对冲基金行业的一位冰岛专家。这一次，他与旧债券持有人合作，向违约公司财团提供贷款。这笔贷款有利息，可转股，甚至可以拯救公司。

他说："我们在冰岛赚了很多钱。

"但是在巴西没有赚到。"

我童年时，在非洲的肯尼亚生活了两年半。家人带我去大草原上旅行了很多次。

而且，是的，秃鹫看起来很丑。

秃鹫盯上一具尸体后，会先在空中盘旋，或坐在邻近的树上，等待狮子和鬣狗先来吃肉。然后，秃鹫才会飞下来，专门清理残羹剩饭。它们没有嗅觉，视力可以看到很远，但是视野很窄。它们的头上没有羽毛，所以即使把头深深地埋在烂肉里，也还能保持脑袋干净。有人会说，这就是对冲基金的全部特征了。

一位基金经理，或者秃鹫基金经理，跟我约在波士顿的一个环境优雅的餐厅吃早饭。他反问我："是不是对冲基金天然没有债权人正义，特别是如果我们买入的价格很低？所以挤兑对冲基金就是合理的？

"如果是这样，主要放款人就会知道，下次这些基金出手的时候，给他们的钱会更少。如果是这样，主要贷款人在考虑下一笔贷款的风险时将不得不更加谨慎，因为如果一切都搞砸了，他们得到的就会减少。"

为了给对冲基金撑台，他继续说："如果是这样，主要放款人可能根本不愿意把钱借给真正有需要的国家和公司。或者，那些有需要的人可能根本得不到任何贷款。"

众所周知，秃鹫在生态系统中发挥着重要作用。在金融体系里也有一定的作用。

当我问他，对冲基金是否可能使用"肮脏的伎俩"时，他也表现得很冷静，回答说："有些基金会利用司法程序，特别是可以在美国提起诉讼的话。

"有时我们会使用私家调查员。

"不过没有在冰岛用过。

"我们仅会在考虑大规模投资的时候，启用私家调查员去探查公司高层。

"有时你会发现一些很惊人的事情。"然后他给我讲了几个例子。

一家名为温特瑞斯的公司

"过去或现在，你是否与离岸公司有关联？"

2016年4月4日，时任冰岛总理西格蒙杜尔·戴维·贡劳格松在接受电视采访时，记者提出了如上的问题。采访只有两分钟，但这个短短的采访，结束了他的任期。

他回答说："我自己，没有。"然后他又说，为了报税，他把自己的财产和家人的合并了。"所以不存在我把资产藏起来的情况。"

记者又问："关于温特瑞斯公司（Wintris），你能告诉我们什么？"这位记者显然研究过《巴拿马文件》（Panama Papers），而且肯定发现了这家离岸公司跟总理有关联。包括温特瑞斯公司在内，很多公司都投资了对冰岛破产银行的违约债券。

事实证明，所谓强硬派总理的家族也购买了违约债券。未知的是他们何时、为何购买，以及何人知道温特瑞斯公司是银行的债权人。不过至少有人说，有些债权人是知道的。

2016年4月7日，进步党的西于聚尔·英伊·约翰松（Sigurður Ingi Jóhannsson）当选为冰岛的下一任总理。

灭火器安装晚了10年，还是对冲基金经理操作的

北欧金融服务局的一位专家说："2008年，冰岛银行系统撞墙了。2014年，旨在帮助各经济体避免危机和解决问题的欧盟规则出台了。到了2016年，这些规则扩展到非欧盟及欧洲经济区国家。有些国家计划从2018年开始实施。"

"只是"晚了10年而已。

2008年，监管规则仅要求各国建立存款担保计划，但是不强制国家兜底。而且，有趣的是，新规也没有强制规定担保。

相反，根据新规则，银行重组需要优先偿付存款人的索赔。银行股东和债权人有义务"救市"。他们需要做好债转股或注资购买新股的准备。

新规则的出台创建了一个新的金融术语：自有资本和合格负债的最低要求（Minimum Requirement for own funds and Eligible Liabilities，简写为 MREL）。这是对银行股东和债权人的自有资金和合格负债的最低要求，定义资金规模和结构。MREL 还定义了偿还顺序，比如金融危机时，次级债务应被列为最后偿还对象。

专家说："新规则的目的，是想在危机期间，维护银行业系统性关键业务的持续运营。基本上，是要确保存款和支付活动。"

很眼熟。

"银行有责任因应危机制订应急计划，它们有责任建立危机解决机制。同样，政府也有责任制订计划。"

他说："由于很快会实施最终规则，我现在需要制订应急计划。"

MREL 定义并扩展了银行的"资本缓冲"。自然，MREL 的目的是降低新危机发生的风险。MREL 还规定了危机时的规则和程序。有趣的是，其实 MREL 规则下的操作很接近当时冰岛采取的措施。尽管有两点不同：事先计划和事前规则。

监管局问了一个问题："不过，的确有一个'但是'，谁会买入 MREL 基金呢？养老基金和机构投资人很难持有这类资产，尤其是在危急关头。"

也许我们建立的这个结构就会导致银行依赖对冲基金。

那就不仅仅是危机后才依赖了。

填满水库，平息波涛

我们从来没有确定这个方案什么时候能 100% 成功。我们可以利用资金管制措施，谨慎管理过渡阶段。

——马尔·古德蒙森，2009 年 8 月至 2019 年 8 月任冰岛央行行长

自 2009 年年中，冰岛对克朗的干预措施就越来越少了。冰岛已经堵住了资金管制体系的漏洞。冰岛央行促使大公司把投资资金逐步回流给冰岛，甚至小投资者也开始重新买入冰岛克朗。我们做了演讲，宣传冰岛经济基本面健全。也许有人听到演讲后激发了投资冰岛的信心。

渐渐地，这些措施开始奏效。市场参与者知道了克朗会继续走强，不再抛售了。更重要的是，贸易平衡加强了，逐渐发挥了对经济的魔力。很多时候，更多的人想把外汇兑换为克朗，而不是像以前一样，大家都想把手里的克朗兑换为外汇。

同时冰岛进口规模持续低位运行，入境旅游开始繁荣，很快涓涓细流汇聚成了巨大资金流入。现在，冰岛央行可以成为克朗的净卖家，而且购买人越来越多。

原计划在取消资本管制前，通过贷款增加资金储备。现在外汇储备充足，所以冰岛央行可以出售持有的克朗以兑换外汇。

冰岛央行的外汇储备达到了 60% 的净盈余。资金储备逐日增加，克朗汇率持续保持低位，维护了自己的货币竞争力。

策略起作用了。

并非真正需要的钱[1]

IMF 总裁穆里洛说："当 IMF 真正干活时，就像家医院。"
"IMF 本该是全能，但在理想情况下，无须动用 IMF 的钱。"
有点像冰岛。

---

[1] 冰岛央行提供了累计贷款余额的数据。利率数据来自发布的新闻稿。挪威的账面担保金数字来自挪威国家预算文件 St. prp. Nr. 1，爱尔兰支付的利率则引自《爱尔兰时报》于 2015 年 2 月 14 日刊登的文章。

冰岛在危机前的平衡是比较合理的。危机后的赤字基本可以通过在本国市场发债弥补。冰岛不需要 IMF 的资金，IMF 却自相矛盾地坚持认为冰岛应该申请 IMF 贷款并支付全部利息。结果现在因为 IMF，冰岛要动用自己的稀缺资源支付利息。

对冰岛而言，带有信用额度的系统更合适。IMF 后来也建立了。

不过，储备金使用更加方便，毕竟储备金本身就提供了安慰。

IMF 和北欧国家一共提供了 35 亿欧元。2008 年秋季，IMF 完成了第一笔转账。

2009 年中，北欧的贷款协议完成签订，可以使用少量信用额度。但是由于冰储银行纠纷，IMF 的资金进展十分缓慢。

2010 年 4 月在华盛顿举行春季会议时，IMF 终于做好了准备。IMF 时任总裁斯特劳斯－卡恩计划把方案提交给董事会。终于取得了进展：IMF 提供了资金，北欧国家紧跟着也提供了资金。

冰岛财政部长这下觉得："终于安全着陆了"。

冰岛央行市场及库务总监说："现在冰岛有了储备金。但我们尽可能不动用，好节省利息支出。"

"我们根本用不上这笔钱。"

"我们必须在 2011 年年底前提款，否则提款权就过期了。到了 2012 年 5 月，冰岛发行了 10 年期美元债券，偿还了大部分。其余贷款余额则在 2014 年发行欧洲债券时全部偿还了。"

"全部都是提前偿还的。"

北欧一共提供了 17.75 亿欧元贷款，贷款利率比伦敦同业拆借利率高 275 个基点，远远高于法罗群岛贷款仅仅 15 个基点的利差（见图 4-9）。

275 个基点的确低于当时市场对冰岛的预期风险溢价，但远远高于其他 4 个国家的贷款成本。

相比之下，瑞典是 1.08%；丹麦和爱尔兰一样，都是 1.07%。

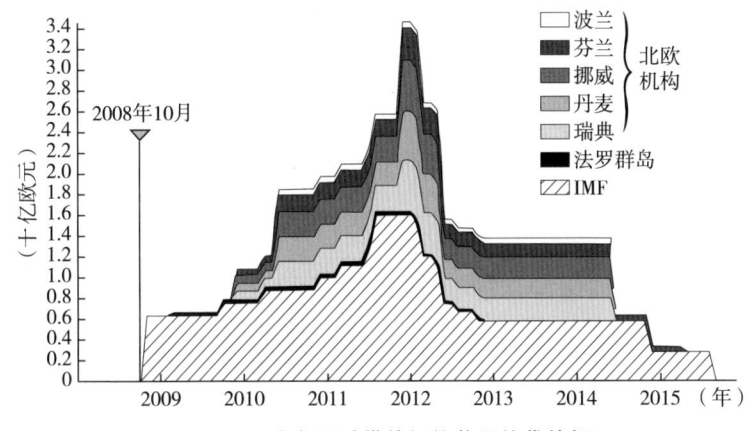

图 4-9　冰岛通过借款机构获得的贷款额

注：根据2010年度平均汇率兑换为欧元。
资料来源：冰岛央行。

我的这些冰岛朋友总能提醒我想起来这些。

时任瑞典财政大臣安德斯·博格说："我们是最难的，发给冰岛的贷款是瑞典历史上规模最大的双边贷款。而其他国家，比如西班牙和希腊，都没有得到一笔双边贷款。"

"但我们必须保护瑞典的纳税人。"

拉脱维亚与瑞典之间只隔着波罗的海，却是瑞典最大的担忧。拉脱维亚也曾因为过度债务而出现金融危机。

博格说："拉脱维亚自己有危机。IMF施加压力，迫使拉脱维亚币贬值，拉脱维亚政府表示不同意。我们支持他们。"

"贬值会降低拉脱维亚房地产行业的国际成本。"

"拉脱维亚市场会对俄罗斯的资金完全开放。"

冰岛央行曾申请仅支付北欧提供的金融援助项目贷款，但是被拒绝了。所以，冰岛只能提取全部贷款额度，并全额偿还本息。这些北欧国家都赚到钱了：挪威一国的担保准备金就达到了大约2.5亿挪威克朗，约3 000万美元。冰岛危机造就的成功者和失败者都很奇怪。

最后，也许就是因为不需要这笔钱，所以才能容忍 IMF。

因为冰岛对 IMF 的资金没有迫切需求，所以 IMF 能给冰岛施加的压力有限，对话才能朝着以冰岛为主导的合作局势前进。

间歇泉、火山和冰川

2007 年，冰岛的外国游客数量是 49 万。5 年内，数量增长了 1/3，2012 年达到 67.3 万。而接下来的 5 年里，外国游客数量增长了 3 倍，达到了 219.5 万。到了 2018 年，单单美国游客的数量就超过了 2007 年的游客总数。

这一次，流入的资金帮助了冰岛。

行业专家告诉我："全球旅游业市场的年增长率都比较稳定，平均为 4% 左右。欧洲境内每年的游客数量可达五六亿人次。而北极圈地带旅游业市场以每年 20% 的速度在增长。"

旅游公司的工作人员说："行业发展顺利，货币贬值显然有刺激作用。在这个混乱的世界里，很多游客觉得冰岛是难得的和平一隅。很多航线都在宣传冰岛。

"我们迈过了这道坎，航空公司订单充足，足够开通直航冰岛的航线。规模创造规模。

"百分之六七十的游客说他们都在社交媒体上关注了冰岛。现在，什么都可以在网上买到。我们已经克服了规模的挑战。

"我们出售旅游产品一半是一日游，其中，60% 的游客的目的地是间歇泉、火山和冰川。

"美剧《权力的游戏》带火了游客对冰岛的兴趣。艾雅法拉冰川帮了大忙。冰岛是理想的自拍网红地。"

有个常讲的笑话。英国人和荷兰人给冰岛人施加压力，跟冰岛人要求："还我们钱，送现金（cash）来。"冰岛人从未认真听他们说话。他们听到的是："还我们钱，送火山灰（ash）来。"

烈性啤酒①

　　托尔很不耐烦。

　　到 2014 年，他和冰岛才勉强回到了 2006 年的水平。过程十分艰难，不过至少稳定了。

　　托尔的业务有了稳定的利润，他注意到冰岛的情况也是如此。他与银行也达成了和解。现在要继续前进了。

　　但还可以感受到克朗贬值的影响，资金成本低了，旅游业繁荣起来了。无论夏冬，游客都蜂拥到冰岛度假。

　　托尔的家庭消费也可以升级了，酒店也可以扩建了。托尔还有钱招聘更多的员工，甚至银行也愿意为他提供服务了。

　　最重要的是，生意现在赚钱了。镇上的银行手握大笔现金，决定对过去翻篇不提，给托尔提供新贷款。

　　但是由于冰岛仍然实施资金管制，投资人的资金一直都困在冰岛，新银行也有了多余的股权来支持发放新贷款。

　　冰岛南部，经济增长的机器已经开始隆隆作响。

　　冰岛这台机器也启动了。

　　2015—2017 年，冰岛的 GDP 增长速度是其贸易伙伴的两倍；在 2016 年年底达到峰值，年增长率超过 10%。

　　对比冰岛贸易伙伴进口总规模的增长速度，冰岛的商品和服务出口增长速度是三倍。冰岛赢得了市场份额。

　　现在冰岛的经济增长动力 2/3 来自旅游业，其余则由金属行业

---

① 本节中所用的宏观经济数字基于冰岛央行 2018 年第 2 期《货币公报》。

和其他出口驱动。

有人说，经历危机后，冰岛已经完成了未来数十年经济发展所需要的积累。基建工程也重新开工了。2017 年，运输和旅游业吸纳了一半的投资额。

经济繁荣发展强化了政府收支平衡。现在，政府支出也在增加。

出口起到了经济加速器和保护伞的作用。即使个人消费和投资增长迅速，出口经济的增长仍然确保了国际贸易的正向平衡。

汽车行业得以再次蓬勃发展。2017 年的汽车销量超过了 2007 年，丰田陆地巡洋舰车型再次成为消费者首选。

2017 年，托尔买了一辆新的丰田车。

他很高兴，但也有点担心。自 2009 年以来，克朗一直在走强，现在已经回到了 30 年的趋势线上。劳动者的工资也有所增长，这首先是为了弥补金融危机期间的损失，然后是由于劳动力资源紧张。他的酒店业务收入几乎下降了一半。

2 830 亿冰岛克朗被困冰岛，终于有机会获得最后一张离场金牌[1]

冰岛银行总共出售了价值 6 870 亿冰岛克朗的冰川债券，如果按 2018 年年初的汇率计算，债券价值约为 55 亿欧元。很多债券成熟期较早，也在金融崩盘前就偿还了。

约有 2 830 亿冰岛克朗，也就是 22 亿欧元的冰川债券，到期日是 2008 年 10 月 3 日市场收盘后。冰岛开始实行资金管制，禁止兑换外汇。

---

[1] 奥斯吉尔·荣松和乔恩·西古格尔森的《冰岛金融危机》一书提供了对冰川债券头寸的概述。本节提到的计算方法基于截至 2008 年 10 月 6 日的欧洲债券头寸的表格。

对三类债券持有人来说，这是个坏消息。

第一类是债券基金，包括伊顿万斯公司（Eaton Vance）、卢米斯－赛尔斯（Loomis Sayles）和太平洋人寿等。

第二类是私有银行的高净值客户，也就是富人。

第三类则是普通投资者，比如在比利时工作的牙医。

一些投资者在离岸市场上抛售了债券，接受了较低的汇率水平。一些投资者通过债券拍卖退出。但更多的投资者困在了冰岛，导致克朗悬货。

通过《和解协议》，财团减少了克朗头寸。但是冰岛政府再次表示担忧，如果一次性取消全部管制，克朗会急速贬值。

有三个因素十分重要。

第一，政府想要一笔"好交易"。一些人认为，这批外国债权人要买门票才能退出，也要承担危机成本。

第二，到现在为止，政府越来越急于取消资金管制。

第三，旅游业的蓬勃发展和对经济前景信心增强，大量外汇涌入冰岛。利率走高，投资者重拾信心。

2016年，冰岛又请来了李·布赫海特。

他提出了"最后一张免罪卡"的概念。冰岛央行会进行最后一次拍卖。不出钱买票的话，可能永远都无法退出冰岛市场了。

时任总理西于聚尔·英伊·约翰松压低了声音说："会邀请他们来参加这次拍卖。如果他们不来，那就是他们有意在长期持有冰岛资产了。"

听起来好像是在模仿西格蒙杜尔·戴维·贡劳格松的语气。

如果要威胁对冲基金，很难想象有比这个更糟的说法了。

但这一次，债权人很不情愿。他们觉得冰岛的宏观趋势向好，而且克朗也在一路走强。他们现在持有的克朗仍然可以享有高利率。为什么在这个时候退出冰岛市场，去接受欧洲央行行长马里奥·德拉吉（Mario Draghi）提出的 0.5% 的低利率呢？

这都是冰岛政府设计的，《和解协议》也是冰岛政府设计的。但现在的杠杆率并不高，投资者也不情愿就这样退出冰岛市场。

政府不得不给投资者提供更多的好处，提供的条件比原本计划的还要高 25%。考虑优惠政策后，投资者退出时的利率比官方利率高 20%。从财务报表来看，这比之前预计的 38% 的估值折扣要好得多。

而且，是的，有些人选择继续留在冰岛市场。

很快，冰岛政府取消了对出境资金流动的限制。克朗没有受其影响而贬值。曾经我们说这就是冰岛的目标的时候，还被人嘲笑过。现在，却已经成为现实，而且是在官方汇率大幅上升的情况下。

冰岛的流入资金规模与流出规模相匹配。资金的流动成为常规的金融活动。正如大家所希望的那样，经历了漫长的 8 年时间，冰岛终于建立了平衡。

现在，甚至可以对入境资金加以适当监管。

狮子回笼[①]

格伦·金说："我都忍不住笑了。

"我当时参加会议，讨论政府需要做出什么妥协才能终止资本管制。那些持有大量克朗的投资者挣扎着要撬开笼子，好让锁定的克朗可以兑换为外汇。"

"但是即使把笼子打开了，动物园里的狮子会做什么呢？

"附近转悠一会儿。

"然后回到笼子里。

[①] 存款准备金规则于 2016 年 6 月 4 日决定，参考冰岛央行文件第 490/2016 号，更新于 2018 年 12 月 7 日。

"毕竟，动物园提供住所和免费食物。就像取消管制的冰岛。

"冰岛的利率仍然远远高于欧洲水平，央行的贷款利率为5%，而克朗在一路升值。"

现在一群狮子想挤进动物园，所以不得不开始凭券入场。

狮子的回笼券。

冰岛颁布了一项新措施——资本流动管理，目的是阻碍可能干扰经济发展的资本流入或流出。请记住冰川债券。

根据2018年11月2日的规定，购买冰岛政府债券，投资者必须把20%的资金存放到零息存款账户中一年。满足了这个条件，投资者才有进入冰岛市场的权利。

多么自相矛盾啊。

有资金锁定在冰岛，还有资金进不去。

2018年12月7日是一个值得纪念的日子。这一天标志着取消了对克朗流出的全部管制要求。金融危机结束已经10多年了，这一天才刚刚到来。

一直到2019年3月6日，只对想入笼的狮子收入笼费。而费率，也就是动物园的票价，被设定为零。但是冰岛保留了规则要求，同时也保留了对衍生品交易的限制。

现在只剩下狮子的入笼券要求了。

但经合组织和欧盟及欧洲经济区规定，资本流动不受限制。因此，从长期看，这些控制也将不得不被取消。无论这个"长期"意味着什么。

到目前为止，据我所知，无论是欧盟及欧洲经济区各国、道明证券，还是任何其他国际银行或冰岛银行，都没有站出来，要求资本自由化。但是，谁知道呢，也许很快就会有一些套利交易商、以前的债权人或者冰岛银行开始游说平等待遇和资本自由流动了——要求允许他们全部重新开始。

而且，是的，自由化后的 2019 年 3 月 13 日，一家欧洲金融公司——蓝湾资产管理公司（Blue Bay Asset Management），建议购买冰岛债券。该公司预计冰岛市场会实行高利率，同时货币也会升值。

央行和直升机撒钱①

按照 2008 年危机前的水平计算，世界五大央行的资产负债表已经增长了三倍。这 5 家央行是英国央行、日本央行、欧洲央行、中国央行和美联储。

它们一直在市场上购买债券，增加流动性，降低利率和增加通货膨胀水平。它们希望拉高需求，从而刺激经济增长。这种量化宽松政策，是打开金库的代号。

美联储、欧洲央行和日本央行的资产约占各自经济体 GDP 的 23%、40% 和 95%。

直升机撒钱描述的是一个想象中的政策：中央银行像直升机一样，飞到国家领土上方，往地面投钱，直接刺激需求。量化宽松政策就是直升机撒钱的现代、非透明版本。

欧元体系购买公司债、担保债、资产支持证券，特别是公共部门债务。一旦前三类资产发生了损失，欧洲央行所有成员银行都要共同承担。对于公共部门债务，风险由本国央行承担。这是一片遮羞叶，好让那些批评欧洲央行给政府提供资金的人闭嘴。

但其实，欧洲央行的确是给政府提供资金。

到 2017 年年底，欧洲央行坐拥欧元区公共部门约 20% 的债务。哪怕购买量很大，但规则限定欧洲央行在任何债券发行中的持有份

---

① 关于欧洲央行贷款的数据来自其资产购买计划的网页。安联全球投资人 QE 监测器提供了欧洲央行所持有的政府债券份额的数据。

额不得超过33%。

这个规则限制了政府购买新债，毕竟债券价格应由市场供求主导。这是个技术问题，但是尽管如此，欧洲央行还是买走了大量债券。

因此，其他投资者就可以"抢跑"欧洲央行，即在新债发行时抢先购入，然后转手卖给欧洲央行。

截至2019年7月，欧洲央行已经建仓了1 200个公司债券头寸，总价值达到了1 770亿欧元。担保债券价值达到了2 620亿欧元，公共部门债券则达到了20.89亿欧元。

公司债头寸中有一部分是石庭豪夫欧洲集团（Steinhoff Europe AG）的公司债。石庭豪夫的母公司位于南非，债券是由奥地利的子公司发行的，投资人则是芬兰央行。

但据称，石庭豪夫母公司的财务造假。债券原本的投资级评级被取消，而债券价值在一周内跌去了40%。

冰岛的情况虽然极端，但也说明了三个风险。第一，扭转流动性措施非常困难。第二，这么困难，也就意味着即使债券评级为投资级，投资者也可能亏损。第三，利用这样的项目需要创造力。

人们可能想知道哪里还能找到，像冰岛三家银行这么有创意的金融结构。尤其现在央行已经打开了水龙头。

人们可能想知道2019年的互换贷款"情书"到底是什么样子。

被国家力量压垮

如果要发生金融危机了，那么要确保危机规模非常大，而且都是私营企业。

——冰岛经济学家

美国利用华盛顿互惠银行树立了一个榜样——首先保护储户，剩下的问题留给市场解决。

华盛顿互惠银行的遭遇可比冰岛银行还要残酷。控股公司持有的银行股份被拆分，卖给了摩根大通。当时正值危机最为严重的阶段。

我采访的一个人说："我们在华盛顿互惠银行和冰岛格里特利尔银行都有头寸。"

"我们是在危机前全额买入的，一直持有，没有卖出。"

"投资格里特利尔银行，我们收回了38.6%。投资华盛顿互惠银行，仅收回了24.6%。"

低回收率也反映了另一个悖论。对于华盛顿互惠银行，存款占银行资金的比例较高。通常情况下，因为存款黏性较高，所以存款比例高，则意味着银行运营比较稳健，承压能力也较强。然而，由于存款是完全担保的，高存款比例也意味着其他投资者的回收率较低。换句话说，这也是一个危险的信号。

活着的时候，存款覆盖率高当然好，但如果已经面临死亡或收到了死亡威胁时，高存款覆盖率就不是好事了。

雷曼兄弟银行的价值一路狂泻，跌到了甩卖价值。相比之下，冰岛的债权人则通过持有股权头寸守住了部分上升空间。

房利美和房地美树立了一个榜样。[①]

房利美和房地美得到了美国政府近2 000亿美元的救市资金。国家原本应该获得10%的固定利息。投资者也是看中了票息才购买的债券。

然而，两公司的收益并不足以支付这10%的利息。

美国创建了一个"清扫"模式。超出最低收益的部分，全部归

---

① 房利美和房地美案基于《金融时报》2018年2月22日的文章。

为国家所得。这也就意味着投资者的收益基本上跟持有国债拉平。到 2018 年 9 月，财政部收回了 2 800 亿美元，比救市成本多出近 900 亿美元。

美国可是在金融危机期间可以给银行业设定拆分标准的国家。可不是什么普通的"香蕉共和国"。

扭亏为盈的救市政策[①]

> 冰岛政府认为和解是巨大的成功。艰苦的努力得到了回报，消除了国际收支失衡的威胁，尽量减少了法律风险，也得到了公众支持。在冰岛政府看来，索赔人得到了一个公平的交易，因为没有索赔人去地区法院起诉。
>
> ——IMF,《磋商摘要》第四条

冰岛没有进行国家救市。

不过，按照占 GDP 的比例计算，在所有类似的救市行动中，冰岛的救市成本最高。

但是最终，这些成本的每一分钱都收回来了，金额还更多。

冰岛投入的初始成本估计为 GDP 的 34%，约为荷兰的 3 倍，英国的 5 倍，美国的 10 倍。

2009—2012 年，政府对银行进行资本重组。因为使用了债转股的方法，所以实际成本比最初设想的要低得多。但是，需要注入的资金仍然达到了 GDP 的 15%，冰岛国民银行拿到了其中的大头。

[①] 关于危机成本的数据来自 IMF 工作人员为 2016 年第四条磋商所做的报告。弗里德里克·马尔·巴尔德松和理查德·伯茨于 2017 年 7 月发表的《冰岛的资本管制及其银行遗留问题的解决》一文全面描述了过程和关键数据。

2008 年的流动性支持计划，也给冰岛央行造成了巨大损失，原因是抵押品价值不足。因此，在 2009 年，冰岛政府为冰岛央行进行再融资，规模相当于 GDP 的 18%。

这才扭转了形势。最后回收的资金总额占 GDP 的 43%，超出成本 9 个百分点。

回收资金主要来自 4 个部分。

第一，2009 年重组银行时，冰岛政府获得了银行股权和债券。后来这些资产的价值上涨，已达 2015 年 GDP 规模的 15%，与注资价值大致相当。

第二，基于所拥有的股权和债券，冰岛政府赚取了分红，加起来占 2015 年 GDP 的 3%。

第三，冰岛央行的资产回收部门，也就是资产管理子公司，也设法通过处置抵押品回收一些价值。这部分加总后，约占 2015 年 GDP 的 8%，而冰岛央行的再融资成本为 18 个百分点。与欧洲央行的情况不同，冰岛仍然承受了巨大的损失。

截至此时，冰岛政府仍然处于亏损状态。

第四，2016 年年中签署的《和解协议》是冰岛央行与银行债权人的最终协议，产生的价值相当于 GDP 的 17%。第三大银行冰岛国民银行交还给国家时，账面价值为 GDP 的 8%。克伊普辛银行的破产财团承诺，将于 2018 年完成阿里昂银行剥离后，并以债券合同的形式支付相当于 GDP 4.5% 的资金。

此外，克伊普辛银行还会支付剩余款项。

破产财团同意视冰岛央行为债权人，并给冰岛央行分配相当于 GDP 4% 的回笼资金。未来 7 年，破产财团还会分阶段提取国内外汇存款，这部分会再贡献 4%。最后，破产财团还会动用外部资产，为冰岛央行和冰岛政府对银行的申索进行再融资，这部分再贡献 2.5%。

此外，破产财团的外币存款期限延长，改善了银行的货币余额。

作为回报，破产财团可以第一时间将相当于 GDP 35% 的流动外国资产分配给外国索赔人，之后再逐步增加。这样债权人获得了控制权，也能获得额外的价值。

别忘记德意志银行事件：雷曼兄弟申请破产 10 分钟后，德意志银行自动划款 5 亿欧元给雷曼兄弟银行，支付外汇即期交易。虽然花了几年时间，但最终克伊普辛银行收回了 4.25 亿美元。债权人也得到了这些钱。

即使到了 2017 年的奥斯陆，债权人也穷追不舍。

克伊普辛银行挪威分行倒闭时，挪威政府任命了清算委员会。委员会成员都是挪威专家，他们对自己要承担的风险表示担心，要求国家或保险公司承保可能的损失。首先，财政部授权提供了高达 5 亿挪威克朗的担保，约 6 000 万美元。反复协商后，终于签订了保单。

但国家担保和保险都有到期日——国家担保的有效期是到 2010 年年底；保险有效期则是在财团清算结束后 3 年，也就是到 2013 年。

担保和保险牵扯数亿美元资金的流动，在这个过程中，债务索赔得到解决，抵押物得到归还。但在数百笔交易中，有笔没有收到对价就把股份转让给了一位挪威客户。账目显示有 1 040 500 美元的偏差。

这位挪威客户和她的顾问，也就是她的哥哥——克伊普辛银行挪威分行的前负责人，以及克伊普辛银行一名高层，坚称他们不知道这个情况，而且要求提供书面证明。

因此，债权人反而到奥斯陆调解法院起诉了这三人，要求他们赔偿 100 万美元。是个人赔偿，赔偿给那些曾经承担过任务的人。三个人很可能需要从自己腰包里支付这 100 万美元，因为国家担保和保险都已经过期。但是债权人拒绝了和解协议，案子移交给了地区法院。案子转交后，就有一年时间等待法院传唤，但是既没有什么消息，法院也没有发出传票。

所以，这个案子也许已经过了有效期。

通过各项交易将债务转移给政府和债权人，冰岛的外债总额占GDP的比例已经削减了60%，从约190%削减到2016年年底的约130%。

债券交易还把国家变成了三大银行中的两家银行——冰岛银行和国民银行的控股股东。

阿里昂银行保持了部分股权私有化，并于2018年在斯德哥尔摩证券交易所上市。现在最大的股东中仍然有4家对冲基金公司：高盛、塔科尼资本、艾特斯托私募基金（Attestor）和奥奇资本。

此外，债权人承诺不起诉冰岛，不过保留了起诉挪威人的权利。

对于冰岛，IMF总结道："冰岛……在直接成本方面表现得非常好，估计国家的净收益超过了GDP的9%。跟许多其他陷入危机的国家相比，9%已经是很高的收益水平；而从冰岛在危机前其银行业在GDP中的巨大份额看，这是一个值得致敬的巨大成就。本分析不考虑税收的得失，也无意量化危机造成的巨大经济成本。"

烧毁400亿欧元

我们冰岛人怎么能把发生的事情归咎于债权人呢。不过事实是，仍然有很多冰岛人在责怪他们。

——冰岛观察员

根据银行的资产负债表和回收率，冰岛的金融体系崩溃给投资者造成了共计 400 亿欧元的损失。[①]

表 4-1 说明了银行负债的具体情况，浅灰色部分是债务减记。

表 4-1 重组过程的资金流动

崩溃之前的价值（10 亿欧元）		回收率（百分比）
母公司存款，包括冰储银行（大约 19）		100% 回收
外国子公司存款（大约 15）		100% 回收
外国子公司其他资金（10~20）		100% 回收
母公司其他资金，包括借款、债券、批发存款（大约 53）		大约 30% 回收
		公司债减计
次级贷款（5）	2008 年 10 月损失	次级债股权价值损失
		重建成本和其他成本
股权（大约 7）	2008 年 10 月损失	冰岛国家净流入资金
		家庭债务减计
其他负债		大约 30% 回收

注：灰色部分的数据源自《冰岛的崛起、衰落和复活》一文。

三家银行损失了股权的全部价值和转股后的投资次级债价值，总共约 120 亿欧元。

同时银行借款人损失了共计 280 亿欧元。

因为直接减记了银行贷款，同时转移了部分资产收归国有，基本上三家银行资产的全部价值都"消失"了。

根据定义，银行贷款是银行借款人的负债，他们欠银行的钱。

---

① 总成本估计来自《冰岛的崛起、衰落和复活》一文。

不过，在减记之后，情况就不一样了。因此，欠银行钱的人直接被免除了还款的责任。有些人有正当理由，有些人则没有。

最极端的是，银行对控股公司贷款的减计率竟然达到了94%。

出发去基里巴斯①

如果用最简单的方式讲述冰岛的故事，就是原始银行债权人是自愿退出并卖出债券。随之债务投资者，通常就是对冲基金，可以以低廉的成本建仓。然后，冰岛政府可以跟对冲基金硬碰硬，向他们收回的资金不仅超过直接成本，还可以减免家庭债务和支持其他措施。这样一来，故事的主人公都是赢家了。

但故事总有正反两面。1 800亿美元债务违约了，肯定有受害者。而且有很多。

巴纳巴岛在基里巴斯的最西边，英国榨干了巴纳巴岛的财富，仅留下了一个荒凉的采石场、破败的棚屋和废弃的坦克，还有贫瘠的土壤和被污染的水库。

金融危机给贫穷的基里巴斯造成的损失占GDP的比值，与冰岛通过债权人协议回收的资金比例大致相同。穷国损失，富国得利。

我给托尔讲了基里巴斯的故事，他很难过。因为我讲的故事跟他听到的版本不太一样。他听到的故事是，必须击垮不负责任的银行家和秃鹫一般的对冲基金，而德国国有银行自愿出售股份，是在承认自己判断力很差。

债权人的首席发言人说："我从未听说过基里巴斯的情况。"

---

① IMF于2017年12月发表的关于基里巴斯的第四条磋商报告描述了该国近期的经济表现。

显然，债权人的首要任务不是找到那些因金融危机而遭受巨大损失的无辜受害者。不过怪异的是，如果找到了，他们就能占据道德制高点。

一个例子可以说明债权人实际上多么无能：冰岛和国际媒体把他们描绘得十分精明专业，还拥有高薪聘请的冰岛顾问和国际顾问。但实际上，他们水平非常差。

政府团队的一名成员说："因为要考虑可能会在哪个司法区被起诉，所以我们罗列了涉及的所有司法管辖区。我也就只会在文件上遇见这些人。"

托尔和大多数冰岛人一样，很有爱心，有强烈的是非观念。当我跟他分别时，他还在想基里巴斯的事。

不过，也有一些好消息。2008年后，基里巴斯的经济表现很好，把专属经济区远远扩展到了太平洋，面积是冰岛的4倍，排在全球第13位。如今，基里巴斯的渔业产业价值也提高了。

此外，基里巴斯的储备基金只有一小部分投资给冰岛的银行。而至于其他投资，都是赚钱的生意。

基里巴斯摆脱了英国87年的统治，在2019年庆祝独立40周年。2019年也是首次基金管理规模预计超过10亿澳元。

冰岛，再次欢迎[①]

到了2008年年中，冰岛实际上已经无法在国际市场上拿到长期融资了。冰岛与2010年的希腊和爱尔兰、2011年年初的葡萄牙一样，都是被抛弃的经合组织国家。

然而，国际市场重新开放了。2011年6月，冰岛第一个重回国

---

① 关于2017年债务发行的信息来自冰岛财政部2017年12月13日的新闻稿。

际市场。

时任冰岛财政部长斯泰因格里姆尔说:"这是一个重大突破。

"我们试图聚焦基本面。我们感到困惑的是,放款人把我们与那些没有资源、没有充足养老基金和没有复苏迹象的国家混为了一谈。"

一些人对冰岛重回国际市场感到惊讶。雷克雅未克曾被警告永远无法借贷。

惠誉分析师在接受采访时说:"冰岛2011年就恢复了投资级评级,做得非常不错。"惠誉是三家评级机构中唯一一家取消冰岛的投资级评级的机构。

2011年6月,冰岛以5%的利率发行了10亿美元国债,这次发行得到了投资者的两倍超额认购。

冰岛继续发行新债。

2017年年底,冰岛完成了新债发行。时任财政部长说:"这次发债是财政部的里程碑,因为本次新债的发行条件最有利于冰岛。"

这发行的是5年期的欧元5亿国债,年利率为0.56%。宣布发售后90分钟,就收到了高达20亿欧元的认购。最后总认购量达到了39亿欧元。这次国债的认购群体主要是欧洲各国央行和机构投资者。

这一次,从欧洲央行的资金源泉中获益的正是冰岛,尽管只是间接受益。

2019年的目标线

一位评级分析师说:"我想过要写一本职业生涯回忆录,写一写50年的债券行业从业经验。

"我经历过太多的危机了。

"想想韩国吧。

"2008年在冰岛参加会议时,我就这样说了。这让冰岛人非常生气。"

他认为韩国确实很突出。1996年,韩国被评为AA-级,1997年年底,下降到B-级,一共下降了12个等级。也有其他国家评级下调了十几个等级,不过韩国经济恢复的速度是最快的。

他说:"韩国人觉得很难堪,他们真的希望能够尽快恢复。"

"韩国的主权债表现尚可,但是因为韩国银行业和公司深陷金融危机,很快外汇储备枯竭。现在,对比经济规模,韩国的外汇流动性缓冲金水平最高。可谓是黄金缓冲,再也不会外汇储备枯竭了。"

"他们花了13年时间。因此,如果从2006年第一次下调评级开始,恢复到原本评级需要熬到2019年。而现在,冰岛的重组已经完成了,从此一帆风顺。"

永远的福地

今日之强大冰岛前所未有。这是我2010年或者2011年的时候根本无法想象的。

——冰岛前总理布亚尼·本尼迪克特松在采访中如是说

在2018年年底,冰岛经济增长良好,增长率约为3%。以2008年危机前的增长率衡量,冰岛GDP的增长明显超过了其主要贸易伙伴和欧元国家的水平。

冰岛是世界上就业率最高的国家,15~64岁人群的就业率高于85%。相比之下,美国的平均就业率不到75%,北欧国家的平均就业率约为80%。冰岛的失业率低于3%,是所有西欧国家中最低的。在金融危机期间，大约4%的人口离开了冰岛，其中一半是冰岛人，一半是外国人；危机后，新来人口给人口总规模带来了约10%的净增长。其中大部分是移居到冰岛的外国人，而冰岛籍的人口流入和流出规模基本匹配。

作为一个宏观经济学家，我觉得冰岛经常账户的图示颇为壮观（见图4-10）。看到这幅图，就可以想到2008年前冰岛巨大的结构性赤字。这幅图也显示了一国经济发展严重偏离轨道，游走在危险悬崖边际，而金融市场和政治家都完全没有意识到经济体系的薄弱。这幅图还非常清楚地显示了2009年的巨大变化和之后稳定增长的轨迹。在图的最右侧，还可以看到2018年经济平衡的幅度收窄。

衡量经济基本面的指标与货币和股票价格之间的联动关系往往无法明确。它们可能异向变动，或者滞后变动。不过，关键的是经济基本面，因此，也请你保持关注，把经济指标放在你的雷达监测器上。

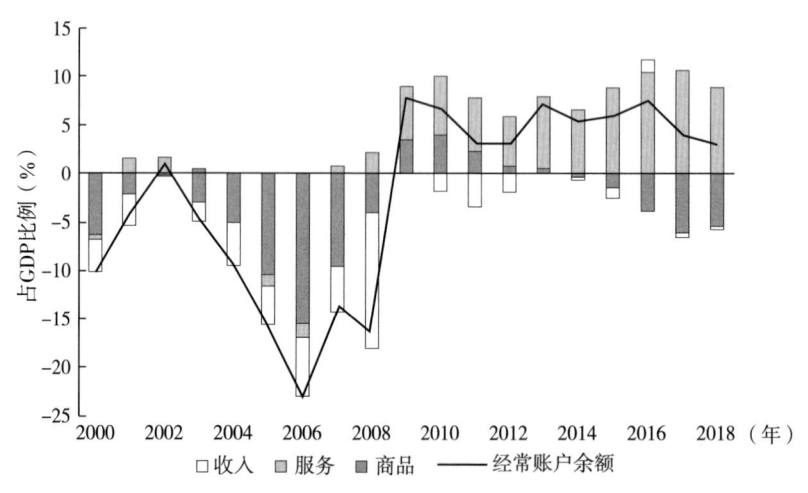

图4-10 2000—2018年冰岛的经常账户余额
资料来源：冰岛央行。

冰岛政府财政重新录得盈余，而经合组织国家的平均财政水平仍然是赤字状态。2018 年冰岛一般性政府财政总负债约为 64%，优于经合组织 111% 的平均水平。

冰岛的通货膨胀水平比较温和。不过，舆论方向已经改变了。2017 年年中，市场参与者认为低通胀将持续下去。到了 2018 年年底，长期通胀预期从每年 2% 左右翻倍，上升到了 4%。这就提出了一个问题：冰岛近 5 年的通货膨胀得以控制在国际平均水平，是否仅仅是短暂的例外情况，也就是说克朗能够持续走强的时代也是短暂的？20 年来，克朗平均每年对欧元贬值 2%。而大部分时间，克朗兑欧元汇率都低于 20 年的趋势线。

现在，冰岛国内市场的个人消费成为驱动经济增长的主要动力。政府消费也在增长，每年的增幅高达 4%。出口增长和旅游业增长都停滞了。

公司和家庭的债务占 GDP 的水平在下降。

这是一个重大的变化。冰岛的所有头寸，包括冰岛的家庭、公司、银行和政府的财务头寸总值，被称为冰岛国际投资头寸（International Investment Position，简写为 IIP）。危机前，IIP 规模超过了一整年的 GDP。简言之，这个国家从国外"借"来的钱超过一整年国内生产总值。

如今，冰岛的 IIP 是零。冰岛经过千辛万苦才度过危机，也摆脱了沉重的债务负担。

想想牛群，投资者显然期望冰岛这个牛群能够穿越沙漠，甚至跨越北极平原。冰岛借用外汇的 CDS 利差现在处于十年来最低水平，现在为 0.6%，与德国相当。

但是，情况并非完全理想。冰岛的出口在增长，但进口也在增长。自 2013 年来，国际贸易和服务收支平衡对国内需求的影响一直都为负。冰岛仍有贸易盈余，但是经济越来越依赖外国游客。

第四章　重建

现在不仅仅间歇泉在热。虽然经济衰退拉低了财政投入和投资水平，但现在已经恢复了增长态势。个人消费变化是顺经济周期的。近几年来的工资增长保持了较高水平，单位劳动成本每年增长超过5%。汇率回到了长期趋势线左右。企业收入水平已经开始下降。

冰岛的一位经济学教授说："使用GDP增长率作为衡量指标过于短视。"

"经济体系和结构的稳健性也很重要。现在我们已经看到了两位数的工资增长。很快就会发生通货膨胀。"

"购房贷款与通胀指数挂钩，所以很快家庭债务水平也会飙升。"

有人曾认为：银行过去一直都是国家的金矿，未来也是。现在冰岛仍在征收银行税，但现在国家持有三家大银行中的两家，第三家银行的持有人则是可投多种资产的外国投资者。因此，对银行征收的税最后变成了对国家征收的税，也间接变成了对家庭和公司存款征收的税。

冰岛也一直在研究其他北欧国家的方法经验，力求找到一个能够实现工资水平长期持续增长的发展模式。主导北欧国家工资水平的因素是行业的出口竞争力，以及抵御进口竞争的能力。但是，因为冰岛没有可以与国际公司竞争的大型劳动密集型企业，所以不宜直接借鉴北欧国家的经验。渔业、金属和旅游业是冰岛的三大出口行业，不仅竞争激烈，规模和产值还会随季节而大幅波动。

能够实现稳定和可持续增长的模式要素有：产业多样化、高竞争力、稳定的货币政策、更明确的收入政策常态、逆周期的财政政策，以及设立国家稳定基金。

冰岛比其他国家都更需要这个模型。

一位旅游行业的高管说："我想知道汇率涨到什么程度，游客就不会再来冰岛了。"

我的一个朋友说："冰岛美景众多，不过我觉得厄赖法耶屈德尔火山（Öraefajökull）的风景是最棒的。"

厄赖法耶屈德尔火山位于冰岛东南部，冰雪盖顶，不仅是冰岛的最高峰，也是冰岛最大的活火山，也可能是最危险的火山，1362年和1728年就喷发过两次，2017年和2018年火山周围地震活动和震感也明显增加。

这个例子也说明了依赖旅游业的经济体的脆弱性。

一位经济记者说："2019年，冰岛增长数据令人惊叹。我之前从未见过因单一公司破产导致GDP下降的情况。"2019年3月，冰岛一家航空公司宣告破产。破产前，到冰岛的游客中，30%都会选择这家航司。这家航空公司破产后，冰岛的GDP从之前1.8%的增长率下降到了0.4%。

政治危机的阴霾湮没了经济危机

冰岛的经济已经基本恢复了，但公信力没有恢复。

一位冰岛央行的前员工说："没人因为银行倒闭而丧命，但是银行倒闭打击了公众对冰岛政府机构的信任。"

供职新银行的一位员工说："现在伤口还没有愈合。"

我们召集了一群冰岛人，请他们来一起讨论。其中很多人说："我们被当成傻瓜对待。"

他们说："没有人站出来承担任何责任。"

"危机前，许多人表现得好像自己是天才。然后经济崩溃了，现在天才们说，所有的决定其实都是别人做的。"

十几年来，凭借个人评估和决定，银行高管就能给亲友批贷，减计债务；而经济发展又受限于资金管制、债券拍卖和资本流动。

坊间流传着隐形富豪的谣言和论断，各处都在讨论"紧密配合、战略协作的小群体"的传闻和秘密股东。

这些非公开的经济活动撼动了危机时期两位总理的地位，也导致了西格蒙杜尔·戴维·贡劳格松下台。

伊娃·乔利担任职欧洲议会议员时说："金融危机后，美国和欧洲的民粹主义抬头，部分原因是这些欧美国家没有承担金融危机的后果。包括美国、英国和德国等国家也没有进行任何系统性的调查，这本身就是丑闻了。是的，一些银行堂而皇之地再次操纵客户、市场和利率。就连LIBOR也难逃被操控。"

调查员让-米歇尔·马特揭露说："一些国家联系了我们。他们说在考虑要参考冰岛的方式，在本国也启动系统性的调查。至少他们正在考虑。但是，最终他们并不想这么做。"

"很遗憾，很少有国家能做到跟冰岛一样。"

第五章
从危机中获得的教训

IN THE COMBAT ZONE OF FINANCE

还记得医学实验吗？要了解疾病的起因，才能总结出治疗的经验。

我提炼了 5 个问题，也给出了 5 个答案。

1. 我们学到了什么，可以让我们在危机前及时发现警告信号？
2. 经济复苏过程中，哪些地方与预想的最为不同？
3. 对于银行重组，冰岛提供了哪些经验？
4. 在更广泛的欧洲危机背景下，有什么教训？
5. 该谴责谁？

市场和政策的失误，以及掩饰的代价

至少有一段时间，冰岛银行业的发展看似非常成功。对于支持自由市场和小政府的人，冰岛银行业是梦想之地，一切都如其所愿。

市场是开放的。欧盟及欧洲经济区规则提供了市场准入，资本流动不受限制，监管很宽松。监管机构基本上不存在。每个人都相信银行和市场的自我监管。

按照欧洲自由贸易联盟法院的裁决，就连冰岛存款保险的规定，也主要是为了促进自由市场的机制。

评级机构在冰岛都设有办公室，毕竟冰岛的银行就是它们的大客户。市场一直密切关注着冰岛银行的评级变动、CDS和股价的起伏涨落。冰岛银行的账目也由国际会计师事务所审计，而警报声从未响起。

然而，这一切都轰然倒塌了。

直到危机前一天，金融机构、银行和研究人员才发布了令人困惑的预期分析。但是到那个时候，冰岛CDS价格已经飙升，股价已经腰斩。的确，"市场"已经感觉到有事要发生，但许多专家还在浑浑噩噩。

自由市场的支持者可能会说，金融产品那些模糊的条款才是问题所在。有些人认为中央银行肯定会介入，但是《紧急状态法》最后一刻才颁布。

其他人可能会说，银行业和金融市场的"自我监管"只是镜花水月。自我监管机制过于薄弱，经济的爆发性成长和盛衰循环的影响力太强，而如果金融业彻底崩塌，连带损失大得惊人。

金融危机前，冰岛三家银行的夸张增长有目共睹，银行的绝对规模以及经济占比一目了然。如果银行自己和市场都无法认识到，如此之大的规模可能会导致系统性问题，那市场参与者能够看到什么？

总而言之，冰岛的经验体现了严格监管的必要性，特别是针对金融行业的增长和流动性。但冰岛的经验也表明，如果要走自我监管的路线，有关的规则和条件需要尽早制定到位。这是第一个教训。

增长的一面是经济力量，另一面则是隐藏的风险。这是第二个教训。

这个教训也适用于国家和银行。我们都惯于把增长视作正面、积极的。但对银行来说，增长可能意味着资金紧张，或是追逐信用质量更差的客户。这句句属实。

一位北欧国家央行的高管曾讨论道："所有每年增长超过 10% 的银行都应该向存款保险基金支付额外的保费。毕竟，它们未来很可能会成为保费提取人。"

第三个教训：即使闯过了风暴，也不意味着你真就天下无敌。哪怕短期来看是如此。

银行和政府本应把 2006 年冰岛银行的小型危机视作警告信号。相反，然而在安然度过危机之后，情况出现了改善，反而造成了天下无敌的错觉，使其未能及时制定并实施干预措施。

在 2006 年危机过境之后，银行借贷规模不断上涨，风险也随之成倍增长。银行开始不断向持有自己股份的公司发放更多的贷款、回购银行自己的股份、通过外国分支机构吸储、将中央银行当作其资金来源，以及未在受央行支持的业务结构中展业。

因此，如果发生了小规模危机，如果资产和负债的相对权重发生了变化，就要仔细观察。

第四个教训似乎有些争议性：我们不能从冰岛的经验中得出结论——一国如果没有储备货币，就无法维持大规模银行系统长期稳定运行。

全球金融危机造成了极端的冲击，体现了万事万物都有限度。冰岛的银行规模过大，经济过热。但如果其银行业务稳健，政策制定审慎，金融体系其实未必会出问题。

为了金融体系成功，银行需要严格地自我监督，同时监管机构也需要严格管理。业务需要遵守规则，以稳健和诚信的方式运营。本国银行也需要与其他国家的银行、监管机构和政府建立合作和伙伴关系，以获得对本国银行系统的支持。信任需要培养建立，不可欺骗和背信而让信用分崩离析。

冰岛三家银行也应该在资金、股权和风险方面彼此独立，但当时都没有做到。克伊普辛银行支付了高额的溢价，收购了丹麦第三大银行 FIH 银行，也"继承"了丹麦工业投资银行的所有弱点。虽然克伊普辛银行竞标时打败了对手冰岛国民银行，但是竞标过程也反映了克伊普辛银行的管理漏洞。更糟糕的是，哪怕金融危机已在萌芽之时，克伊普辛银行还在考虑收购荷兰投资银行（NIBC）。

虽然金融体系崩溃了，满目疮痍，但是并不能证明冰岛无法保持金融中心的地位。当然，除非有人说，这些错误是不可避免的和系统性的。

泡沫破灭前，冰岛的国家经济宏观指标十分亮眼。通货膨胀通常能发出警告信号，但如果进口成本低，本币又升值，那么通货膨胀指数就无法起到预警效果。高水平的经常账户赤字也可能提供金融危机的警告信号，但如果冰岛的高赤字水平可以用高投资水平和高外国直接投资来解释的话，经常账户赤字也就无法预警什么了。因此，人们要做的是观察经济基本面，并抽丝剥茧。

债务可以是经济增长的助推器，但也可能变成毒药。冰岛的银行吸引了大量的资本，而其中一部分转移给了冰岛的企业和家庭部门。控股公司倾巢而出，开启了收购狂潮，它们看起来持有了公司，但真正持有的只是债务。

流动性是最重要的，因为它是金融危机的触发因素。许多公司和国家都在周转债务。借新债，还旧债。无论多么伟大的公司，如果贷不到新债，都一样分崩离析。银行更是如此，其本身就是周转债务的行业——一手是银行欠别人的，一手是别人欠它们的。财务稳健性影响流动性，但流动性短缺则最为致命。

还要注意债务人和债权人的组合。谁借出了钱？谁借到了钱？

比较希腊、冰岛、爱尔兰、意大利、葡萄牙和西班牙时，这是一个重要的区别因素。如果是私对私，重组、破产和重新谈判都可以发挥作用；但在公对公的情况下，这些就都是政治。

资本市场的疯狂会造成混乱，但市场机制是解决问题的绝佳工具。资本市场为股权和债务设定了价格，可能对，也可能错——正确与否取决于基本面情况，但其无时无刻不在重新设定价格，信心的缺失也会转化为市场价格。正因为有价格，交易和重组得以执行落地。

真正造成问题的原因是掩饰问题和加倍下注。SIC 说，如果 2006 年冰岛银行系统采取了不一样的方式，本可自我挽救。我甚至认为 2007 年也不晚。如果经过了谨慎考虑，制定一个基于强调稳健性、流动性、去杠杆化、部分再配置、合作联盟、多样化和收益的战略，银行本可以更加行稳致远。相反，这些银行则加倍下注，继续加大规模。甚至到了 2008 年，以欧元计价的对外国实体和控股公司的贷款还实现了净增长。看来，激进派股东掌控了控制权。

正如最常见的情况一样，是遮掩阶段采取的行动导致了风险，引发了最为严重的金融和社会问题。格里特利尔银行给自己的股东贷款增加了一倍，克伊普辛银行开始操控股价和 CDS 的价格，冰岛国民银行开始在英国开展吸储业务。欧洲央行以及英国和冰岛的中央银行都在拼了命地提供流动性。在最后时刻，冰岛政府甚至还在考虑收购格里特利尔银行。

作为一个投资者，此时可要加倍小心。从繁荣的高峰跌落，势必会限制未来多年的发展。逆周期下注可能会得到回报，但对于系统性崩溃而言，没有完全恢复这回事儿。

更好，但太晚了

回顾冰岛危机后的历程，资金管制的影响与预期设想的效果相差最大——既有所帮助，也有所危害。

资本管制实施后，倒塌了的银行大楼的瓦砾留在了冰岛，用以填补坑洞和建造新的结构。

然而，谈判进展缓慢，控制措施也延迟了正常化。许多法规沿用到了2017年，甚至延续到了2019年。只有全部的资本管制法规取消了，冰岛才能再次充分参与国际市场。

2008年IMF意向书和2009年意向书草案中的目标都很雄伟。除了没有讨论如何促进经济增长，两封意向书涵盖了大部分关键话题。

高利率、进口迅速萎缩、国际贷款和资本管制巩固了冰岛克朗的货币地位。贸易和服务行业持续结余，克朗得以走强。冰岛央行得以建立一个庞大的战斗室。速度比预期的要快。

2009年年初，大多数人预计当在岸和离岸利率趋于一致，而利率介于两者之间时，应该可以解除全部管制。我们认为应对在岸利率赋予更大的权重时，还被嘲笑了。

当最终取消管制时，新汇率与在岸汇率持平。在经济逐步恢复的过程中，汇率已经从每欧元约160克朗升值到120克朗。

在克朗走强、工资冻结和经济松弛的叠加因素下，通胀压力消除了。早在2010年年中，12个月的通货膨胀率就下降到了2.5%。

冰岛继续按计划实行紧缩措施。国家债务水平上升，资本重组的资金成本却降低了：这是因为冰岛选择了更好的模式，宏观经济进一步复苏，财政紧缩，加之创造性的刺激复苏措施，降低了国家债务水平的峰值，并实现了迅速回落。通过回收，冰储银行的风险稳步下降，并最终由欧洲自由贸易区法院裁决认定风险已经全部消除。

2011年，冰岛政府债务达到顶峰，占GDP的95%，但贷款方案提供了缓解。从那时起，债务占GDP的比率已经开始逐步下降，

2017 年下降到了 42%。

2017 年 12 月，标准普尔全球评级公司确认冰岛长期和短期外币和本币主权信用评级为"A/A‑1 级"。

标准普尔认为冰岛前景稳定，同时财政改善也是上行因素，下行因素则是未来两年经济过热的风险。

新银行在短短几周内可以全面运营了。由于强大的资本化能力，新银行甚至很快就在小银行的重组中扮演了避风港的角色。

2009 年年中，出现了权衡机会。一种选择是推动尽早取消资本管制，从而获得尽快进入国际市场的机会。取消资本管制可能也会加快 GDP 的增长，可以组织债券拍卖作为过渡管理。不过，这种做法会带来一些风险；资本外流可能会再次增加，经济再次出现风险敞口。2009 年 8 月，最终敲定了分阶段的、严格管理的、快速开放的战略。

然而最后，冰岛还是选择了更为烦琐的路线。矛盾的是，维持资本管控反而是更顺利和风险更低的解决方案。

贬值和通货膨胀风险得到控制，资金得到保证。IMF 也积极支持这种方法。

然而，维持管控也就必须收紧控制。资本管控制度存在违反和规避监管的漏洞。

因为资金管控和收紧要求，大笔资金都锁定在了冰岛境内。这就意味着国家有巨大规模的资金可以借，确保了新银行的流动性，也保证了冰岛公司可以获得资本。最后，控制措施提供了一个框架，在这个框架内，后期协议可以向国家的利益倾斜。

冰岛资金管制起了作用，系统和法规可以落实到位，大多数冰岛人确实遵守了这些规则，而且冰岛位于北大西洋中部，限制了规避和泄漏的可能性。

银行和被锁定的投资者基本上也坚守了冰岛的法治规则。

相反的出发点，相反的解决方案

应对危机的结构必须适合一国的特殊情况和经济基本面。这也是从冰岛银行重组过程中得到的最重要的经验。

很多人把银行拆分成"坏银行"和"好银行"，他们觉得拆分就是解决了银行危机。这是错误的。1992年的瑞典银行危机就使用了拆分模式，所以有时这也被称为瑞典模式。

在这个模式中，"坏"银行承担所有损失，被分割成一个新单位。国家建立专门部门，从"坏银行"的资产中回收尽可能高的价值。然后由国家提供新的资本，重建"好"的部分，作为未来的银行。

新银行可以继承旧银行的历史、品牌、系统、客户和员工。

在冰岛，出发点恰恰相反，大多数国内公司都受到了冲击。冰岛有一个悖论："坏银行"都是冰岛的，而"好银行"基本都是外国人的。在冰岛，"坏银行"变成了"新银行"，承担了最为重要的社会作用。

幸运的是，尽管损失重大，冰岛银行的资产价值还是高于负债价值，而国内贷款规模也远远超过了国内存款规模。因此，分割出来的"新银行"自带了巨大的价值库。正如我们所看到的，冰岛创造了挑战，也创造了许多机会。

瑞典模式的逻辑很清晰，但鉴于冰岛的情况，"拿来主义"却不适用。总体而言，可以使用资产转移，但冰岛需要量体裁衣。

瑞典模式的特点是快速、简单、令人信服和方便。然而，没有确切的证据表明瑞典模式能最大化回收价值。无论好坏，在瑞典模式中，回收部门与正常业务是分开的。"坏银行"的确激励最大限度实现回收价值，但大多数情况下是以清算为主。

瑞典模式也有风险：它只是一个银行甩开问题的机制，好注入新资本给银行，并且绕过了银行经营方式需要根本性变革的必要性。

过去10年，我拜访过很多经历过银行危机的国家。很多银行家和政府都在反复讨论应用瑞典模式的必要性，甚至有的国家会反复呼吁使用瑞典模式。毕竟这是个现成方便的方案。

然而对于这些国家，需要关注的是银行提供信贷的规则和程序，以及停止有关联方或者受政治影响的贷款。

因此，如果有人建议使用"坏银行好银行"的瑞典模式，可以听取建议，但是也要时刻注意并保持怀疑态度。

悖论依然存在。监管机构可以为保护存款安全而全面介入，从而维护系统稳定。但是，如果所有可用的工具都用来保护存款，那么其他方面就会面临更多风险敞口。

2014年欧盟发布了金融市场规则，规定了债券索赔的顺序。股权第一个承担风险敞口，然后是次级贷款，接着是无担保贷款。所有这些都是合乎逻辑的，但危机迫在眉睫时，这个机制就会阻碍新资本进入。也许对我们更有利的是：受金融监管局监督的债转股的结构化的机制。这个机制可以提供必要的缓冲，同时也为债权人保留上升空间。

适度债转股往往是金融系统所需要的，而且比起全面银行危机，债转股也没有那么可怕或者有害。

保持私有，重组，然后继续向前

我们不仅要对我们所做的事情负责，也要对我们没有做的事情负责。

——莫里哀

在如何利用债务推动增长、债务何时会伤害到需求、政府的立场、债权人和债务人的构成、经济的动态以及货币和货币体系等方面，各国观点不尽相同。

希腊、冰岛、爱尔兰、意大利、西班牙和葡萄牙都曾因国家债台高筑而享受了短暂的经济繁荣，却也因全球金融危机转而衰退。

冰岛的银行业带来了资金，促使货币升值，创造了国内繁荣和全新的产业。政府很少限制财政开支，但至少实现了预算盈余并减少了债务。

爱尔兰的银行为国家带来了资金，支撑了国内建筑行业高热。

西班牙和葡萄牙在使用欧元后，所有行业都积累了债务。西班牙的私营企业和葡萄牙的国有企业对于借贷也特别激进，政府也加入了积极借债的队伍。在经济繁荣过程中，这些国家丝毫没有克制自己，忽略了建立缓冲资金的必要性。

意大利和希腊甚至更为激进。希腊政府的借贷推动了经济的发展。而对于意大利，借贷刺激了政府支出增加、宽松的税收制度以及荒谬的养老金计划。政府的资金来源是贷款，而非税收。

因此，从各个方面看，希腊和意大利的财政情况都是一团糟。正常情况下，西班牙和葡萄牙的财政运行还算合理，冰岛和爱尔兰的财政状况也比较好。

冰岛一些行业受益于债务累积和货币升值，但不是全行业。

在冰岛，私营部门的债权人把钱借给了私营部门的债务人。爱尔兰的情况也是如此，直到国家插手并承担了债务。在希腊，最初最大的债权人是国家，而债务人则是私营部门。再融资行动救助了债务人，外国政府和国家支持的金融机构接手了债权人角色。

冰岛有自己的货币，一路升值，然后一路狂贬不止。其他5个国家的银行使用欧元，在欧元系统内运营，也有欧洲央行的支持。

冰岛的劳动参与率一直都是世界最高水平。而对于爱尔兰以及南欧国家，女性劳动参与率很低。由于退休年龄较低，意大利是西欧国家中劳动参与率和女性劳动参与率最低的国家。

有人说，冰岛的普世教训是政府不应该对银行采取救助行动。对于冰岛而言，救市不是可行的选择，但也不能因此就认为最理想的状态应该是政府不干预。爱尔兰可以选择拒绝对银行救助，如果选择这条路线，也许可能缓解政府的短期融资痛苦，也会缓和对紧缩政策的需求。

然而，到现在为止，爱尔兰政府已经收回了救助行动的成本，政府的干预措施也稳定了金融系统。对于南欧国家来说，这种讨论的意义不大。因为南欧国家的银行所面临的挑战是危机造成的后果，而不是危机产生的原因。

有人说冰岛的例子说明了灵活汇率的价值。这个观点对了一半。广泛的货币贬值可以一次性实现成本调整，否则会需要数百个决定、政治影响力、谈判和坚持。但是，请记住，灵活的货币首先就制造了很多问题。而且，如果公司没有稳定产品物价并保证员工的工资水平，单纯货币贬值能够提供的帮助也有限。

有人说，冰岛的经验是，危机时期政府应该适当调节财政紧缩措施。是的，冰岛政府试图减少削减预算对社会的不利影响，也曾探索创造性的刺激措施。但是，尽管延迟了一段时间，政府还是大幅收紧了预算。

还有三个我认为更重要的经验。

第一，如果有人有心将债务人与债权人的问题演变为社会问题，就必须竖起保护壁垒。冰岛的债务积累都是私营部门债权人对私营部门债务人的贷款。爱尔兰的情况也是如此。意大利问题的根源是私营部门利用了公共部门。希腊则是国家承担了所有部门的贷款。此外，由于国家为私营部门借贷，而私营部门债务人又被国家救助，所以希腊从私对私的情况变成了国家对国家的情况。如果重

第五章　从危机中获得的教训　　443

组过程仅仅是由私对私，那么重组、破产和重新谈判这些措施都可以奏效。但是在公对公的情况下，这一切都变成了政治。

第二，如果需求或收入损失10%，或需要将债务水平降低收入的10%，对任何个人或企业来说都会是挑战，但通常可控。对于国家来说，应对这个挑战通常要困难得多，但仍然可以做到。然而，利益相关者会试图避免受到打击，许多人寻求补偿，好抵销价格和工资的增长。对于冰岛和北欧国家，所有的调整都是一气呵成，确立了新一轮增长的起点。不会改变的是，账单不会因为长期争论谁应该付钱而变少。

第三，最为重要的是一国的劳动力参与水平、生产力和创业精神。在这一点上，冰岛长期以来一直是世界级的。

傻子的差事①

看来，议会和政府都缺乏权力和勇气来为金融系统设定合理的限制。所有的精力似乎都被用于维持金融系统的运转。金融行业规模如此之大，以至于无法承担部分崩溃的风险。

——SIC

试图裁判谁应该为冰岛金融危机负责，谁能获得拯救危机的荣誉，是一件愚蠢的事情。但最终还是需要这样做。

借款人要负责自己的贷款和还债。如果设定了资金的使用条件，则必须满足。借款人需要了解所有可能对他造成打击，并影响还款能力的不利情况。光景好的时候，公司和家庭往往倾向于承担

---

① 本节主要以 SIC 报告中的信息为基础。例子和措辞来自弗里德里克·马尔·巴尔杜尔松和理查德·伯茨的研究和文章。

更多的风险；而光景不好时，则承担较少风险。然而，有时采取完全不同的做法也许一样有益处。

2007—2010年，短短时间内克朗兑日元的价值损失了60%。没人预料到会发生这样的情况。然而，其实1981—1994年，克朗曾一度贬值75%。1991—1994年、1998—2001年，克朗两次贬值幅度超过30%。而两次贬值后，克朗汇率都实现了部分恢复。鉴于这段历史，冰岛外汇贷款本应受到政府管制。正如后来法院的裁决所说，冰岛政府一直都在管制。

放款人要对他自己和他的出资人负责。放款人可以说他依赖银行的会计报告和评级机构的评估，因为这些机构做的是付费评估风险的生意。然而，冰岛的警告信号有目共睹。毫无疑问，放款人促成了冰岛的繁荣，也导致了冰岛的萧条。但也无法因此就把放款人定罪为金融危机的大替罪羊。

危机前，在"谁该负责"的比赛中，跟银行家、政府和监管机构争第一位的是评级机构和审计事务所。

2006年和2007年，评级机构的立场特别奇怪。20世纪90年代初的挪威银行危机后，以及冰岛危机之后，我记得自己被一些评级机构代表仔细盘查过。他们都是聪明专业的分析师，为什么这样的人还能错过警告信号，并在2006年小规模危机后，还可以对三家冰岛银行直接给予AAA的评级？我到现在也无法明白。

但在审判台上，值得拥有席位的不仅仅是评级机构。

SIC说："对于2007年的财务报表和2008年的半年度报表，审计师没有充分履职。"

SIC还说："尤其是在调查和评估审计公司最大客户的贷款价值、员工持股的处理，以及金融公司为购买自己的股票而创造的金融工具时。"

没有人对审计师提起刑事诉讼。冰岛国民银行财团起诉了普华永道，要求赔偿 1 000 亿冰岛克朗。双方于 2017 年 3 月 10 日达成庭外和解，但没有提供和解协议的细节。

如果回看危机前的几年，那审判台上也应该有监管机构的位置。它们没有一次能够特别坚定地要求银行缩小资产负债表。它们没有要求银行把冰储银行从冰岛的担保计划中剔除。

虽然经济理论说经济政策制定者要起到预警作用，但如果让他们直接结束这场狂欢的话，好像要求太高了。

如果政策制定者可以做到这一点，那会深刻影响冰岛避免未来危机的能力。

在冰岛，做啦啦队队长可以获得很多赞誉。随着经济周期达到顶峰，政府开支也有所增加，但是没有迹象表明监管机构在加强对银行的审查。当外国投资者表示关切时，冰岛却认为这是嫉妒和无知的表现。冰岛的金融监管局是负责监督银行活动的主要责任机构，但是发展速度却没有跟上银行的扩张规模。金融监管局的实践和资源都没有跟上银行业的发展节奏。

冰岛银行吸引到了资本，还赢得了高评级结果。2007 年下半年，银行的贷款规模增长尤为迅速。一些分析家认为，在 2006 年的小危机期间和危机之后，克伊普辛银行和其他银行选择了一种"全盘买入或一分不买"策略。银行高管在意识到银行已经没有偿还能力后，反而决定向监管机构隐瞒，并继续加倍下注，承担更多的风险赌注，盼望最后能博得一个好结果。

可疑的商业行为一直长期存在，例如，股东为了控制 A 银行，向 B 银行大量贷款，并通过关联公司申请更多贷款。三家银行的主要大股东都是最大的借款人。在银行倒闭前的最后几天，贷款活动急剧增加。银行出借更多的资金，让银行股东购买自己银行的股份，蓄意参与市场操纵和内幕交易。

因此，系统败在了最基本的层面。银行甚至藐视最基本的审慎原则。金融管理局也没能发现最基本的系统性风险。这些系统性风险要么没有提示出来，要么提示以后，政府也没有采取行动。大多数人都希望银行继续过度增长，并为实现目标而继续努力。

正如 SIC 所指出的，2008 年年中，大厦就开始坍塌了，那时想要避免崩溃已经太晚了。冰岛在过去几年中未能建立信任和联盟，所以不仅可用措施有限，而且导致其他国家的监管机构和当局主动削减了对冰岛的投资，限制了资金转移并扣押了资产。

事后来看，2008 年 10 月的《紧急状态法》是防止全面崩溃的关键措施。尽管拆分银行造成了一些问题，但在调整了重组计划和运营方式后，最终证明了拆分方案的可行性。可以说，在 2008 年发生的所有事件中，这是少见的聪明做法了。

这也归功于 IMF，因为是 IMF 起草了危机和恢复计划，并在最后成为冰岛的盟友。

而对于 2009 年后的发展，更要感谢冰岛政府，是政府承担了艰难的工作，推动了所有必要的艰难决定，使国家重新站起来。最后，还要感谢政府工作人员，是他们推动了举措落地，在规划、战略和协调方面做了很多改进。

简单地说，在崩溃之前，所有人都相信万事皆顺。崩溃后，他们却认为万事皆糟。崩溃之前，没有使用任何政策工具。崩溃后，却开始使用大量的政策工具。

但最大的功劳要归功于托尔和他的伙伴们，他们不断努力奋斗，遇到机遇从不放弃，终于挨过了这么多年的挑战。

说了这么多的感谢与赞赏，也请不要忘了基里巴斯。

最后的话
以昨日经验，解今日之惑

IN THE COMBAT ZONE OF FINANCE

这是一个模式①

"我一大早就去新公司报道了。工作是个实习生岗位。那是一个特殊的星期一，1987 年 10 月 19 日。"彼得·赫曼鲁德（Peter Hermanrud）说。他是一位股票市场策略师，常年盘踞挪威最佳分析师榜首。

"我当时在旧金山的蒙哥马利证券公司（Montgomery Securities），位置就在泛美金字塔大厦旁边。他们让我坐在椅子上，让我一直等着，不要打扰任何人。"

一小时过去了，两小时过去了，三小时过去了。

蒙哥马利证券公司没人有时间和这个年轻的挪威人交谈。彼得以为他上班第一天就要失业了。

那天是"黑色星期一"，近几十年来世界上最大的股票市场崩

---

① 本节是与挪威投资银行的彼得·赫曼鲁德、帕尔·林霍姆和哈拉德·马格努斯·安德里亚森合作编写的。但是，我自己承担对最终结果和评估的全部相关责任。对美国住房市场的评论基于对建筑许可和新房销售的平均数量变化与股票市场"崩溃"时间的比较。

溃的决定性的一天。

同一天，我在斯德哥尔摩参加北欧国家财政部长的会议。会上瑞典财政大臣每隔10分钟就会走出会议室。他想从华尔街获得最新的消息。

华尔街才是他真正感兴趣的地方，因为华尔街的变化才会切实影响到瑞典的经济，还会影响他自己的投资。每次他回到办公室，脸上的表情都更加忧郁。对我而言，这是我第一次以专业人士的身份观察股灾，所以我都是抱着好奇的心态。虽然如此，我却发现关于金融危机的讨论多为推测。大家都在猜为什么会发生危机。而当讨论到危机会如何冲击经济时，猜测就更多了。

表F–1显示了美国股市所有跌幅超过15%的股灾，衡量指标是美国最大公司的市值指标——标准普尔500指数。

本节回顾了每次危机前的预警和当下的情况。书中总结的经验提供了一个视角：哪些风险会威胁到未来的金融世界，我们又该注意什么，以及普通人应该采取哪些预防措施？

1987年，市场情绪的变化引发了股票市场下跌，没有其他原因。难怪斯德哥尔摩的经济学家会感到困惑。

1991年，经过利率上升和税收调整后，美国经济增长乏力，转为下滑。彼时，美国建筑行业已经开始放缓，房地产行业也是如此。海湾战争爆发后，油价上涨。美国消费者失去了信心。现在回想起来，许多人也纳闷怎么从前股市都没下跌过？

1998年秋天前，亚洲国家，如泰国和韩国，都先后遭遇了市场严重下跌。然后是俄罗斯。投资、新建筑开工和扩张依赖短期国际融资，但后来流动资金枯竭了。现在看来这个模式很眼熟。回想起来，许多人同样纳闷怎么在这之前，股市没有下跌过？

表 F-1 过去 30 年美国股市规模最大的崩溃

标普指数最低的月份	事件	下降幅度	从最高值到最低值到重回最高值的月份数		主要原因
			从前一个高峰值到低谷	回到峰值	
1987年11月	市场情绪改变；市场"价格昂贵"	30%	3	20	市场情绪
1990年10月	货币政策收紧；石油价格增长；美国经济小幅调整；伊拉克战争	16%	5	4	宏观；冲突
1998年8月	亚洲金融危机；俄罗斯危机；石油价格下调	16%	2	4	债务水平；短期融资
2001年9月	从非常"昂贵"的市场价格开始下调（互联网泡沫）；"9·11"事件	46%	13	68	市场情绪；营收不足
2002年9月	危机的二次冲击；类似经济衰退		25	56	
2009年2月	全球金融危机	53%	16	65	债务；流动性
2011年9月	欧债危机	17%	5	5	债务

注：以美国标普500指数计下跌总值在三个月内超过15%。

从2000年秋天到2002年，股票价值一直很高。市场认为互联网行业可以永远增长。一些公司估值仅基于市场对其增长能力的信念。这种能力的衡量标准是公司花了多少钱——它们的"烧钱率"（burn rate）。是这些赤字，而不是收入，决定了它们的价值。

越大越好，一个典型的股票市场泡沫。现在回想起来，许多人纳闷股票市场怎么会涨得这么高。

1970年以来，美国经历了7次经济衰退，其中有6次，房地产市场赶在衰退前就开始大幅走向疲软。但2001年不是，是互联网行业泡沫破灭后，各家公司开始削减对互联网企业的投资，宏观经济才开始受到影响。但即便如此，其实早在 1999 年房地产行业就开始下跌了，远远提前于经济衰退。

2008 年的金融危机，美国的房地产行业扮演了关键角色。房价、房地产建设和房贷增长迅猛。从 2005 年年底开始，新楼盘开工率下降；2006 年年初，房价开始下降。事后，很多人又纳闷，怎么在这之前，股市没有下跌过？

假设自 20 世纪 80 年代初开始投资，同时再投资红利，以标准普尔 500 指数衡量，截至 2019 年年中，股票价值几乎可以达到每年 11% 的名义增长率，而调整通货膨胀以后的实际增长率为 8%。

能够维持这么长时间的增长是十分惊人的。只要在这个阶段持有头寸，就能获得巨大收益。投资者如果这个时候要卖出，得需要非常坚定的理由才行。每个新的高峰都比前一个高峰高。即便每次探底，也高于前一次的低谷。

同时，估值一直都在价格走廊内波动，举例而言，可以用公司的股票价格和公司的账面价值之间的比率作为走廊。有时这个比率很高，有时又很低。

总的来说，过去 40 年，股市的所有严重下跌都是从同一个起点开始的：山顶上，股票估值特别高的时候。如果起点较低，则下跌根本不可能维持同样长的时间。

因此，一个简单明了的投资策略出现了：如果股票估值处于低位，则要一直投资。股票估价在高位运行时，如果宏观经济仍然处于上升轨道上，并且失衡并不明显，则可以继续投资。然而，如果商业周期即将达到顶峰，或者已经可以观察到严重的宏观失衡，则要保持警惕。

无论是主导作用，还是辅助作用，由于高赤字或者高负债率，宏观经济失衡对股市下跌的影响可能最多会持续三个季度的时间。

从个别国家的具体案例来看，宏观经济失衡的影响甚至更大。

2019 年的预警灯[①]

2007 年的预警灯里最亮的一盏是外部赤字，即一国对外国的赤字和由此产生的债务。外部赤字自然会导致风险：一国政府可以影响国内融资渠道，但是对于外国投资人的资金，本国政府的影响力就相对有限了。

图 F-1 左图部分显示了各国财政盈余情况，冰岛、希腊、葡萄牙和西班牙的失衡程度最大。该图还包括了所有北欧国家和西欧危机国家"笨猪五国"——葡萄牙、爱尔兰、意大利、希腊和西班牙，以及荷兰和所有主要经济体，即所谓的 G20 国家。

该图展示了各国的年终结余和经常账户，并与世界其他国家进行了对比。它还显示了一国净外部债务和外国股权（IIP），简单来说，即该国向其他国家、外国公司、外国家庭和外国银行的借款和股权融资的总值。

2007 年，这些国家几乎像串在一根绳子上的珍珠一样，可以连成一条线。许多国家有大量的赤字和大量的债务，另一些国家则有大量的盈余和大量的储备金。

2019 年，这些国家就不能串成一条直线了。希腊、葡萄牙和西班牙仍在与它们的旧债做斗争，一路滑到了图的最底部；不过这三个国家不断努力，最终实现了盈余。经验很清楚：紧缩政策可以带来盈余，但勒紧裤腰带也不一定能省出还债的钱。

---

① 本节中 2007 年和 2017 年的数据图的绘制尽可能按照相同的比例。但如遇极端的情况，比例尺可能无法保持一致。这样的情况会标记出来。所有的计算都是由我自己完成的。对西班牙在 2007—2011 年需求减少规模的计算是基于对 27 个欧盟国家的总需求下降的分析，按部门和国家划分。

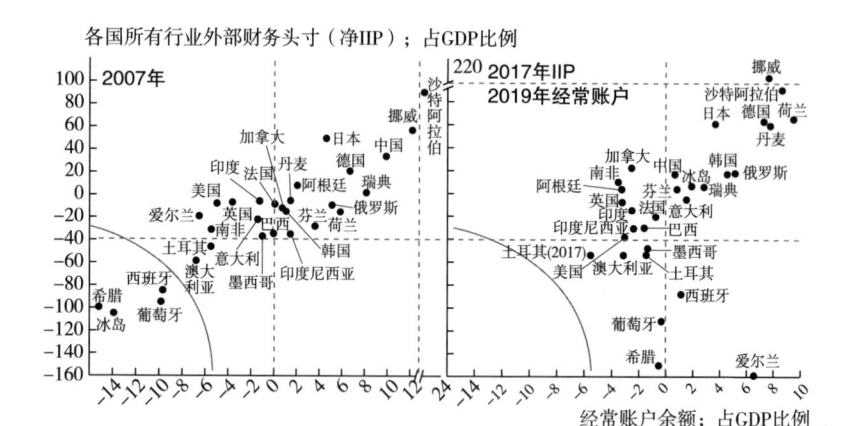

各国所有行业外部财务头寸（净IIP）；占GDP比例

图 F-1　各国外部财务头寸

注：沙特阿拉伯经常账户余额在 2007 年略高于 22%；挪威的 IIP 在 2017 年为 220。
资料来源：IMF。

冰岛是个例外。巨大的赤字已经消失了，外债也是。而冰岛是如何做到的，我们已经讲过了。

美国的科技公司将全部或者部分业务搬到爱尔兰之后，爱尔兰就成了社会经济的非常规案例。这些美国科技公司大部分技术许可收入都来自爱尔兰这个"绿岛"。因此，从纸面上看，爱尔兰的 GDP 已经大幅增加。爱尔兰的营业盈余、外国股权和企业债也是一样。

2007 年，沙特阿拉伯排在另一个石油国家挪威之前。沙特阿拉伯的盈余占 GDP 的 22%，IIP 占 GDP 的近 90%。挪威紧随其后，盈余为 12%，IIP 约为 60%。

现在，由于石油基金价值的上升，挪威 IIP 已经上升到 220%；而由于油价下跌，挪威的盈余略有缩减。

沙特阿拉伯的 IIP 和经常账户盈余仍然位居世界前列，但 2007—2019 年，其经常账户余额下降也最快。现在必须制止这种趋势。难怪沙特阿拉伯发起了一系列的改革。很有必要观察沙特阿拉伯改革的影响，不仅仅是因为其有着关键的区域地位和丰富的原油储备。

2017年和2018年，土耳其跌到了图F-1右图的位置。2019年，即使指标有所提升改善，但是土耳其仍然没有摆脱危机。土耳其的股票市场是过去三年中下跌幅度最多的市场之一，但也是2019年后回调幅度最大的市场之一。

2019年的指标数据显示，基本所有国家都脱离了危险，大国更是早早就摆脱了危机。这跟2007年时的状况大为不同，而对乐观主义者来说，也是一颗定心丸了。

在富裕国家中，澳大利亚最接近灰色地带。

日本和德国仍然是出口大国，持有大量债权。最值得注意的是，在所有上面提到的国家中，以美元计价的国际经常账户盈余变量的一半以上都来自中国。2006—2018年，中国出口占GDP的比重下降了16.5%，但同期中国进口占GDP的比重下降了10%，抵消了出口放缓的一半以上。

中国经济非常独立，就像美国一样。中国已经脱离了类似日本、德国和韩国的出口导向型模式，转向了内部驱动型增长模式。中国经济运行一直十分稳健，未曾经历过巨大损失。

对于希腊而言，巨额政府赤字和债务加重了对外国政府的依赖。图F-2显示了公共部门的结余情况，也说明了这一点。

2007—2017年，希腊的发展充满戏剧性。希腊政府收紧了预算，现在也有了盈余。然而，尽管减记了负债，但由于GDP总值下降以及近年来赤字规模上升，所以债务占GDP的比例还是上升了。

希腊减计了部分债务，但充其量也只是延长了还款期并降低了还款利率。所以债权人减免了债务后，债务人能活下来，但还不能高枕无忧。

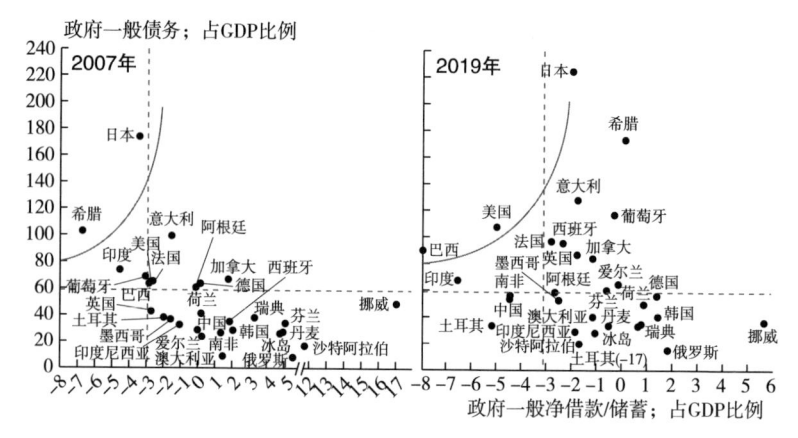

图 F-2 政府一般财政盈余情况

注：2007年，挪威和沙特阿拉伯的盈余比例超过了10%。
资料来源：IMF。

2018年夏天谈判的方案的有效期要一直持续到2060年！不过，IMF的前总裁拉加德表示，他们不确定该方案提供的救助在这么长的期间内（评估到了2060年）是否充足。

希腊现在需要盈余，意大利和葡萄牙也一样需要盈余。如果偿还债务的预算盈余是通过紧缩政策实现的，就会抑制经济增长。

冰岛的起点不一样，冰岛预算盈余，但是同时债务水平低。

日本规避了公众对国家债务水平的关注。日本民众把钱借给了国家，储户把钱存在日本邮政储蓄银行，这家银行的储蓄量仅次于中国的银行；日本的资金实现了自给自足。

对于经济学家来说，这是个迷人的悖论。即将退休的日本人把钱存入银行，他们对商品和服务的需求就降低了。为了补偿，国家财政以赤字运行，同时中央银行买入国债，印钞，重新创造需求。

养老金领取者的国家现在欠他一大笔钱，一笔他原本为自己颐养天年存下的积蓄。结果国家要向他征税，还向本就在缩减的劳动力群体征税；只有征了税，才能给他支付养老金，给越来越多的老年人支付养老金。或者国家可以借更多的钱。

似乎没有人会怀疑这种情况可以持续，每当赤字增加，印钞机轰隆作响时，市场甚至欢欣鼓舞。

失业率处于历史最低水平，高出口规模刺激日元升值。行业规模的比较都是基于较高的日元汇率。GDP 看起来很高，但如果以日元计算，2007 年以来的 GDP 年增长率只有 0.6%。拨开迷雾，就会发现日本的生产力问题。在日本国内市场，生产力的增长水平很低。债务水平不断增加，但是用于还债的生产机器却在颤抖。尽管如此，世界仍然依赖顽强而忠诚的日本人。

土耳其模式我们已经很熟悉了，因为土耳其在 2007 年、2017 年和 2019 年各经历了一次危机。2017 年，土耳其的经济失衡导致了下滑，国家承担了一部分的费用。赤字和债务在增长。出现这些情况时，国库必须能够承受。

2019 年，最令人担忧的是主要经济体走向"灰色地带"：美国、中国、日本、印度和巴西。

前 4 个国家或多或少都处于繁荣期，公共账户本应该处于平衡，并且赤字应该低于 GDP 增长。这样，它们的债务比率就会减少。

然而，考虑到美国现在的商业周期，美国的赤字目前相当于历史最高水平。上一次美国失业率如此之低的时候，国家预算还处于平衡状态。现在，美国财政赤字超过了 6%。

简言之，美国政府在经济衰退前的财政状况比土耳其经济衰退后的更糟糕。

在 GDP 下降了约 10% 之后，巴西经济现在处于衰退期。过去一年，巴西的股票市场的表现是最好的几个市场之一，市场观点认为巴西危机已经过去了。

但是，巴西经济没有实现实际增长，巴西政府对预算改革的需求就更加迫切。巴西的财政赤字约占 GDP 的 8%，债务正在迅速上升。保险丝很快就烧断了。

上述所有 5 个国家都有自己的货币，大多数贷款都以本国货币计价发行，无论好坏。当然短期更好，长期就差了些。

提高利率和紧缩预算可能会导致一种可能的后果：财政紧缩和增长受限。

另外可能的结果是通货膨胀吞噬掉了债务。

这两种结果都有可能。但是美国发生的事情才是最为紧要的，美国的经济表现是悲观者失眠的绝佳理由。

2016 年年中到 2018 年 11 月，10 年期美国国债的名义收益率从 1.37% 上升到 3.24%，然后再次下降；到了 2019 年 8 月，下降到了 2% 以下。名义收益率可以上涨是因为市场担心通货膨胀，而下降则是市场担心经济周期性衰退。

公司和家庭债务指标也值得观察。2007 年各国的头寸情况重演了冰岛危机。公司负债累累，债务比率的增长骇人。从图 F-3 中可以看到，冰岛是最极端的一个。是的，冰岛危机不是仅仅外部强加的银行危机。

西班牙紧随其后，包括西班牙的房地产开发商。而西班牙的矫枉过正，是导致 2007—2011 年欧洲总需求下降的最大因素。如果扣除所有其他需求构成，西班牙房地产市场需求下降占欧盟 27 个国家总需求下降的 2/3！因此，即使一个国家的一个行业的单一平衡也很重要。如果大国的失衡现象严重，那么市场对银行系统的担忧又会继续放大失衡。

很多人也担忧中国企业债务的增长。

中国企业的特点是公司营收中用于支付工资的份额，即工资份额，相对较低。而且，中国人还倾向于把赚到的钱都存起来。劳动

公司债务，除去银行和其他金融机构；
占GDP比例

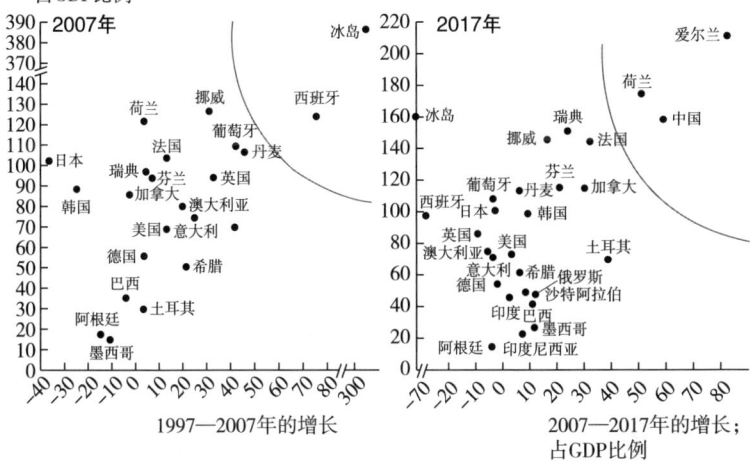

图 F-3　公司债务水平

资料来源：国际清算银行。

者存起来的储蓄，加上政府的资金，都贷款给了中国企业。这钱还得用来购买美国国债，因为这个世界上最富有的国家不能或不想自筹资金。中国、日本、英国和巴西都大笔购买了美国国债，而且不仅限于这几个国家。

由于中国劳动力收入较低，中国企业得以维持高利润率。大部分利润都直接留存在了国有企业、省属或者市属企业。

大规模的留存利润推高了中国企业的投资水平，从而推高了中国整体投资水平。加之出口规模增长、投资和国内需求的增长，中国成为全球的增长赢家。

但是，由于企业经营盈余水平高以及国家提供贷款，那时候中国也投资了很多回报有限的项目，导致投资决策不看利润，仅看规模。此外，即使回报水平低的企业也能够持续经营。

令人惊讶的是，在中国，很容易找到工厂利润数据。

有一次我演讲结束后,一位嘉宾问我:"你是在哪里找到的这些数据呢?"报告显示,我们所考察的工厂中,有一半(两个不同行业共 20 家)是不赢利的。

他继续说:"在西方市场,所有这些数字都是保密的。"但是,对于那些知道去哪里找的人来说,在这一点上,中国人比较开放。

无论如何,数据显示了中国市场企业债迅速增加,部分因素就是投资了无利可图的项目。

1956 年,诺贝尔经济学奖得主经济学家罗伯特·索洛(Robert Solow)用跑步机来比喻经济:大量投资造成了资本化不断上升。如果回报率低,新投资只能用来修补跑步机上的磨损,没有创造任何附加价值。最终,大部分的资源、劳动者的收入都仅成为挂在跑步机上的装饰,没有起到其他用途。最好的办法就是努力提高回报率和公司赢利能力,减少投资,增加消费。

2007 年,很多国家的家庭债务已经发展到了图 F-4 中的灰线区域内,比如美国、西班牙、葡萄牙和冰岛。除了爱尔兰的特殊情况,一半国家都出现了严重的问题,其中冰岛债务占 GDP 的比例下降最多。

2017 年,得益于低水平名义利率和实际低利率,这几个国家家庭债务已经基本偿还完毕。美国的债务水平降低最多,现在又变成了乐观者的论据。

2017 年,5 个在灰线区域内的国家是:澳大利亚、加拿大、韩国、挪威和瑞典。

挪威投资银行 Sparebank1 的首席经济学家哈拉德·马格努斯·安德里亚森(Harald Magnus Andreassen)说:"只有从外部看,才能看到挪威的泡沫。"

"但如果从内往外看,是看不见的。"

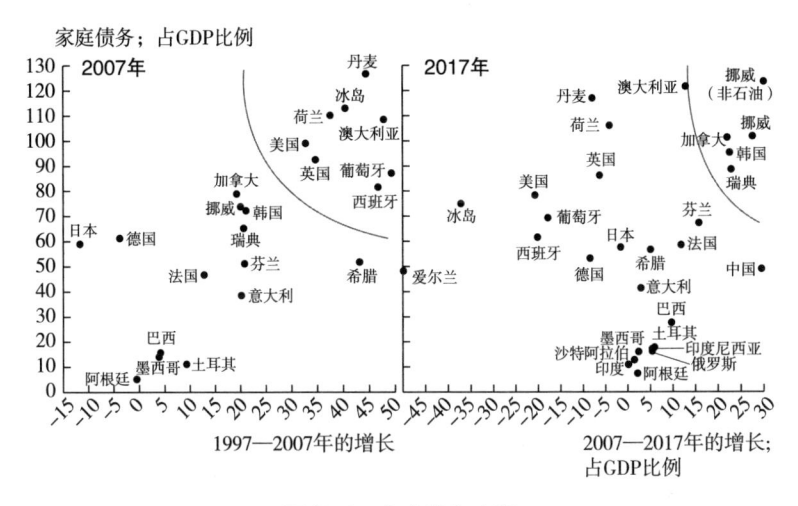

图 F-4　家庭债务水平

资料来源：国际清算银行。

最奇怪的服务

通常情况下，服务提供人会觉得他的服务价格越高，他就越富有。

这适用于美发师、优步司机和爱彼迎房东。但有一个例外——钱。

当借出资金的价格，即利率下降时，具有固定利率的证券产品，如债券，价格却在上浮。如果利率是固定的，需要更高的价格或价值来拉低持有期收益率。对于长期政府债券的投资组合，价值会随着利率的下降而上升。房价通常也会随着利率的下降而上升。随着利率的降低，股票的价格通常也会提高。

这提出了很多问题：过去几年的低利率是否推高了股票、债券和房地产的估值？如果利率保持不变，甚至上升，会发生什么？如果利率保持稳定或者上浮的话，会发生什么？这种变化本身是否会引发崩溃？而且，利率还能再提高吗？

仅观察短期数据的话，又能看到模糊的规律。

过去20年，利率通常在"坏年景"降低，在"好年景"提高。因此，短期内如果利率提高，则股票市场估值也会提高。而且，利率保持较低水平时，股价指数也较低。但这不是因果关系，只是因为"好年景"的时候也会导致两个后果同时发生——更高的利率和更高的估值。

还有另外基本上不相干的因素，却也促成了利率和估值之间看似矛盾的关系。多年来，中央银行已经不再以控制通货膨胀为要务，它的责任是合理调控利率——必要时，降低利率以刺激经济发展。

股票市场上涨，也可以用经济基本面因素解释。

挪威投资银行的首席策略师彼得·赫曼鲁德说："我认为除了1970—2000年的高通货膨胀期，其他时间股票价格上涨或下跌的原因都不是利率。

"诚然，自利率开始下降以来，股票估值已经开始稳步上升，但我的年龄也是呀。

"真正推动股票价值随时间增加的是公司利润水平。一直以来都是如此。诚然，利率的影响比以前多了一点，但我认为仍然有限。

"过去10年的收益水平通常可以作为对未来收益的预测基础。而往后数10年，美国公司的盈利相对于其他国家来说已经大幅上升。市场认为这是一个持久的调整。因此，美国股票的价格被抬高，而其他国家的股票价格则比较低。

"我认为市场是正确的。更为合适的指标是与收入水平挂钩的价格，并调整商业周期因素。"但是，如果我们观察10年期的数据，就可以发现一个规律（见图F-5）。可以再看一下从1880年开始的三条数据线：名义利率、实际利率和年度通货膨胀率。后一条线显示了一篮子消费品价格的年度增长水平。①

图 F-5 同时展示了股票和债券投资组合的价值,其中 2/3 是股票,另外 1/3 则是债券。

如果哪个行长能拿到这样的数字,多少能把头高高抬起来了。

巨大波动一直持续到 1985 年,不过现在显然已经平复了。持续整个 20 世纪 80 年代的高水平实际利率也造成了实际的影响。通货膨胀率降低了,系统也稳定了下来。根据图 F-5 判断,我们又回到了 20 世纪 60 年代,经历了 70 年代和 80 年代的高峰和低谷,

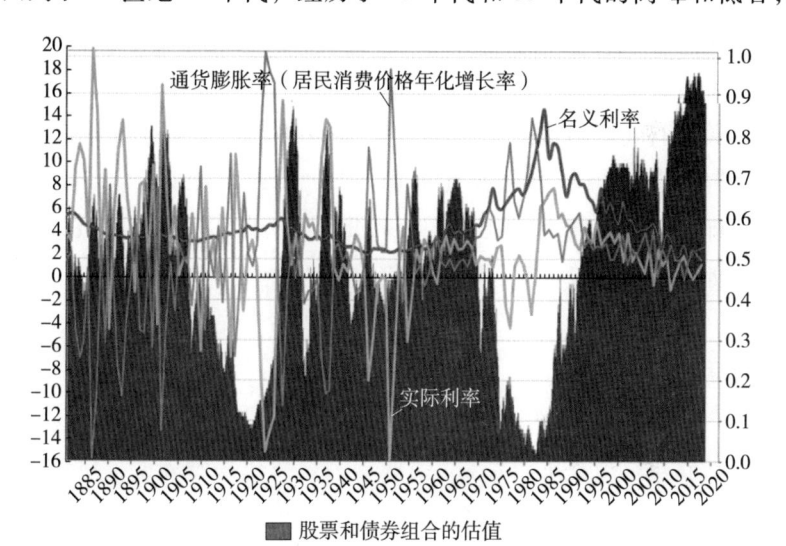

图 F-5 利率、通货膨胀率和证券组合的价值

注:美国证券组合估值,其中 2/3 为股票,1/3 为债券,最高价值为 1*(右侧);名义和实际利率为美国 10 年期国债水平,%(左侧);居民消费价格年化增长率,%(左侧)。

* {0.67×[(10 年期股票年化 P/E)/(10 年期股票最高 P/E)]}+[0.33×(债券价值/峰值)];10 年期国债,名义利率;美国。

资料来源:Sparebank 1 Markets(Pål Ringholm);FRED。

---

① 1880 年以来的估值变化是基于帕尔·林霍姆的分析。

最后走到了通货膨胀率和利率不断上升的年代。而现在，股票和债券价值重新见底。

大约从 1985 年开始，名义利率和实际利率都在不断下降。一些国家的名义利率已经下降到了零，还有些国家为负。2019 年 7 月，瑞士央行利率最低，为 -0.75%，瑞典央行利率为 -0.25%，日本央行利率为 -0.1%；美国央行利率为 2.25%，对比 2014 年的利率水平则为 0.125%。冰岛央行利率为 3.75%。而央行利率水平的另一个极端则是土耳其，高达 19.75%！

当然了，2019 年，如果投资以上国家，股权价值都飙升了，而且是有史以来的最高水平。

美国有句谚语说："飓风来了，火鸡也能飞。"经济学家的类比是："零利率来了，十个投资九个赚。"

即便偶尔有些小旋风，35 年来投资者一直都是一路顺风。

如果利率一旦上升，估值必将倍感压力。

利率和通货膨胀

现在全球债务负担之高，意味着利率即使按照历史平均水平上浮，世界经济也无法承受了。

——彭博社援引欧力森 SLJ 资本（Eurizon SLJ）CEO 任永力（Stephen Jen）的观点，2019 年 4 月 22 日

决定利率水平的不仅仅是中央银行，还有"市场"。以 2%~3% 的通货膨胀率为目标，西方国家央行会设定政策利率。美国通货膨胀率目标有一定灵活性。对于欧洲央行和许多其他国家来说，通货膨胀率目标比较固定。截至目前，覆盖约 60 个国家的 30 个货币区已经成为完全成熟的通货膨胀目标制国家。

如果通货膨胀率低，通货膨胀目标制国家通常会降低利率。此外，政府还可以提供额外的刺激因素，例如，购买国债以推高价格，从而降低收益率。

通常市场的其他利率水平也会受到影响，包括短期利率和长期利率、银行利率和市场利率、名义利率和实际利率。

在1980年年中，大多数西方国家都在对抗过高的通货膨胀，同时利率水平也一直在高位运行。那时没有人会想到央行会把进一步提高通货膨胀作为目标。而现在，央行就在努力提升通货膨胀率了，这也是为什么央行在拉低利率和买入国债。

一直以来，很多人都认为低通胀的根本原因是很多国家内需疲软。例子就是金融危机和欧债危机。

家庭和企业都提高了储蓄水平，多数政府都在降低赤字。消费者不愿意增加内需，企业无意投资。企业无视央行降息，仍然要求投资年回报率应达到15%~20%。

因此，2008年的危机后，多国失业率高企不降，实际工资水平甚至下滑了。

结果到了2019年，包括美国和英国在内的很多国家失业率再创新低。但是，通货膨胀率依然维持在2%的范围内。根据数据和理论，经济活动增加，劳动力的工资收入也应该增加，同时通货膨胀率也会提高。但是，这个曲线的曲度似乎已经发生了偏移。现在，同样活跃的经济活动带来的通货膨胀却维持在较低水平。

我想到了三个可能的原因。第一，通货膨胀预期有所降低，也就是经历了10年的低通货膨胀率后，自动调整机制作用减弱了。

第二，中国和亚洲其他国家出口的巨大增长，抑制了通货膨胀。一般来说，西方国家生产的商品，特别是服务类产品的价格已经非常高昂。一部分原因是工资水平的提升，另一部分原因是服务行业的生产力增长低于大规模工业生产。然而，一篮子进口商品的实际价格也的确降低了。中国经济发展拉低了商品价格和利率水平，拉高了股票资产和不动产价格。

第三，市场的运作方式可能已经改变了。工人谈判的影响力可能减弱了。《彭博商业周刊》在2019年4月22日刊中写道："研究人员发现，低通胀在一定程度上是全球化或自动化或去工会化的结果，或者是三者的结合，削弱了工人'为提高工资而谈判的权利'。"

如果是这样，就出现了双重困境，劳动者的收入在国民收入中的份额下降，通货膨胀率下降，利率下降，而富人的财富却猛增。

有人甚至说，需求虽然提高了，但是不意味着价格必须随之提高。更高需求刺激产能利用率提高，平均成本降低；考虑新投资项目刺激低成本的产能增长，所以资金成本也可能会降低。有了充足资金、跨越资源限制的新技术、灵活的投资者，就可以灵活调整产能。用经济学家的话说，供应曲线正在下降。简言之，这不亚于一个新的定理。

2019年秋季，达成了一个共识，通货膨胀"再也不会"出现，高利率"再也不需要"。部分国家甚至已经降低了政策利率。彭博社报道：大约15万亿美元债券的收益率为负。

然而，传统经济学家认为，工资增长已经加速。2019年6月，英国工资水平年增长率猛增到了4%，是10多年来的最高值；按照三个月均数计算，则是3.6%。英国的生产力增长非常低，仍然远远低于1%，远远低于工资的增长。因此，单位劳动成本通货膨胀率远远高于通货膨胀率目标，美国的数据显示了类似的模式。

此外，最后可能有人会说，企业的利润份额下降了。接下来，因为中国的宏观经济变化，中国人工成本增加，以及中美贸易战继续，中国效应可能会减弱。

但是，不夸张地讲，如果通货膨胀出现了明显增长，那么平衡诸多影响利率的因素会更加棘手。在任何情况下，如果未来 5~10 年的利率都是下行的，那么这对于投资者而言，就基本不可能继续享受顺风的优势，反而甚至会成为阻碍投资收益的逆风。

大多数央行不喜欢持有巨额政府债务和企业债，它们首先要做的就是扭转这个局面。

因此，如果出现了通货膨胀，投资者不能再假设央行一定会救市。如果通货膨胀再次出现，无论股票市场是强是弱，利率大炮将再次设定冲击通货膨胀。投资者利益是次要的。

长期通货膨胀预期仍然可以改变利率"走廊"。

穿上新装的 CDO[①]

低政策利率是为了在通货膨胀率目标的约束下刺激增长。增加投资是"渠道"，本身可以实现。然而，根据我的经验，在投资和运营方面，传统企业很少会假设低利率和充足资金来源。如前所述，许多公司设定的投资回报门槛远远高于 10%。

其他人把低市场利率和高"内部回报率"的息差看作机会，因此大量借款，高价买入，然后再以更高的价格转手卖出。例如，卖给债务水平更高的投资者。

因此，一个主旋律是债务水平，包括债务总规模和每个国家的债务水平。另一个是债务配置和债券质量。更具体地说，在宏观层面上，单一国家和行业的累积债务是否已经构成了系统性风险？

规律是很复杂的。无论客观市场如何，部分公司的投资决策都

[①] 挪威统计局公布了截至 2016 年挪威上市公司股权比例的统计数据。本节中提到的是 2016 年的股权比例数据。《纽约时报》在 2019 年 3 月 18 日刊登的一篇文章中描述了德意志银行对特朗普集团的贷款。

是假定高利率，厌恶风险，高股本率。

其他公司则利用一切可能的机会降低股本，从而降低可享受分红的股份。即使是股权收购，有些投资者也会精心设计：贷款，租赁设备，出售应收账款和剥离支持服务公司。

玩具反斗城公司就是一个例子。多年来，该公司的债务水平一直维持在10亿美元左右。后来，两家全球领先的私募股权基金公司收购了这家连锁玩具店。私募股权基金公司迅速提升了该公司的债务水平，债务总额很快就达到了50亿美元。公司失去了投资和自我更新的能力。2018年，玩具反斗城公司以69亿美元资产和78亿美元负债申请破产倒闭。①

长期以来，高收益债券，即所谓的垃圾债，是杠杆融资的首选来源。美国市场的垃圾债规模在约1.2万亿美元的水平。近几年出现了新的杠杆融资工具——"杠杆贷款"。2018年，这种新型融资工具的市场规模也超过了垃圾债。

杠杆贷款对抵押物价值要求低，贷款一般发放给评级低的企业，或准备并购其他公司的并购基金，比如德意志银行发放给特朗普集团的20亿美元贷款。

杠杆贷款的投资人一般是共同基金、专门基金；杠杆贷款一般以所谓的CLO形式出售。CLO是一种证券产品，是对于债券组合的所有权，运作机制类似于我们熟悉的CDO。

不过，从最初的设定看，两者之间还有一个区别，即基金经理必须持有其发行的CLO的重大份额。

因为金融危机的影响及市场的教训，起初监管要求控制CLO的发行规模，同时要求发行人自己要购买5%的份额。

但是，2018年，监管废除了这条规定。现在，过去的所有错

---

① 玩具反斗城的数据来自ACCID的案例研究。

误又可以重演了。①

　　这些数字很吓人。大多数借款人的债务收入比都较高，此外，按照贷款抽样调查结果，借款人收入水平注水了50%。很多贷款协议条款内容模糊，没有限制。同样可怕的是，杠杆贷款的市场总规模已经超过了2006年登记的次级贷款的两倍。

　　挪威排名最高的信贷分析师帕尔·林霍姆（Pål Ringholm）说："我一直在关注CLO，购房贷款债券的规模。"

　　帕尔说："债务水平很关键。当然，没有债务的危机不是债务危机。"

　　"而更重要的是，贷款的便捷性推高了股票市场。"

　　"能否获得债务融资决定了能否对目标公司进行杠杆收购，决定了公司是否可以回购自己的股票、是否可以收购其他公司的股票，以及公司自己的投资条款。"

如果你有银行股权，就得不到银行贷款②

　　基本观点没有任何变化，即银行规模可以大于所服务的经济规模，银行借出的资本可以多于自己持有的资本，再加上银行家不会忏悔，也没有持久的自信心；制造下一场灾难需要的原材料就齐全了。

——英国作家、前股票经纪人菲利普·奥加尔（Philip Augar）
在《大问题》发表的文章，2018年8月

---

① 有关CLO规定的信息来自路透社2018年5月11日的一篇文章。
② 资本要求因监管区域而异，其中最常见的要求根据巴塞尔准则来定义。风险加权资产与总资产的比较数据可以在欧元体系的统计数据库中找到。资产负债表的数据来自欧洲前十大银行。资本比率的数据来自IMF的全球金融稳定报告。本节中所引用的银行资本与资产的比率是银行资本和储备金与总资产的比率。资本和储备金包括股东注入的资金、留存收益、一般储备金、特别储备金、准备金和估值调整。

近年来，评估银行体系发生了变化。赋予了流动性和融资规模更高的权重。

每次危机过后，我们都会从一些犯过的错误中学习，一直学到播下新危机的种子。

银行的社会角色是连接桥梁，把拥有存款的储户与需要长期融资的客户联系起来。为了完成这一使命，需要缓冲资金，建立银行的稳固性和流动性。稳固性确保借款人发生违约时，银行业务的坚韧性；流动性可以防止错配时间和规模。

但两者都有成本。想要拥有灵活的流动性和充足的股本，都是有成本的。因此，监管机构和银行寻求权衡风险和缓冲成本。

对银行而言，有两个关键的衡量标准：一个是相对银行总资产的准备金规模；另一个是相对风险加权资产的准备金规模。

例如，向欧盟主权国家提供的贷款不需要股本；向高评级、投资级企业提供的贷款，银行以其面值的20%为权重，这就促成了"互换贷款情书"。假设房贷的贷款价值比为80%，则权重通常是面值的35%。而对于衍生品和交易头寸所需要的股本准备金，则根据金融产品和对手方的风险计算。

如果人们相信这些比值，那么从2010年以来，欧盟银行的风险已经减少了。风险加权资产与总资产的比率已从2010年的41%降到了2018年的38%。更值得注意的是，与小型银行相比，大型银行的资产风险评估水平更小，比率分别为34%和57%。

帕尔说："大型银行的风险模型更有说服力。"大型银行能说服的，是监管机构。

图F-6展示了某一欧洲大型银行的资产负债表的变化。

存款和贷款分别占负债和资产的40%和30%，其次衍生品头寸占比最大。因此，模型的构建很重要。

2018年年底，总股本约占总资产负债表的5%。2007年年底，同一银行的比率约为 2%。

现金余额和长期债务在支持银行的流动性；自 2007 年以来，这两者所占的比例大幅增加。存款和贷款占总资产价值的比例已经增加了一倍多。银行对流动性覆盖率（Liquidity Coverage Ratio，简写为 LCR）进行了系统性测量。

因此，与许多其他主要银行一样，这家银行的韧性似乎有所提升。欧洲货币联盟内银行的资产负债率从 2007 年 8 月的 4.7% 上升到 2019 年 8 月的 5.9%。

过去在欧洲市场，大型银行的 CDS 一直在 100 个基点以下运行。但是，德意志银行的 CDS 交易基点部分时候达到了 250 点，而意大利五大银行的 CDS 从 2018 年年初的 50 点左右上升到 2019 年年初的 200 点左右，因为人们对政府的经济计划产生了怀疑。

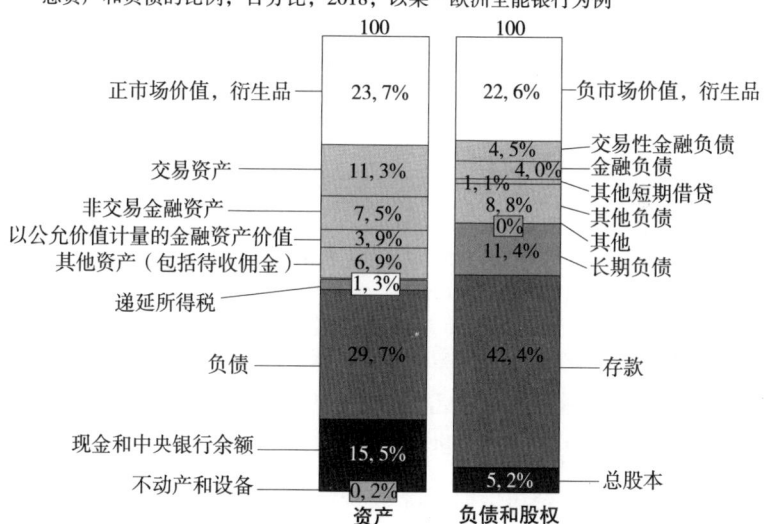

总资产和负债的比例；百分比；2018；以某一欧洲全能银行为例

资产	%	负债和股权	%
正市场价值，衍生品	23.7%	负市场价值，衍生品	22.6%
交易资产	11.3%	交易性金融负债	4.5%
非交易金融资产	7.5%	金融负债	4.0%
以公允价值计量的金融资产价值	3.9%	其他短期借贷	1.1%
其他资产（包括待收佣金）	6.9%	其他负债	8.8%
递延所得税	1.3%	其他	0%
负债	29.7%	长期负债	11.4%
现金和中央银行余额	15.5%	存款	42.4%
不动产和设备	0.2%	总股本	5.2%

图 F-6　银行资产负债表示例图

资料来源：银行年度报告。

未来只有领头大行受到冲击，同时多个行业进入疲软状态，才会爆发全面金融危机。而触发因素可能是利率升高，或经济走弱导致 CLO 市场的崩溃，或者市场失去对关键政府的信心。

评级机构受到了监管，需要监管授权才能提供评级。没有接受监管的评级机构只能编制数据，不能提供评估结果和"评级"。

监管禁止基于未经授权的定性评级。不过历史经验表明，要了解冰岛银行的弱点，同时需要评级机构的参与、经验和判断力。

这些数字只说明了一半问题，几乎不到一半。

2008 年犯错后，三大授权评级机构——穆迪、标普和惠誉，几乎没有受到惩罚，也没有被罚款。

2018 年 7 月 23 日，欧洲监管机构 ESMA 处罚了 5 家银行：北欧联合银行（Nordea）、瑞典北欧斯安银行（SEB）、瑞典银行（Swedbank）、瑞典商业银行（Handelsbanken）和 2006 年的举报人丹麦丹斯克银行（Danske Bank），每家罚款 49.5 万欧元。监管机构裁定这些有评级的银行，做出了未经授权的"影子评级"。

行业崩溃、技术和气候

标准普尔 500 指数是 500 家美国上市公司的股指，占美国股市总市值的 70%~80%。

微软、苹果、谷歌、META 和亚马逊是美国市值最高的几家公司，每家公司在标普指数中占到 2%~3% 的份额。这 5 家公司中的一半都靠单一产品线或服务线维持。

如果其中一家公司价值下降 30%，就会严重打击投资者。但如果投资者把市场作为一个整体来看，这种规模的打击也会被整体市场平均下来。然而，如果冲击了规模最大的行业，例如 2000 年的互联网行业危机，则会导致整个市场下跌。

我们把所有标准普尔500指数的成分股市值按照行业拆分，就能证明这一点。

图F-7显示了在2000年夏天之前，IT和科技行业的极端上涨趋势，以及随后发生的大崩溃。在趋势线顶部，IT和科技行业市值份额达到了35%，略高于银行业在冰岛经济体系中的一半份额。

2000年，IT和科技行业崩溃后，金融业成为最重要的行业。其中心地位一直维持到了2008年经济崩盘。伴随高涨的油价，石油公司的价值上涨持续到了2009年。

2009年，全市场下跌，公共事业、医疗行业和消费品生产企业成为最受投资者欢迎的选择。

2010年，IT和科技股重新成为市场赢家，在总价值中份额已接近2000年。

其次就是医疗和消费品公司。

能源、电力和供应成为大输家。2011年年初，能源行业的权重为13.2%，2019年年初下降至5.3%。包括煤炭生产商在内的矿

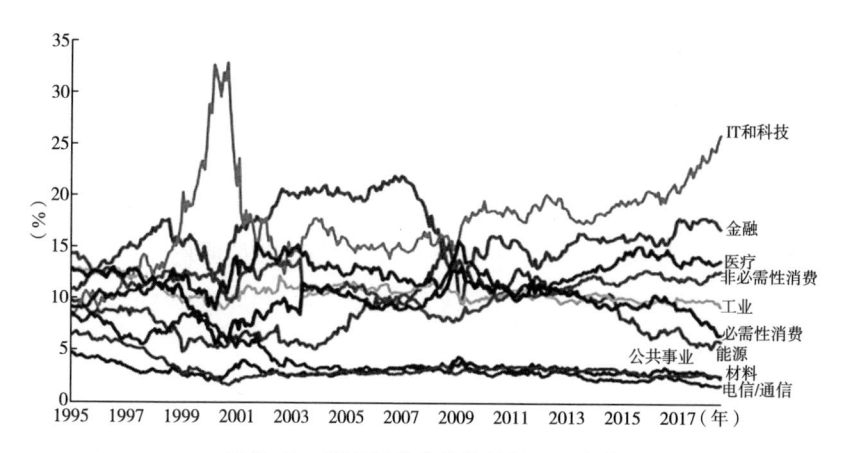

图F-7 按照行业分类的美国股票市值

注：整体市场价值比例，按照标普500公司组合计算。

资料来源：标普500；Datastream。

业公司目前的市值是1979年的1/10。

至少就股票市场而言，美国的资本市场，已经承担了世界绿色转型的重大责任。

失灵的市场与丧失的机会[1]

有数十家公司专门分析国家风险。如果项目投资需要公司和银行锁定数十亿美元，而项目需要稳定运营10年才能收回投资，那么分析国家风险十分必要。如果外国投资者了解分析结果，那也会感到放心。

评估国家风险的分析师通常关注政治问题：政治稳定性、机构的完整性，以及冲突、闭关、增税或国有化的风险。我们一直在强调的赤字、债务、估值水平和产业吸引力等问题，也是投资决策的重要补充。

可以横向比较不同国家股票的估值：比较在不同国家中，以预期收益为基础的估值结果。

在某些情况下，实际或假设的宏观经济失衡会影响估值结果。

然而，如果没有修正，过于积极的市场情绪也可以一路拉高估值，比如危机前的冰岛。经济转好后，悲观情绪一样会拉低估值。

上述的总体情况，可以用图F-8"国家风险和公司估值"中的国家指标来概括。除了例外情况，似乎历史和情绪仍然比未来预期更能引导估值水平。

---

[1] 本节中对土地分析方法的讨论是基于我对能源行业公司的采访。宏观风险的指数是指示性的。以赤字为形式的失衡在每个维度上的得分都更高。如果高增长可以保持稳定，IIP储备丰富以及政府财政健全，则可以给予风险扣减。计算则是根据已定义的指标，并设定了总分数。单个指标的极端值对一国脆弱性的影响相当于高平均风险分数。

根据公司营收的估值，P/E，12个月展望，2019年1月；
宏观数据基于最新可得数据（冰岛2017年及2019年P/E）

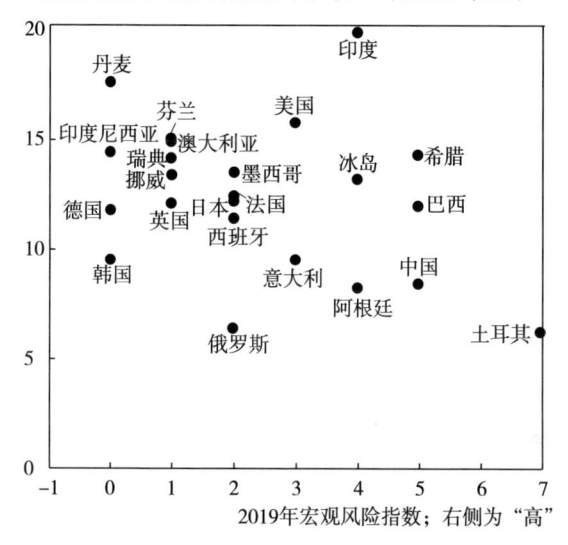

图 F-8　国家风险和公司估值

注：价格/营收，P/E，根据国家指数，大公司的 P/E 基本在 25~50；随着公司价格基本面高/低或者（暂时性的）营收降低/增加，P/E 值可能为高/低；对于债务比例相等的行业，可以比较 P/E 值。宏观风险得分汇总了 GDP/人口规模的比率相近的国家的债务水平、负债增长以及 GDP 增长对趋势的偏离程度的得分，以及相应国家的 GDP 增长率、透明度和诚信水平。

资料来源：国际清算银行、IMF、彭博社。

对风险的理解受制于过去，是今天最大的市场失败。

增长和回报减少了，因为投资资金偏向于成熟的经济体、旧技术和重复而非创新性的生产。但这些行业的投资需求小，反而导致了更高的产能过剩的风险和更低的回报。

市场在考虑风险和回报的方式上犯了错，电力工业就是一个例子。

事实上，错了 5 次。对于投资者来说，这是威胁，也是机会。

第一，如果投资高通货膨胀率的发展中国家，投资者应得到贬值风险的补偿。但是，通货膨胀率上升时，售价也会上调，间接已经补偿了通货膨胀的风险。

第二，如果与天然气和柴油等以美元结算的行业竞争，比如太阳能和风能发电，那么随着时间的推移，新行业的市场价格一定会趋近国际水平。

第三，投资西欧等没有需求增长的市场的风险，比投资需要新产能的市场风险高得多。因为发达市场必须保持较高的价格，才能开发新项目。

第四，确实存在单一国家风险，比如非洲。但由于新技术的发展，可以通过组合投资消除单一国家风险。对比煤炭、天然气和部分水电项目，风能和太阳能的优势是可以分阶段和同时在多个地点开发。无论如何，公司不会在高风险的国家部署大笔资金，而是在签订担保和项目合同的前提下，分阶段完成投资。

第五，以税后现金流损失的风险来衡量，对于投资能源行业，真正的高风险国家在西欧，美国更高。除了这两个地方，还有在哪里的投资，会让公司因为"仅仅一个"错误或诉讼就爆炸了呢？

要么上升，要么下降

把全球 GDP 增长和股价变化绘制在一张图上，也许可以看到相关性。

如果你足够努力地去看。

一些研究说，GDP 每增长一个百分点，企业盈利增长 9%，股票价值增加 7%。

然而，情况好坏参半。

1934 年，匈牙利经济学家尼古拉斯·卡尔多（Nicholas Kaldor）

观察到一种经济现象,并将其命名为"猪肉周期",有时也称"猪周期"或"牛周期"。

每逢价格高的年景,农民就会饲养更多的猪,增加屠宰售卖量,因此,价格下跌。当农民减少了养殖量,价格再次上涨。全球经济运行的方式也是一样,就如投资和债务的数字。

哈拉德·马格努斯·安德里亚森曾说:"市场无法对未来有稳定的预期。"

企业增加投资以追求有吸引力的市场机会,投资周期产生了。需求在上升,情绪是积极的,银行提供更多贷款。股票价格上涨,特别是生产材料、能源和投资品的公司股价上涨最快。

安德里亚森说:"最终,周期被内部逻辑打破。上升往往是不可持续的。债务变得太高,一些赤字太大,投资过度,定价激进。

"纯粹的股票泡沫不会严重影响经济。比如1987年,单一股票市场的崩溃往往不会造成更广泛的经济危机。除非股票市场的崩溃契合了潜在的不均衡,如2000年和2008年。尤其对于2008年的金融危机,早在2004年和2005年,市场就出现了疲惫的迹象,但经济发展仍可以继续。

"2008年之前,很多国家有大量的不均衡和赤字。衰退持续很长时间,而且很严重。"

半数的警示灯都在闪

2019年年中,投资水平依旧很高。自1985年后,投资水平仅有两年超过了平均趋势:1990年和2008年的经济衰退之前。目前失业率水平较低,美国的失业率从2010年开始就在一路下降,达到了1980年以来的最低水平。美国的住房市场喜忧参半。

整个周期中,美国企业债与GDP的比率一直保持在7%左右。

企业在"好年景"时投资并增加债务，推高了实际债务水平。随着周期趋势向下，企业削减投资，减少债务。由于投资削减，产能增长开始萎缩，甚至停滞。然后出现供给短缺，价格上涨，新周期开始。

2019年年中，债务水平达到了历史最高点。

安德里亚森说："我们正处于周期的尾端，市场物价昂贵，经济形势紧张。"

股票策略师彼得·赫曼鲁德说："历史表明，如果你是长期投资者，应该总是优先考虑投资股票。如果你的投资期限是三年，那么答案一定是在低估值的时候买入股票。"

所以，是的，2009年3月，华尔街听众就该去听他的演讲。雷曼兄弟事件后的8个月，股票市场触及历史最低水平。

然而，当估值悄然上升时，是时候磨炼一下投资感觉了。过去30年，所有的重大下跌都发生在估值达到顶峰后。

在这种情况下，评估广泛经济表现至关重要。正向领先指标和剩余产能可以表明进一步增长潜力。如果领先指标数据下滑，可用产能有限，那么人们当然应该提高警惕。

风险偏好和承担能力将因人而异。另一个选择是，市场价格越高，风险敞口就越大，越倾向于防御性投资。然而，如果发生危机，大多数行业的估值都会下降。

根据市场定价、风险偏好和投资能力，股票可以在周期性和防御性头寸之间配置不同的权重。偏好高风险的长期投资者，可以配置60%~100%的股票。根据市场定价和宏观风险，如果投资者风险承担意愿较低或投资期限较短，则股票配置比例可能为30%~60%。

当市场下跌很多的时候，可以说应该投资于市场中最有弹性和周期性的部分，并减少股票的配置。这要求投资者有能力区分短暂性的下跌和永久性的下跌，区分周期和系统性的转变。理想投资情况是抄底。但更为现实的投资策略应该是随着市场回升，而逐步增加投资额。

2019 年年中，领先指标已经从指向上升转为适度向下。有人曾谈论通货膨胀和加息，但后来这些声音都沉默了。

唯一仍在增长的，仅仅是那堆债务。

附录一

数据来源和方法

这本书里记录了很多事情,我很幸运地能够亲身经历过程,目睹了很多事件的发展。此外,我采访了90多位相关人士。

受访者包括曾经和现在在金融市场监管机构、财政部、中央银行(行长、经济学家、市场运营专家、首席法律顾问)、冰岛银行和国际银行供职的高级雇员,还有政府官员、商界领袖、IMF雇员、银行高管、信贷和宏观分析师、记者、历史学家、调查员、民间运动成员、律师、银行倒闭清算过程的参与者以及对冲基金经理。受访者名单载于附录二中。除此之外,也有要求匿名的受访者。

毫无疑问,性格特点、组织和个人负面情绪影响了政策的决定和政策的落地。许多人在理想情况下应该受到嘉奖,也有些人可能会被批评。但这并不是我成书的本意。相反,我的目标是描述在21世纪的第一个10年的时间里,那些汇聚到一个小国身上的巨大力量,这些力量如何影响我们生活的世界,以及未来。我相信,在某种意义上,冰岛的经历也是在其他国家所发生的事情的缩影。冰岛的经验可以帮助我们在遇到新的冲击时,了解可以利用的优势、脆弱性和政策选择。

以此为意，我特意省略了大多数相关人士的名字，甚至有时引用他们的话时，也没有附上引用者的名字，除非引用来源特别重要。本书并不试图描述具体个人、政府或政党的立场、决定和行动。同样，对个人目标和意见的描述也保持在最低限度，也是因为对于所推行的政策和采取的行动，国家政府部长、官员甚至是商业领袖应该支持，否则就会辞职卸任。

本书主要基于冰岛 SIC 在 2008 年 10 月中旬之前的调查工作。SIC 由冰岛议会任命，负责调查导致冰岛银行业崩溃的根本源头。SIC 讯问了 120 多人。我无意重做或质疑 SIC 的报告，而且我也没有重新采访 SIC 的消息人。

然而，SIC 的任务主要集中在冰岛发生的事情上，而较少关注"另一面"，即国际上的观察和观点。因此，我特意采访了一些在国际上起关键作用的人。此外，事件发生后，SIC 第一时间向接近事件的人收集了他们的宝贵观点。本书的许多采访涉及的事件相同，但显然是以后视的角度，10 年后得出的。

随着我准备出书的消息在冰岛流传开来，许多人向我提出了关于研究领域的建议和其他想法。我还收到了大量的文件和数据，包括主动寻求的和主动提供给我的。

我很感谢所有人与我分享他们的时间、想法和研究材料。他们的贡献让本书的内容变得无比充实。然而，对本书中所有的事实陈述和判断，我自己承担全部责任。没有任何机构或个人为本书或其中的任何内容提供背书。我对所有的错误或遗漏表示歉意。

成书后，包括冰岛人和非冰岛人在内的十几个朋友，阅读了全书的草稿并提出了改进建议。有些人花了很多时间搜索自己保存的资料，好为我提供更多的信息和澄清事实。几乎所有我想采访的人都为我留出了时间，他们坦诚开放地回答问题，而且基本没有设置任何前提条件。乔基姆·休斯（Joachim Huse）提供了分析支持，其中包括分析债权人名单。对于这一切，我深表感谢。

定义和澄清

　　截至 2009 年 2 月 26 日，冰岛央行有三位行长。除非另有说明，在 2 月 26 日前，如果使用"行长"一词，指董事会主席。自 2009 年起对于该职位的陈述，则归于特别检察官。

　　从技术上讲，银行不会破产，但会被置于一个行政或清算过程中。这些程序可以由决议委员会、破产财团或其他机构管理。不过，为了简单起见，我用"破产"、"违约"和"财产"这些词来描述所发生的事情和管理的方式。

一般信息的来源

　　许多描述是基于我自己的经验。历史和背景信息的来源则是维基百科和其他百科全书，包括"一些美好的岁月"中关于基里巴斯、华盛顿互惠银行、比萨、爱尔兰和希腊的内容。

　　所有汇率数字都是基于冰岛央行的数据。失业率和宏观经济指标、旅游交通等数字来自冰岛统计局。

附录二

受访者

在成书过程中，我采访了以下相关人士。他们对本书的全部内容、所选的引文以及引文背景信息不承担任何责任。受访者的职位信息主要列出了采访时所供职的岗位，未能涵盖其迄今为止的职业生涯。

约有10人拒绝了我的采访要求，10人没有答复采访要求，另有10人要求不透露姓名。

以下顺序根据受访人名字的首字母进行排列。

亚历克西斯·斯坦福斯 （Alexis Stenfors）	2005—2009年，任美林公司固定收益、货币和商品部主任，现为朴次茅斯大学经济和金融高级讲师。著有《恐惧的晴雨表》（*Barometer of Fear*）等书
安德斯·博格 （Anders Borg）	2006—2014年任瑞典财政大臣；2009年上半年任欧盟经济和财政事务委员会（ECOFIN）主席

安娜·诺德斯特龙 （Anna Nordstrom）	截至2008年，任欧洲央行市场业务总局前台部门负责人；2008—2012年，任纽约联邦储备银行副行长助理，2012年至今任副行长
安娜玛利亚·科克妮 （Annamaria Kokeny）	IMF资本管制部高级金融部门高级专家
安妮·克鲁格 （Anne Krueger）	2001—2006年，任IMF副总裁；约翰斯·霍普金斯大学高级国际研究学院国际经济学教授；《和解协议》特设委员会成员
阿尔尼·保尔·阿纳森 （Árni Páll Árnason）	2009年5月至2010年9月任冰岛社会事务和社会保障部长；2010年9月至2011年12月任冰岛经济事务部长；2007—2016年任冰岛国会议员
阿诺尔·西格瓦松 （Arnór Sighvatsson）	2004年至2009年2月任冰岛央行首席经济学家；2009—2018年任冰岛央行副行长
奥斯吉尔·荣松 （Ásgeir Jónsson）	截至2008年，任冰岛克伊普辛银行首席经济学家；截至2011年年初，任阿里昂银行首席经济学家；截至2019年8月，任冰岛大学经济系副教授，而后被任命为冰岛央行行长
奥登·格伦 （Audun Grønn）	截至2010年年底，任挪威央行国际部主任；截至2012年年初，任IMF候补执行总裁，后任执行总裁

鲍德文·比约恩·哈拉尔德松 (Baldvin Björn Haraldsson)	律师，1998年至今供职于BBA律师事务所
巴里·拉塞尔 (Barry Russell)	首席债权人代表；Akin Gump Strauss Hauer & Feld 律师事务所合伙人
比特·西根塔勒 (Beat Siegenthaler)	2005年7月至2010年3月任道明证券（隶属多伦多道明银行）新兴市场首席策略师；2010年3月至2015年3月任瑞银投资银行外汇策略执行董事；现任瑞银投资银行全球宏观顾问
本尼迪克特·吉斯拉森 (Benedikt Gíslason)	冰岛央行高级顾问；2013年11月担任资本管制自由化工作组（特设小组）的副主席
比雅恩·博格森 (Bjarne Borgersen)	截至1999年任挪威弗库斯银行（Fokus）首席执行官；律师；克伊普辛银行挪威分行破产财团主席
布亚尼·本尼迪克特松 (Bjarni Benediktsson)	2017年1月至2017年11月任冰岛总理；2013年5月至2017年1月和2017年11月任冰岛财政和经济事务部长；2009年起任冰岛独立党领导人
比约恩·理查德·约翰森 (Bjørn Richard Johansen)	2005年9月至2008年12月任冰岛格里特利尔银行执行董事；2008年起担任公关顾问
比约恩·斯科格斯塔德·阿莫 (Bjørn Skogstad Aamo)	1993—2011年担任挪威金融监管局董事

艾尔斯·蒙达尔 (Else Mundal)	1994年起任卑尔根大学语言学教授，研究领域为北欧语言学
埃尔林·塞尔维格 (Erling Selvig)	1986—2002年任挪威金融监管局董事会主席
埃尔基·利卡宁 (Erkki Liikanen)	自2004年起任芬兰央行行长；自2004年起任欧洲央行管理委员会成员
伊娃·乔利 (Eva Joly)	特别检察官顾问；法国治安法官和检察官；欧洲议会代表；法国总统候选人
弗兰克·布罗森斯 (Frank Brosens)	自1999年起担任对冲基金塔康资本的负责人和联合创始人
弗雷·赫尔曼松 (Freyr Hermannsson)	冰岛央行高级顾问；《和解协议》特设委员会成员；现任冰岛央行储备管理部负责人
盖尔·伯格沃尔 (Geir Bergvoll)	2007—2014年担任丹麦银行部门主管；2008—2014年担任挪威出口银行董事长，并于2014年起担任首席执行官
格伦·金 (Glenn Kim)	1987—2008年供职于雷曼兄弟；在"离岸克朗"的谈判中担任冰岛国家谈判小组组长；2015—2017年担任希腊财政部顾问
古德蒙杜尔·托马森 (Guðmundur Kr. Tómasson)	负责冰岛央行支付系统工作；金融基础设施总监
古德蒙杜尔·西格伯格松 (Guðmundur Sigbergsson)	冰岛央行资本管制监督部门副总监

吉尔菲·马格努松 （Gylfi Magnússon）	经济学家，2009年2月前在雷克雅未克大学任副教授；2009年2月至2010年10月任冰岛商业事务部长；冰岛央行监事会主席
吉尔维·佐伊加 （Gylfi Zoega）	经济学教授，冰岛央行货币政策委员会成员
赫伊屈尔·C. 贝内迪克特松 （Haukur C. Benediktsson）	2008—2010年，担任冰岛央行价值回收部门的顾问；2013年起担任冰岛央行资产控股公司ESI的首席执行官
海尔格·斯科格塞斯·伯格 （Helge Skogseth Berg）	美国Lynx律师事务所律师；伊娃·乔利团队成员；特别检察官顾问
胡尔达·贡劳格多蒂尔 （Hulda Gunnlaugsdottir）	2009—2010年任冰岛国立大学医院首席执行官
让-米歇尔·马特 （Jean-Michel Matt）	美国Lynx律师事务所调查员；伊娃·乔利团队成员；特别检察官顾问
约翰·钱伯斯 （John Chambers）	2005—2017年担任标普公司主权评级主管
乔恩·冈纳·约根森 （Jon Gunnar Jørgensen）	奥斯陆大学挪威语言学教授
乔恩·西古格尔森 （Jón Þ. Sigurgeirsson）	现任IMF候补董事；冰岛央行行长办公室主任；希腊债务重组过程中的顾问；特设小组成员；现任冰岛国际关系和总秘书处主任

附录二 受访者

乔恩·托尔·冈纳森 （Jon Thor Gunnarsson）	冰岛国民银行英国公司贷款总监；2004—2009年任冰岛国民银行国际海产品融资和大宗商品融资经理；北极探险公司所有人和首席执行官
乔尼娜·西格伦·拉鲁斯多蒂尔 （Jonina Sigrun Larusdottir）	2007—2010年担任冰岛经济事务和商业部的常务秘书；自2010年起担任阿里昂银行法务部门执行董事
肯尼斯·加巴德 （Kenneth Garbade）	2000年起担任纽约联邦储备银行货币和支付研究部门的副总裁/高级副总裁
克莱门斯·希亚塔尔 （Klemens Hjartar）	麦肯锡高级合伙人
克努特·卡耶尔 （Knut Kjær）	1997—2008年任挪威银行投资管理公司（石油基金）首席执行官；2009—2010年任全球金融市场风险管理和企业管理服务提供商风险矩阵（RiskMetrics）集团总裁；2011—2017年任挪威奥斯陆Trient资产管理公司总裁
李·布赫海特 （Lee C. Buchheit）	冰储银行程序、《和解协议》和悬货解决方案的首席谈判代表，供职于Cleary Gottlieb Steen & Hamilton律师事务所
利利亚·阿尔弗雷什多蒂尔 （Lilja Dögg Alfreðsdóttir）	截至2010年任冰岛央行国际事务和市场运营部副主任；截至2013年任IMF顾问；截至2014年任冰岛央行副总监；特设小组成员；截至2015年任冰岛总理经济顾问；截至2017年任冰岛央行副总监；冰岛外交部长；冰岛文化和教育部长

马尔·古德蒙森 (Már Guðmundsson)	2004—2009 年，任国际清算银行货币和经济部副主任和高级管理层成员；2009 年 8 月至 2019 年 8 月，任冰岛央行行长
迈克尔·雷德利 (Michael Ridley)	1998—2015 年任摩根大通投资银行部副主席；自 2018 年 3 月起任冰岛财政部长顾问
迈克尔·沃尔什 (Michael Walsh)	2001—2006 年担任基里巴斯财政部顾问；基里巴斯共和国名誉领事；基里巴斯历史的作者
米格尔·菲达尔戈 (Miguel Fidalgo)	截至 2015 年，任宝铂集团常务董事；现在是三塔资本（Triarii Capital LP）的创始人和投资组合经理
米米尔·克里斯蒂安松 (Mímir Kristjánsson)	记者
穆里洛·波图加尔 (Murilo Portugal)	2006 年至 2011 年 1 月，任 IMF 副执行董事；冰岛项目副执行董事
尼尔斯·克里斯蒂安·奥延 (Nils Christian Øyen)	2001—2011 年在第一证券担任金融分析师；此后在 Sparebanken1 银行担任金融分析师
匿名人士	高管，供职于冰岛三家银行之一
匿名人士	高管，供职于冰岛三家银行之一
匿名人士	美国某对冲基金投资总监
匿名人士	美国某对冲基金投资总监

奥拉夫·埃利亚松 （Oláf Eliasson）	"捍卫冰岛"运动成员
奥拉维尔·哈克松 （Ólafur Hauksson）	自 2009 年起担任特别检察官；现任地区检察官
奥莱－乔根·卡尔森 （Ole-Jørgen Karlsen）	挪威金融监管局管理和危机准备部门总监
保罗·罗金斯 （Paul Rawkins）	惠誉评级高级总监
佩德罗·马洛·罗布 （Pedro Malo Rob）	2005—2010 年，任美银美林集团的战略、结构性产品、固定收益部门负责人；2018 年之前任秘鲁最大消费品公司 Alicorp 的首席财务官；现在是 Alicorp 公司负责战略和数字发展的副总裁
彼得·桑德格伦 （Petter Sandgren）	2006—2010 年，瑞典北欧斯安银行新兴市场的交易主管；现在是 Obero Partners AB 的合伙人
帕尔·林霍姆 （Pål Ringholm）	截至 2017 年，任瑞典银行挪威分行信贷研究主管；目前在 Sparebank1 担任相同职务
拉格纳·哈夫利达松 （Ragnar Hafliðason）	自 1999 年起任冰岛金融监管局副局长
兰维格·朱尼乌斯多蒂尔 （Rannveig Juniusdottir）	供职于冰岛央行资本管制监督部门
勒内·卡勒斯楚普 （René Kallestrup）	2007—2009 年，冰岛央行经济学家；博士生研究员；自 2015 年起担任 Capital Four Management 公司合伙人

西里聚尔·洛加多蒂尔 (Sigríður Logadóttir)	自2004年起担任冰岛央行总法务官
西格伦·达纳茨多蒂尔 (Sígrún Daviðsdóttir)	记者，报道冰岛金融危机及其后果的博客"冰博"的作者
西古格尔·克里斯特吉松 (Sigurgeir B. Kristgeirsson)	自1999年起任冰岛VSV渔业公司执行董事
史蒂芬·英韦斯 (Stefan Ingves)	自2006年起担任瑞典央行行长
史蒂芬·斯瓦森 (Stefán Svavarsson)	冰岛金融监管局董事会成员；冰岛央行首席审计师
斯泰因格里姆尔·西格弗松 (Steingrímur J. Sigfússon)	2009—2013年担任冰岛财政部长；自1983年起担任冰岛国会议员，现任冰岛议会发言人
斯图拉·帕尔森 (Sturla Pálsson)	2005年至今，任冰岛央行财政和市场部总监
斯韦恩·耶德雷姆 (Svein Gjedrem)	1999—2011年担任挪威央行行长；2011—2015年担任挪威财政部副大臣；现任OECD经济和发展审查委员会主席
特伦斯·查基 (Terrence Checki)	截至2014年，任纽约联邦储备银行执行副行长兼新兴市场和国际事务小组负责人
托拉林·冈纳·佩特尔松 (Thórarinn Gunnar Pétursson)	自2009年2月起任冰岛央行首席经济学家
托瓦尔杜尔·吉尔法森 (Thorvaldur Gylfason)	1983年至今，任冰岛大学经济学教授

托马斯·艾岑 (Thomas Eitzen)	2006—2012年任瑞典北欧斯安银行的高收益和可转换债券分析师；现任瑞典北欧斯安银行固定收益首席分析师
蒂莫西·盖特纳 (Timothy Geithner)	截至2009年1月任纽约联邦储备银行行长；2009年1月至2013年1月任美国财政部长
汤姆·格伦达尔 (Tom Grøndahl)	自2012年起任冰岛格里特利尔银行财团顾问；1998—2008年任冰岛格里特利尔银行副总裁和首席财务官；2011年至今任挪威证券商协会主席
托雷·埃里克森 (Tore Eriksen)	截至2011年任挪威财政部常务秘书长
特里格维·帕尔森 (Tryggvi Pálsson)	2001年4月至2011年9月任冰岛央行金融稳定部总监；2011年11月至2013年4月任ISB控股公司董事长；2013年4月至2016年4月任冰岛国民银行董事长
崔格·杨 (Trygve Young)	自2001年起任丹麦银行首席风险官